飯沼賢司 著

国東六郷山の信仰と地域社会

同成社 中世史選書 17

目　次

序　本書の研究上の位置付けと構成　3

第Ⅰ部　六郷山の歴史

第一章　人聞菩薩論―御許山霊山寺と六郷山―……13
はじめに　13
一　「仁聞菩薩」研究の到達点　14
二　人聞菩薩の同行法蓮上人の実像　16
三　八幡の出家と修行　24
四　『託宣集』と「人聞菩薩朝記」の人聞菩薩像　28
五　「十善の君」から「人聞菩薩」へ―弥勒寺新宝印の建立と御許山霊山寺の成立―　36
六　行者の理想「人聞菩薩」の登場の背景　44
七　八幡大菩薩＝人聞菩薩の展開―六郷山への展開―　54
むすびにかえて　58

第二章　中世六郷山の組織の成立と展開……65
はじめに　65

一　初期六郷山の成立　67
二　天台六郷山の成立　72
三　鎌倉時代の天台六郷山の再編と延暦寺　79
むすびにかえて　101
第三章　中・近世の六郷山寺院と峯入り……111
はじめに　111
一　『六郷山年代記』成立の背景　112
二　六郷満山復興運動と集団峰入り行の創設　115
むすびにかえて　133
第四章　修正鬼会と国東六郷満山……139
一　神と仏と鬼の里　139
二　六郷満山の鬼の伝承と鬼会　142
三　鬼会と修正会　145
四　蒙古襲来と鬼会　149
五　修正鬼会の成立　152
六　六郷満山と坊集落　154

第Ⅱ部　六郷山寺院の実像と景観

第五章　六郷山の開発と寺院の実像—旧豊後高田市域を中心に—……161
はじめに　161
一　原始六郷山の成立　161
二　天台六郷山の成立　164
三　山の開発と三山の成立　167
四　惣山屋山の登場　171
五　屋山の再興と六郷山執行の成立　175
六　鎌倉時代の六郷山の支配構造　178
七　旧豊後高田市域の六郷山寺院　186
八　中世の両子山　206
九　六郷山横城山と奈多　215
第六章　都甲谷の六郷山寺院の実像—荘園村落遺跡調査の成果—……223
はじめに　223
一　都甲谷の六郷山領の歴史　224
二　加礼川地区の共同体と水田開発　229
三　応永二十五年の長岩屋屋敷注文からみた長岩屋の坊集落　246

第七章　中世における「山」の開発と環境―国東半島地域の山の開発を事例として―……………265
はじめに　265
一　六郷山の成立―「大魔所」（黒山）の開発―　266
二　六郷山と荘園の山野相論とその背景―狩倉と畑―　273
三　名・屋敷・坊への山野囲込みの進行　279
四　山野景観と山城の成立　285
むすびにかえて　289
あとがき
索　引

国東六郷山の信仰と地域社会

序　本書の研究上の位置付けと構成

国東半島は、古代は「国埼」「国前」と表記された。「くにさき」の地名由来については、『豊後国風土記』に次のように記される。景行天皇が九州に遠征したとき、周防国の佐婆の津（現防府市）を出航し、九州にむかった天皇は彼方にみえる国東半島をみえて「かのみえる所は国の埼か」と尋ねた。風土記は、ここから国埼の名が付けられたと説明する。天皇にとっての国の埼とは、形成期のヤマト国家の国境であるという認識があった。

八世紀初頭になると、古代律令国家はこの国家支配の最前線に八幡神という軍神、境界鎮守神を出現させた。八幡神は、国東半島の付け根、豊前国と豊後国の境界ラインに鎮座し、豊後の国東半島は国境の目の前にある異界の入口と認識された。この地は、耶馬といわれる奇岩の山塊が連なる山々であり、この山から隼人や蒙古の鬼や異界の夷が出現した。この「大魔所」と呼ばれた国東の山々には、宇佐の地から八幡神が出家して大菩薩を称し、「人聞菩薩」として修行し、養老二年（七一八）に各所に寺院を開いたと伝えられる。人聞菩薩の行跡を慕う宇佐八幡宮の神宮寺弥勒寺の僧侶らは、この地に修行の場として入り、「大魔所」に棲む鬼・夷の異境の力を得て、鬼や夷に変身し、その爆発的エネルギーをうまく人々への恵みの力に変えた。それが、一三〇〇年近く続いてきたといわれる峯入り、修正鬼会などの行事である。この舞台となったのが六郷山と呼ばれる寺院集団である。

六郷山とは、近世以降は、六郷満山ともいわれたが、一九八〇年代以降は、中世以来の六郷山の名称を使用することが一般化しているので、本書では基本的に「六郷山」の称で統一する。国東郡六郷、すなわち来縄郷、田染郷、安岐郷、武蔵郷、国東郷、伊美郷の山岳地帯に建立された寺院の集合体であるともいわれる。また、天台の六宝塔、六所宮、六所権現、六観音などの六所信仰に根ざすものとも考えられる。六郷山の寺院の奥の院に祀られる六所権現は、八幡大菩薩を除く、宇佐宮の比売神、大帯姫、若宮四所の六柱を指す。また、その本地は六観音になぞらえる説がある。八幡大菩薩が除かれるのは、八幡大菩薩の前身といわれる人聞菩薩が自ら修行する身であるともいわれる。六郷山の名称は、十二世紀はじめの天台六郷山成立までは史料にみえないが、すでに述べてきたように、宇佐八幡宮との関係で、この地はそれ以前から特別な宗教空間と認識されてきた。それ故に、その研究も宇佐の八幡神の研究と不即不離な関係で進んできたといえる。その中心にあったのが八幡信仰研究を体系的に進めた中野幡能氏である。

六郷山の研究史については、一九九九年に出された櫻井成昭氏の「六郷山研究の成果と課題」が注目される。氏は研究を四期に区分し整理した。第一期は戦前から一九四〇年代、第二期は一九五〇年代～六〇年代、第三期は一九七〇年代～八〇年代、第四期は一九九〇年代と区分した。本論では、この区分を参考に再整理を行い、歴史資料の編纂、現地調査研究の展開を基軸に以下の三期区分を提示したい(1)。

第一期は、櫻井氏の区分にしたがい、大分県史料の編纂が開始される以前としたい。この時期の特筆すべき事項は、一九一二年からはじまる富貴寺大堂の修理に関係し、天沼俊一氏が国東半島の石造物に注目したことである。天沼氏は国東地域に独自な宝塔を見出し「国東塔」と命名した。これが国東研究に大きな刺激を与えた(2)。これを受けた郡誌、村誌では、仏像・石造物などの文化財が注目され、『西国東郡誌』（一九二三年）『三重郷土誌』（一九二九年）などでは、はじめて六郷山に関する記述がなされた(3)。この時期、河野清實氏の『豊後国東半島史』上・下（一九二八年、三二年）が出され、その概説の部分で、平安時代を「六郷満山時代」と呼び、六郷山に関する本格的な叙述がなされた(4)。櫻井氏がまとめているように、縁起や六郷山諸目録をもとに記述されたもので概論に留まるものであったが、六郷山研究にとってはその起点研究になる意義あるものと評価された。

第二期には、一九五〇年代～七〇年代である。この時期を規定したのには、まず大分県史料の編纂事業がある。最初の刊行は一九五二年であるが、編纂は五〇年代初頭に開始される。これと並行して「大分縣地方史研究会」が発足（一九五二年）するなどの大分県における組織的な研究会活動が開始され、宇佐、国東地域の研究が本格化する。中野幡能氏による八幡信仰、六郷山研究はその中核に位置づけられる。この中野氏の研究は、宇佐八幡宮の宗教的地域的展開として六郷山を位置づけ、八幡信仰史の一部として六郷山研究をまとめた。最初は、『六郷山の史的展開』というかたちで発刊された研究は、後に『八幡信仰史の研究』の下巻に収録された。この研究によって六郷山研究の体系的研究が示されたといってよいだろう。(5)

この時期、国東半島は、文化財的にも注目され、一九五八・五九年の和歌森太郎らの民俗調査が行われ、和歌森太郎編『くにさき』（一九六〇年）が刊行される。(6)一九六八年には、美術工芸の調査が実施され、悉皆的調査が進んでいった。これらの調査・研究を踏まえて、七〇年代後半に入ると、はじめて、六郷満山に焦点を当てた総合調査が企画される。これが大分県教育委員会による『六郷満山関係総合文化財調査概要1～3』（一九七六、七七、八三年）である。(7)各分野でも包括的な研究が一段地と進み、仏教民俗の分野では、元興寺文化財研究所編『国東仏教民俗文化財緊急調査報告書』（一九八一年）が出された。(8)

石仏・石造物の分野では、この時期、石仏ブームもあり、大嶽順公・渡辺信幸『国東文化と石仏』（一九七〇年）、渡辺信幸・大護八郎『国東半島の石仏』（一九七一年）、堀内初太郎・戸井田道三『国東半島』（一九七一年）、酒井富蔵『国東半島の石造美術』（一九七二年）、望月友善『大分県の石造美術』（一九七五年）などが出され、さらに写真集・図録が相次いで新聞社、出版社から出された。これらを踏まえた、地方史側の研究の到達点を示すのが酒井富蔵『国東半島の六郷満山』（一九七六年）であろう。(9)

また、一九五〇年代後半には、酒井富蔵の手がけた『豊後高田市誌』『大田村誌』、それについで『武蔵町史』（一九六二年）、『安岐町史』（一九六七年）が出ていたが、上記の研究を踏まえ、この時期、『国東町史』（一九七三年）、

『真玉町誌』（一九七六年）、『香々地町誌』（一九七九年）なども刊行された。

第二期は、国東半島、六郷山の研究が中野氏の研究を基軸に、中央からも感心を集め、地方史・郷土史レベルでも大いに進展した時期といえる。

第三期は一九八〇年代〜現在までである。一九八一年、大分県立宇佐風土記の丘歴史民俗資料館が開館する。大分県最初の歴史博物館で「うさ・くにさきの歴史と文化」を展示・研究テーマとする施設であった。この資料館のオープンが国東半島の研究の新たな展開の契機となった。開館の準備のために常設展の展示調査が行われ、研究員であった海老澤衷氏、渡辺文雄氏らによって、中野氏や六郷山総合調査の成果の整理が行われ、展示やその図録に反映された。また、同時に大分県では県史編纂室が発足し、大分県史が一九八一年〜一九九一年にわたって出版された。八二年には中世編が出され、小泊立矢氏によって六郷山の目録の検討、人聞菩薩の検討などが行なわれた[10]。

一方、開館とともに国東半島荘園村落遺跡詳細分布調査が開始された。第一次調査は田染荘地域で、ここには六郷山の寺院があり、荘園村落遺跡調査を通じて、六郷山寺院の本格的現地調査が行われることになった。田染荘の調査が進むなかで、一九八四年に『豊後国荘園公領史料集成1　田染荘・田原別符』が刊行され、調査研究の前提となる史料が公開されはじめた。国東半島の荘園村落遺跡調査が都甲荘、香々地荘、安岐郷、国東郷、山香郷と進んで行くなかで、並行して『豊後国荘園公領史料集成』が次々と刊行された[11]。荘園研究とともに新しい史料が提示され、研究は一段と進展した。また、『宇佐神宮史一』の刊行も同じ一九八四年からはじまり、ここでも八幡神史料の関係から六郷山の史料が提示された[12]。現地におけるまったく新しいスタイルの調査（荘園村落遺跡調査）と史料の刊行は荘園研究、宇佐八幡研究、六郷山研究に新たな段階をもたらした。

筆者は、一九八七年、第三期の研究が展開しはじめたこの時期に、大分県立宇佐風土記の丘歴史民俗資料館に赴任した。この年から、田染荘の荘園村落遺跡調査の後を受け、都甲荘が開始された。ここは六郷山成立の前身となった弥勒寺の荘園であり、六郷山の惣山である屋山寺が所在する場所であった。そのため筆者は自ら六郷山研究の最前線で研究を進めることになった。その最初の成果が『豊後國都甲荘の調査』本編・資料編である。(13)

また、その過程で、都甲荘に接する六郷山智恩寺の遺跡調査が行われ、一九九二年には報告書が出される。筆者も歴史資料から一文を寄稿した。これを契機に、大分県立宇佐風土記の丘歴史民俗資料館では、一九九三年から荘園村落遺跡調査の手法を基本にした「六郷山寺院遺構確認調査」（一九九三〜二〇〇二年）が開始されるのである。(14)これらの成果を背景に筆者は本書所収の論文を発表していったのである。

一九九三年四月、筆者は資料館を去り、別府大学に移る。講義というかたちで、それまでの「うさ・くにさき」の自らの研究を整理することになった。また、同年から豊後高田市が市政施行四〇周年記念事業として市史編纂事業が開始された。この編纂事業で『豊後高田市史・特論編』（一九九六年）『豊後高田市史・通史編』（一九九八年）『こども豊後高田市史』（一九九八年）が刊行された。(15)仏の里を標榜する豊後高田市の歴史叙述では、六郷山の記述がその中心となる。筆者は、六年に及ぶ大分県立宇佐風土記の丘歴史民俗資料館での調査成果を踏まえ、中野氏の六郷山論を批判し、新たな六郷山像を提示することにした。

一九九九年に発表された櫻井氏の「六郷山研究の成果と課題」では、筆者の研究を第四期の研究の最終段階として位置づけ、次のように評価している。

　飯沼氏の研究は、中野氏も重視された奈良時代末から平安時代の六郷山の歴史について、古文書や金石文といった同時代史料をもとに明らかにされたものであった。確かに、中野・飯沼両氏の研究は、六郷山の成立は、宇佐宮や弥勒寺の影響下に展開したという点では共通しているものの、飯沼氏の研究は縁起類や後世の記録類に依った中野氏の研究を克服したものと位置づけられよう。また、⑨（※「住僧」という論理で長岩屋の谷全体を支配した）のように長岩屋の支配のあり方を明らかにされたことは、六郷山と在地社会という視点を新たに提示したものであり、これらの研究は六郷山の歴史を単に六郷山という集団の動向を追究するのみで展開し、各時代の政治や文化の動向とリンクさせる視点あるいは地域社会とのつながりといった視点のなかった従来の研究とは一線を画したものといえる。現段階では、古代・中世六郷山の歴史については基本的に右で見た飯沼氏の見解に尽きるといえよう。

櫻井氏は研究史の整理の後、右のような筆者に対する研究の評価をした上で、この段階での六郷山研究の諸課題を提示した。それは、①六郷山目録のさらなる検討、②中世後半以降の六郷山の解明、③六郷山寺院の内部構造のさらなる解明、④仁聞菩薩研究および六郷山の縁起に関する研究、⑤さらなる在地社会と六郷山寺院のつながりの追究、⑥六郷山の信仰のあり方の追及、などである(16)。

二〇〇〇年以降、これらの課題の対応は、櫻井氏自身の近世の六郷山霊場研究、それまでの荘園遺跡研究と六郷山研究を包括的にまとめた『六郷山と田染荘遺跡』（二〇〇五年）で一部応えられた(17)。筆者もまた『六郷山寺院遺構確認調査』Ⅰや豊後高田市史では不十分であった部分を展開させ、中・近世の峯入り研究、六郷山の組織の解明研究などを少しずつ進めていった(18)。

筆者の六郷山研究にはまだまだ課題が山積しているが、すべての研究を実現することはできない。それよりも研究全体の枠組みを提示し、そろそろ世に問う時期であろうと考えた。本書は、大分に来て以来取り組んできた六郷山研究の軌跡を整理し一冊の著書にまとめたものであり、筆者の区分した第三期研究の一定の到達点を示すものであると考えている。しかし、全体の構成を考えた時、八幡信仰の拠点宇佐宮と六郷山の関係を整理しなければ、画竜点睛を欠くことになると考え、最も体系的な研究を提示した中野幡能氏の研究と筆者の研究の違いを踏まえ、最後に、新稿「人聞菩薩論」を加えることにした。

本論の構成は、論文作成時期とは関係なく、その内容から、六郷山の歴史的変遷の解明の論文と荘園村落遺跡調査法に基づく現地調査の成果の部分を一様分けて二部構成とした。第Ⅰ部「六郷山の歴史」には、「人聞菩薩論―御許山霊山寺と六郷山―」「中世六郷山の組織の成立と展開」「中・近世の六郷山寺院と峯入り」「修正鬼会と国東六郷満山」を四本の論文を収録し、第Ⅱ部「六郷山の実像と景観―国東半島荘園村落遺跡調査を通して―」には「六郷山の開発と寺院の実像―旧豊後高田市を中心に―」「都甲谷の六郷山寺院の実像―荘園村落遺跡調査の成果―」「中世における「山」の開発と環境―国東半島地域の山の開発を事例として―」の三本の論文を収録した。ここの論の展開上、やや重複する部分もあるが、筆者の二八年に及ぶ研究の試行錯誤の軌跡と思いご寛容いただきたい。

注

(1)　櫻井成昭「六郷山研究の成果と課題」(『大分縣地方史』一七八号　一九九九年)。
(2)　天沼俊一『国東塔講話』(一九一八年　復刻版　一九七三年)。
(3)　大分県西国東郡役所編『西国東郡誌』(西国東郡役所発行　一九二三年、のち名著出版　復刻　一九七三年)、三重郷土審議会編『三重郷土誌』一九二九年。
(4)　河野清實『豊後国東半島史』上・下　(東国東郡教育会　一九二八年・一九三二年、のち河野清實先生遺徳顕彰会復刻一九七三年)。
(5)　中野幡能『六郷山の史的展開』(藤井書店　一九六六年)、翌年に「六郷山の開発と推移」という章を加え『八幡信仰史の研究』(下巻　吉川弘文館)に再収録。
(6)　和歌森太郎編『くにさき　西日本民俗・文化における地位』(吉川弘文館　一九六〇年)。
(7)　大分県教育委員会編『六郷満山関係総合文化財調査概要1～3』(大分県教育委員会発行　一九七六・七七・八三年)。
(8)　元興寺文化財研究所『国東仏教民俗文化財緊急調査報告書』(元興寺文化財研究所発行　一九八一年)。
(9)　大嶽順公・渡辺信幸『国東文化と石仏』(木耳社　一九七〇年)、渡辺信幸・大護八郎『国東半島の石仏』(木耳社　一九七一年）、堀内初太郎・戸井田道三『国東半島』（毎日新聞社　一九七一年）、酒井富蔵『国東半島の石造美術』（第一法規出版　一九七二年）、望月友善『大分県の石造美術』（一九七五年）、酒井富蔵『国東半島の六郷満山』（第一法規出版　一九七六年）。

（10）小泊立矢「旧仏教の動き」（『大分県史　中世編Ⅰ』第六章　大分県　一九八二年）。

（11）渡辺澄夫編『豊後国荘園公領史料集成』1・2・3・4上・下・5上・下・6・7上・下・8上・下（別府大学附属博物館発行　一九八四年〜一九九五年）の一二冊、うち1〜4までが国東半島。

（12）竹内理三監修・中野幡能編纂『宇佐神宮史』巻一〜巻十六（吉川弘文館　一九八四年〜二〇一二年）。

（13）『豊後國都甲荘の調査』本編・資料編（大分県立宇佐風土記の丘歴史民俗資料館　一九九一年、九二年）。

（14）『六郷山寺院遺構確認調査』Ⅰ〜Ⅹ（大分県立宇佐風土記の丘歴史民俗資料館　一九九三〜二〇〇二年）。

（15）門脇禎二監修『豊後高田市史・特論編』（豊後高田市　一九九六年）、『豊後高田市史・通史編』（豊後高田市　一九九八年）、『こども豊後高田市史』（豊後高田市　一九九八年）。

（16）櫻井前掲注（1）論文。

（17）櫻井成昭「豊州前後六郷山百八十三所霊場記」について」（『大分県立歴史博物館紀要』4　二〇〇三年）、同『六郷山と田染荘遺跡』（同成社　二〇〇五年）。

（18）拙稿「中・近世の六郷山寺院と峯入り」（『別府大学アジア文化研究所報』18　二〇〇二年）、同「六郷山の組織の成立と展開」（『鎌倉遺文研究　鎌倉期社会と史料論』東京堂出版　二〇〇二年）。

第Ⅰ部　六郷山の歴史

第一章　人聞菩薩論—御許山霊山寺と六郷山—

はじめに

六郷満山の寺々を訪ねると、必ず「仁聞菩薩」（中世までは人聞と表記）が養老二年（七一八）に開山したという伝承を聞く。本考察では基本的に中世以前を中心に考察を進めるので、以下は基本的には人聞菩薩と表記し、仁聞を使用するときは、「仁聞」と表記することにする。人聞菩薩《にんもんぼさつ》については、実在の渡来僧であるという説もあるが、架空の人物とみるのが定説である。十四世紀初頭に宇佐弥勒寺の僧侶神吽によって書かれた『八幡宇佐宮御託宣集』（以下『託宣集』と略す）によれば、人聞菩薩は八幡大菩薩の応化（応現）といわれる。国東半島の中央にそびえる両子寺には江戸時代の「仁聞菩薩」の木彫坐像があるが、その姿は、中世に流布する僧形の八幡神像と瓜二つである。

八幡神は、宇佐宮の裏にそびえる御許山《おもとさん》で出家し、人聞菩薩《にんもんぼさつ》として法蓮・華厳・覚満・躰能などの四人を同行し、御許山の山口で薬王菩薩の先例に則り、御身に油を塗り三年焼くという焼き身の行を行ったのを皮切りに、国東の峰々を巡行する仏法修行に入ったといわれる。[1] 斉衡二年（八五四）には、津波戸《つわど》山の岩屋で修行していた宇佐の能行聖人の前に現れた人聞菩薩は、後山《うしろのやま》の岩屋（宇佐市）から横城《よこぎ》の山（杵築市）の至る国東を横断するルートと海路辺

地を経巡るルートであることを告げる。人聞の跡を継ぐ僧侶はこの修行の跡を巡行すべきであるというのである。(2)

今日、六郷満山の寺院では、「峰入り」と称して、人聞菩薩一行の足跡を辿る峰巡行が行われる。先年の「峰入り」では、御許山で開闢護摩を焚き、その後、熊野磨崖仏（豊後高田市）の前に白装束に身を包んだ満山の僧侶が集合し、再び護摩焚を行い出発した。実質、四日の行程で一六〇キロに及ぶ山道を歩き、岩屋や寺院を巡礼する。

また、旧の正月のはじめに催される修正鬼会では、人聞菩薩は山々をともに修行した法蓮とともに人々の前に現れる。その姿は恐ろしい鬼の姿である。豊後高田市長岩屋の天念寺の鬼会では、鈴鬼に招かれ黒鬼と赤鬼が登場する。葛に見立て紐で全身を縛り、両鬼とも右手に松明をもち、黒鬼は左手に剣、赤鬼は左手に斧をもつ。黒鬼は不動明王・「仁聞菩薩」、赤鬼は愛染明王・法蓮上人の化身といわれる。鬼と化した「仁聞菩薩」らは、「ホーレンショウヨ」のかけ声で岩屋の講堂のなかを乱舞し、松明で人々を叩き、里人にその年の福を約束する。このように、国東には、六郷山を開いた人聞菩薩の伝承、記録が残されている。(3)

また、人聞菩薩の伝承は、御許山や六郷山に止まらず、別府の宝満寺、内成の石城寺さらに北部九州の寺社にも流布している。

本章では、このような人聞菩薩がどのように生まれ、そこにはどのような歴史的背景があったのかを、宇佐八幡宮の奥の院といわれる御許山と六郷山の関係から考察しようと考えている。

一　「仁聞菩薩」研究の到達点

「仁聞菩薩」については、柳田国男、小野玄妙、河野飛雲（清實）、中山太郎、中野幡能《はたよし》、小泊立矢氏など多くの研究者の論考が出されている。(4)なかでも、河野飛雲と中野幡能の研究が注目される。河野の研究は、「人聞菩薩朝記」

『託宣集』、中世の六郷山関係、近世の縁起などの史料を丹念に追いながら、伝承の変遷などを明らかにした秀作である。その結論は、「仁聞は実在の人ではなく、全く信仰の産物で、八幡大神の霊化したもの、即ち神仏習合時代に於ける八幡大神の霊徳を欣仰嘆美なあまり、当時の供僧等が神霊の遊化として、神話化したもので、つひに実在人の如く信ぜしめるに至ったのである」という言葉に集約される。中野幡能は、八幡信仰研究の視点から、仁聞菩薩を体系的に整理し、何度も考察を行っている。とくに、一九九三年の二回目の論文「仁聞菩薩伝」は、最初に発表した論文の見解を見直し、研究を再整理し、史料を詳細に検討し、新説を展開している[5]。

中野氏は、この論考の最初で次のように述べている。「昭和三十年に著者は『八幡信仰の二元的性格』を発表した。はなはだ幼稚な論文であるが、要するに、これまでの研究成果をうけて、各社でみられる巫女が聖母・神母といわれ、祭神姫神になることがあるとすれば、宇佐八幡宮では二殿の祭神比咩神となる。そうなると八幡大菩薩に対して、比咩神をいつか神母菩薩と称し始め、それが『ニンモン菩薩』と称するようになったのではなかろうかという仮説であった。その後、一九八四年に出た前掲小泊氏により、人聞は修験者の理想像であって、『比咩神の異称であるというのは再考を要する』という批判があった。」

中野氏は、この小泊氏の批判を真摯に受けて、この論文においては、河野飛雲のとった手法と同じように、石清水八幡宮の「宮寺縁事抄」十二に所載される仁平二年（一一五二）本の「人聞菩薩朝記」（「菩薩朝記」と略す）という人聞菩薩のことを記録した最古の史料から再検討をはじめ、六郷山の目録、『託宣集』の記載との関係を論じた。「菩薩朝記」は写本で誤字、脱字などが多く解釈の難しい記録であるが、「八幡大菩薩、於前身人聞菩薩、八十余年云々」、「沿法蓮花金人聞菩薩等也」「法蓮　久門（人聞）　花金　太能　覚満」の三箇所に人聞が登場し、八幡大菩薩と同体という段階から、菩薩は付くが、法蓮らの下に位置づけられ、最後には、菩薩の号もない同一レベルの行者となる変化があるとする。この段階では、六郷山の名は出ず、この記録もあくまでも御許山修験の縁起として作られたとする。

鎌倉時代のはじめ、安貞二年（一二二八）五月の六郷山諸勤行并諸堂役祭等目録で、人聞菩薩は六郷山に出現するとする。しかも、単独で津波戸岩屋に出現し、巡礼次第を能行聖人に語る。また、千燈岩屋の五岩屋の項目では、昔、異国降伏の時、人聞菩薩ら五人が同行し、五壇法を行ったとし、最後には、六郷山の「初覚行者」は「人聞菩薩旧行」を学び、「一百余所巌窟」を巡礼せよと記し、人聞は六郷山修行の開祖となった。

このような鎌倉時代の変化を踏まえ、十四世紀初頭に編纂された『託宣集』の人聞説話はできあがったと結論している。したがって、河野飛雲氏が主張する『菩薩記』と『託宣集』は同一記事という説を批判している。その上で、人聞菩薩に関する諸説を再度評価して、自説についても分布の誤りや史料不足の誹りを免れないとしている。

中野氏は、小泊批判を受け、前説をあらためて、人聞菩薩という架空の僧が出現してゆく過程を跡付け、これまでの研究を整理し直したといえる。しかし、これほど詳細な研究が積み重ねられてきたにもかかわらず、御許山で登場した人聞菩薩が六郷山の開祖として定着発展してゆく過程が、十分に納得できるかたちで明らかにされているとはいえない部分が多い。とくに、「仁聞菩薩」が出現してくる背景が問題である。人聞の問題は、六郷山の歴史を解明するには避けては通れない課題であるので、本章では、筆者なりにこの問題を考察したい。

二　人聞菩薩の同行法蓮上人の実像

人聞菩薩は、これまでの諸説からも仮空の人物であることは間違いない。諸研究は、この伝説上の仮空の人物に焦点を当てすぎて、逆にその姿がみえなくなっている部分もある。そこで本論では、まず、人聞菩薩とともに国東の山々に入った法蓮という実在した僧法蓮に注目してみることにしたい。

図1　虚空蔵寺（瓦・塼仏、宇佐市教育委員会・大分県立歴史博物館）

法蓮は、『託宣集』に登場し、宇佐八幡宮の弥勒寺の初代の別当職に就任した人物である。彦山で修行していた僧といわれ、如意宝珠を彦山権現に授けられたが、それを老人に化けた八幡神に奪われ、逃走した八幡神を追いかけ、下毛郡に至り、ここの諫山《いさやま》郷の南の高き山（現在の八面山）の上で、八幡と話しあい、八幡宮の神宮寺を創設し、その初代の別当になったといわれる(6)。

法蓮が史料の上に顔を出すのは、実は宇佐八幡宮の創設より以前のことである。法蓮の活動拠点となった寺は虚空蔵寺（現在の宇佐山本の虚空蔵寺跡）といわれる。古くから法隆寺式の軒平瓦、川原寺式の軒丸瓦、大和南法華寺（壺坂寺）と同范の塼仏を出すなど虚空蔵寺は、九州でも特出した寺院として知られていたが、近年の境内地や北大バイパス道路の周辺発掘調査によって、伽藍の状況や周辺の瓦窯の存在が明らかにされた。それによれば、伽藍は法隆寺形式を踏襲してはいるが、金堂の位置が西にずれ変形しており、法隆寺式伽藍をやや小さくしたものであることが明らかにされた。また、寺の西の丘陵斜面に造成された瓦窯からはこの寺で使用された塼仏や瓦が出土している。虚空蔵寺跡から六〇〇メー

図2　三角池

トルの範囲に七基の窯が発掘され、七世紀末から八世紀半ばまで場所を変遷させながら、虚空蔵寺に瓦などを供給したことが明らかにされた[7]。当時の郡司級の領主の寺院は郷や郡を単位に瓦が供給されている。これに対して、この寺院は瓦窯と寺院が一体となっていて、周辺から孤立した特異な寺院であったことがうかがわれる。このことから、在地に根差した寺院というより、中央の影響を直接受けて建立された寺院であることが明かになってきた[8]。

法蓮は、『続日本紀』大宝三年（七〇三）条と養老五年（七二一）条にその名が記される。彼は、医術の功績によって、褒賞を得た人物で、最初は、「野卌町」を与えられ、次はその三等の親に「宇佐君」の姓を与えられた[9]。この褒賞は医術の功績によると書かれているが、旧稿において、この医術は「放生」という仏教的医療であったことを明らかにした。法蓮は、日本の西を守る境界神、軍神である八幡神が戦いによって殺生を行っていたため、そこから報いとして生まれる病を「放生」という仏教的医療の方法で防ぐ役割をもって宇佐八幡宮の神宮寺弥勒寺を創設したといえる[10]。

神亀二年（七二五）に宇佐八幡宮は現在の小倉山に社殿を移し、この年、神宮寺として日足《ひあし》の地（宇佐神宮の東隣の谷）に弥勒禅院を開いたといわれる。『託宣集』では、彦山で修行していた法蓮から「如意宝珠」を奪った八幡神が諫山郷の高き峯（現在の中津市八面山）で和与をして法蓮が八幡神宮寺の別当となることを約束したとある。和与石というのは磐座であるといわれ、今日も八面山山頂の北側に二つの岩を合わせたような巨大な岩がある。

この八面山を水源とした湧水を堰き止めた池が薦社の霊池三角池《みすみいけ》である。池のある場所は「大貞《おおさだ》」といい、中野幡能氏は、これは「大宇佐田」から転訛したものであるという説を称えるが、[11]筆者もこの説に賛同する。「大貞」の地は確かに宇佐氏と密接な関係をもつ場所である。宇佐宮神官大神諸男《もろお》が養老三年（七一九）に大隅で起こった隼人の反乱の際に、八幡神の神輿を仕立てた時、この池の薦を御験《みしるし》とした。ここで三〇〇歳ともいわれる宇佐池守が船の姿で池に現れ、「大貞や　三角の池の　真薦草　なにを縁に　天胎み生むらん」と歌ったという。[12]この池の池守が宇佐氏の祖といわれる宇佐公池守である。「池守」の名は池の番人の名であり、この池が宇佐氏の開発による可能性を示していると考えられる。

しかし、三〇〇歳の翁「池守」には、伝説のなかだけではなく実在の「池守」がいる。実在の宇佐公池守は八世紀後半に活躍する人物で、七四九年に大神社女《もりめ》とともに八幡神の神輿を上京させた大神諸男の子息大神朝臣田麻呂と同一世代か、それよりやや若い人物と考えられる。宇佐池守は大神朝臣社女と大神朝臣田麻呂が天平勝宝六年（七五五）の厭魅事件という呪詛事件の罪で流罪になった後、神官に採用された人物であり、祢宜辛島与曽売《よそめ》とともに宮司を務めた。道鏡事件に際し、与曽売とその託宣にも関わり、豊前守和気清麻呂によって偽託宣に関わったとして与曽売とともに神官を追放されそうになった。大神田麻呂の大宮司復帰後も少宮司として神官の地位を確保し、宇佐氏の神官としての地位を築いた。宇佐宮の神官としての宇佐氏の祖はこの池守からであることは間違いない。池守は宇佐公を称しているが、宇佐公は天平宝字三年に「君」を「公」に換えるという法令が出されたとき、宇佐君が宇佐公に換えられたと考えられる。[13]とすれば、池守は本来宇佐君池守であり、法蓮の親族と考えられる。

宇佐公氏が法蓮の親族・子孫とすれば、法蓮の拠点であった虚空蔵寺のあった山本とともに三角池の周辺も法蓮が得た「野卌町」の内にあったと考えられる。ここは、法蓮と八幡が和与をした八面山の山麓であり、宇佐宮神官宇佐氏の始祖宇佐池守の伝承をもつ。池守が管理した三角池の堤に沿って、宇佐大路と呼ばれた豊前の官道の推定ライン

図３　池田遺跡航空写真（みやこ町教育委員会提供）

図４　池田遺跡堤土層（みやこ町教育委員会提供）

が通っている。この官道は中津市の沖代平野に引かれた条里の南限線を通り、宇佐の西参道に至る直線道路であったことが明らかにされている[14]。この道路が三角池の堤のラインに一致していることは堤と道路が同じ時に建設された可能性を示している。豊前道は律令国家体制の整備にともなって成立したと考えられ、七〇〇年前後に整備されたと推定される。

豊前官道の整備、三角池の築造、虚空蔵寺の建立は同じ時期に進められたと考えられる。三角池は、人工の溜池である。みやこ町の勝山地区の池田遺跡では、二〇〇〇年と二〇〇二年に行われた調査で、古代の七世紀末から八世紀代に築造されたと思われる池跡が発見された。池田にはこの池と関係がある伝説が伝えられている。垂仁天皇のころに造られた小松池（小松ヶ池）という溜池があり、この池には大蛇が住み、旱魃といえども水が尽きることはなかった。ある時、同じ郡の延永原に住む長者が大旱魃で千町の田が干損の危機となり、小松池で大蛇に水を祈ったところ、三人の娘の一人をともにというお告げがあり、その後、大雨が降ったが、娘は胸が痛み、急死してしまう。この霊魂を池の上の山の山頂に祀り、「胸の観音」、のちに「峰の観音」と称したという。

この池跡では、池の木樋等の一部が発掘されるとともに、周辺の祠や神社などに、その関連の木樋がご神体などとして祀られている。発掘によって、池の堤が確認され、それは版築よって土を突き固め、敷粗朶《しきそだ》工法で草と土を交互に積み重ねていたことが明らかにされている[15]（図4）。このような工法で作られた堤は河内の狭山池が有名であるが、この工法が本格的に日本に入るのは、白村江の戦いの翌年、六六四年に大宰府防衛のために築造された水城の築造からである。古代朝鮮では、池を堤といい、この工法が広く用いられ、水城も大野城などの朝鮮式山城とともに朝鮮の百済の亡命官人の技術によって造られたといわれる[16]。

三角池の堤は、報告書はないが、かつて別府大学の伊藤勇人氏や大分県教育委員会村上和久氏の調査によって版築法で造られ、敷粗朶もあったことが明らかにされている。すでに述べたように、豊前道という官道の築造と三角池の

図5　天福寺奥ノ院（宇佐市教育委員会提供）

造成は密接に連関していることは明らかである。官道の造成においても、版築法は用いられており、ここには、渡来系の人々の活動の痕跡が明確にみえる。薦社の西の相原には、百済系の瓦を出土する相原廃寺があり、養老五年（七二一）に宇佐君を与えられた法蓮の一族は、このような最新の土木技術をもつ百済系渡来人ではないだろうか。彼らは律令国家の建設の先兵として、宇佐・下毛郡地域に拠点をもち、官道や豊前最大の条里耕地の土木工事に指導的役割を果たしたと思われる。

ここで、法蓮が七〇三年に与えられた豊前国の「野冊町」について考えてみたい。すでに述べたように、まず、七〇〇年前後に開かれたことが考古学的に明らかにされている虚空蔵寺の周辺が「野冊町」に入っていたことは間違いないだろう。法蓮の寺、虚空蔵寺のある山本周辺には、法蓮が修行したという和尚山《かしょうさん》があり、国東と同じ鬼会が行われる鷹栖観音がある。また、丘陵を越えた麻生谷の入口の黒には天福寺奥の院の岩屋には、仏像群（七〇数体）が安置されていた。なかには、八世紀代の三尊の塑像、最近の科学的調査で八世紀半頃～九世紀初頭までさかのぼる木彫像が四〇体ほどあることがわかってきた。[17]

天福寺奥の院の山の北に接する旧下毛郡八面山周辺には、相原廃寺、塔ノ熊廃寺などの七世紀末から八世紀初頭の渡来系の人々によって、建立された寺院遺跡がある。また、八面山周辺には、羅漢寺の銅製観音菩薩像、長谷寺の銅製観音菩薩像、瑞雲寺跡出土の銅製誕生釈迦像など飛鳥時代から奈良時代の小型銅像が残っていることも注目される。この八面山の山麓にあるのが、大貞の三角池であり、ここが宇佐公一族の拠点であり、ここも「野冊町」の内と考えられる。

『託宣集』にある法蓮の伝承では、彦山から八面山を経る経路で宇佐に入ってくる。すでに明らかにしたように八面山周辺は法蓮や宇佐氏に関わる場所は多い。とくに、宇佐市黒地区にある天福寺奥の院は、八面山の南に位置し、虚空蔵寺と下毛郡、八面山方面を連結する要地である。弥勒寺を創建した法蓮は、日足の谷に入るまでは、八面山から山本の周辺で活動し、その痕跡を宗教遺跡・遺物として残した。これは『託宣集』の伝承と概ね矛盾はない。『下毛郡誌』には、八面山大日寺は「大宝元年二月十五日、法蓮当山を開く」とあった(18)。

これらの事実から、法蓮が八幡神と和与をしたと伝えられる八面山から山本の地が、御許山山麓の現宇佐八幡宮鎮座の場所以前の宇佐氏、法蓮の活動拠点であったことが十分に想定できる。その後、御許山山麓の小倉山に八幡神が鎮座すると、隣の谷の日足に法蓮によって弥勒禅院が創建され、御許山山麓が舞台の中心になった。「禅院」とは、三蔵法師玄奘のもとで学び法興寺（飛鳥寺）を開き、日本に禅をもたらした道昭が飛鳥寺の一角に創設したのが日本最初のものであり、ここが道昭の禅的修行の拠点と寺院である。禅とは、修行によって、人間の内面にある仏性を発見する法である。旧稿において、法蓮の寺院、虚空蔵寺で出土する法隆寺式軒丸瓦、川原寺式平瓦、塼仏等から、法蓮が飛鳥の地で学び、道昭から禅を学んだ可能性を指摘した(19)。これは、弥勒禅院が道昭の飛鳥禅院と関係があり、弥勒禅院や虚空蔵寺は禅的山林修行の拠点となったと考えられる。とくに、弥勒禅院創設以後は、御

図6　八面山（豊後高田市教育委員会提供）

図７　奈多八幡宮僧形八幡神像（奈多八幡宮所蔵）

図８　御調八幡宮僧形八幡神像（御調阿八幡宮所蔵、写真三原市教育委員会提供）

許山がその修行の中心舞台となったと思われる。人聞菩薩と修行をともにしたといわれる法蓮の実像はかなりみえてきたが、ここまでは、未だ、人聞菩薩と法蓮を結ぶ線はみえてこない。

三　八幡の出家と修行

ところで、七〇三年に法蓮は歴史上に登場し、それから七〇余年後、七七七年に八幡大菩薩は出家する。八幡神は、宝亀八年（七七七）五月十八日「明日辰の時を以て、沙門と成って、三帰五戒を受けるべし。自今以後は殺生を禁断して、生を放つべし。但し、国家の為に、巨害あるの徒出で来たらむ時は、この限りに有るべからず」と託宣して仏道に入ったという。[20] この八幡神を出家へ導いた導師は『託宣集』では法蓮であったという。石清水文書では、弥勒菩薩を導師とする。その後、七八〇年ころには、八幡神は大菩薩を称するようになり、延暦十七年以降（七九八）

の確かな史料にも「八幡大菩薩」とみえはじめる。(21)

僧形八幡神像は出家し、仏に帰依した八幡神の姿を刻んだものといわれる。今日残る最古の八幡僧形神像は、京都の東寺鎮守八幡宮のものといわれ、弘仁年間（八一〇～二四）の製作とみられる。平安時代初期の僧形像は、東寺以外には、八幡神が出家した七七七年に創建されたといわれる広島県三原市の御調八幡宮の僧形八幡神像、滋賀県彦根市の本隆寺の僧形像などが残るが、ほとんど作例がない。しかし、この時期には、奈良の法隆寺金堂の地蔵菩薩像（大三輪神社旧蔵）のように、本来神社にあったことを伝えるものは何例かあり、僧形と地蔵菩薩像は類似していることから、これらはもともと僧形神像であった可能性は高い。このことからも『託宣集』の記述は基本的に裏付けがとれる。八幡大神が八幡大菩薩となったとき、僧形八幡神像が生まれたといえるのではなかろうか。

さらに、八幡神が八幡大菩薩を称してから七〇余年ほど経ったのが斉衡二年（八五五）頃である。この時から、弥勒寺僧らによって、八幡大菩薩すなわち人聞菩薩の修行の跡を追体験する「峰巡行」（峰入行の原型）がはじまったといわれる。この修行の道は、後山《うしろのやま》から奈多の横城《よこぎ》へ向かう道と国東半島をぐるりと一周する道とがあった。前者の道は、宇佐宮から奈多宮へ向かう行幸会の道と重なるルートである。

行幸会は、宇佐宮の祭神八幡神の御験《みしるし》としての薦枕の新旧更新の儀礼であり、放生会と並ぶ八幡宮の最重要祭礼である。七月初午の日に神輿が本宮から薦社に赴く。三角池で薦を刈り、下宮一御殿の御前の回廊に安置され、西側に設置された鵜羽屋に入れ、ここで装束検校（大神氏）が枕に調整する。下宮の旧の御験は下宮におろされ、その前の旧御験は国東半島の東にある奈多宮に運ばれる。十一月初午の日、御三所の御験は宇佐郡内の八箇社（摂社・末社）を巡行する。(22)

『託宣集』によれば、行幸会は、六年に一度の祭礼である。本来は四年に一度の豊後国国東郡の奈多から豊後国の南端直入郡を経て豊前国宇佐郡内を行幸することにその出発があったことは、『託宣集』の記述から推測される。四年に一度という記述とこの記述を記したものが豊前守和気清麻呂ら豊前国司らの出した文書であったことからすると、原行幸会は、清麻呂の豊前守就任の七七三年ころに成立の契機があった可能性が高い。

この神の行幸は、本来、直入郡、奈多、四国の宇和の嶺に及ぶものであった。それは、八幡神が厭魅事件を契機に四国の宇和の峰に追放され、再び戻ってきたことを反映している。厭魅事件とは天平勝宝六年（七五四）十一月二十四日、薬師寺の大僧都行信と宇佐八幡宮の主神大神田麻呂と禰宜大神社女が呪詛をなし流罪となった事件である。薬師寺の行信は下野薬師寺に放逐され、大神田麻呂は種子島に禰宜大神社女は日向に流された。また、八幡神自身は、常の神田を残して、封戸一四〇〇戸と田一四〇町を返却し、社殿が穢されたとして四国の宇和の嶺に去ったという[23]。これは聖武派と光明子派の政治抗争・宗教抗争の帰結で聖武派の敗北を示す象徴的事件であった。この後、光明子派の藤原仲麻呂は新天皇淳仁を即位させ、仲麻呂政権ができる。しかし、淳仁天皇は孝謙太上天皇と対立し、孝謙は事実上のクーデタを起こした。これが藤原仲麻呂の乱である。これを勝ち抜いた孝謙は出家したまま天皇に復帰、称徳天皇となる。このとき、称徳女帝は、八幡神の復帰を認めた[24]。

八幡神が四国から再び戻るのは、天平神護元年（七六五）のことである。この四国から戻る過程が最初の行幸会として七七三年から間もない頃に祭礼化されたと考えられる。その後、ご神体薦の枕の造替の部分が加えられ、国司の任期が四年から六年に変更される九世紀初頭に六年一度の行幸会のかたちができあがると私は考えている。

行幸会は本来、四国の宇和の嶺に追放された八幡神が再生復活する過程を祭礼化したものであった。八幡神は宇和の嶺から国東の奈多に帰るが、一旦直入、高千穂に入り、そこから宇佐郡に戻り、郡内を行幸し、宇佐の菱形の池の辺に帰り着いた。行幸会は、三角池で苅れた薦が六年に一度、宇佐宮に運ばれ、それに八幡神が依り憑き再生し、古い御験の薦枕は宇佐から古い神輿に乗せられ奈多宮に運ばれたという。再生の場所は、宇佐氏の拠点、下毛郡の人貞の三角池に変えられたが、行幸会という祭礼は、追放された神の再生の過程がその原点にあった。

実は、宇佐の後山から奈多の横城山への峰巡行の道は、古い御験が奈多に送られる道に対応し、国東半島の海辺を経巡る峰巡行は、郡内の行幸に対応するようにもみえる。行幸会の原型ができあがって間もない宝亀八年（七七七）五月十九日に八幡神は出家する。さらに、天応初年（七八一）の小倉山への帰座を契機に「八幡大菩薩」を称するようになる。『託宣集』では、七八一年以後、「小倉山」を「小椋山」と記載して、「八幡大菩薩」として再生した八幡神を区別した。

この復活再生の過程で八幡神は、五月十九日という日を選んで出家を遂げた。この日は聖武太上天皇の御葬《みはぶり》の儀が佐保陵で催された日である。この葬儀は「仏に奉るがごとし」と表現され、出家していた太上天皇聖武には、諡が贈られなかった。弘仁十二年（八二一）八月の太政官符に引用された弘仁六年（八一五）の大神朝臣清麻呂解には、「件大菩薩亦太上天皇御霊也」とあり、八二三年に第三殿、大帯姫（神功皇后）霊の社殿が建立され、八幡大菩薩が応神天皇霊とみなされるようになるまで、太上天皇霊とくに聖武太上天皇霊とみなされていた。また、それ以後も天皇霊であることは変わらない。ここに注目すると、太上天皇霊＝八幡神が修行の過程を経て出家し大菩薩となったといえる。(25)

国東の峰巡行は、このような八幡大菩薩の修行の旧跡をたどるものだった。八幡神が「八幡大菩薩」として、「小椋山」において再生するための行場が国東であり、その再生するための修行過程が「峰巡行」であったと解釈できるのである。その意味で、この峰入りの原型となった能行聖人に示された峰巡行は、八幡神が八幡大菩薩として再生のための修行する道程であったという解釈もできるのである。

ここに八幡大菩薩の前身として修行する八幡「人聞菩薩」が登場するという方向がみえてくるのである。七八〇年に大菩薩となった以前に八幡神に関わった弥勒寺僧が初代別当法蓮であり、次いで華厳、覚満、躰能であった。これが八幡神と修行をともにした行者であった。すでに述べたように、法蓮は飛鳥の地で禅を学び、八面山から山本の地で山林修行を行い、宇佐の地に入り、御許山山麓の日足の地に宇佐宮弥勒寺の前身となる弥勒禅院を建立した。その跡を受け継いだ華厳・覚満・躰能は宇佐から国東方面に新しい寺院を開いていった。

九世紀半ばの能行聖人がどのような人物かは伝わっていないが、宇佐氏の出身であるので弥勒寺僧と考えられ、六郷山を開いたという伝承をもつ躰能と「能」の文字が共通することから、躰能の系譜に連なる僧とみてよいだろう。このような能行が峰巡行を啓示されたときには、新小倉山（小椋山）での大菩薩再生の論理が込められた行幸会が強く意識され、その道が示されたのであろう。ここに法蓮らの弥勒寺の僧は、行者として八幡神を大菩薩へ誘う存在と位置づけられたのである。しかし、この段階では、筆者は、いまだ八幡大菩薩の前身を人聞菩薩と呼んでいたとは考えていない。これについては後述する。

四　『託宣集』と「人聞菩薩朝記」の人聞菩薩像

そこで、あらためて『託宣集』に登場する人聞菩薩について、どのような場で出現するのか、語られるのかについて注目しつつ、「人聞菩薩朝記」との関係について考察してみよう。

『託宣集』には、人聞菩薩に関する次の六ヶ所の記述がある（史料①～⑥は元は漢文体[26]）。

① 日本国御遊化部「中津尾霊窟事」（護巻三）

小倉山の巽、馬城峯の麓に霊洞有り。中津尾と名づく。大菩薩光を通はすの砌、大神比義瑞を留む所なり。遠き山に非ず、深き山に非ず。象外の路、壺中の天なり、比義当窟に入って再び出でず。例へば武内大臣の山に入って遷化し、出でずして文を留む如きなり。宇佐池守冥慮を感ぜしめ、天平神護年中に伽藍を建立す。今の観音寺是なり。私に云く。宮司宇佐貞節、天元年中これを興行す。大宮司初めて任ずる時、先づ彼の洞に参って、此の由を啓す。次に神殿に跪き、初拝有るなり。

焼身峯の事。中津尾の巽、馬城峯の下に、一の高き巌の勝地あり。是れ八幡の行跡なり。法蓮・華厳等の四人、御同行と為て、来世の覚者を所望の者の為に、御許山の口基に在る所の油七石五斗七升を執り集め、甕頭に入れ、人聞菩薩の御身に油を塗り、火を付け、三年に度り、焼き坐し畢んぬ。今油執峯と号くるは是なり。過去の薬王菩薩は、自身の為に身を焼く行を立て、今の人聞菩薩は、衆生の為に身を焼く行を立つるなり。

②

又小椋山社部（大巻十一）

一、文徳天皇五年、斉衡二年乙亥二月十五日、豊後国の六郷山は、昔八幡薩埵、**人聞菩薩**として、久修修行の峯なり。中比、聖人有り。能行と名づく。俗姓は宇佐氏にして豊前国の人なり。天長二年乙巳淳和天皇二年なり。より、斉衡二年乙亥迄、春秋三十一年、星霜一万余日、彼の山に住せしめ、難行苦行を致す。久しく此の身を摧き、功を積み、徳を累ぬと雖も、未だ**人聞菩薩**を拝せず。巡礼の次第を知らず。爰に件の山中津波戸の石室に於て、五躰を地に投げ、遍身に汗を流し、六時に懺法し、発露涕泣す。第三七日の夜、四五更に向ふの剋、異香室に満ち、電光山に耀く。晴天の下、石屋の上に、相好　端厳の粧を顕はし、耆老　碩徳の僧と現れて、告げて言く。

我は是れ、昔此の山に行ぜし行者なり。汝罪障已に滅し、機感時至るが故に、吾来り告ぐる所なり。此の山に修行するに、二つの路有り。後山の石屋より始めて、横城に至るべし。又海路辺地を経めぐるべきなり。我昔の修行此の如し。但し東三郷安岐・武蔵・津守郷是なり。西三郷伊美・来縄・田染郷是なり。は、此の山の敷地なり。生を此の地に受けむ群類は、皆是れ昔の同行の知識なり。結縁既に深し。得脱近きに在り。勧進の人たり。敷地四至の内に、殺生を諫止せしむべきなり。又法音を断たずして、後仏の出世を待つべし。跡を留めむ僧侶は、各此の峯を護持して、聖跡を巡行すべきなり。吾は是れ、昔の**人聞菩薩**・弥陀如来なりてへり。

此の如く勅し了つて、忽然として見えず。爰に能行、所謂既に満ち、衆望亦足りぬ。起請に云く。此の山は是れ弥陀如来利生の嶺上、観音薩埵垂迹の海畔なり。細しき旨は、縁起に在り。

③

王巻の裏書分

巡拝記に云く

人聞菩薩、御許山の御修行の昔、硯水無き時、筆の管を以て大石を指し給ふに、霊水忽に出づ。其の水今に乾さずと云々。

④

馬城峰の部（王巻十四）

御託宣に云く。

村上天皇十五年、天徳改元して応和元年なり。辛酉以前一千六百卅二年なり。天皇は五十九皇なり。此より以来、法蓮・華金・**人聞菩薩**等なり。来世の覚者所望の志として、御山口の基今油取峯是なり。に在る所の油七石五斗七升を甕頭に入れ、火を身に付け、三年に度り焼き畢ぬ。此より後未来際迄、衆生を利益する間、八幡根本の砌、石体不変の峯に、出家入道の処なり。十方不動の体に垂迹す。高山は三世不変の洞にして、各四門有り。一は有門、二は空門、三は非有空門、四は亦有亦空門なり。この三蔵の教えは、菩薩は修多羅蔵なり、聖者は毘尼蔵なり、如来は阿毘曇蔵なり。化度利生の為に、四諦を修す。一は苦諦、二は集諦、三は滅諦、四は道諦なり。故に十六諦観は、苦・空・無常・無我等に入るなりてへり。

⑤

馬城峰の部（王巻十四）

Ⓐ御許山これに依って、日本の鎮守にて御座すなり。借りに宿りて八幡三所と号く雖も、各往古の仏なり。仏力・神力共に、六十余州には慈味の大神為り。唐土の中には、又十善の君なり。高名有徳の諸大明神の名を現すなり。広く天上に遊び、大きに天下を政む。治め奉る左右の丞相・大中納言・文武百官の御願、向ひ来ること深

い石体現身の高山にして、一切衆生、下賎に在りとも、皆仏道の身を成ずるを証明したまふ。石に施入して帰らざるに、七難即滅、七福　即生の地なり。一時礼せば、千里の内に七難起こらず、罪禍生せざる深山なり。仍て代々世々、国王・大臣の為に、託宣したまひ、来世に至って、結縁し畢ぬ。総ね坐し給ふ聖人の鉾は、安心院の共鑰山に置く。弥勒の出世に現るべきのみ。

一に云く。御許山の石体御在所の拝石より去ること七町許り、巽方に当り、路の中に伏したる石の仏体有り。寝仏と号く。又寝弥勒と称す。参詣人の袖裙に触れて、結縁と成り、慈氏の下生に出生せしめんが為なりと云々。御髻は当神の方に臥し給ふ所なり。御長は七尺、肩廻りは現在五尺一方の岩に付く分は知らず。坐石の広さ三尺五寸、厚さ二尺二寸なり。又上宮より南方に当り、寝仏より坤方に、窟二つ有り。華頬と号く。其の内に両界の諸尊形を安置するなり。人聞菩薩の御作なりと云々。二の岩屋の中間は二町計りなり。一方は南艮に向ふにあり、高く聳え、立ち分かる。眼前の及ぶ所、十余丈計りか。

Ⓑ法蓮・人聞・華金・大能・覚満七十余年なり。後又七十余年にして、正月十三日庚午、御許山西方の霊山に移りたまひ、来世の覚者たり。行者記す。已上畢ぬ。

⑥

馬城峰の部「霊山寺の事」（王巻十四）

御出家峯の十四五町以西の正覚寺の西北に高山有り。大菩薩昔、人聞菩薩と示れて、四人の同行に与して、倶に七十余年、仏法修行の後、又七十余年にして、正月十三日庚午、当山に移り坐し、霊山寺と号け、行法勤修の道場なり。本尊は釈迦如来の三尊と多聞・持国の二天なり。草創の年紀は、未だ検べず。守文記録は誰が家か。旧記の如くんば、毎年釈迦法を勤修すと云々。今に於ては、雲堂無く、月輪無し。礎石残り、人跡絶えるのみ。

①の史料では、宇佐池守が天平神護年中に中津尾の霊窟（宇佐宮神官始祖大神比義の籠もった窟）に観音寺を開いたことを記す。この天平神護年中は押領使であった池守がはじめて宇佐宮の神官団に加わった頃である。この後の項

で八幡神が中津尾の霊窟の巽の御許山の山口、すなわち「焼身の峯」で油七石五斗七升を甕頭に入れ、三年にわたって焼身の修行を行ったことが記される。薬王菩薩は我が身のために身を焼いたが、人聞菩薩は衆生のために、その身を焼いたと記す。ここに登場する人聞菩薩は、出家し衆生のために修行を開始した八幡大菩薩のことである。

また、注目すべきは、池守が中津尾霊窟に開いた観音寺との関係で「焼身の峯」が語られていることである。この観音寺は、天元年中（九七八〜八三）に宇佐貞節が再興し、代々の宇佐氏は大宮司に就任したとき、ここに参拝することになっていた特別な場所であった。中野幡能氏によれば、中津尾寺は、宇佐神宮の小倉山の裏の宮佐古にあった栄興寺のことであり、宮佐古十坊が中津尾寺の坊であるという(27)。また、中津尾寺は、『続日本紀』神護景雲元年九月十八日条にみえる「八幡比売神宮寺」であり、この建立に宇佐池守が関与したとしている。中津尾寺は宇佐大宮司の管轄にあり、弥勒寺とは別個の経営にあり、中津尾寺の僧を社僧といい、弥勒寺の僧を寺僧と称したという理解である。

この説を踏まえて考えると、宇佐氏は中津尾寺という寺院を通して、法蓮の創設した弥勒寺と御許山を結び付け、その仕掛けとして衆生のために修行する八幡大菩薩を人聞菩薩と特別に呼び登場させているかのようにみえる。

③の史料では、「豊後国の六郷山は、昔八幡薩埵、人聞菩薩として、久修修行の峯なり」とあり、六郷山は八幡大菩薩が人聞菩薩として久しく修行をした峯であったことを記す。ここでも、修行する八幡大菩薩を人聞菩薩と呼び、その場が御許山から六郷山に展開している。また、①の史料でも宇佐池守との関係した霊地と人聞菩薩の修行の場所は関係しているように記されているが、②でも人聞菩薩の修行の足跡を知ろうとしたのは、宇佐氏出身の能行聖人であった。斉衡二年（八五五）、人聞菩薩は、国東の峯々の入口の津波戸山の岩屋に現れ、修行の道を能行に教えたのである。③の史料では、人聞菩薩が御許山の修行の時、硯水がないとき、筆の管で大石を指して、霊水を出したという。この「人聞菩薩の硯水」があるのが津波戸の岩屋である。ここでは、津波戸山の地は、御許山の行場としてみえ

ている。津波戸山という御許山と国東の地を結ぶ霊地に、宇佐一族の能行を登場させ、その前に人聞菩薩が出現するという仕掛けである。②と③からも人聞菩薩と宇佐氏、御許山と人聞菩薩の間に密接な関係があるように描かれている。

⑤⑥の史料は、「馬城峰部」にあるものである。これらの史料の線部に注目すると、これらは、「人聞菩薩朝記」をほぼ踏まえた記述である。以下の史料は「人聞菩薩朝記」の本文である(28)（史料2）。

（裏書）「人聞菩薩記文」

仁平二年（花押）之本

（中略）

八幡大菩薩、於前身人聞菩薩、八十餘年佛法修行給時同名幷釼等也、
人聞菩薩朝記一巻道行順行還路生成印三足符相礒心鏡明門心源觀歡喜經下巻
天（文ヵ）武天之眞宗豊大祖父天皇十一年元丁酉、改五年辛丑爲大寶元年、大寶天
王坐時、捨十善之朝位、外之唐朝向給、神龜五年元甲子於然日本國之中九國二
嶋往辺給日、唐土海中之弓大弘願發、我今日外不可向、又池（他ヵ）朝海中慈
石仁八幡文字書付、起請云、始自我今成正覺者、外国州者、諸佛菩薩施威
力、我漸借八幡大菩薩出現之弓、我朝一切衆生有情滿念、不而者、我上虚空、
國土天下充、使願不成、抑一元者、大寶天王坐時、修行次日、本朝國内豊前
國宇佐郡少蔵山北辰坐、其語云、我一所住坐法界、衆生有情利益力願發云、
從此西彦山神坐、名言權現、一萬金剛童子申、其權現以寶珠玉、一切衆生度
給、於然上法蓮行人来着云、我權現如意寶珠玉、我未見給申、於然班虵積玉

図9　仁聞菩薩の硯水

口入出来、自口出前置、是見弖、八幡申、已八幡聞、雖北辰追乞得給、八幡者不奉上、仍八幡香春明神語云、自此南彦山坐、其御前如意寶珠候也、其申給云、其時八幡彼之御山仁參行之弖、爲玉來着申、其時北辰付奉上之申、雖而不見由申給之弖、此度尚見給申給、人出玉請取不返、他國迯去、其時権現大誓願發言、我玉不得者又返、不成正覺誓行、其時豊前國下毛郡諫山郷南當高山猪山大多羅眸神者、八幡大祖也、彼爲焼修給出、皆仍彼之所去、宇佐郡御許垂迹権現給、誓願云、自今我山者、修験人者、置尚我山者、名聞得行求者、富貴官位求者、七寶如意者、天下國王大臣君百官申者、念令成就、除盗賊火難、祈祷時、辨才高知得時者、此用立三石成身、木火成意、不干衆生利益給事、④天徳五年元年丁巳以前千六百卅二年也、天皇五十九皇、自此以来、治法蓮・花金・人聞菩薩等也、爲來世覺者、所望悉（志カ）者、御山口基所在油七石五斗七升入甕、頭火付身度三年焼了、自此後八幡根本久砌、石躰不變山出家入道處也、於然權現垂跡地、靈験勝利高山、三世之變身石躰也、各有四門、一者有門、二者空者、三者非有空門、四者亦有亦空門也、此三蔵敎菩薩修多聖毘尼蔵者、如來阿毘雲蔵佛也、爲化度利生四諦、一者苦諦、二者集諦、三者滅諦、四者道諦、故十六諦觀入苦空無我無常即諦等也、⑤Ⓐ依此日本鎮主漸借宿八幡三所、雖號名往古佛也、佛力共、六十余州慈味（味カ）大神之弖、唐土朝十善居也、佛現高名有得諸大明神名宿也、大政天下才治奉左右丞相大中納言、文武百官御願勾來深石躰現身之高山證明給之弖、一切衆生有情下賤皆成佛道身石、誰人不歸、七難即滅・七福即生地、一時禮者、千里内七難不起、罪禍不生除山也、仍代々世々天下朝代々爲大臣國王記置、至來世□紀了、惣坐給聖人鋳置安心院共鑰山、弥勒出世可現耳也、

⑤Ⓑ法蓮　久門　花金　太能　覺滿

七十余年也、後又十七（七十）余年、正月十三日庚午御許西靈山移、抑爲來世覺者行者記次南無御命、

「人聞菩薩朝記」は、前半と後半の二部から構成されている。前半、大宝元年（七〇一）にはじまり、十善の王（前世に十悪を捨て修行した天子）の位を捨て中国に修行した八幡神が日本に八幡大菩薩として現れ、小倉山に鎮座

し、彦山権現の如意宝珠を手に入れ、御許山に垂迹するまでの話である。後半は、天徳五年（九六一）からはじまる。法蓮・花金・人聞菩薩らの御許山での焼身の修行こと、御許山は石躰不変の山で八幡出家の地、高山には三世変身の石躰があり、これを仏法の四門・四諦で説明している。最後に、これまでに文をまとめ、日本の鎮主が八幡三所の姿を借りていること、その前身は仏であること。それ故に石躰権現は功徳あることを語る。終わりの部分で、安心院共鑰山での弥勒の出世、法蓮・久門（人聞ヵ）・花金・太能・覚満の修行、御許山霊山へ移ったことで結ぶ。中野氏が指摘するように、基本的に御許山の縁起というべきものである。しかも、これは御許山へ垂迹した権現の縁起であり、八幡の本地垂迹説を称えたものである。しかし、「人聞菩薩朝記」では、タイトルに人聞菩薩の名があるにもかかわらず、縁起の中心に人聞菩薩が位置づけられているとはいいがたい。

一方、『託宣集』の馬城峰の部の④、⑤のⒶⒷ線部は、「人聞菩薩朝記」を引用したという記述はないが、明らかに「人聞菩薩朝記」の線部④と⑤のⒶⒷは、『託宣集』のそれと対応しており、「人聞菩薩朝記」をほぼ忠実に引用した部分といえる。ただ、違うのは、『託宣集』では、人聞が記述の主役に踊り出ていることである。しかも、『託宣集』のゴシック体表記部分の①⑥では、「人聞菩薩朝記」の後半の部分を脚色し、八幡神の前身である人聞菩薩の活躍を展開させた記述となっている。

⑥の史料では、八幡大菩薩は昔、人聞菩薩として現れ、四人を同行して七〇余年修行した。その後、さらに七〇余年修行し、この峯に移り、霊山寺と名付け、そこを行法勤修の道場とした。ここには、釈迦如来三尊像が安置されていた。霊山寺の「霊山」は「霊鷲山」のことで、御許山は、釈迦が法華経を説法した「霊鷲山」にみたてられたのである。

ここまでは、御許山の縁起の範囲であるが、②③は津波戸山での話であり、津波山での話が国東の世界、六郷山への展開を暗示する仕掛けとなっている。

以上の考察からは、『託宣集』に出てくる人聞菩薩の記述は、すべて御許山とその周辺で修行する八幡菩薩の姿を人聞として描くものである。その記述の中心は、「人聞菩薩朝記」を核にして、そこに、宇佐氏と御許山の霊地の関係、津波戸山と宇佐氏の関係を盛り込みながら記述しているのである。「人聞菩薩朝記」は、何度かの書写があり、誤写もあり、実に難解な史料であるが、中野氏は「一種の神仏習合の八幡縁起であるが、決して単なる八幡縁起ではなく、道仏と習合した霊山御許山（実は「山」は書いてない）の縁起である。」とする。確かに『託宣集』はその発展形態であり、人聞菩薩信仰の御許山から六郷山の展開を見事に示しているといえる。

五　「十善の君」から「人聞菩薩」へ—弥勒寺新宝院の建立と御許山霊山寺の成立—

これまでの考察によって、「人聞菩薩」が御許山という場所で出現したことは明確になった。ここでは、御許山という場所に焦点を当て人聞菩薩の登場過程を明らかにしてみよう。

『託宣集』によれば、延喜十九年（九一九）に行秀聖人が朝廷の許可を得て、豊前守惟房を勅使として伽藍（正覚寺）が建立された。この時、行秀聖人によって白山権現が勧請されたとある。この延喜十九年については、「御出家の後百三十三年なり」と注記されている。(29)御許山は八幡大菩薩「御出家の峰」といわれ、九一九年から一三三年前とは七八六年である。年代がややあわないが、これは八幡が出家した七七七年が大菩薩となった七八〇年を示そうとしたのであろう。行秀聖人によって天台系の白山信仰が御許山に導入され、正覚寺が成立した。ここが八幡大菩薩の出家の峰と認知されたということであろう。

『人聞菩薩朝記』や『託宣集』によれば、応和元年（九六一）から御許山で来世の覚者を願い、法蓮・華金・人聞菩薩が山口のもとで身に油を塗り、火を付け三年にわたって焼くという焼身の修行をはじめたという。ここにはじめて「人聞菩薩」が登場してくる。その十数年後、天元年中（九七八〜八三）に宇佐貞節は御許山の入口である宮佐古の地に観音寺を再興し、ここは代々の大宮司が就任する時参拝する場所となった。御許山にとって、十世紀という時期には大きな画期があったに相違ない。確かに、この時期、それまで国家神として民衆から遠い存在に祀り上げられた八幡大菩薩が民衆に接近してくる時期であることに注目する必要がある。

承平・天慶の乱の後、天慶八年（九四五）七月から八月にかけて西国・九州の地から、天満天神（菅公の霊）、宇佐若宮、住吉などの神々が「志多羅神」として民衆に担がれ、京都を目指した。山城（王城の地）に入る山崎の地で、中心の神は「八幡大菩薩社」に変身し、対岸の石清水八幡宮に迎え入れられた。この「志多羅神」入京の際に、民衆らが歌った童謡《わざうた》には、「月は笠着る　八幡種蒔く　いざ我らは　荒田開かん」という行がある。軍神・国家神であった八幡神は、田に自ら種を蒔く存在となり、民衆の側に立つ神となっていた。筆者はかつて、これを村の鎮守神の成立の契機とみなした(30)。確かに人聞という民衆へのまなざしがみえる名が登場するにふさわしい環境ができあがったことは事実である。それ故に、「人聞菩薩朝記」でも、この時期を後半の御許山への展開の始点としている。しかしながら、筆者は、ここで本当に「人聞菩薩」の称が登場したかについては疑義をもっている。それでは、その時期はというと、十一世紀末から十二世紀前半の段階にその変化があったと想定している。その点を以下の論述のなかで明らかにして行きたい。

弥勒寺は十一世紀初頭、講師元命のときに、長保事件という大宰府と宇佐宮の相論を通じて藤原道長との太いパイプを形成した。元命は左大臣藤原道長、右大臣藤原実資と親しくなり、その力を得て石清水八幡宮の別当を兼帯することによって、八幡宮寺という権門の頂点に立った。この過程で、法華経信仰が弥勒寺のなかに取り入れられ、弥勒寺境内には法華経を安置する新宝塔院が白河天皇の御願で建立された。永保元年（一〇八一）には、末法突入三〇年目を意識し、石清水八幡宮別当兼弥勒寺講師の戒信（元命の子息）が宇佐に下向し、落慶供養が行われた。この供養に先立ち、天台座主から二人の弥勒寺僧に対して法華供養法が授けられ、彼らは塔の供僧となった(31)。

本来、弥勒寺僧は兼学であり、一宗の寺院ではなかった。当時、石清水八幡宮の別当で弥勒寺の講師であった戒信自身も御室法親王(性信)を師主とする真言系の僧であったが(32)、この時期から、弥勒寺と天台宗との関係が急激に強まっていく。そのことを象徴するのが津波戸山における永保三年(一〇八三)の経塚造営である。この造営は、弥勒寺新宝塔院の落慶供養の二年後のことであり、新宝塔の造営とこの経塚の造営は密接に関係していたと思われる。経筒の銘によれば、大宮司宇佐公相《きみすけ》をはじめとする神官・弥勒寺等の僧侶がこの造営に関係していたことがわかる。さらに銘文には「如法書寫妙法蓮華經一部、竝結集一遍集各一巻、如法圖摺佛菩薩各百體、寶塔一基、於中安置釋迦多寶二世尊像、左右扉普賢・文殊種子書之」とあり、経筒には、如法に書写した法華経と結集と一遍集が各一巻、宝塔一基(中に釈迦如来・多宝如来二世尊像が安置、扉には普賢・文殊の種子が書かれていた)が納められたことがわかる(33)。

また、経筒の表面には、上下二段に図像が並列されている。上部は、来迎印の阿弥陀三尊坐像、頭上には飛雲が漂っている。下部には、説法印の釈迦坐像を中心として左右に各四躰の図像が配置されている。津波戸山は、宇佐氏出身の能行が人聞菩薩に峰巡行の道を授けられた場所であり、人聞菩薩が法華経書写したという硯水がある。『託宣集』大巻裏書には、すでに述べたように、「人聞菩薩、御許山の御修行の昔」この津波戸の岩屋で大岩を筆の管でつき硯水を出した話が載せられている。安貞二年の六郷山目録では、能行聖人が如法経の書写のために、白い岩に筆管

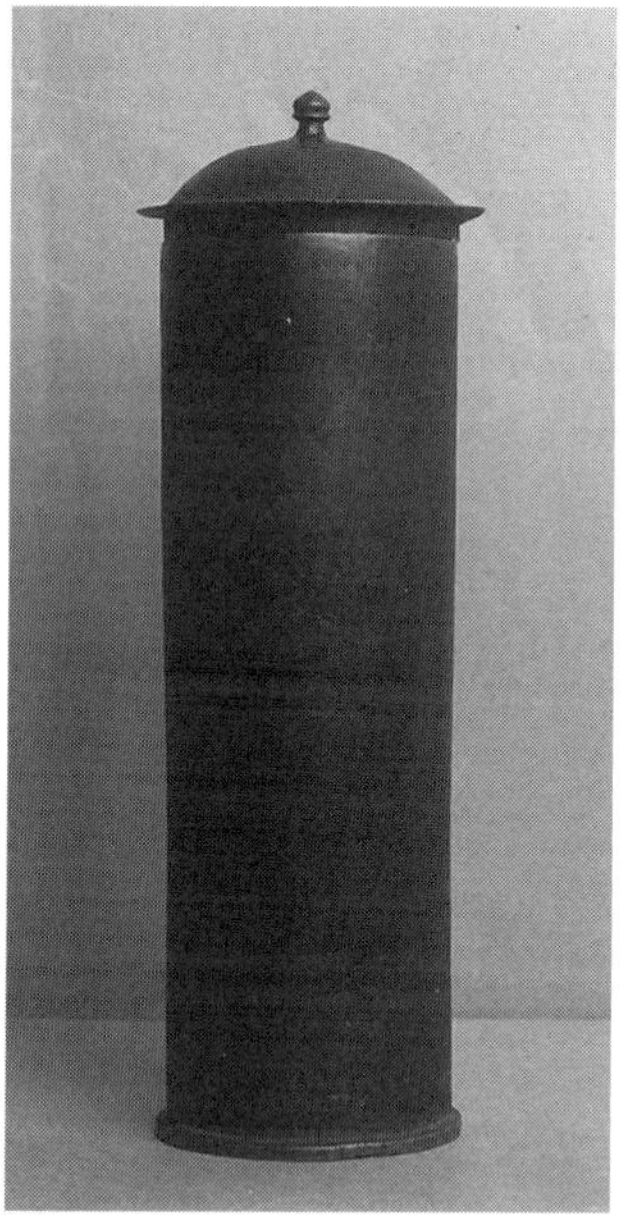

図10　津波戸山経筒(大分県立歴史博物館)

を指し、水が出たとする。いずれにしても、津波戸山は法華経書写の霊場と認識されている。永保三年の経筒埋納を前提にこの硯水の記述が書かれたか、伝承を前提に経塚が造営されたのかは不明であるが、津波戸山は、人聞菩薩が国東への峰巡行の道を示した場所であり、御許山と国東六郷の山々を繋ぐ結節点にある重要な聖地であった。そう考えると、経筒表面に刻まれた図像は意味をもってくるのではなかろうか。上部は阿弥陀三尊、下部は釈迦如来とその眷属である。

『託宣集』には、「吾は是れ、昔の人聞菩薩、弥陀如来なりてへり。此の如く勅し了つて、忽然として見えず。爰に能行、所謂既に満ち、衆望亦足りぬ。起請に云く。此の山は是れ弥陀如来利生の嶺上、観音薩埵垂迹の海畔なり。細しき旨は、縁起に在り。」と書かれている(34)。国東六郷山は、「阿弥陀如来利生の嶺」と認識されていた。

すでに述べたように、『託宣集』では、八幡大菩薩は昔、人聞菩薩として現れ、四人を同行して七〇余年修行した。その後、さらに七〇余年修行し、馬城峯（御許山）に移り、霊山寺と名付け、そこを行法勤修の道場とした。ここには、釈迦如来三尊像が安置されていた(35)。この場所は、正覚寺の北西の高山といい、宇佐八幡宮の裏山である御許山の山上に霊山寺は創られたという。しかし、『託宣集』の段階では、もはや、廃絶しその跡しかなかった。その創建の時期は明確ではないが、霊山寺の「霊山」は釈迦が法華経を説いたというインドの霊鷲山のことに他ならない。先にも述べたが、これは御許山が霊鷲山に見立てられたということであろう。この『託宣集』の人聞菩薩に関する記述のもとになっている「人聞菩薩朝記」でも、最後に法蓮、人聞、花金、太能、覚満が七〇年、さらに七〇年の修行の末、御許山の西「霊山」に移ったとあり、御許山が霊鷲山とみなされている。

このことから、法華信仰を意識した永保元年（一〇八一）の弥勒寺新宝塔院の建立、永保三年（一〇八三）の津波戸山での経塚の造立を契機に、御許山は釈迦が説法をした霊鷲山（霊山）とみなされ、国東の六郷山は、阿弥陀の利生の嶺とみなされ、その結節点として、人聞菩薩、能行聖人の法華経書写の聖地津波戸山が位置づけられたと考えられる。そう考えると、津波戸山の経筒の上部に「阿弥陀像」下部に「釈迦像」が配置された図像が国東六郷山と御許山霊山寺の反映と解釈できるのである。また、鎌倉時代の宇佐宮の神輿襖絵が法華経絵で構成されていることもその反映とみてよいだろう。

さて、ここで、「人聞菩薩朝記」について改めて検討を加えてみよう。「人聞菩薩朝記」の成立時期については、本文の前文に「仁平二年（花押）之本」とあるが、中野氏は、これがこの本の成立時期を示すとはいえないとしている[36]。ただ、本文のなかには、延久三年（一〇七一）十二月十七日に宇佐郡安心院辺土で発見された釈迦牟尼が鋳造した剣のことと思われる記述があることから、この本は延久三年以降に成立したとしている。さらに絞り込むと、宇佐宮に天台の法華信仰が本格的に流入する契機となった永保元年（一〇八一）の弥勒寺新宝塔院の建立以降とみてよいだろう。

また、承徳三年（一〇九九）二月二十九日に大江匡房が作成した「御許山法華三昧縁起」では、浄行の僧六口を宇佐御許山に於いて、法華三昧を勤修し、八幡大菩薩の法楽を祈り、そのために筑後国原田荘が灯油料所として寄進されたことが明らかになる[37]。これが御許山の石躰権現、霊山寺の始原であると思われる。この縁起のなかに「右八幡大菩薩は、昔は十善の君として、遍く黔首（民百姓）を海内に撫でる、今は百王の運を輔け、傍たに玄応を人間に垂れる」とある。十善とは殺生・偸盗・邪婬・妄語・両舌・悪口・綺語・貪欲・瞋恚・邪見の十悪を犯さないことで、前世にこの十善を行ったことで天子に生まれ変わったものを「十善の君」という。この段階では、八幡大菩薩の前身は「十善の君」であり、未だ人聞菩薩は登場していない。

一方、「人聞菩薩朝記」では、この「十善の君」は受け継がれているが、「大寶天王坐時、捨十善之朝位、外之唐朝向給、」、八幡大菩薩は、「十善之朝位」を捨てて、唐土に渡り、その後、日本に戻り八幡大菩薩として現れた。やがて、彦山権現の許にいた法蓮から如意宝珠を奪った宇佐小倉山に鎮座した。御許山で出家した八幡大菩薩は、法蓮や華金（花金）などの行者と修行をした。この段階ではじめて行者「人聞菩薩」が登場してくる。

さらに、『託宣集』の「大菩薩、昔、人聞菩薩と示れて、四人の同行に与して、倶に七十余年、仏法修行の後、又七十余年にして、正月十三日庚午、当山に移り坐し、霊山寺と号け、行法勤修の道場なり」の行は、人聞菩薩とは十善の朝位を離れ、行を積んだものを指し、この十善を行う者が昇華した姿が「人聞」の称の濫觴となった可能性がある。したがって、承徳三年（一〇九九）の大江匡房作「御許山法華三昧縁起」の時点では、「人聞」の称が出現しているわけではなく、この時点から、仁平二年（一〇五二）に至る五〇年余の間が「人聞」出現の時期と考えるべきで

図11　徳治本宇佐宮神輿襖絵（大分県立歴史博物館、上）、応永本宇佐宮図、下

あろう。

　ここであらためて「人聞菩薩朝記」を分析しその成立に関して考察を加えてみよう。「人聞菩薩朝記」は、『宮寺縁事抄』第十二の「雖非御託宣可准事剱石」の巻に入れられている。この奥書には、「先師別当御房御書也　相傳權少僧都（花押）以他人本加書也」とあり、先師別当御房（田中道清）の本を相伝した權少僧都（田中宗清）が他人の本をもって、書き加えたと記されている。田中宗清は元久元年（一二〇四）十一月三日に權少僧都に任じられ、別当田中道清は元久三年（一二〇六）正月三日に入滅し、その後、宗清は建暦三年（一二一三）には法印および權大僧都に任じられている(38)。したがって、「先師」という言葉からみて、道清の死から法印および權大僧都補任までの一二〇六年～一二一三年の間にこの奥書を記したと考えられる。

　また、『大日本古文書　石清水文書之五』の解説注記では、「コノ一巻、八幡大隅國正宮御殿艮方石躰出現事九〇頁以下は田中道清ノ筆ニシテ紙継目裏ゴトニ道清ノ花押アリ、**釋迦劔出現事及ビ人聞菩薩朝記**ハ、ソノ子宗清ノ補入スルトコロニシテ、巻首ノ目録及ビ奥書ハ宗清ノ筆ニカヽル」と記されている。このことから、「釋迦劔出現事及ビ人聞菩薩朝記」の部分については、一二〇六～一二一三年に他人の本から書写し、補入したものであることがわかる。以下は表紙と「釈迦剱出現事」と「人聞菩薩朝記」最初の部分を記載したが、裏書に「人聞菩薩記文」とあり、「仁平二年（花押）本」とあるのは、宗清が書写した「釋迦剱出現事及ビ人聞菩薩朝記」のことを指すことは間違いない。仁平二年に「釋迦剱出現事」と「人聞菩薩朝記」が結合され一本として書写されており、この本を他人から手に入れ宗清が書写し「雖非御託宣可准事　剱石」に入れたと理解できる。

「（裏書）第十二

　雖非御託宣可准事　剱石　」

尺迦剱五本現事釋迦

六人行者撰定文二通
大隅正宮石破八幡二字現事
（裏書）「人聞菩薩記文」
　　　　仁平二年（花押）之本
豊前國宇佐郡安心院邊土出現給、奉鋳釋迦牟尼仏一躰劔五柄、以延久三年十二月十七日、弥勒寺御願僧神因奉
見、傳廣之、
同御座面文字　　丁酉季十二月、作奉釋迦牟尼仏三由首□末呂願
　　　　（釼五本（うち三本は台座のみ）の絵挿入）
八幡大菩薩、於前身人聞菩薩、八十餘年仏法修行給時同行名幷劔等也、
人聞菩薩朝記一巻道行順行還路生成印三足符相礒心鏡明門心源歡喜經下巻
　　　　（以下略）

右の線部で「八幡大菩薩」の前身を人聞菩薩として明記して、八幡大菩薩が人聞菩薩として八〇余年仏法修行した時に同行の名前と劔であると記載する。以上のことから、一一五二年段階までには間違いなく人聞菩薩、八幡大菩薩前身説が確立し「八幡大菩薩、於前身人聞菩薩」と記されたといえる。しかし、「人聞菩薩朝記」だけをみると、人

聞菩薩は、あくまでも法蓮・花金らの五人の行者の一角を担う行者の一人であって、八幡大菩薩は、御許山に石躰権現として出現したのであり、人聞菩薩がその前身であると明示されているとはいえない。人聞菩薩出現から一一五二年の人聞菩薩八幡大菩薩前身説が確立するまでの間にも一定の時間が必要であったと思われる。御許山霊山寺成立は、人聞菩薩という新しい行者を生み出し、これは一一五二年までには八幡大菩薩と完全に結合したということであろう。

この一〇九九年から一一五二年の五〇年余、すなわち、十二世紀前半にいかなる事態が進行し、どのように「人聞菩薩」は出現したのであろうか。さらに、この御許山で出現した「人聞菩薩」が、六郷山とどのように関係していくのかを次章で明らかにしてみたい。

六　行者の理想「人聞菩薩」の登場の背景

これまでの考察で、人聞菩薩とは、特定の人ではなく、御許山を霊鷲山、六郷山を阿弥陀の峰と見立てられた時期に、御許山で造り出された架空の菩薩であることを明らかとした。また、その時期は十二世紀前半であった。それでは、どのような歴史的背景のなかで、人聞菩薩はつくり出されたのだろうか。

「人聞菩薩朝記」を分析した中野氏は、「八幡大菩薩と同体として扱われていたのが、次に、法蓮などの下に菩薩として神格をもった形で書かれ、最後は菩薩がなくなり、法蓮等と同列に書かれている。かように三つの書き方が本書にみられるが、これはそのまま人聞の考え方に対する時代の経過を示しているようである。」と述べている。また、「人聞」というは民間信仰であって、公的な律令制社会ではさし控えなければならない言葉であるとも述べている(39)。これは、人聞菩薩の性格に対する鋭い指摘であるが、すでに述べたように、人聞菩薩は決して、八幡大菩薩の化身と明示されたわけではなく、弥勒寺を造り、放生会に関わった法蓮らの弥勒寺僧とともに修行する新たなる菩薩として出現している。

『託宣集』において、御許山で修行した人聞菩薩について、「過去の薬王菩薩は、自身の為に身を焼く行を立て、今の人聞菩薩は、衆生の為に身を焼く行を立つるなり」と表現している(40)。人聞とは、「正覚」（本当の悟り）をめざす衆生の菩薩の姿であって、だれもが人聞となれるという教えではなかろうか。このような民衆へむけたまなざしが「人聞菩薩」という理想の菩薩像を生み出したと考えられる。これまでの考察から、「人聞菩薩」は御許山で出現したことは間違いないが、石清水八幡宮と一体になった弥勒寺という巨大権門から国東の山岳寺院の住僧が自立し六郷山という組織を造り出したことと、この人聞菩薩出現とは決して無関係ではなかったと考えられる。

それでは、まず、人聞菩薩登場の前段階の国東地域のいわゆる「六郷山」の状況を整理してみよう。ここで注目しなければならないのは、大宮司家が深く関与して建立されたと考えられる馬城山《まきさん》伝乗寺（現大分県豊後高田市田染真木）という寺院である。これは、現在は真木大堂と呼ばれる堂舎である。ここには、丈六の阿弥陀如来・不動明王・大威徳明王、四天王等の秀作の像が安置されている。

この像については、従来は十二世紀代前半から後半の作とする説もあったが、近年の渡辺文雄氏の研究では、不動明王とその脇士、大威徳

図12　真木大堂の仏たち（真木大堂）

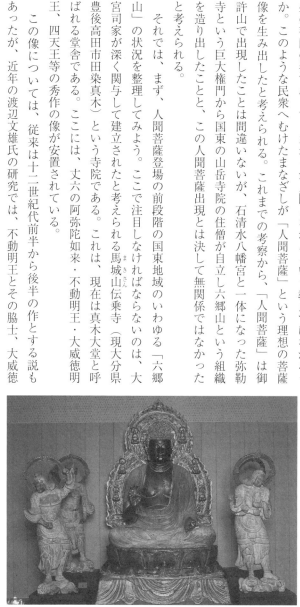

明王、阿弥陀如来は、定朝の時代からその次世代の十一世紀半ばから後半の作、とくに阿弥陀如来は一〇七〇～八〇年代頃だといわれている。ただ、四天王は十二世紀代に入るとみている。[41]筆者も基本的にこの説をもとに考えると、大宮司宇佐公則のころから、堂舎が整備され、不動明王、大威徳明王が造立され、一〇八一年の新宝塔院建立を契機に阿弥陀如来像が安置され、さらなる整備が進められたと考えられ、宇佐公則を祖とする「公」を通字とする宇佐大宮司家の創設期にこれらの仏像造立が位置付けられる。その意味で、「馬城山」の名は、御許山の別名であることから、強く宇佐宮の裏山御許山を意識したものと考えられる。

しかし、馬城山の名は当初からの名ではないという説がある。[42]この「馬城山」の名がはじめて登場するのは、建武四年（一三三六）の六郷山本中末寺次第并四至注文案である。[43]確かに、安貞二年（一二二八）の六郷山諸勤行并諸堂役祭等目録写（安貞二年目録）では、「喜久山」の本尊として「丈六皆色阿弥陀如来、丈六不動、同大威徳」がみえ、真木大堂の仏像は「喜久山」という寺院にあった。[44]この仏たちが真木大堂の諸仏であり、「馬城山」は「喜久山」と同一であることは間違いない。この点については次のように考えている。

建武四年の注文では馬城山は本山の本寺としてみえ、その四至は「東限赤岩辻　西限ハエホシ嶽　限南六太郎美尾限北光廣」とあり、[45]現在の大分県豊後高田市田染の真木から陽平に及ぶ山岳地帯を含む範囲とみられる。また、本山末寺には馬城山の末として「聞山岩屋」がみえる。安貞二年目録では、喜久山は「種々勤等中絶」と記され、六郷山の寺院のなかで最大の規模をもち「丈六皆色阿弥陀如来、丈六不動、同大威徳」が安置された壮麗な寺院は唯一機能停止の状態にあった。[46]この衰退の原因は、直接的には治承・寿永の内乱にあったと考えられる。平家方に荷担した大宮司家の力の後退、天台六郷山の力の台頭などによって、大宮司の主導によって建立されたと考えられる伝乗寺は、六郷山の岩屋である喜久山（聞山）に組み込まれたことで、その本来の寺名が消え、法会は機能停止状態にあったと考えている。

ところで、前節で述べたように、『託宣集』では、人聞菩薩は自らを弥陀如来と告げたという。また、縁起にある起請でも六郷山は弥陀如来利生の峰とされ、観音菩薩が垂迹した地であるとされる。安貞二年目録（表1）では、六郷山の中心寺院では、本尊として五〇％が千手観音・十一面観音・聖観音・六観音などの観音を祀り、二八・五％が薬師如来である。また、六郷山惣山屋山寺（現豊後高田市長安寺）に埋められた保延七年（一一四四）銘の銅板法華経の経筥には、六観音が六体線刻されている。このことから六郷山の寺院は観音信仰を基本にしており、観音の霊場「観音菩薩垂迹の地」であったことが裏付けられる。

これに対して阿弥陀如来はどうであろうか。安貞二年目録では、屋山寺（豊後高田市長安寺）には、千手観音と阿弥陀三尊が安置され、「弥陀如来利生の嶺上、観音薩埵垂迹の海畔」の六郷山の惣山に相応しい光景であった。しかし、安貞目録の最後では、「於当山霊場、所致御祈祷目録、如斯、仍顕宗学侶者、跪観音医王宝前、開講一乗妙典、増仏賢」とあり、六郷山の寺院の本尊は、あくまでも観音、医王（薬師）が基本であった。

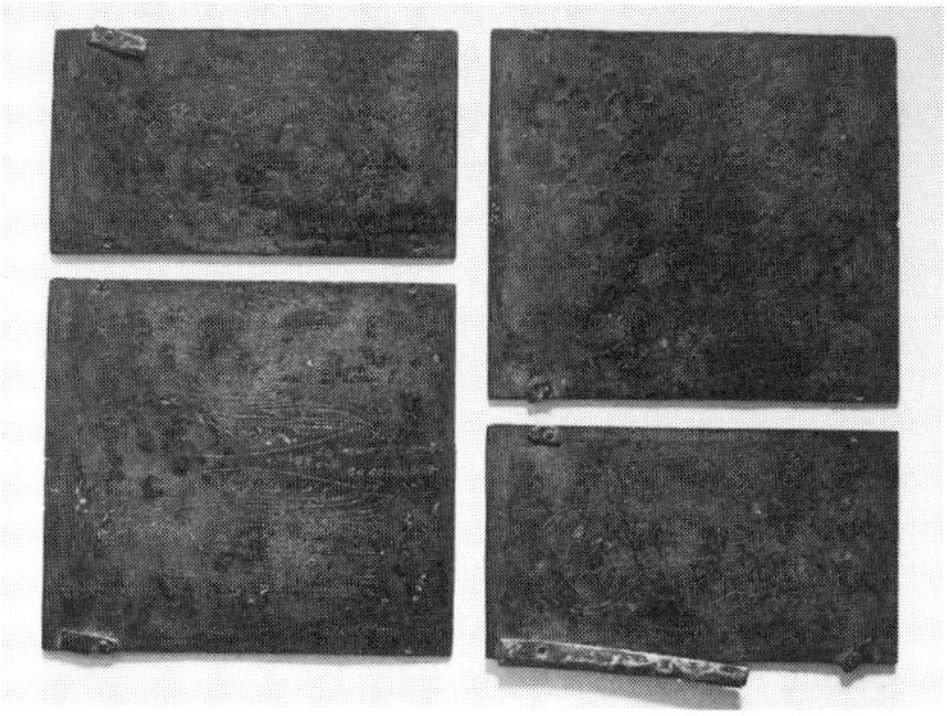

図13　長安寺銅板法華経（長安寺所蔵）

また、『託宣集』では、宇佐八幡宮の神宮寺の創設から発展に関わった法蓮、華厳、覚満、躰能の僧侶たちの拠点寺院については次の記載がある。法蓮は山本で虚空蔵菩薩を崇め、華厳は郡瀬の法鏡寺で如意輪観音を崇め、覚満は来縄で薬王菩薩を崇め、躰能は六郷山で薬師如来を崇めたとする。(47) 六郷山の初期には、薬師信仰があったことはここからも推測できる。

先の論考において、天台六郷山が組織化される以前に弥勒寺の傘下に組織化された初期六郷山という段階を設定した。これまでの研究でも、中世以降の六

表1　安貞二年目録に見える六郷山寺院の本尊

	寺　名	本　尊
	本山分	
1	後石屋	薬師如来
2	伊多井社	妙見大菩薩
3	津波戸石屋	千手観世音菩薩
4	大折山	聖観音
5	高　山	薬師如来・観世音菩薩
6	間戸石屋	薬師如来
7	喜久山	**丈六阿弥陀如来**・丈六不動・丈六大威徳
8	不動石屋	不動　五丈石身
9	大日石屋	大日　五丈石身
10	辻小野寺	千手観音
11	大谷寺	十一面観音
12	知恩寺	薬師如来
13	惣山　屋山寺	千手観音・**阿弥陀三尊**・不動
	中山分	
14	長石屋	観世音菩薩
15	龍門石屋	千手観音
16	虚空蔵石屋	虚空蔵菩薩
17	黒土石屋	馬頭観音
18	四王石屋	四天王
19	小岩屋	薬師如来
20	大岩屋	千手観音
21	夷石屋	千手観音
22	西方寺	延命観世音菩薩
23	千灯寺	千手観音
24	五岩屋	不動尊
25	岩殿岩屋	薬師如来
26	大嶽寺社	薬師如来
	末山分	
27	両子仙	薬師如来・千手観音
28	小城寺	六観音

郷山の三山の「本山《もとやま》」を中心とするものであったと考えられているが、躰能の六郷山はまさにその出発点に位置づけられる。しかし、国東六郷を意識した「六郷山」という名称が八世紀末から九世紀はじめの僧侶と思われる躰能の段階で存在したとは考えられないし、躰能の六郷山がどこかは明確ではない。ただ、西叡山周辺には薬師を本尊とする寺院が多く、その中心である高山寺は、安貞二年目録では、薬師如来・観世音菩薩を本尊としている。この寺では、

古い六郷山の本尊とみられる薬師を崇め、六郷山で最も多い観音菩薩を祀る。しかも、西叡山の麓の小田原地区の内野には、高山寺の焼仏という聖観音菩薩像があり、これは十世紀にさかのぼる古仏である。[48]このことから、この西叡山高山寺そのものか、その周辺に、六郷山の前身になった寺院があった可能性が高いといえる。

次の段階に登場したのが、阿弥陀の霊場としての六郷山であったと考えられている。これは、永保元年（一〇八一）の新宝塔院建立を契機とした「本山」を中心とする寺院の再編であり、初期六郷山の最終段階と位置づけられる。この初期六郷山は、宇佐大宮司家や石清水八幡宮と一体化した弥勒寺が推進したもので、その中心が馬城山伝乗寺であったと筆者は考えたのである。伝乗寺は阿弥陀如来を中心とする寺院であり、すでに述べたように「馬城山」は、天台六郷山成立以後「喜久山」（聞山）に包摂されたもので、この寺院の建立をもって、六郷山を阿弥陀の峯とすることが確定したのではないだろうか。前節で述べたように、永保三年（一〇八三）の津波戸山における経筒埋納は、その経筒に刻まれた釈迦像と阿弥陀像からみると、釈迦説法の霊鷲山である御許山と阿弥陀如来利生の嶺である六郷山を繋ぐ八幡大菩薩の聖地として、この場所を位置付ける意図があったと解釈できる。

康和二年（一一〇〇）ころから八幡三所を阿弥陀三尊に見立てる説が流布する。とくに大江匡房がこの説の創造、流布に関与していたようである。大江匡房は御許山での法華三昧の勤修にも関与しており、十一世紀末から十二世紀初頭にかけて、宇佐本宮の弥勒寺に対して、御許山を釈迦が法華経を説いた霊鷲山、六郷山を阿弥陀の峰に見立てる説が確立し、宇佐の八幡本宮の弥勒、御許山の釈迦、六郷山の阿弥陀という八幡宮における三世仏の説が確立していった。

一方、宇佐の新宝塔の建立を契機に、十二世紀に入る頃から、宇佐八幡宮の傘下にあった北部九州の寺院の天台化が進んでゆく。そのなかで、天台僧の活動によって経塚造営が行われ、天台延暦寺の影響下に置かれる寺院が爆発的に増加した。これは単なる天台化の問題ではなく、八幡権門勢力と在地の住僧と提携した「天台僧」（体制側から悪僧とも呼ばれた大衆勢力）の勢力が対立を引き起こしたのである。

このような天台僧の活動と在地の僧の自立運動が結合し、宇佐宮弥勒寺という巨大権門から国東の六郷山という山岳寺院集団を成立させたのである。六郷山は、永久元年（一一一三）に天台無動寺の末寺となり、保安元年（一一二〇）には無動寺から延暦寺に寄進され、延暦寺末寺となった（『六郷山年代記』）。六郷山寺院では、奥の院に六所権現、岩屋などがあり、その下に講堂、さらに下に院主のいた本坊、本院があり、その周辺に坊集落が展開する。その伽藍のタイプを縦型伽藍、横型伽藍と二つに整理する説もあるが、一般的には奥の院の六所権現の裏山には、通常、経塚が存在している。この経塚が営まれたのは、十二世紀初頭から半ばであり、伽藍の形成もこの時期に対応していると考えられる。

図14　長安寺太郎天童（長安寺所蔵）

六郷山では、この時期の経筒が多く出土している。永保二年（一〇八二）銘の津波戸山（現杵築市山香町）の経筒、大治五年（一一三〇）年の経文銘をもつ高山寺出土経筒、保延七年（一一四四）銘の屋山長安寺出土の銅板法華経などがその代表である。永保二年の経筒銘には「於津波戸山」とあり、その前に六郷山の文字を冠してはいない。ところが、天台六郷山が成立した一一二〇年以降の大治五年（一一三〇）の高山出土経筒の経文銘には「六郷高山」と記され、長安寺銅板法華経には「鎮西豊後国六郷御山屋山」と記されている。六郷山の名称も六郷山の経塚形成と対応しているように思われる。

この十二世紀前半の遺物で注目したいのは、「天台僧良胤」（大治五年の経文銘高山寺出土経筒）、「天台僧圓尋中禅坊」（大治五年太郎天童像）などと「天台僧」の銘を記すものがあることである。これらの事実から、十二世紀初頭には、経塚の造営、仏像造立などの事業が天台僧の活動によって、六郷山寺院の整備が行われたことが推測される。

また、このような六郷山の成立と並行しながら、大宰府周辺では天台大衆と権門支配層の対立が表面化した。長治元年（一一〇四）十月十九日に延暦寺の僧侶法楽禅師の配下が竈門山大山寺（現太宰府市）の荘園に乱入し狼藉を働くという事件が起きた。法楽禅師は、比叡山東塔の僧であり、長治のはじめに慶朝法印が座主を務めたとき、叡山の悪僧の首領となり、叡山一山の実権を掌握し、座主を追放した人物であった。大山寺も法楽が強引に別当の地位に就き、延暦寺下部や日吉社宮主法師などを鎮西に送り支配を行った。そのため、座主慶朝法印のとき、院宣で大山寺の別当を兼帯していた八幡石清水別当光清と対立し、光清はこの一味を捕らえるように大宰府に要請した。大宰府権帥藤原季仲と検非違使左衛門尉範政の部下が彼らを捕らえるため竈門山大山寺に向い合戦となり、流れ矢が竈門社の神輿に当たるという事態となった。

この件で、権帥藤原季仲は召還され、十月三十日には延暦寺大衆らは、祇園の神輿を担ぎ季仲・光清・範政の流罪を要求して陽明門に押しかけた。一方、八幡神人も待賢門に参集し、別当光清の無罪を訴え、双方大乱闘となった。この事件で、八幡神人という圧力団体をもつ宗教権門の長である石清水八幡別当光清は除いて、季仲以下の事件関係者は遠流などの厳しい処分を受け終結した（以上『中右記』）。

竈門山大山寺は、八幡別当光清の父の頼清もこの別当職に任じられ、石清水八幡宮の支配を受けてきたが、『中右記』長治二年十月三十日条では「大山者是天台之末寺也」という注記があり、最澄が計画した天台六宝塔院の一つ安西宝塔院が建立された日本天台の拠点の一つであり、八幡宮寺と天台延暦寺という二大宗教権門の複雑な二重支配を受けていた。このような複雑な支配のなかで、事件は天台内部の融和派（統制派）と天台中心主義の大衆武闘派との対立によって引き起こしたものと推定される。

康和四年（一一〇四）に天台座主に任じられた慶朝法印は、石清水八幡宮勢力と融和をはかり、八幡別当の大山寺別当への就任を認めたが、本山大衆を率いた法楽禅師などの武闘派はこれに反発し、山上の実権を掌握した。これに組した法眼寛慶や阿闍梨頼禅などが慶朝法印を座主から追放することを要求した。

この背景には、法楽に代表されるように、合戦を好み、諸国の山門末寺荘園の所職を兼帯し、僧兵・俗兵士を従え、たえず都鄙を往来しつつ山門領末寺荘園の全国ネットワークの拡大を計ろうとする大衆勢力とそれを押さえようとする上級貴族出身の統制派の勢力の対立が存在していた。山門は「大衆の張本」「悪僧首」とよばれる末寺荘園支配に実力を発揮した勢力に主導権を奪われていったのである。

このような十二世紀以降の情勢のなかで、国東半島では、延暦寺大衆勢力から派遣されたと思われる「天台僧」が入り込み、埋経や造像を指導し、寺院の伽藍の整備を進めた。

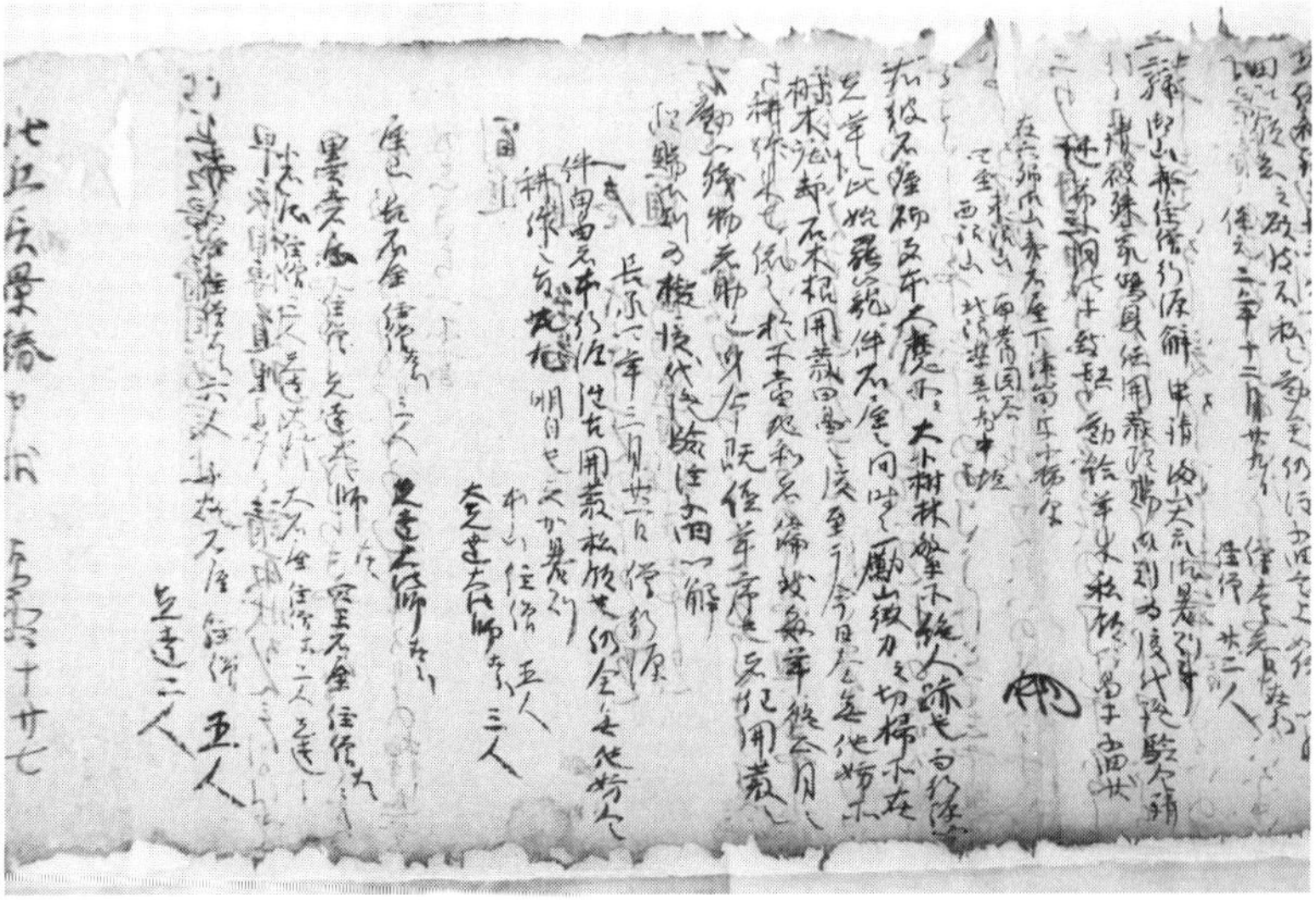

図15　余瀬文書（大分県立歴史博物館）

「天台僧」の活動が六郷山という寺院連合を造りだし、弥勒寺傘下にあった大衆クラスの住僧が中心になり、延暦寺を本寺に仰ぎ、自立の道を進みはじめたのである。このように支配層の統制派と大衆クラスの対立は地方の寺院にも及んだのである[49]。

すでに述べたように、六郷山は、永久元年（一一一三）に天台無動寺の末寺となり、保安元年（一一二〇）には無動寺から延暦寺に寄進され、延暦寺末寺となった。この中心は、六郷山の三山（本山・中山・末山）の中山にある屋山寺であった。屋山寺では、天台僧円尋らの指導によって、大治五年（一一三〇）には、「屋山太郎惣大行事」という童形の権現像が造られ、六郷山の惣山的位置を明瞭にした。惣山とは、満山大衆の衆議が行われる衆議所が置かれた場所と考えられる。十二世紀を通じて、この天台六郷山では、満山大衆の衆議によって、住僧らの開発所領の安堵、相論などの裁定が行われた。これを先論において満山大衆衆議体制と名付けた[50]。

このような地方での大衆衆議の体制は、まさに中央で進行した山門大衆の力が寺社権門の上層部を突き上げ、満山大衆衆議体制を造り上げた時期と並行するものであった。また、地下の侍たちが軍事貴族として地方の武士たちを組織し、その実力をつけ、保元、平治の乱で院や上級貴族からその主役の座を奪いとっていく時期とも重なっている。「人聞菩薩」なる行者は、このような寺院における大衆主体の時代にふさわしい菩薩として登場してきたといえるのではなかろうか。

したがって、その登場時期は、六郷山が成立してくる十二世紀の初頭に出現してきたとみている。今日残る史料では、御許山の縁起というべき「人聞菩薩朝記」において生まれたとみなされるが、当初から天台六郷山の成立とも密接に関係しながら成立したとみてよいだろう。「人聞菩薩朝記」は仁平二年本といわれるが、前説で述べたように、仁平二年に成立したわけではなく「釋迦劔出現事」と「人聞菩薩朝記」が統合された本で、八幡大菩薩前身＝人聞菩薩説が確立した時期であると考えられる。

この仁平二年（一一五二）の前年には、御許山には梵鐘が完成し、鐘楼に懸けられ、御許山霊山寺では、その伽藍整備の完成期を迎えている。[51]仁平二年はまさに整備完成の翌年であり、御許山にとって大きな画期であった。六郷山においても久安六年（一一五〇）に惣山屋山寺でも大梵鐘の鋳造が行われ、[52]さらに本山・中山・末山の三山体制の整備が進んだ時期でもあった。御許山-六郷山の新しい寺院体制の整備と人聞菩薩の登場は対応していたのである。

七　八幡大菩薩＝人聞菩薩の展開—六郷山への展開—

それでは、御許山で出現したと思われる人聞菩薩はどのようにして六郷山に受け入れられるのであろうか。六郷山の史料にはじめて人聞菩薩が登場するのは、安貞二年（一二二八）目録である。この目録の段階では、満山衆徒（大衆）の上に三綱・権別当・執行-別当という三山を統括する体制ができあがっていた。しかし、この文書では、六郷山の諸勤行、諸堂役・祭等が三綱・権別当・執行から六郷山衆徒に注進されていることは、目録はあくまでも満山大衆への諮問の形式をとっており、その根底では満山大衆体制は生きていたことを示している。[53]以下、この目録に記載される人聞菩薩の記事を抜き出し分析してみよう。

①【津波戸石屋】
昔有人聞菩薩、行顕満山給也、彼菩薩於此石屋、放瑞相、告語當峯巡禮次第也、於能行聖人御石屋也、又斉衡二年二月十五日、同聖人自筆仁書如法經時、爲硯水以筆軸、指白岩給、自軸跡靈水漲出事、于今新也、當代取此水、満山仁書寫如法經云云、

②【千燈五岩屋】
昔異國降伏之時、人聞菩薩有五人同行、五壇法修行之、

③【枕岩屋】
人聞菩薩御枕在之
④【銚子岩屋】
人聞菩薩御銚子在之
⑤【瀧本岩屋】
人聞菩薩御自筆如法經、奉納此岩屋、依之一乗菩提峯云云、
⑥【文末記載】
右、於當山靈場、所致御祈禱目録、如斯、仍顕宗學侶者、跪観音醫王寶前、開講一乗妙典、增佛賢、密敎佛子者、堀八幡尊神・六所權現社檀、唱神咒、備法味、初學行者、学人聞菩薩舊行、巡禮一百餘所巖堀、

①では、昔人聞菩薩という人物がいて、「行」を満山（の僧）に示したことが書かれている。津波戸岩屋において、人聞菩薩は峯巡礼の次第を能行聖人に告げ、斉衡二年二月十五日に能行聖人が如法経を書写したとき、白い岩に筆軸を指したところ、霊水が出て、今も満山で如法書写が行われているとある。②〜⑤までは、昔異国降伏のとき、人聞菩薩以下五人の行者が五壇法を修した千燈五岩屋、人聞菩薩の枕や銚子が置かれた枕岩屋・銚子岩屋、人聞菩薩自筆の如法経を納めた瀧本岩屋など岩屋の由来を記す。最後の⑥は、この目録の結びとして三種の僧侶の修行の方法について書いている。（1）顕宗（顕教）の学侶は観音・薬師の宝前に跪き、法華経を開講する。（2）密教の仏子は八幡尊神・六所権現に対して、神呪を唱え、法味に備える。（3）初学の行者は人聞菩薩の旧行を学ぶため、百余所の巌窟を巡礼する。

これらの内容を整理すると、まず、「人聞菩薩朝記」では、法蓮や花金（華厳）らとともに修行する行者の一人として出現した人聞菩薩がここではその主役として登場してきたことである。人聞菩薩は、六郷山の満山大衆に対し

図16　八幡縁起（宇佐神宮）

て、「行」の道を示した存在であり、初学の行者はこの示された法で百余箇所の巌窟を廻らねばならないことが明示されている。また、人聞菩薩との関係で、天台宗で最も重要な経典である法華経の如法書写のことが記載されている。さらに、人聞菩薩以下五人の行者は、異国調伏のため、千燈五岩屋で五壇法を修したことである。

安貞目録では、主に人聞菩薩を通して、天台の山岳「行」が語られ、天台宗の奥義たる如法書写の功徳が記載される。これからみると、人聞菩薩とは、天台の教えのなかで作り出された理想の行者像というべきものではないかと考えられる。ここで、注目すべきは、五壇法を修し、国家護持のため、異国調伏のことを行ったことは、人聞菩薩が護国の神である八幡大菩薩と重なりあうことを暗示している。「異国調伏」という祈祷行為が人聞菩薩＝八幡大菩薩説をさらに促進させている。モンゴル軍が日本に侵攻した文永・弘安の役とそれ以降の再侵略への警戒は、八幡大菩薩が異国調伏の祈祷の主体になったという意味で、このような変化をさらに進化させることになった。

旧稿において、文永・弘安の役とその後のモンゴル再来襲の噂は、六郷山における異国調伏の祈祷を恒常化させ、これが修正鬼会という六郷満山独特の法会を生み出したことを明らかにした。ここにも人聞菩薩は法蓮とともに顔を出す。豊後高田市長岩屋の天念寺の鬼会では、黒い鬼と赤い鬼が講堂で暴れ、その手にもつ松明に叩かれた里人はその年の福を約束される。黒鬼は、蒙古の鬼と見なされ、その一方で人聞菩薩、不動明王の化身、赤鬼は法蓮、愛染明王の化身といわれている(54)。それ以降の人聞菩薩像は、文永・弘安の役を経て、『託宣集』において、その姿が固まるのである。

人聞菩薩については、室町時代以降は、『宇佐宮現記』の行幸会の項にわずかに「昔人聞菩薩ノ御時、御修行ヲ表三所ノ神輿ニテ、八ヶ社ヲ御廻在也」とあるだけで、以下の天正十五年（一五八七）正月二十八日の吉弘統幸願文まで具体的記述はない。

右、当山之霊堀者、元正天王之御宇、養老二年戊午仁聞菩薩開闢以来、練行季久、異国降伏之壇場、天長地久御願所也、

中野氏も述べているように、この文書は、ある意味で近世仁聞像の入口を示している。ここではじめて人聞の表記が「仁聞」となり、六郷山、養老二年（七一八）「仁聞菩薩」開闢説が現れる。

近世に入り、厳しい「行」を積む理想の行者の姿から、民衆に広く功徳を施す、身近な行者へと変貌を遂げる。その姿は、寛保二年（一七四二）の『豊鐘善鳴録』では、『託宣集』の人聞像を基本にしているが、そこに今までにない行満という行者を加え、法蓮・華厳・覚満・体能・行満を五大徳と名付け、「仁聞」を別格として行者の守護霊的立場に位置づけた。さらに、二十八ヶ所霊場、六万九千余という法華経八部の字数の数の仏像の彫刻など、天台法華の精神が強調されたり、伊美の五岩屋が密教の五智如来の窟に転じたり、千燈岩屋の千燈を竜王が奉ったなど、新説が加えられた。これが幕末の『六郷山仁聞大菩薩本記』に反映され、近世の「仁聞」像は完成されるという。(55)

図17　峰入り行

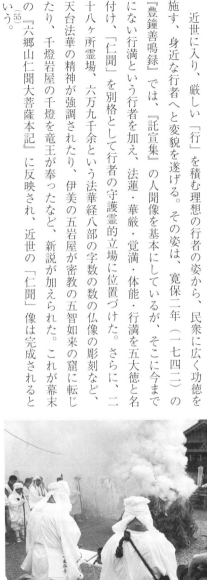

このような近世「仁聞」像の形成の背景には、六郷山寺院の復興運動と峰入り行の新展開があった。十六世紀末から十七世紀初頭にかけ、集団峰入り行という今日の「峰入り」に通ずる新しい六郷山の「行」がはじまる。入峯柱銘は、峰入りの行者が霊場を廻ったときに、その堂舎に年号、行者の名を記したものであるが、現在、残る最古の入峰柱銘は、富貴寺の元禄十四年（一七〇一）が最古で、それに次ぐのも宝永三年（一七〇六）である。この両方の入峰柱銘には、行者銘はないが、「六郷山仁聞菩薩古跡」と記され、年号、「二月十三日」の日が記されている。この日付は、後の峰入りにも継承されるもので、国東半島の六郷満山寺院で、一七〇〇年よりさかのぼる建物は富貴寺以外にはほとんどないことから、これが柱銘を記す集団峰入りの最初を示すものと考えられる。この時期、元禄二年（一六八九）～正徳二年（一七一二）の間に、六郷山の霊場を巡礼するための手引として『豊後国六郷山巡礼手引』が作成されたのも、六郷山寺院の僧侶が集団として峰入りを行いはじめたことと連動していると考えられる。(56)

このような近世の集団峰入りでは、四国の巡礼の影響を受け、弘法大師信仰の同行二人の考えに基づき、行者は「仁聞」菩薩とともに、その古跡を歩き修行し、虫封等の簡単な祈禱を行い、その力を里人に分け与えた。「仁聞」菩薩は、中世までの行者の理想の姿から、民衆に広く功徳をもたらす存在に変身を遂げたのである。

むすびにかえて

「仁聞菩薩」の伝承は、すでに「はじめに」でも述べたように、宇佐や国東半島の六郷山寺院だけではなく別府市宝満寺、石城寺をはじめとして北部九州の寺院に残っている。「仁聞伝承」の残る場所は、基本的には、弥勒寺領の故地の寺院であり、その伝播は、六郷山ではなく、宇佐弥勒寺を通じて他地域へ進んだことを示している。文永・弘安の役を契機に起こった異国調伏の祈禱が八幡大菩薩＝人聞菩薩説を促進させ、「仁聞伝承」が九州管内に流布したと推定される。六郷山以外の「仁聞菩薩」伝承の展開についての問題は、重要な課題ではあるが、本章では、ひとまず御許山―六郷山という流れのなかで論を展開したので、この問題については別の機会に論じたい。

さて、本章では、六郷山を開いたといわれる人聞菩薩とは何かという課題に取り組むなかで、六郷山の前史を明らかにした。また、人聞菩薩伝承が生まれた御許山の分析を通じて、宇佐八幡宮と六郷山の関係、六郷山での人聞伝承の変遷をも一応を整理することができたと考える。ここで明らかにした人聞菩薩像を一応整理すると以下のようになる。

（一）人聞菩薩は、宇佐宮弥勒寺の開祖法蓮の子孫である宇佐大宮司家宇佐氏が密接に関係して生み出したもので、九世紀後半の宇佐氏出身の僧躰能、十世紀半ばの宮司宇佐貞節、十一世紀半ばの大宮司宇佐公則などの段階を経ながら、宇佐の御許山でできあがった菩薩である。人聞菩薩出現の最終章である十一世紀の後半から十二世紀にかけて、天台宗の影響下で、御許山は、釋迦如来のいる霊鷲山（霊山）、国東は、阿弥陀利生の嶺とみなされるようになった。

（二）八幡大菩薩は十一世紀までは、「十善の君」（前世に十悪を捨て修行した天子）という姿で活動していたと信じられていたが、十二世紀に入ると、天台寺院では、大衆衆議の体制が中央寺院で進み、地方でも満山衆議の体制ができあがっていくと、「十善の君」は姿を消し、新しい菩薩「人聞」が出現する。人聞菩薩は、このような寺院における大衆主体の時代にふさわしい理想の行者として登場し、これが次第に八幡大菩薩と結合していく。この移行期を示すのが御許山の縁起として作られた「人聞菩薩朝記」である。

（三）「人聞菩薩朝記」には「八幡大菩薩、於前身人聞菩薩」とあり、ここに人聞菩薩、八幡大菩薩前身説が確立している。この本は、「釈迦瓰出現事」と「人聞菩薩朝記」が結合され、仁安二年（一一五二）に書写されたものである。この時期、御許山や六郷山は、寺院の完成期であたり、そのことと、人聞菩薩、八幡大菩薩前身説の登場は連動していると考えられる。

（四）中世以降の六郷山での人聞菩薩は、修行する八幡大菩薩そのものとなった。満山大衆に対して、「行」の道を示した存在であり、初学の行者はこの示された法で百余箇所の巌窟を廻らねばならない。また、人聞菩薩との関係で、天台宗で最も重要な経典である法華経の如法書写のことが記載される。さらに、人聞菩薩以下五人の行者は、異国調伏のため、千燈五岩屋で五壇法を修したことである。ここに今日の人聞菩薩の姿が完成を迎える。さらに、近世に入り、厳しい「行」を積む理想の行者の姿から、民衆に広く功徳を施す、身近な行者へと変貌を遂げるのである。

注

（1）『八幡宇佐宮御託宣集』（以下『託宣集』と略す）。
（2）『託宣集』大巻十一　又小椋山社部上。
（3）『くにさきの世界　くらしと祈りの原風景　豊後高田市史特論編』一九九六年。
（4）柳田国男「末王健児の物語」（『民族』一九二七年）、小野玄妙「仁聞菩薩の事蹟と其の造像」（『大乗仏教美術史の研究』一九二七年）、河野飛雲「仁聞菩薩」（『史談』一九二八年）、中山太郎「仁聞菩薩」（『旅と伝説』一九三七年）、中野幡能「八幡信仰の二元的性格—仁聞菩薩発生をめぐる史的研究—」（『宗教史研究』一九五五年）、小泊立矢「六郷満山の成立」（『大分県史』古代第四）。
（5）中野幡能「仁聞菩薩伝」（『八幡信仰と修験道』吉川弘文館　一九九八年）。
（6）『託宣集』霊巻五　菱形池辺部。
（7）『虚空蔵寺跡発掘調査報告書』（宇佐市　一九九〇年）、『宇佐地区遺跡群発掘調査概報』（一九九四〜一九九六年、宇佐市教育委員会）、『天平の宇佐』（別府大学附属博物館・宇佐市教育委員会　一九九六年）。

(8)『天平の宇佐』（別府大学附属博物館・宇佐市教育委員会　一九九六年）、後藤宗俊『塼仏の来た道―白鳳期仏教受容の様相―』（思文閣出版　二〇〇八年）。
(9)『続日本紀』大宝三年八月二十五日条、同養老五年六月三日条。
(10) 拙著『八幡神となにか』（角川書店　二〇〇四年、文庫本二〇一四年）。
(11) 中野幡能『八幡信仰史の研究』（増補版）上巻（吉川弘文館　一九七五年）。
(12)『託宣集』霊巻五　菱形池辺部。
(13)『続日本紀』天平宝字三年十月辛丑（八日）条「天下諸姓着君字者、換以公字」にある。
(14)『宇佐への道』（大分県教育委員会　一九九一年）。
(15)『みやこ町内遺跡群Ⅰ　みやこ町文化財調査報告書　第2集』（みやこ町教育委員会　二〇〇七年）一四二～一六六頁　池田遺跡の調査。
(16)『太宰府史』通史編1　二〇〇五年、考古資料編　一九九二年、古代資料編　二〇〇三年。
(17) 高宮なつ美「天福寺奥院仏像群について」、綿貫俊一・株式会社加速器研究所「天福寺奥院仏像群の放射性炭素年代測定（AMS測定）」（『大分県立歴史博物館　研究紀要』13号、二〇一二年）。
(18)『下毛郡誌』（大分県下毛郡教育会　一九二七年）。
(19) 拙著前掲、注（10）、後藤前掲注（7）。
(20) 拙著前掲注（10）。
(21)『続日本紀』宝亀三年（七七二）四月丁巳条までは、「八幡神」とみえるが、『新抄格勅符抄』一〇（神事諸家封戸）延暦十七年（七九八）十二月二十一日官符に「応納府庫八幡大菩薩封一千四百戸位田百卌町事」と「八幡大菩薩」の称がみえはじめる。以後、『新抄格勅符抄』一〇（神事諸家封戸）延暦十八年（七九九）十一月五日官符には、「八幡大菩薩宮」、『新抄格勅符抄』一〇（神事諸家封戸）大同三年（八〇八）七月十六日官符には、「大菩薩宮」「大菩薩幷比咩一千四百十戸」などとみえるようになる。

(22)『託宣集』威巻七　小倉山社部下。
(23)厭魅事件については、『続日本紀』天平勝宝六年（七五四）十一月二十四日条および『託宣集』。
(24)拙書前掲、注（10）。
(25)同右。
(26)『八幡宇佐宮御託宣集』。
(27)中野前掲、注（11）。
(28)「人聞菩薩朝記」『宮寺縁事抄』第十二の「雖非御託宣可准事匔石」の巻。
(29)『託宣集』通巻十　大尾社部下　王巻十四　馬城峰部。
(30)拙書前掲、注（10）一五三〜一五六頁。
(31)同右、一七六〜一九四頁。
(32)「石清水祀官系図」（『続群書類従』七上）。
(33)豊後高田市史特論編『くにさきの世界―くらしと祈りの風景―』（豊後高田市）一六〇〜一六一頁。
(34)『託宣集』大巻十一　又小椋山社部上。
(35)『託宣集』王巻十四　馬城峰亦号御許山部。
(36)中野幡能「仁聞菩薩伝」（『八幡信仰と修験道』吉川弘文館　一九九八年）。
(37)承徳三年二月二十九日御許山法華三昧縁起「宮寺縁事抄」『宇佐神宮史』三巻。
(38)前掲、注（32）に同じ。
(39)中野前掲、注（35）論文。
(40)『託宣集』護巻三　日本国御遊化部。
(41)渡辺文雄「真木大堂とくにさきの仏」（豊後高田市史特論編『くにさきの世界―くらしの祈りの原風景―』一九九六年）。
(42)同右。

(43) 安貞二年五月日の六郷山諸勤行并諸堂役祭等目録写　『太宰管内志』下（渡辺澄雄編『豊後国荘園公領史料集成2　豊後国田都甲荘・真玉荘・香々地荘史料』所収）。
(44) 建武四年六月一日六郷山本中末寺次第并四至等注文案　永弘文書（渡辺澄雄編『豊後国荘園公領史料集成1　豊後国田染荘・田原別符史料』所収）。
(45) 同右。
(46) 前掲注（41）に同じ。
(47) 『託宣集』霊巻五　菱形池辺部。
(48) 渡辺前掲、注（39）著。
(49) 「文書から見た六郷山の様相―六郷山の成立―」（『六郷山寺院遺構確認調査報告書』Ⅰ　大分県立宇佐風土記の丘歴史民俗資料館　一九九三年）。
(50) 拙稿「中世六郷山の組織の成立と展開」（『鎌倉遺文研究Ⅲ　鎌倉期社会と史料論』所収　東京書籍　二〇〇二年）本書第二章に収録。
(51) 『託宣集』王巻十四　馬城峰亦号御許山部　【絵】『宇佐神宮史』史料編三　三八〇、三八二頁　御許山の絵のなかで「鐘楼」の建物の左に「鐘者仁平元年六廿六被懸也」と朱書きする。
(52) 『六郷山年代記』（『豊後国都甲荘の調査　資料編』大分県宇佐風土記の丘歴史民俗資料館　一九九二年）。
(53) 拙稿前掲、注（48）論文。
(54) 「修正鬼会と国東六郷満山」（『日本歴史と芸能　第3巻　西方の春』所収　平凡社　一九九一年）、本書第四章に収録。
(55) 中野前掲、注（5）論文。
(56) 拙稿「中・近世の六郷山寺院と峰入り」（『別府大学アジア歴史文化研究所報』18号　二〇〇一年）、本書第三章に収録。

第二章　中世六郷山の組織の成立と展開

はじめに

瀬戸内海の南の出口に九州から突き出した直径三〇～三五キロほどのほぼ円形の半島がある。これが国東半島である。この半島地域は、北側の付け根にある宇佐八幡宮と密接な関係をもちつつ独自な宗教文化を残す地域としてよく知られている。六郷山はこの半島地域を代表する寺院であり、最盛時には半島の山岳地帯に点在する八〇ケ所以上にも上る小さな寺院の集合体であった。

六郷山に関する研究は、歴史学・宗教史・民俗学などさまざまな分野にわたる。その研究の流れを整理すると、大きく分けて大分県立宇佐風土記の丘歴史民俗資料館（一九九八年度から大分県立歴史博物館と改称）の設立以前と以後に分けられる。

以前の研究としては戦前の河野清實氏の『国東半島誌』や戦後では酒井富蔵氏の『国東半島の六郷満山』などがあるが、宇佐八幡の研究を生涯の仕事としてきた中野幡能氏の研究が最も網羅的であり、[1]今日の六郷山の研究の定説は氏の研究によってかたちづくられているといって過言でない。また、民俗学や宗教の分野では総合研究「くにさき」[2]や地元の研究者金田信子氏らの成果が積み重ねられてきた。[3]さらに、大分県立宇佐風土記の丘歴史民俗資料館の設立直前には、大分県教育委員会による六郷満山の総合調査も試みられている(4)。その成果は、大分県立宇佐風土記の丘歴史民俗資料館の開館と並行しながら進んだ『大分県史』の編纂でも生かされ、小泊立矢氏などによって、中野幡能氏の研究の若干の修正がはかられた(5)。

資料館設立以後としては、資料館が研究フィールドとして「うさ・くにさき」地域を設定したこともあり、半島部での田染地区（一九八一〜八六年度）・都甲地区（一九八七〜九二年度）・香々地地区（一九九三〜九八年度）・安岐地区（一九九九年度〜）での荘園村落調査のなかで(補注)、富貴寺・真木大堂・熊野胎蔵寺・夕日岩屋・朝日岩屋・岩脇寺（以上田染地区）、長安寺・長岩屋・加礼川（以上都甲地区）、夷岩屋、長小野大力坊（以上香々地地区）などの六郷山寺院の調査・研究が行われ、六郷山に関する新しい史料の発見も相次いだ。例えば、中世の文書史料では、道脇寺文書、土谷文書、島原松平文庫所蔵の六郷山関係史料などがあげられる。

また、独自調査としても六郷山寺院遺構確認調査（一九九二〜二〇〇一年度）が行われてきた。この調査では、廃寺などになった六郷山寺院の遺構を確認するとともに、現在の寺院の遺跡的な広がりを調査し、それぞれの寺院に関する歴史・民俗の資料の調査・研究を網羅的に実施した。さらに、石工調査や石造物調査などによっても六郷山関係の石造物資料や国東塔などの石工に関する資料の蓄積、研究が進んだ。

これらの調査・研究成果は、『豊後国田染荘の調査』Ⅰ（一九八六年）・Ⅱ（一九八七年）、『豊後国都甲荘の調査』本編（一九九四年）・資料編（一九九三年）、『豊後国香々地荘の調査』本編（一九九九年）・資料編（一九九八年）、『六郷山寺院遺構確認調査報告書』Ⅰ〜Ⅹ（一九九三〜二〇〇二年）に載せられ、『豊後高田市史特論編』（一九九六年）・『豊後高田市史』（一九九八年）に生かされ、新しい六郷山研究の段階に入った(6)。近年、筆者は、八幡神研究や六郷山研究を総合的に検討し直す作業を進めている。古代や中世や近世の六郷山について、ここ数年、新しい成果を発表してきたが(7)、本章はその研究の一環であり、中世における六郷山の成立を整理し、鎌倉時代を中心とした、その支配システムの全貌を明らかにしようとするものである。

天台延暦寺は織田信長に焼き打ちをされ、その史料の多くを失い、中世の寺社権門の一角にあるこの寺院の実態はなかなか明らかにできない。この研究はこのような延暦寺研究を進める上でも重要な意味をもつと同時に、中世の天台系地方寺院の経営の在り方を解明する上でも重要な作業になると考える。

一　初期六郷山の成立

九世紀半ば、能行聖人（宇佐氏出身）が、津波戸《つわど》岩屋（山香町）において、国東六郷山を開いたといわれる人聞菩薩（八幡神の応現）の声を聞き、国東の峰巡行の道を開拓し、国東半島への修行僧の活動が本格化してゆく(8)。十世紀代の六郷山の寺院の状況を知る史料はほとんどないが、六郷山津波戸岩屋のあった津波戸山の麓にある向野廃寺は十世紀代のものと推定される瓦や遺物が出土する。また、六郷山高山寺のある高山の麓の内小野には、観音堂があり、十世紀までさかのぼるといわれる木像観音菩薩の焼仏が残されている。これは、安貞二年（一二二八）の六郷山諸勤行并諸堂役祭目録写(9)には「高山　本尊薬師如来、并観世音菩薩」とある観世音菩薩のことかもしれない。十世紀代には、来縄《くなわ》郷の薬王寺と智恩寺などに続き、速見郡山香郷の入口、来縄郷の奥の小田原地区などの地域にも寺院が建立されはじめたことがうかがえる。

さらに、十一世紀に入ると、宇佐八幡宮では、弥勒寺講師元命《げんみょう》の下で弥勒寺伽藍の整備や弥勒寺荘園の形成が急激に進む。元命は、大宰府が神宮の封戸の管理支配を行う体制を脱却し、宇佐宮が独自な荘園的寺社の支配構造を構築することを目指した人物であった。元命は時の権力者である藤原道長や藤原（小野宮）実資などに接近し、弥勒寺の講師ばかりでなく、石清水八幡宮別当の地位も兼帝することに成功する。元命と元命の子孫の下で、弥勒寺と石清水八幡宮は一体的に支配され、八幡宮寺という寺社権門として発展を遂げていくことになる。(10)国東半島地域の宇佐宮や弥勒寺の荘園の形成も元命の登場の直前の十世紀末から彼や彼の子孫が活躍する十一世紀にかけての時期に進むものが多い。現在、十一世紀に確実にさかのぼる文化財はほとんどないが、注目されるのは田染《たしぶ》のなかにある真木大堂や熊野磨崖仏の存在である。

最近の渡辺文雄氏の研究によれば、これまで、十二世紀半ばとみなされていた真木大堂の仏たちは、十一世紀にさかのぼる可能性があり、熊野磨崖仏も大日如来は十一世紀に入るのではないかという指摘がされている。(11)十二世紀はじめに六郷山は延暦寺に寄進されるが、これらの仏はそれ以前の六郷山のものということになる。もともと、真木大堂の仏や富貴寺や熊野磨崖仏については、他の六郷山の寺院の仏像彫刻に比べてその技術において格段にすぐれ、異質なものということがいわれてきた。富貴寺は、建武四年（一三三七）の注文の段階で六郷山に加えられたもので、本来六郷山の寺院ではなく、阿弥陀堂として宇佐宮神官の益永氏の祖先が十二世紀半ばに氏寺や墓堂として建立したものとみられている。

それに対して、真木大堂すなわち馬城山伝乗寺は浄土信仰を反映した氏寺という色彩の寺とはいえない。そこに残る丈六阿弥陀仏、丈六大威徳明王、丈六不動明王、四天王はその規模や仏の性格などから一族の後生の安寧を祈るというより、国家的な祈りを目的にする雰囲気が感じられる。渡辺文雄氏は、田染における弥勒寺的存在の寺として、天台教理の実践道場として建立されたという言い方をしている。(12)筆者もこの考え方を肯定するものであり、さらに次のように考える。

安貞二年（一二二八）の六郷山諸勤行并諸堂役祭目録写には、「喜久山　本尊丈六皆色阿弥陀仏　丈六不動明王同大威徳明王、種々勤等中絶」とある。(13)ここにある喜久山の仏たちは、現在真木大堂に安置される仏たちと一致している。喜久山は聞山とも書かれ、真木の大堂の北側を流れる聞山川の奥にある聞山岩屋のことと思われる。それでは、馬城山伝乗寺と喜久山の関係はどのように考えればよいのだろうか。

渡辺文雄氏は、安貞二年の目録にある喜久山の「種〻勤等中絶」の記載について、丈六の巨像の安置された喜久山が廃絶したので、伝乗寺に移安したのか、もしくは喜久山が馬城山の前身であったかのどちらかであるとみている(14)。確かに近世に作成された仁安三年（一一六八）の目録を除けば、安貞二年の目録では喜久山とみえ、建武四年注文では、馬城山となり、喜久山は聞山岩屋として馬城山の末寺となっている。したがって、喜久山から馬城山へと変化したと考えるのが当然であるが、筆者としては馬城山伝乗寺から喜久山、再び馬城山という道筋も考えられるのではと思っている。

馬城山という名前は、牧は馬・牛を放牧する牧からきたと思われるが、宇佐宮の石体権現がある御許山の別名厩《まきの》峰《みね》に通じる。この御許山との共通性はこの場所の重要性を推測させる。また、大堂の周辺には、願寿（就）寺、城山の薬師堂、前田の閻魔堂、黒草の観音堂、真木隋願の隋願寺、芝堂の薬師堂、草場の釈迦堂などの寺跡や堂跡が周辺部に集中する。他の六郷山の寺院のように坊名は確認されないが、かつてかなり大規模な寺院のあったことがうかがえる。

さらに丈六阿弥陀仏、丈六大威徳明王、丈六不動明王、四天王は、岩屋に置かれた仏像とは到底思われない大きさと華やかな彩色を施されており、かなり大規模な堂舎が想像される。しかし、安貞二年の段階でこれだけの規模をもつ寺院が「種々勤等中絶」という状態に陥っていた。この「種々勤等中絶」の記載は、喜久山にしかみられないもので、他の六郷山の寺院では様々の年中行事が行われている。なぜ六郷山のなかでこの寺だけが中絶状態にあったのだろうか。

これまでの研究で明らかにされているように、安貞二年までには、六郷山は鎌倉幕府祈祷所に選定されており、幕府から保護される寺院となっていた。それにもかかわらず、この岩屋の行事だけが中絶状態にあったということは、火災などで中絶したか、あるいは他の六郷山の寺院とは異なる特別の事情があったとしか考えられない。仏像がよい状態で残っていることを考えると火災の可能性は少ない。とすれば、後者の特別な事情ということになるが、それは何であろうか。

この時期で考えられるのは、院方が没落した承久の乱との関わりである。すなわち、この寺院が院との関わりがあり、院の後ろ盾を失い中絶状態になったという可能性である。しかし、馬城山伝乗寺と院の関係を明らかにする史料があるかといえばまったくない。ただ、宇佐弥勒寺と院は、永保元年（一〇八一）の白河天皇の御願による弥勒寺新宝塔院建立によって密接になったといえる。弥勒寺の元命とその子孫は摂関家の力を背景に弥勒寺と石清水八幡宮を結合させ、新しい八幡宮寺という宗教権門を生み出したが、十一世紀末に登場する白河院による院政の登場は、摂関家と結び付いていた宗教権門八幡宮寺にも大きな影響を与えることになった。それを具体的な姿として示したのが白河天皇の御願による弥勒寺新宝塔院の建立であった。

白河天皇による宇佐弥勒寺新宝塔院の建立は、摂関家が国家神である八幡神を独占してゆくことに楔を打つことにあり、新宝塔院の堂塔供養は石清水八幡宮の別当で弥勒寺の講師を兼ねる戒信（元命の子息）が宇佐に下り、天台座主から法華供養法を授けられた弥勒寺僧侶が供養を行い、宇佐大宮司公相らの神官も加わり盛大に執り行われた。これが契機になり、弥勒寺には、白河天皇の後押しで天台仏教の拠点ができあがった(15)。

新宝塔院供養の二年後、永保三年（一〇八三）に六郷山の津波戸山において、経塚が営まれた。現在知られるこの地方最古の経塚であり、出土した経筒から弥勒寺や石清水八幡宮関係の僧侶や宇佐宮の大宮司宇佐公相らがこの造営に関わったことが明らかである。この場所は宇佐氏出身の能行聖人が峰巡行の道を仁聞菩薩から授けられた特別な由緒の地であり、ここに宇佐国東地方最初の経塚が営まれたことは注目される。すでに筆者が明らかにしているように、国東の六郷山寺院は、九州に入って来た天台僧の経塚造営の活動によって寺院としてのまとまりをもち、各寺院の奥の院に経塚をもつ形式を作り上げた。それが永久元年（一一一三）の天台無動寺との結合、保安元年（一一二〇）の延暦寺への寄進行為となり、天台六郷山を成立させるのである。

ここで注目したいのは熊野磨崖仏と馬城山伝乗寺との関係である。両者は同一の尾根の奥とその先端に位置する。また、熊野磨崖仏には熊野社があり、現在の真木大堂の境内にも熊野社がある。白河院以来、鳥羽院、後白河院と三代の院は熊野行幸を行い、後白河院の段階でついには新熊野社を院の白河御所に勧請し、熊野信仰を院の宗教的支柱とする政策を展開した。九州でも彦山が新熊野社領に組み込まれて行くのは十二世紀の後半のことである。熊野磨崖仏と馬城山伝乗寺の熊野社の勧請がいつのことかは明らかにできないが、建武四年の六郷山の注文に「今熊野寺」があり、それより以前であることは明らかである。

渡辺文雄氏の指摘のように両者が十一世紀の末の造立とすれば、永保元年（一〇八一）の白河天皇の弥勒寺新宝塔院建立と同じ流れのなかで、磨崖仏と伝乗寺の仏たちは理解でき、熊野もその段階までさかのぼる可能性はある。しかし、直ちに、十一世紀末の熊野信仰を考える必要はなく、いわゆる院政期の期間のある時期と考えておけばよいだろう。それより、磨崖仏と伝乗寺の仏たちが白河院の宇佐宮へ対する宗教政策の一環として造られたのではないかという点が重要である。

永保元年の白河天皇の弥勒寺新宝塔院建立に続く、永保三年の津波戸山の経塚造営は、大宮司宇佐公相や弥勒寺僧や石清水八幡宮に繋がる僧侶が関わっている(16)。馬城山伝乗寺の仏たちと熊野磨崖仏の造立も同様の人々が関与したと思われるのである。宇佐宮弥勒寺の新宝塔院の造立は末法突入三〇年を意識していたことが指摘されているが、伝乗寺の仏は、阿弥陀如来を中尊に『託宣集』に見える六郷山＝阿弥陀の峰説を意識しつつも、四天王、大威徳明王、不動明王とその脇侍は、国家護持の思想が前面に出た仏たちである。これはその後の六郷山の寺院の根本となる思想であるが、これらは白河院の新宝塔院建立にはじまっており、馬城山伝乗寺は院御願寺として宇佐大宮司あたりが造営したことが考えられる。

おそらく、承久の乱以後、院の没落によってその保護者を失っていた馬城山伝乗寺は衰退状態にあったのであろう。それを六郷山が安貞二年（一二二八）、関東祈祷所となる段階で、院に関係した伝乗寺を憚って「喜久山」という寺院で記載することになったと考えたのである。建武四年（一三三七）の六郷山の注文に再び、「馬城山」と出てくるのは鎌倉幕府が滅亡し、憚る理由もなくなったからという推測もできる。

十二世紀半ばに天台六郷山の体制ができる以前に速見郡山香郷と国東郡田染郷と豊前国宇佐郡の境界にあった山々には初期六郷山というべき寺院が営まれ、それらの寺院は永保元年の弥勒寺新宝塔院の完成を契機に弥勒寺に繋がる山岳寺院として組織化された。伝乗寺や熊野磨崖仏はそのような段階に出現したものであり、とくに伝乗寺はその中心的寺院であったとみられる。これは次の天台六郷山を準備する前段階であった。

二　天台六郷山の成立

1　住僧衆議の山の成立

十二世紀初頭の六郷山には、二つの進む方向が用意されていた。一つは、宇佐弥勒寺に直結し、院の末法対策の道場の一翼を担い、権門体制の王道を進む道であり、それは、馬城山伝乗寺や熊野磨崖仏において実現された。しかし、このような方向は、十二世紀初頭出現する天台六郷山においてはその主流とはならなかった。

『六郷山年代記』永久元年（一一一三）項に「六郷山、号天台別院無動寺」、同記保安元年（一一二〇）項に「六郷山、延暦寺寄進」とあり[17]、六郷山は宇佐弥勒寺から天台寺院として独立する。旧稿でも明らかにしたように、六郷山の天台への寄進は、六郷山寺院を管轄していた宇佐宮や宇佐弥勒寺によってなされたわけではなく、大衆と呼ばれる六郷山の住僧集団が主体となって実現された(18)。

長治年間（一〇〇四〜〇六）、大宰府管内では、大宰府の大山寺の別当職をめぐって、石清水八幡宮の別当頼清と延暦寺悪僧法楽法師が対立する事件が起こる。ここには、法楽法師に代表される比叡山大衆と寺社権門の支配層との対立が隠されていた。悪僧と呼ばれた法楽法師らの大衆は各地に入り、地方寺院の天台化をはかった。九州では、十一世紀後半から十二世紀にかけて天台僧の活動が盛んとなる。彼らは、北部九州を中心に経塚造営の主体となったり、天台寺院の組織化に貢献した(19)。

六郷山では、高山寺出土の経筒（「天台僧良胤」の銘）や屋山長安寺の太郎天像（「大治五年」、「天台僧円尋中禅坊」の銘）には「天台僧」の名がみえている。六郷山寺院は、奥の院の部分に経塚が形成され、そこに六所権現、さらに下に講堂が造られ寺院伽藍が整えられ、今日残る六郷山のいわゆるタテ型伽藍やヨコ方伽藍の原型はここに成立した(20)。そして、その周辺に住僧らの坊が形成された。

例えば、現在の豊後高田市香々地町にあった夷《えびす》石屋では保元二年（一一五七）には、二二名の住僧が活動していた。長承四年（一一三五）三月二十一日の僧行源解案（**史料1**）によれば、行源が夷谷に入る以前、「本は大魔所にして、大小樹林が繁り、人跡絶えるところなり」というあり様であった。ところが、「始めて件の石屋に罷籠もるの間、時々微力を励まして、在る所の樹木を切り掃い、石・木根を掘り却き、田畠を開発」することによって、田地が開け、その地利を石屋の修正会の費用に、残りを生活の費用に充てたとある。

史料1(21)

一六郷御山夷住僧行源解　申請　満山大衆御署判事

請被殊蒙鴻恩、任開発理、賜　御判、為後代証験、令請継弟子同法等、致無其勤給年来私領田畠等子細状在六郷御山夷石屋下津留字小柿原

四至東限山　南者闇谷〔限脱カ〕
　　西限山　北限楽善房中垣

右、彼石屋砌者、本大魔所天、大小樹林繁、所絶人跡也、而行源以先年之比、始罷籠件石屋之間、時〻励微力天、切掃所在樹木、崛却石木根、開発田畠之後、至于今日、全無他妨、所耕作来也、依之、於所当地利者、偏致毎年修正月之勤、以残物者、助己身命、既経年序也者、任開発之理、賜御判、為擬後代証験、注子細以解、

長承四年三月廿一日　　　　　　僧行源

件田畠者、本行源往古開発私領也、仍全無他妨、令耕作之旨、尤〻明白也者、加署判、

本山住僧五人

大先達大法師在判三人

屋山　長石屋　住僧在判　三人　　先達大法師在判

黒土石屋　住僧　先達大法師在─　　四王石屋住僧在─〻〻

小石屋住僧　三人　先達大法─　　大石屋住僧在二人　先達〻〻

夷石屋住僧在判六人　千燈石屋　住僧　五人

先達二人

国東地域における荘園村落遺跡調査によると、この時期の水田は小さな谷川を堰止め、簡易な水路を築くもので、川に沿った狭い氾濫原、段丘の下位面を開発する程度のものであり、小規模な水田と推測される。このような開発は次の保元二年（一一五七）十二月二十九日の僧常智解状案にもみられる。

史料2(22)

□常智謹解　申請夷石屋大衆裁事

請被殊蒙鴻恩、当山之修正田之証文を、従行善房手、任被譲《ユツリ》与本意、証判を賜天、件修正田を領知、欲致恒例

不変之勤状
右、謹検案内、於件修正田者、雖善哉房卜地、常々荒山を切払天、為田地天耕作来之間、依大衆僉議、年来修正を被勤仕之処也、然行善房、既及老耄、不知余命幾之事者、於常智房者、且嫡弟之上、且舎弟也、何況於夷山、功労多重天、年舒久積□、仍件修正田を、常智ニ被譲与之処也、望請大衆裁、且蒙鴻恩、且任被譲与証文意趣、大衆証判を賜天、備永代公験、件修正田を領知、欲致不私之勤矣、仍注子細、言上如件、以解、

保元二年十二月廿九日　　僧常智在判

住僧　廿二人

この文書でも行善房によって荒山を切り払って田地となすという開発が行われ、それを夷石屋の修正田として耕作してきたが、年老いたので、嫡弟で、舎弟である常智房にこれを譲りたいとして夷石屋の大衆の裁を申請した。先の長承四年（一一三五）三月二十一日の僧行源解案は「六郷山御山住僧行源解　申請　満山大衆御署判事」とあり、十二世紀の半ばの段階で、六郷山では、「石屋大衆」と「満山大衆」という一つの寺院の大衆と満山全体の大衆のレベルの裁定が存在したことが知られる。

大衆とはどのような存在であろうか。長承四年三月二十一日の僧行源解案では、文書の奥に判を加えた本山や各石屋の先達や住僧が「満山大衆」であった。夷谷では、申請者の僧常智の後ろに記載のある「住僧廿二人」と考えられる。彼らは、のちに坊主と呼ばれる存在であり、僧常智や僧行源と同じイエとしての僧坊をもち、半農半僧の存在であった。六郷山の山や石屋と呼ばれる寺院はこのような住僧の集団運営によって寺院経営が行われた。個々の寺院は、住僧らが大衆として衆議を行い、寺院に所属する住僧らの耕作地の譲与や領知に関する裁定を行った。さらに、その上には、各寺院から出た住僧・先達から構成される満山大衆の衆議があり、これによる裁定があった。『六郷山年代記』では、衆徒先達は、このころ全山で五八〇人を数えたという。成立期の天台六郷山は、個々の寺院と満山の

表2　鎌倉・南北朝時代の六郷三山寺院リスト

安貞二年目録		建武四年目録（段落ち分は末寺）	
本山分	後山石屋 伊多井社 吉水寺 津波戸石屋 大折山 鞍懸石屋 高山寺 間戸石屋 喜久山 不動石屋 大日石屋 辻小野寺 大谷寺 知恩寺	本山	後山 吉水山 大折山 鞍懸山 津波戸山 高山 馬城山 智恩寺 　辻小野山　大谷寺　間戸寺　伊多伊　大日岩屋 　中津尾岩屋　轆轤岩屋　最勝岩屋　良醫岩屋 　朝日岩屋　夕日岩屋　聞山岩屋　今熊野岩屋 　（今熊野寺）　稲積岩屋　日野岩屋　鳥目岩屋 　河辺岩屋　鼻津岩屋　普賢岩屋　妙覚寺　来迎 　寺　光明寺　清滝寺
惣山	屋山寺		
中山分	長石屋 龍門石屋 虚空蔵石屋 黒土石屋 四王石屋 小石屋山 大石屋	中山	両子寺 丸小野寺 長岩屋山 屋山 加礼河 久末 黒土

二重の衆議裁定体制によって運営されていた。このような体制を満山衆議体制と呼ぶことにしよう。

この満山衆議体制は最初に述べたように、弥勒寺や宇佐宮に付属した体制的寺院としての道を歩まず、土地の開発主体者である住僧らの下からの結集によって成立したことをよく示している。成立当初の十二世紀段階までは、本寺である延暦寺の影も希薄であり、各寺院や満山のほとんどすべてのことが住僧らの衆議によって決定されていたのである。

2　三山制度と惣山支配体制

安貞二年（一二二八）五月日の六郷山諸勤行并諸堂役祭等目録写や建武四年（一三三七）六月一日の本中末次第并四至等注文案などによれば、六郷山

	夷石屋　西方寺　千燈山石屋　五石屋　岩殿石屋　枕石屋　銚子石屋　滝本石屋　大嶽寺社		小岩屋　大岩屋　千燈寺　横城山（小両子岩屋　龍門岩屋　赤松岩屋　間籠岩屋　后岩屋　石堂　払岩屋　光明寺　薬師堂　平等寺　尻付岩屋　五岩屋　小不動岩屋　大不動岩屋　普賢岩屋）
末山分	両子仙　小城寺	末山	見地山　大嶽山　岩戸寺　文殊仙寺　夷山　小城山　成仏寺　行入寺　清浄光寺　懸樋山（今夷　焼尾岩屋　普賢岩屋　輿岩屋　経岩屋　三十仏　滝本岩屋　西裏岩屋　調子岩屋　師子岩屋　毘沙門岩屋　赤子岩屋　報恩寺　上品寺　浄土寺　貴福寺　吉祥寺　西山　虚空蔵寺　浄土寺　願成寺）

の寺院は、本山《もとやま》分・中山《なかやま》分・末山《すえやま》分の三グループの寺院集団に分かれている[23]（**表2**）。熊野三山や出羽三山のような、いわゆる三山形式の寺院形態をとっている。旧稿では、このような形式が完成したのは、十二世紀後半、仁安三年（一一六八）のころではないかと推定した[24]。すでに長承四年（一一三五）三月二十一日の僧行源解案の満山大衆の署判のなかに「本山住僧」といういい方が存在しており（**史料1**）、この段階まで三山形式がさかのぼるという考え方もあるが、この文書では、中山や末山は現れず、満山大衆の出身寺院は本山とその他の個々の寺院という記載になっており、その他には屋山・長石屋・黒土石屋・四王石屋・小石屋・大石屋・夷石屋・千燈石屋など安貞二年五月日の六郷山諸勤行并諸堂

役祭等目録写では中山分に属する寺院が書かれている。[25]

この段階では本山という寺院集団とその他寺院というグループがみえている。本山はおそらく、永保元年（一〇八一）の弥勒寺新宝塔院の創立によって組織化された初期六郷山寺院に相当すると考えられる。これに対して、後者のその他寺院というグループは天台六郷山の成立の主体になった寺院であり、彼らは天台僧の活動によって組織化された中山を中心とする住僧集団であったと考えられる。十二世紀の満山衆議体制は彼ら中山を中心とする住僧集団のリードによってつくられたとみるべきであろう。

中山グループの中心寺院は屋山寺（豊後高田市の金剛山長安寺）である。大治五年（一一三〇）にはこの長安寺に「屋山太郎惣大行事」と呼ばれる木造太郎天像が、天台僧円尋中禅坊・僧義暹・豊前講師覚成坊などが中心となり、百十数名の結衆を集め、造立される。[26]その後、保延七年（一一四一）には勧進僧尊鏡によって、屋山には経塚が営まれ、六観音が線刻された箱型の銅板法華経入りの経筥が埋納された。[27]この銅板法華経は同じタイプのものが、この時期に、彦山と求菩提《くぼてさん》山に埋納され、求菩提山のものは国宝として今日に伝えられている。これらの経筥と銅板法華経の作者はすべて宇佐宮の御馬所検校紀重永であった。

安貞二年五月日の六郷山諸勤行并諸堂役祭等目録写では、屋山寺は惣山と呼ばれ、その行事の在り方は他の寺院と異なっている。他の寺院では、仁王経一座が普通であり、寺院の行事は寺院内の僧侶で運営された。しかし、屋山寺の場合、正月八日には百座仁王経会と季毎に百座仁王会が開かれ、大般若経転読や法華八講には二〇人とか八人の請僧が招かれた。惣山屋山寺は満山の僧侶が結集し、行事が運営されている。[28]すでに旧稿において明らかにしたように、六郷山の寺院は寺毎の衆議と満山衆議によってほとんどのことが決定されていた。寺の衆議はおそらく各寺院の講堂で行われたと考えられるが、「惣山」の「惣」とは衆議をもって運営された組織をいい、満山衆議は満山衆徒が結集する惣山で行われたと考えられるのである。[29]

屋山寺では、久安六年（一一五〇）には大きさ五尺三寸（約一六〇センチ）、銅五三〇〇両の大梵鐘が鋳造され、さらに、久寿三年（一一五五）には二五〇〇両の銅が加えられ、二〇〇センチを越える大梵鐘に改鋳されている。(30) この巨大な鐘は国東半島に響き渡り、満山に衆議の時などを伝えたと考えられる。

しかし、仁安二年（一一六七）に夷石屋の住僧観西が満山大衆の御判を申請した際に、「大衆加判」の部分に署名したのは「屋山坊」だけであった。原本検討でも、他の署名はなかったとみてよい。(31) 惣山の屋山坊が衆議を代表する立場になっていたとみられ、この時期には惣山における大衆衆議の全員体制の原則が崩れはじめていたことをうかがわせる。

仁安三年（一一六八）の目録の作成されたのはこのような時期である。もちろん、これは十八世紀後半に作成された偽書であるが、(32) 仁安三年という年は、十二世紀半ばまでの惣山の衆議体制が整備された直後であり、まさに三山体制が完成をみた時期としてもおかしくないのである。

三　鎌倉時代の天台六郷山の再編と延暦寺

1　六郷山別当の登場

惣山屋山寺は治承・寿永の内乱期に宇佐宮に乱入した緒方惟栄《これよし》軍の攻撃を受け伽藍が焼失し、寿永二年（一一八三）から建久五年（一一九四）の一二年にわたって、退転状態にあった。(33) この惣山の焼失は衆議を中心に運営されてきた六郷山の体制に大きな影響を与えたことは否めない。これまで、満山衆議体制によって多くのことが決定されてきた六郷山では、惣山の衰退によって、本寺である天台無動寺や延暦寺の上からの支配権が前面に出てくることになる。惣山復興の直後に出された次の二通の文書に注目してみよう。

史料3(34)

「なかお□〔の、せカ〕んしやうハうのやしきの給行〔カ〕のくたしふミ
□利〔カ〕

下　源実所

可令免故禅正房屋敷公事□〔事カ〕

右、於件所ハ、至于後々将来、於公事者、令給〔カ〕行之状、如件、

建久八年十一月十日

使者僧〔裏書〕「千祐房」（花押）
先達大法師〔裏書〕「常敬房」（花押）
先達大法師
先達大法師〔裏書〕「観行房」（花押）

史料4(35)

延暦寺政所下　六郷山中山住僧神源所

可早停止円力・十力・紀印等濫妨、任相伝証文者〔旨カ〕、神源令領掌田畠事

右、田畠領掌之道、依証文之道理、而円力・十力・紀印等、指不帯一紙之証文、巧〔マヽ〕者諸無道致濫妨云々、事実不穏便次第也、早停止彼等濫妨、〔任脱カ〕証文等之理、可令領掌神源之状、如件、所宜〔マヽ〕承知、勿違失、以下、

建久九年四月　日

小寺主法師隆永
修理別当法眼和尚位　書判
都維那大法師　書判

上座大法師　書判
寺主大法師　書判

史料3は使者僧と先達僧の連署による公事免許状である。使者僧は六郷山の本寺である延暦寺ないし無動寺から派遣された僧と考えられ、三名の先達僧は六郷山側の大衆の代表としてこの文書に加署した可能性が高い。国衙の留守所下文のように官長国司の代官である目代と国の現地役人に在庁が署名したものと同様の機能を果たしたと考えられる。また、史料4の延暦寺政所下文写では、円力・十力・紀印等の妨げを退け、神源の田畠所領を安堵する内容となっている。平安時代末の大衆衆議の時代には、まず、六郷山大衆の衆議による裁許・安堵が行われたと考えられるが、この時期になると、本寺の裁許が前面に登場してくる。

これは、内乱の混乱のなかで、惣山の衆議体制が麻痺したことと、幕府の登場によって六郷山という寺院内部の問題として解決できない相論が出現してきたことも上部権力の裁定機能がクローズアップされた原因と考えられる。このように、鎌倉初期から六郷山は衆議体制を一応維持しつつも比叡山や無動寺などの本寺の上からの支配の体制が整えられはじめる。まず、六郷山の組織としては、比叡山側に「別当」と呼ばれる職が成立する。建仁二年（一二〇二）九月日付けの別当下文がある。

史料5(36)

下　朝範大徳
　可早任相伝道理、令知行耕作、夷長小野内観西私領田畠事
右、任次第証文相伝道理、可令知行之状、如件、住僧宜承知、敢勿違失、故下、
　建仁二年九月　日
別当伝燈大法師（花押）

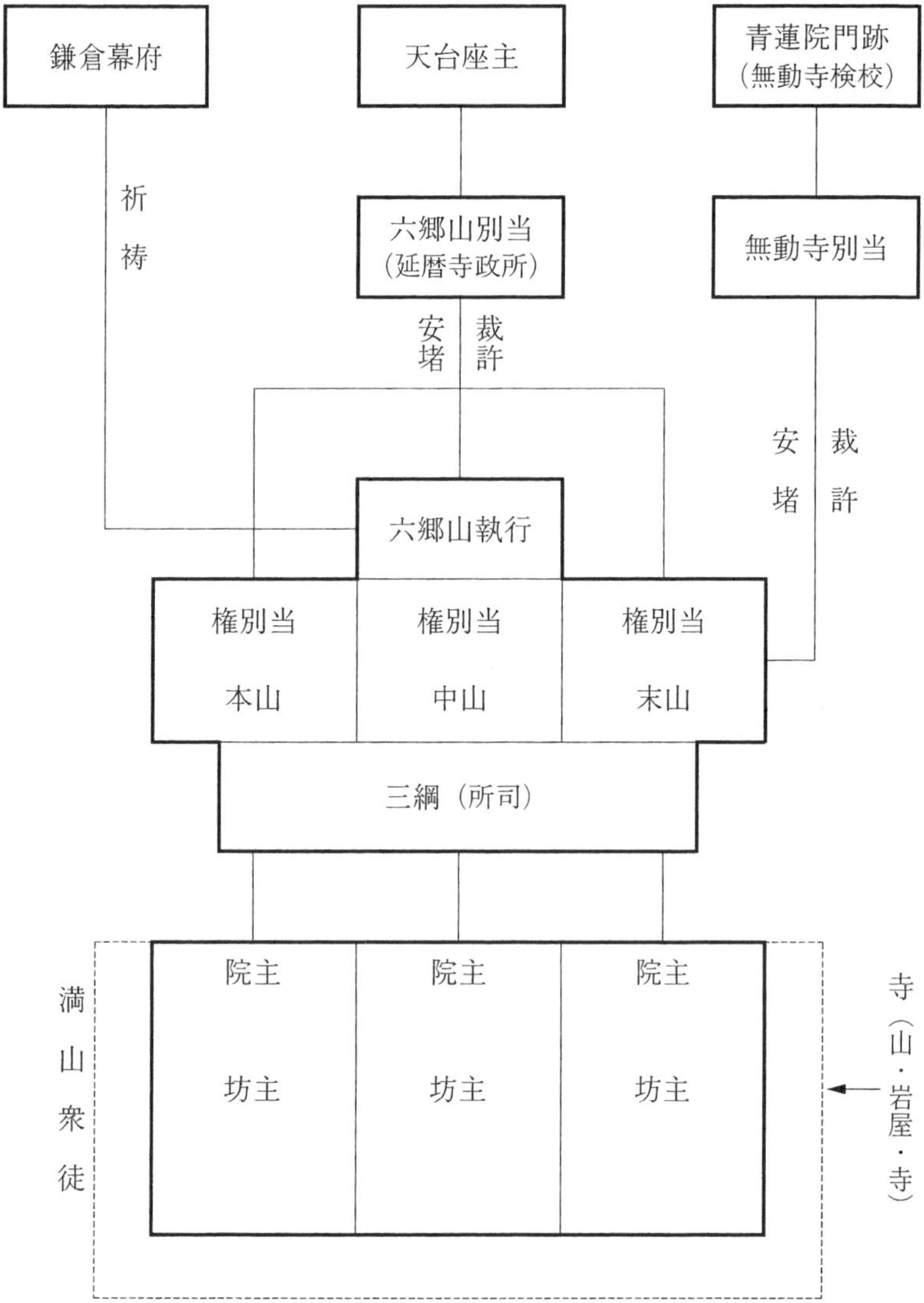

図18　鎌倉期以降の六郷山の組織図

史料５の文書については、無動寺別当下文と文書名がつけられてきた。六郷山は、鎌倉時代の史料には、「天台無動寺別院六郷山」「天台無動寺末寺六郷山」としばしばみえ、[37]比叡山無動寺の別院（末寺）であり、十二世紀末から十三世紀初頭に四度にわたって天台座主に就任した慈円（九条兼実の弟）の譲状には無動寺（検校職）とその別院（末寺）である六郷山がみえる。慈円は青蓮院門跡を継ぎ、慈円の活動の中心でもあった無動寺はこの門跡領となり、代々の門跡、良快・慈源・道覚・尊助・慈助・良助・道玄・慈道・尊円・尊道等に伝えられる。[38]その意味で、無動寺の別当が青蓮院の門跡領の安堵を行うことは何ら不自然ではなかった。

しかし、この文書は無動寺別当の発給した文書とするには二つの点で問題がある。まず、無動寺別当下文とすれば、なぜ延暦の朱印を押しているかが疑問である。これまで紙面に一三顆確認される朱印の銘を「延暦寺」としてきたが、原本調査によれば、印文は「延暦政所」である（図19）。比叡山西塔の寺院である無動寺の別当が延暦寺の政所印を使用するとは考えられない。もちろん管見の限りでは無動寺別当の発給した文書にはこのような例がない。また、この文書で別当として署判している「伝燈大法師」某は無動寺別当としては僧位が低すぎる。例えば、「葛川明王院文書」中の元久二年（一二〇六）六月日の無動寺別当下文

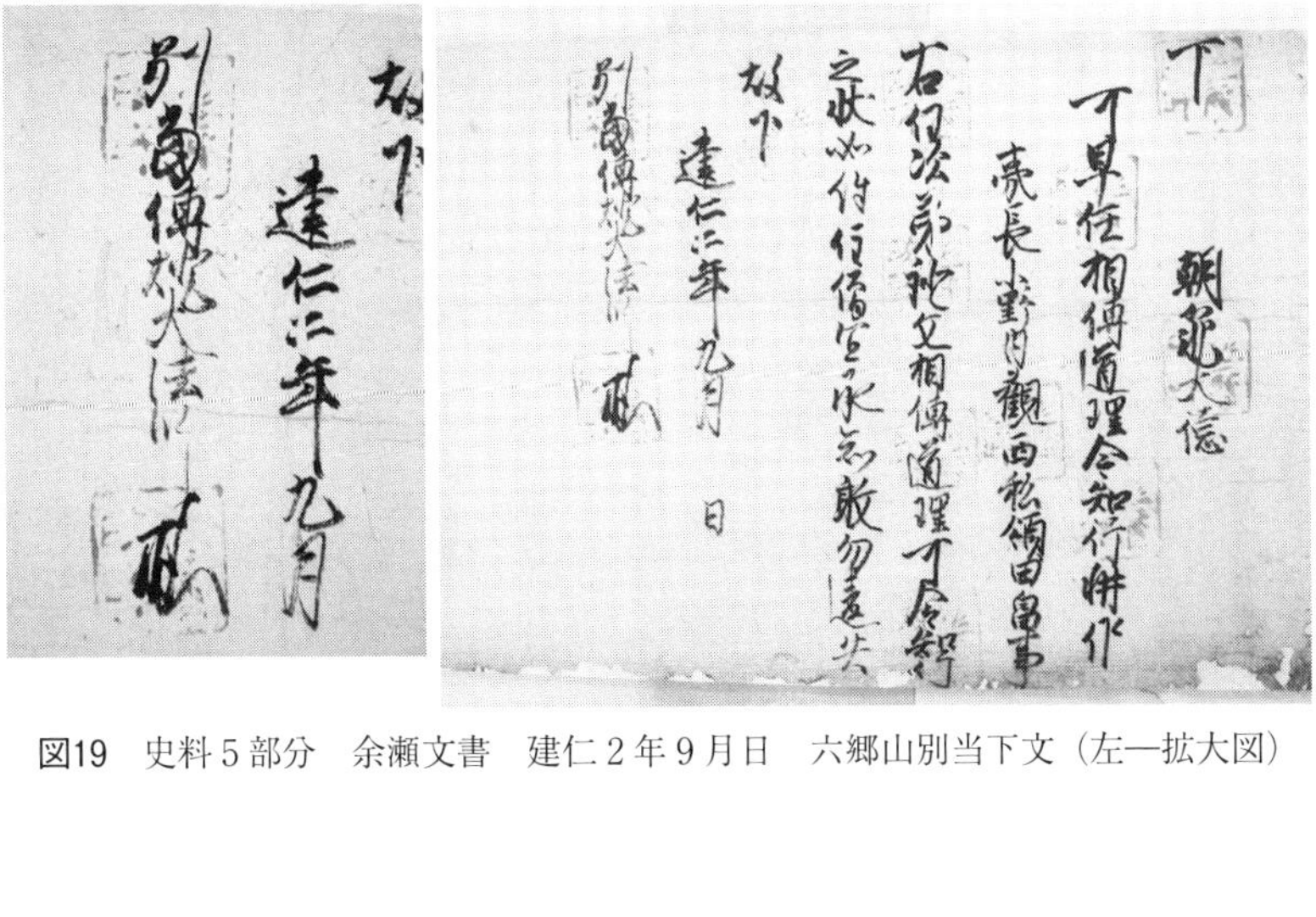

図19　史料５部分　余瀬文書　建仁２年９月日　六郷山別当下文（左―拡大図）

表3　別当発給文書一覧

	年　月　日	充　所	別当僧職	書止め文言	出　典
1	建仁2年9月	朝範大徳	別当伝燈大法師	住僧宜承知、敢勿違失、故下	余瀬文書
2	正和4年7月		別当法印	仍執達如件	余瀬文書
3	嘉暦2年6月17日		別当	守先例、不可有懈怠、故以下	余瀬文書
4	暦応元年9月18日	諸松丸	別当三会已講光澄	山内宜承知　敢勿違失、故以下	長安寺文書
5	貞和3年11月10日	良禅	別当権律師	山内宜承知　敢勿違失、故以下	志賀文書

表4　別当発給文書引用一覧

	年　月　日（引用された史料年月日）	引用された文書名	別当発給文書の様式	出　典
1	（元久3年4月26日）	六郷山惣公文所大法師某安堵状	御下知	余瀬文書
2	（建保3年4月19日）	本主御使僧範実下作職充文	別当御下知	余瀬文書
3		長小野田畠証文等目録	別当安堵御下知（文永4年12月日）	余瀬文書
4		長小野田畠証文等目録	別当御下知（文永5年10月日）	余瀬文書
5		僧祐秀譲状案	別当代々御下知	余瀬文書

案では、別当は「法眼和尚位」某であり[39]、以後の無動寺別当で確認できるものは法眼や法印や僧都などかなり高位の僧侶である[40]。

中野幡能氏は六郷山別当は弥勒寺の所司としての西別当・東別当が六郷山別当であり、天台六郷山の成立以後、弥勒寺と六郷山の関係が薄くなると、六郷山別当は衰退したと考えた[41]。故に、鎌倉時代に六郷山関係の文書にみえる別当は無動寺別当であると考えている。しかし、明らかに無動寺別当とは異なる「別当」が発給した文書は存在している。

右の表2は、六郷山関係の史料のなかに見出せる別当発給文書一覧、表3は別当発給文書を引用した文書の一覧で ある。表2にみえる1号文書、4号文書、5号文書は充所、別当の僧職の地位、書止め文言などから同一機関からの発給文書とみられる。

それに対して、表2の2号文書は継目裏書に「為樋懸田地存知、所副渡　令旨并御施行案文也（花押）」とあり、次の四月二十三日付青蓮院宮慈道法親王令旨（史料6）を受け出された施行状と考えられる。

史料6[42]

六郷山夷長小野間事、範秀与幸益丸相論之間、宛催新儀之課役、於寺僧等間難安堵云々、此条尤不便次第也、早可被経御沙汰、先相宥寺僧等、全御願、可致　公家・武家御祈祷由、可令下知給旨、被仰下也、仍執達如件、

四月廿三日　　法印玄信

謹上　禅定房法印御房

この時、慈道法親王は天台座主の地位にあるが、「葛川明王院文書」中にみられる青蓮院宮令旨や天台座主宮令旨、他の文書にみられる天台座主御教書など[43]を参照すると、その書止め文言から史料6の文書は、天台座主宮令旨ではなく青蓮院宮令旨として出され、禅定房法印御房（無動寺別当）に充てられたと考えられる。したがって、2号文書は無動寺別当が青蓮院宮の意を受けて出した無動寺別当施行状である。

3号文書は下文の様式をもつ文書で、1号文書、4号文書、5号文書と同系列の文書であるが、「下」の下に充所がなく、「夷山内蓮祐払、同計宇良木田樋懸田地領主職事」と事書が来ている点、日下に「公文貞長　奉」という奉者が署名している点など、1号文書、4号文書、5号文書とは様式がやや異なり、無動寺別当の施行状との共通性をもつ。この段階では、1号文書、4号文書、5号文書の系統の別当かそうでないかは即断できないので、詳しくは後

に検討することにしたい。

以上の五点の別当発給文書の検討から六郷山文書には無動寺別当から出される文書とそれとは異なる別当の発給する文書が存在していることが明らかとなった。後者の別当の下文は六郷山内の所領や職の裁許状や安堵状であり、「住僧」や「山内」に了承を求める文言をもち、この別当は、伝燈大法師、三会已講、権律師、阿闍梨（「六郷山年代記」）などの、無動寺別当より低い僧位・僧職をもち、無動寺別当や青蓮院門跡の直接の命令系統に属さない存在と考えられる。1号文書（**史料5**）には延暦寺政所の公印を据えていることから、この文書は、延暦寺政所下文の系統に属する文書であり、「別当」は、延暦寺政所という延暦寺機関に関係する職とみられる。

さて、ここで安貞二年（一二二八）五月日の六郷山諸勤行并諸堂役祭等目録写に注目してみよう。渡辺澄夫編『豊後国荘園公領史料集成』では、『太宰管内志』に収められた「長安寺文書」が使われているが、本文が続書きになっているため、渡辺澄夫氏が形式を整えたものであり、本来の姿を留めていない[44]。しかし、六郷山諸勤行并諸堂役祭等目録写は外にも写本があり、千燈寺所蔵のものは最初と最後部分が次のようになっている。

史料7[45]

注進

豊後国六郷満山谷〻別院霊寺霊崫〻仏事□□□将軍家御祈祷巻数目録事、

本山分

一後山石屋（中略）

右、於当山霊場所致御祈祷目録如此、仍顕宗学侶者、跪観音医王宝前、開講一乗妙典、増仏賢、密教仏子者、
堀（マヽ）八幡尊神、六所権現社檀、唱神咒、備法味、初覚行者、学人聞菩薩旧行、巡礼一百余箇所巌堀（マヽ）、偏是兼二道鎮
大将軍家御願円満、異国降伏、聖朝安穏、大施主殿下相模守朝臣御息災延命、御寿命長遠、御心中御願円満成就

之由、祈祷之状、如件、
安貞二年五月　日
日(マヽ)小寺主法師　某
権都維那大法師　某
都維那大法師　某
権寺主大法師　某
寺主大法師　某
権上座大法師　某
上座大法師　某
権別当大法師　某
権別当大法師　某
執行兼権別当大法師　某

六郷山衆徒御中

この文書によると、上座・権上座・寺主・権寺主・都維那・権都維那・小寺主などの三綱と権別当三人（うち一名は執行を兼帯する）が六郷山の諸勤行并諸堂役祭等目録を作成し、将軍家の円満、異国降伏、聖朝安穏、大施主北条時房の息災延命などを祈ることを六郷山衆徒らに伝達している。中野幡能氏はこれらの人々を無動寺の三綱と理解したが(46)、文中に六郷山を「当山霊場」という言い方で表記しており、彼らは六郷山の三綱や権別当・執行であることはまちがいない。元久三年（一二〇六）四月二十六日の六郷山惣公文所下知状にも、すでに三綱のメンバーである惣公文所上座大法師がみえ(47)、元徳二年（一三三〇）四月十日の鎮西探題下知状に引用された承元五年（一二一一）二月二十八日右大臣家御下知には「六郷山所司申」とあり(48)、所司すなわち三綱の存在が確認される。六郷山では三綱組織が承久以前の十三世紀初頭に整備されていた。

安貞二年（一二二八）の目録では、六郷山の三綱だけではなく権別当と執行がみられるが、ここには別当の署名がない。もちろん、権別当が存在するわけであるから六郷山別当は存在しなければならない。この文書に別当の署名がなかったのは、別当が六郷山に居住する僧侶でないことを示している。この安貞二年の文書に記載されなかった六郷山別当が先の**表2**の1・4・5号文書にみえる別当であり、六郷山別当は叡山から下文を出し現地の六郷山へ指示を出したのである。

鎌倉幕府成立時期に六郷山は大きな転換期を迎えたと考えられる。すでに述べたように、本寺である比叡山・無動寺の姿が前面にみえはじめ、安堵や裁許の際に、使者が派遣されるようになった。ここに、本来、大衆とよばれる住僧の衆議をもって、これらを決してきた六郷山の寺院運営の体制は本寺からのタテの支配のなかに組み込まれるようになった。六郷山別当の成立もこのような体制に対応して登場してきた。そこで、さらに次の文書を検討してみることにしたい。

史料8(49)

申給　　僧朝範所
　可早任御下知旨領掌、長小乃安養房田畠事
右田畠、任御下知旨、無他妨、可令領掌状、如件、
　元久三年四月廿六日　　　惣公文所上座大法師（花押）

史料9(50)

（外題）「状為実者、可領掌、

（花押）」

注進

夷山内長小野村、自安養房、被譲与朝範、所々田畠等事

一所　ウハ（穴カ）大郎之下作田畠

一所　木下々作田

一所　山王薗田畠

右、任譲状旨、為賜御解（外カ）題、注進状、如件、

建保三年　三月　五日　　　僧朝範　上

史料10[51]

別当御房御下知んねニまかせて、知行せらるへき、長小野内あんにやう（安養）房田畠事

右件田畠をいては、こあんにやう（故安養）房ゆすりしやうニまかせて、けう（教）円房下作せらるへきしやう、如件、

建保三年四月十九日　　　本主御使僧範実（花押）

史料8は、様式的にいえば、「御下知」を受けて、六郷山惣公文所が出した施行状というべき文書である。「御下知」は**史料5**の六郷山別当下文か、それと同じ形式の六郷山別当下文を受けて出されたと考えられる。建久八年（一一九七）十一月十日の使者千祐房等連署下文（**史料3**）の段階では、先達ら六郷山大衆の代表が使者とともに安堵などのことに関わっていたが、六郷山別当の登場に対応して、六郷山三綱が組織する惣公文が成立し、それが比叡山の延暦寺政所に置かれた六郷山別当の意を施行する機関となったのである。

しかし、六郷山別当の登場によっても、本寺からの使者が送られる体制は少なくとも承久三年（一二二一）までみ

られる[52]。**史料9**と**史料10**はそのような過渡期の史料であり、六郷山夷山（夷石屋）の僧朝範は建保三年三月五日に安養房から譲られた田畠の安堵を申請し、外題安堵を受けた（**史料9**）。これを受けて本寺からは使者が派遣され、「別当御房御下知」に任せ、使者の安堵状が出されたのである（**史料10**）。ここにある「別当御房御下知」とは外題安堵の部分を示していると考えられる。

これまでの検討によって次のようなことが明らかになる。平安末から鎌倉初頭の内乱のなかで、大衆の衆議を柱としてきた六郷山の体制は惣山の退転によって動揺し、その間に比叡山の支配が強まった。最初は、比叡山派遣の使者と大衆の合議による裁許体制が出現したが、西暦一二〇〇年前後、比叡山側（延暦寺政所内）に六郷山別当職が設置されたと考えられる。この別当は六郷山側に置かれた惣公文所（三綱）や使者を通して、安堵や裁許を行っていたようである。このような体制は承久年間（一二一九～二二）ころまでは維持されていた。ここでは、このような支配体制を六郷山別当初期支配体制と呼ぶことにしたい。

2　六郷山執行—六郷山権別当体制

先に述べたように、安貞二年（一二二八）五月日の六郷山諸勤行并諸堂役祭等目録写には、権別当と執行という六郷山別当初期支配体制ではみられない僧職が登場する。承久年間から安貞年間（一二二七～二八）の間に六郷山別当—惣公文所・使者の体制はこの新体制へ移行したと考えられる。ここでは、このような新体制がどのように出現し、どのように機能していたのかを明らかにしてみよう。まず、権別当の機能とその登場について検討する。

史料11[53]

下　良禅所

早任相伝証文、可令領知豊後国六郷山夷山院主職并横嶽河内事右、任弘安三年十月十一日先師栄範状并永仁六年十一月十日母堂平氏女譲、止侍従坊郷秀妨、良禅令領掌、専御祈祷、於年貢課役者、任先規、無懈怠可勤仕、山内宜承知、敢勿違失、故以下、

　　貞和三年十一月十日

　別当権律師在判

史料12(54)

豊後国六郷山夷横嶽河内事、所被裁許良禅也、守彼状、止侍従房郷秀押妨、可被沙汰付下地於良禅旨、所候也、仍執達如件、

　（貞和三年）十一月十日　　　　権別当英隆　在判

謹上　見地師殿

史料13(55)

豊後国六郷山夷山岩屋河内事、任相伝証文、去暦応元年十月十一日被裁許良禅之処、侍従房郷秀于今不去退云々、太不可然也、早守先下知状、可被沙汰下地於良禅、次暦応以下年々押領物事、任傍例可被責進、不承引者、懸郷秀知行山領、致厳蜜（マヽ）沙汰、可被注申子細之旨、所候也、仍執達如件、

　（貞和三年）十一月十日　　　　権別当英隆　在判

謹上　見地師殿

史料11は、良禅に「夷山院主職并横嶽河内」のことを安堵した六郷山別当下文である。**史料12**・**史料13**は奉書形式を取り、権別当が上意をうける形式をとっている。六郷山別当初期支配体制のなかで、使者や惣公文所が果たした役割を権別当が担っているようにも考えられ、権別当は比叡山からの使者の消滅にともなって出現したと考えられる。しかし、**史料12**・**史料13**が**史料11**の施行状とすると、比叡山にいる六郷山別当と現地にいる権別当が同日付で出す文

書ということになり、奇妙である。史料12・史料13は史料11の施行状ではなく、独自の機能・役割をもった文書と考えられる。奉書形式でも「所候也、仍執達如件」という形式は相当に高い地位にある人物の意を受けるものである。史料12の「彼状」は史料11の六郷山別当下文を指すと考えられ、延暦寺政所の意向を受けて、良禅に下地を沙汰し付けるようにという上意を奉じて権別当が発給したのが史料12である。それに対して、史料13は、史料12とほぼ同じく、郷秀の退去をさせ良禅への下地遵行を行うこととともに、暦応元年以降の年々の押領物の貢進に応じない場合は、郷秀の知行の山領に懸けて、厳密の沙汰をし、詳しい報告を行うようにとの上意を受けた権別当が発給した文書である。所領としての六郷山に関わる裁許であり、この上意は、六郷山の荘園領主ともいうべき無動寺の本主である青蓮院門跡の意を受けたものであることは間違いない。

三通の同日日付の文書の関係を整理すると、史料11は、比叡山延暦寺政所の命を通達する六郷山別当下文であり、史料12・史料13は所領としての六郷山の直接の領主である無動寺の本主青蓮院門跡の意を受ける権別当発給文書である。史料12と史料13の違いは、前者が延暦寺政所の意向を受けて出されたのに対して、後者は荘園領主としての青蓮院門跡の意向を伝達する文書であり、後半では、押領物の具体的な徴収方法にも言及している点で前者の文書とは違う役割をもっている。

このことから、六郷山別当は、延暦寺政所という公的な部分に繋がる存在であるのに対して、権別当は、延暦寺政所の命を意識しつつも、領主である無動寺（青蓮院門跡）の支配を強く受ける存在であることが推察される。承久から安貞のころにかけて、権別当という役職が出現したのは、延暦寺政所という公的な支配が後退し、荘園領主である青蓮院門跡の支配権が強まったことを示しているともいえる。次に、権別当と六郷山別当、無動寺別当の関係を示すもう一つの史料を検討してみよう。

史料14(56)

下　夷山内蓮祐払、同計宇良木田樋懸田地領主職事
右於田畠者、為別相伝之地、無院主綺之条、証文分明也、然者早長祐永代令知行領掌、有限於仏神事并課役等者、守先例、不可有懈怠、故以下、
嘉暦二年六月十七日　公文貞長　奉
別当　在御判
「（裏書）此御下知内事
為樋懸田地存知、封案文裏、所副渡也、」

史料15（57）
豊後国六郷夷山内蓮祐払坊舎田畠山野、同計宇良木田樋懸田地領主職事
右、夷長小野寺務管領事、被付于別当職之由、令旨拝領之間、相尋当田畠等由緒之処、少輔竪者祐岸知行之時、任譜代証文之道理、宛賜各別安堵令旨、所見分明之上、近年就当山院主職相論而、可被停止条々新儀非法之由、寺僧等事書内一条、衆徒各別領主職、払々本役例進之外、無院主之綺事、達上聞之趣、去正和四年四月廿三日令旨厳重也、然者於当田畠等者、長祐為各別領主職而、永代可令知行領掌、仍下知状如件、
嘉暦二年六月十七日
権別当仁王丸　在御判
「（継目裏書）此御下知内事
為樋懸田地存知、封案文裏、所副渡也、
嘉暦二年（歳次丙刁）十月八日　権律師長祐（花押）」

この二通の文書の解釈はむずかしい。これらの案文は四月二十三日の青蓮院宮令旨と正和四年（一三一五）七月日の無動寺別当施行の二通をあわせて、四通を継ぎ、これらの案文に権律師長祐が裏を封じ花押を据えている。すでに述べたように、**史料14**の別当下文案は様式にやや問題があるが、文書の発給された直後に作成された案文であり、疑う余地はない。そう考えると、奉書形式をもってはいるが、公文が奉者となっている点からみても、相当の高僧が任じられる無動寺別当下文の可能性はない。

史料15の六郷山権別当仁王丸下知状案では、夷長小野寺務管領は六郷山別当職に付されるという青蓮院宮令旨が出されており、先の別当と考えられる少輔竪者祐岸の時に、譜代証文の道理に任せて、格別の安堵を賜っていることが、青蓮院宮令旨でも明らかである。その上、近年の夷山院主との相論においても、条々の新儀・非法を停止するようにという寺僧等の事書の一条があり、衆徒も格別の領主として払（開発所領）に課される本役・例進以外は院主の介入を認めないということが青蓮院門跡の耳にも達して、その趣旨の正和四年（一三一五）四月二十三日の令旨が厳然とあるので、長祐に格別の領主として知行を認めるべきであるとある。長祐は六郷山別当と考えられる祐岸の時に青蓮院門跡の格別の安堵の令旨をもらっており、今回も四月二十三日の青蓮院門跡の令旨を受けて、六郷山権別当の下知状が出された。この二通の文書も先の六郷山別当下文と権別当発給文書と同じように、**史料14**は延暦寺政所系の六郷山別当下文であり、**史料15**は青蓮院の意をうけた六郷山権別当の発給文書とみられる。

これらの史料の検討から、叡山政所の六郷山別当の下に豊後国六郷山側には権別当がいるが、この権別当は六郷山別当の命を施行するのではなく、むしろ無動寺の本主である青蓮院門跡の意をうけ、施行する役割をもっていたとみられる。安貞二年五月日の六郷山諸勤行并諸堂役祭等目録写には、三名の権別当が署名しており、旧稿ではこれを本山・中山・末山の六郷の三山に対応する権別当と考えた(58)。権別当は三山各山のある地域の有力武士の家の出身であり、無動寺領六郷山では、青蓮院門跡が領家とすれば権別当はその預所的存在として位置づけられる。それでは、このような六郷山別当—権別当の支配体制はどのように出現したのか、もう一つの六郷山の中心的役職である執行の成立との関連から考えてみることにしよう。

六郷山執行は、三人の権別当の一人が兼帯する役職であり、叡山に置かれた別当職とは異なり、満山の僧侶のなかから選ばれたものが就任し、六郷山の三山を統べた。旧稿において検討を行い、六郷山の執行は『六郷山年代記』元久二年（一二〇五）条付近にある「六郷惣山執行円豪門徒相伝申也」という記事から六郷山執行の成立を円豪の代に求め、これは幕府とも関係の深い天台座主慈円が深く関係していたことを推測した(59)。また、執行は「惣山執行」と書かれており、惣山を統べる役職であることから、その成立時期に十二世紀に惣山として大衆の衆議所が置かれたと考えられる屋山寺との関係が問題となった。とくに、建久の惣山屋山寺の退転後、屋山寺に入寺した応仁（屋山院主）と円豪には惣山運営の権限をめぐって微妙な関係にあったことが考えられた。しかし、六郷山別当や権別当の役割の考察からは、比叡山側の六郷山別当と青蓮院門跡の意を受ける権別当の支配系列のなかには、執行職の位置付けはなく、どのような役割を担っていたのかがほとんどみえてこない。

六郷山執行は次の**表5**にみえるように、円豪を初見として、戦国時代末の吉弘宗鳳、高橋殿まで確認される。鎌倉後期の円位や円然は国東郡の都甲荘地頭の都甲氏の出身、南北朝時代の終わりは、国東の有力国人田原一族の出身と思われる人物がみえ、室町末以後、大友家の重臣吉弘氏が六郷山をその所領として支配するようになると、その一族から執行が出されている。また、南北朝時代は執行自身が一手を率いて、戦場にむかうこともしばしばあり(60)、円増（蔵）は角違一揆にもその名を連ねている。このように、六郷山執行は叡山に直結した六郷山別当と青蓮院門跡につながる権別当に比べ、初期の段階から武家との関係が密接であった。

このような執行の性格を知る上で注目されるのが、網野善彦氏が紹介された島原松平文庫所蔵の『自坂東御教書之写』という写本である(61)。ここには二三通の鎌倉時代の文書が写されている。どの寺の所蔵の文書群を書写したのかは

表5　六郷山執行表

執行名	補任・所見時期	出典	備考
円豪	元久二（一二〇五） 安貞二（一二二八） 仁治元（一二四〇）	『六郷山年代記』 松平文庫文書写 『六郷山年代記』	六郷惣山執行円豪門徒相伝申也 六郷山執行御房 円豪上洛
理性	建保元（一二一三）補任 貞永元（一二三二）	『六郷山年代記』 『六郷山年代記』	 六郷山学頭理性御坊春順
良金	元仁二（一二二四）補任	『六郷山年代記』	
快円	嘉禎三（一二三七）補任 寛元二（一二四四）	『六郷山年代記』 『六郷山年代記』 道脇寺文書（応仁置文）	 執行法橋快円
円位	建長五（一二五三）補任 建長六（一二五四） 弘安七（一二八四） 正応四（一二九一）	『六郷山年代記』 『六郷山年代記』 長安寺文書 松平文庫文書写	 執行円位代 六郷山執行兼権別当
円仁	永仁四（一二九六）他界	都甲文書（都甲荘地頭職相伝系図并某裁許状）	都甲惟家（西迎）子息
有快	文永十年（一二七三） 建治元（一二七五）補任	余瀬文書 『六郷山年代記』	熊然（権別当能然カ）と両子寺・小城・大嶽・見地村の所領を争う
幸尊	正応二（一二八九）補任	『六郷山年代記』	
円然	嘉元四（一三〇六）	都甲文書	六郷山執行　円仁の子息

	延慶四（一三一一）	松平文庫文書写	六郷山執行
円増	正和五（一三一六）補任	『六郷山年代記』	
	元徳二（一三三〇）	松平文庫文書写	六郷山執行
	建武三（一三三六）	角違一揆契諾	
	応安五（一三七二）	『六郷山年代記』	
諸松丸	暦応元（一三三八）	『太宰管内志』	
斎円	暦応三（一三四〇）以前	瑠璃光寺文書	
藤原都久一丸	永徳二（一三八二）	『六郷山年代記』	田原徳一丸カ
豪経	永享九（一四三七）	土谷文書	吉弘綱重の弟カ
円仲	室町中期	吉弘系図	吉弘綱重の子息
円能	文明六（一四七四）	林文書	
吉弘宗鳳	元亀二（一五七一）	『六郷山年代記』	
高橋殿	元亀三（一五七二）	『六郷山年代記』	

不明であるが、一つのまとまりをもっており、異国降伏関係の文書群と地頭と六郷山の相論に関する幕府や探題や守護などの関係文書であり、六郷山執行に充てられたものが多く、鎌倉時代の六郷山執行のもとに集積された文書群の可能性が高い。網野氏は「六郷山、とくに執行は、これまで考えられていたよりはるかに密接に、鎌倉幕府と深く結びついていたのであり、まさしくそれ故に、これらの文書群は鎌倉幕府、六波羅探題、鎮西探題の動きにまで及ぶ内容を持ちえたのである。そしてこの史料によって、六郷山自体の動き、代々の執行の動向を辿るための緒口が得られただけでなく、狩猟、焼畑などにいろどられたこの地域の個性の一端をうかがうことができるようになったのも、大

きな収穫といえよう。」と述べている[62]。

さて、ここで注目しなければならないのは安貞二年（一二二八）という年である。『自坂東御教書之写』においても、この年とその翌年の文書が六通収載されている。安貞二年の五月には、六郷山執行・権別当・三綱によって、「豊後国六郷満山谷〻別院霊寺霊崛仏事神事等将軍家御祈祷巻目録事」が注進される[63]。この祈祷目録注進の返事が次の安貞二年十月十八日の関東御教書であり（**史料16**）、さらに、十二月八日には、将軍家祈祷所として巻数を捧げたので、今後は諸方からの妨げがなく、執行に六郷山を安堵するという内容の関東御教書が出されている（**史料17**）。網野氏はとくにこれらの文書に注目し、この年が執行と幕府の結び付きを深める上で画期的な年であると指摘している。

史料16[64]

豊後国六郷山執行令勤行御祈之由、被聞食畢者、依鎌倉殿仰執達如件、

安貞二年十月十八日　　　　　武蔵守（北条泰時）在御判
　　　　　　　　　　　　　　相模守（北条時房）在御判

史料17[65]

六郷山執行御返事

豊後国六郷山事、為将軍家御祈祷所捧巻数之上者、向後無諸方妨、執行令安堵之旨、依鎌倉殿仰執達如件、

安貞二年十二月八日　　　　　武蔵守御判
　　　　　　　　　　　　　　相模守御判

この時の六郷山執行が円豪である。「六郷山年代記」を信じれば、円豪は十三世紀初頭には六郷山執行に任命されていた可能性が高い。ところが、「長安寺過去帳」には、六郷山の初代の執行を惣山屋山院主の応仁と記している[66]。

応仁は焼き打ちによって焼失した伽藍を再建し、屋山の南側の加礼川の谷の水田開発を行い、屋山の仏事・神事のための料田を設定し、屋山の中興開山というべき人物である。(67)「長安寺過去帳」は江戸時代のもので確かな史料とはいえないが、屋山側からみると、執行とみるべき根拠があったのではなかろうか。また、『六郷山年代記』には、円豪の執行の時期と重なるように、理性と良金という人物が執行としてみえる。六郷山の体制が、安貞二年のような体制に至る直前までは、惣山院主と惣山執行の権限は抵触する部分が多く、混乱があったと考えられるのである。

しかし、寛元二年（一二四四）には、応仁は惣山屋山の再興の集大成をした打文という置文を作成し、このなかで、院主職を執行快円法橋に譲ることを記している。(68)この快円法橋は円豪の後継者となった人物であり、ここに六郷山支配における惣山院主と惣山執行の分立状態は統合されるのである。そこで、このような流れのなかで、安貞二年に円豪が行ったことを位置付けてみることにしよう。

円豪が任命された六郷山執行職は惣山の機能を比叡山側が掌握するために設置したと思われるが、惣山屋山の再建にともなって、両者の権限が対立し、独自な役割を果たし得ない状態にあったと考えられる。承久の乱を境に幕府の権限が強まるなか、円豪は六郷山を関東祈祷所とすることによって、六郷山内における執行の独自な地位を確保したとみるべきであろう。

安貞二年五月に「豊後国六郷満山谷〻別院霊寺霊崛仏事神事等将軍家御祈祷巻目録」が注進をして、これを六郷山衆徒に伝達しているが、(69)これは伝達というより、満山衆徒に諮問をしたと解釈すべきである。

六郷山はもともと、大衆衆議を第一とする寺院であった。鎌倉時代に入り、衆議体制は後退を余儀なくされたが、重要な決定や宗教的行事については大衆が関与した。長小野田畠証文等目録によれば、建長元年（一二四九）十一月二十日の文聖太子之嫡子定妙譲状には、「大衆連判」が添えられていたことが知られる。(70)また、訴訟の際にみえる衆徒申状も所司申状と区別されており、応永十九年（一四一二）十一月十五日には、六郷山の寺務代が衆分に対して、先例のない苛責を行い不慮の課役を充てるということで、満山衆徒が離山の申状を出している。(71)『六郷山年代記』によれば、文永元年（一二六四）には、九州での不可解な牛の死亡について祈祷を行うため、六郷山衆徒先達八三〇人が祈祷所屋山寺に集まり、大般若経一〇〇〇部、仁王経三〇〇〇部を転読したとある。

このように満山大衆の組織は上からの組織化に埋没しつつも生き続けており、六郷山の寺務を任された執行・権別当・三綱らは将軍家祈祷所となることを満山衆徒に諮ったのが安貞二年の目録注進であったと考えられる。

これを推進したのはもちろん、**史料16・史料17**の関東御教書に明らかなように、執行円豪のリードによってなされ、幕府は六郷山を統括する役職として執行の地位を認め、以後、この職を通して、六郷山に祈祷を依頼し、祈祷の巻数を提出させた。六郷山執行は延暦寺の裁許や安堵のなかでは表面に現れないが、幕府との関係で六郷山を統括する役職として公認されたのである。ここに惣山における執行の地位は決定的に優位に立ち、惣山屋山院主応仁は円豪の弟子と考えられる執行快円への院主職を譲ることになった。「六郷惣山執行円豪門徒相伝申也」という「六郷山年代記」の記述はこのような状況に対応すると考えられる。

この節の最後に六郷山執行職と六郷山権別当職の成立の問題について整理しておこう。これまでの考察で六郷山執行職は安貞二年の際に突然出現した職ではないことは明らかであるが、安貞二年に鎌倉幕府との関係で、惣山執行の地位は大きく変化した。六郷山権別当職も安貞二年に突如設立されたとは考えがたいが、先に考察したように、別当からの命を施行したのは、承久年間まで本寺の使者や三綱によって組織された惣公文所であった。したがって、権別当は執行職が幕府との窓口となる一方、比叡山からの命を受ける職として承久年間以降、安貞二年までの間に設置されたと考えられるのであるが、それは延暦寺政所に属する六郷山別当の命を受けるというかたちではなく、無動寺の本主青蓮院門跡の命を施行する存在として登場したところに特色がある（図13参照）。

むすびにかえて

六郷山寺院は、末法対策を意識した弥勒寺新宝塔院の建立と対応した初期六郷山にはじまったが、十二世紀初頭には、山岳修行を旨とする住僧を主体にした天台六郷山の成立によって、住僧らの衆議を中心に置く体制が確立した。治承・寿永の内乱のなかで、衆議の中心にあった惣山が焼かれ十数年にわたって退転を余儀なくされると、延暦寺側に六郷山を支配する六郷山別当が設立され、それに対応し、延暦寺からの使者を介在する体制がつくられたり、六郷山側での三綱（所司）の整備が進んだ。このような過渡的体制は、承久年間（一二一九～二一）ころまで維持されるが、安貞二年（一二二八）に、ときの執行円豪によって鎌倉幕府の将軍家祈祷所の地位をえると、惣山執行を中心とする祈祷体制が確立した。このことは惣山屋山の地位をより低下させることとなり、内乱期退転した惣山屋山を再建した応仁も寛元二年（一二四四）に屋山の院主職を円豪の弟子執行快円に譲り、執行を中心に、三山に対応する三人の権別当が延暦寺側にいる六郷山別当を補佐する体制が完成したのである。これ以後、執行は権別当を兼務しつつ、幕府との関係において、六郷山を代表し、権別当は六郷山別当の下にはあるが、青蓮院門跡の意を奉じる存在として、三山各山の支配の頂点に立った。

一方、平安末期の衆議体制を確立した大衆組織は鎌倉時代以降、衆徒と呼ばれ、もはや裁許などの前面に現れることはなくなったが、重要な決定においては衆議が生き続けていた。各寺院はもともと住僧という平等な僧侶集団によって形成されていたが、鎌倉時代に入ると、寺院全体を統括する院主という僧侶とその下に位置付けられる坊の主、もともとは住僧とよばれた僧侶が坊主としてこれらを構成した。

最後に、青蓮院門跡―無動寺系列の支配と延暦寺政所（六郷山別当）―六郷山所司（執行・権別当・三綱）系列の

支配の関係が問題となる。前者は、所領としての六郷山の支配関係であり、文書としては、青蓮院宮令旨と無動寺別当施行状と権別当発給文書が出される。後者は、延暦寺という寺院の公的な本末関係の支配関係と考えられ、六郷山別当下文が出される（図13参照）。

しかし、現時点では両者の関係を整然と理解することはできない。文永十年二月十八日の青蓮院宮令旨では、六郷山内の両子・小城・大嶽・見地村についての相論を裁許しているが(72)、これらは、六郷山の個別の寺院名であり、院主の支配する所領単位と考えられる。前者の支配の問題は六郷山内各寺院の院主の支配の問題を論じる必要があり、先にも述べたようにこのことは別の課題である。

注

(1) 中野幡能『八幡信仰史の研究』（増補版）下（吉川弘文館　一九七五年）、同『八幡信仰と修験道』（吉川弘文館　一九九八年）。
(2) 和歌森太郎編『くにさき』（吉川弘文館　一九八〇年）。
(3) 『国東の仏教信仰』（国東町教育委員会　一九八二年）、『国東の庶民信仰』（同教育委員会　一九八一年）。
(4) 大分県教育委員会編『六郷満山関係文化財総合調査概要』（一九七六年、七七年、八二年）、同『歴史の道調査峰入りの道』（一九八一年）。
(5) 小泊立矢「六郷満山の成立」（『大分県史』古代　一九八三年）、同「旧仏教の動き」（『大分県史』中世Ⅰ　一九八二年）。
(6) 桜井成昭「六郷山研究の成果と課題」（『大分県地方史』一七八　二〇〇〇年）。
(7) 拙稿「文書から見た六郷山の様相―六郷山の成立―」（『六郷山寺院遺跡確認調査報告書』Ⅰ　大分県立宇佐風土記の丘歴史民俗資料館　一九九三年）、『豊後国都甲荘の調査　本編』（大分県立宇佐風土記の丘歴史民俗資料館　一九九三年）本書第六章に一部収録、「中世における『山』の開発と環境―国東半島の山の開発を事例として―」（『大分県地方史』　五四一九九四年）本書第七章に収録、「荘園村落遺跡調査と開発史―国東半島の荘園の成立と開発」（佐藤信・五味文彦編『土地と在地の世界をさぐる』東京大学出版会　一九九六年）、「神と仏と鬼の里を行く」（『くにさきの世界』豊後高田市　一九九六年）、「豊後国都甲荘」（石井進編『中世のムラ』東京大学出版会　一九九六年）、『豊後高田市史　通史編』第三編第四章第四節・第五章（豊後高田市　一九九八年）本書第五章に収録、「中・近世の六郷山寺院と峯入り」（別府大学『アジア歴史文化研究所報』一八　二〇〇一年）、本書第三章に収録。

（8）重松明久編『八幡宇佐宮御託宣集』巻十一（現代思潮社　一九八六年）。

（9）渡辺澄夫編『豊後国荘園公領史料集成』二　来縄郷一一、長安寺文書（別府大学附属図書館　一九八五年）。

（10）拙稿「権門としての八幡宮寺の成立」（十世紀研究会編『中世成立期の歴史像』東京堂出版　一九九三年）。

（11）渡辺文雄「熊野磨崖仏とくにさきの仏たち」（『くにさきの世界』豊後高田市　一九九六年）。

（12）渡辺文雄「真木大堂とくにさきの仏たち」（『くにさきの世界』豊後高田市　一九九六年）。

（13）渡辺澄夫編前掲、注（9）書。

（14）渡辺文雄前掲、注（12）論文。

（15）拙稿前掲、注（10）に同じ。

（16）千々和実「八幡信仰と経塚の発生」（『日本仏教』8・13　一九六一年）。

（17）『六郷山年代記』は長安寺（豊後高田市）に所蔵されている。『豊後国都甲荘の調査　資料編』（大分県立宇佐風土記の丘歴史民俗資料館　一九九二年）に所収。

（18）拙稿「文書から見た六郷山の様相―六郷山の成立―」（『六郷山寺院遺跡確認調査報告書』Ⅰ　大分県立宇佐風土記の丘歴史民俗資料館　一九九三年）。

（19）『六郷山寺院遺跡確認調査報告書』Ⅱ（大分県立宇佐風土記の丘歴史民俗資料館　一九九四年）。

（20）栗田勝弘「国東六郷山寺院の伽藍配置と経塚」（『古文化談叢』第三七集　一九九七年）。

（21）長承四年三月二十一日付僧行源解状案（渡辺澄夫編『豊後国荘園公領史料集成』二　香々地荘三、余瀬文書　別府大学附

属図書館　一九八五年）（『平安遺文』⑨四七〇二〇号）。
(22) 保元二年十二月二十九日付僧常智解状案（渡辺澄夫編『豊後国荘園公領史料集成』二　香々地荘四、余瀬文書　別府大学附属図書館　一九八五年）（『平安遺文』⑨四七七〇〇号）。
(23) 安貞二年目録は千燈寺（大分県国東市国見町）所蔵本を定本とする。建武四年目録は、永弘家（大分県宇佐市）所蔵本を定本とする。
(24) 拙稿『豊後高田市史　通史編』（一九九八年）第四章第四節一三七頁。
(25) 前掲渡辺澄夫、注（21）書。
(26) 長安寺木造太郎天像胎内銘（渡辺澄夫編『豊後国荘園公領史料集成』二　都甲荘三　別府大学附属図書館　一九八五年）。
(27) 長安寺銅板経銅筥銘（渡辺澄夫編『豊後国荘園公領史料集成』二　都甲荘四　別府大学附属図書館　一九八五年）（『平安遺文　金石文編』）。
(28) 注（9）に同じ。
(29) 拙稿『豊後高田市史　通史編』（一九九八年）第四章第四節一四〇・一四一頁。
(30) 『六郷山年代記』（『豊後国都甲荘の調査　資料編』大分県立宇佐風土記の丘歴史民俗資料館　一九九二年）。
(31) 仁安二年十一月日付夷石屋住僧観西解状案（渡辺澄夫編『豊後国荘園公領史料集成』七　香々地荘四、余瀬文書　別府大学附属図書館　一九八五年）（『平安遺文』⑨四八五五〇号）。
(32) 小泊立矢「旧仏教の動き」（『大分県史　中世編』第六章第一節　一九八二年）、金谷俊樹「近世高田の寺院と神社」（『豊後高田市史　通史編』第七編三章　一九九八年）。
(33) 前掲注（30）書。
(34) 建久八年十一月十日付使者千祐房等連署下文（渡辺澄夫編『豊後国荘園公領史料集成』二　香々地荘一〇、余瀬文書　別府大学附属図書館　一九八五年）（『鎌倉遺文』②九四四号）。
(35) 建久九年四月日付延暦寺政所下文（渡辺澄夫編『豊後国荘園公領史料集成』二　香々地荘一一、余瀬文書　別府大学附属

図書館　一九八五年）（『鎌倉遺文』②九七八号）、『太宰管内志』所収文書でもとは継書きである。

(36)　建仁二年九月日付無動寺別当下文（渡辺澄夫編『豊後国荘園公領史料集成』二　香々地荘一四、余瀬文書　別府大学附属図書館　一九八五年）（『鎌倉遺文』③一三一八号）。渡辺澄夫氏はこの文書を無動寺別当下文とするが、本文で考察したように、これは六郷山別当下文とすべきである。

(37)　寛元元年五月十二日付関東下知状写（島原松平文庫所蔵「自坂東御教書写」、網野善彦「豊後国六郷山に関する新史料」『大分県立宇佐風土記の丘歴史民俗資料館　研究紀要』6　一九八九年）（『鎌倉遺文』補③一三〇九）に「天台無動寺別院領豊後国六郷山」、正和二年十月十二日付鎮西下知状案（『鎌倉遺文』㉜二五〇一六号　永弘文書）に「天台無動寺別院、為六郷山内、彼執行令知行之処」、永仁三年十二月日付院主藤原春徳丸寄進状案（渡辺澄夫編『豊後国荘園公領史料集成』二　香々地荘四〇、余瀬文書　別府大学附属図書館　一九八五年）（『鎌倉遺文』㉕一八九六〇）に「天台無動寺末（末）寺六郷夷山之内」とみえる。

(38)　「天台座主記」（『群書類従』四輯）など。

(39)　村山修一編『葛川明王院史料』（吉川弘文館　一九六四年）六号（『鎌倉遺文』③一五五二号）。

(40)　同右、六号、二九〇号、三一三号、三一九号、三三〇号、三三一号（『鎌倉遺文』③一五五二号、㉞二六三七二号、㊵三一〇一一号、㉟二七〇四号、㊴三〇八五〇号、㊴三〇八八五号）。

(41)　中野幡能『八幡信仰史の研究』（増補版）下（吉川弘文館　一九七五年）七四八～七五〇頁。

(42)　四月二十三日付青蓮院宮慈道法親王令旨（渡辺澄夫編『豊後国荘園公領史料集成』二　香々地荘五〇、余瀬文書　別府大学附属図書館　一九八五年）（『鎌倉遺文』㉝二五四九五号）、この文書名を渡辺氏は法印玄信奉書案とし、五一を青蓮院宮慈道法親王令旨としているが、これは間違いである。五〇は青蓮院宮令旨であり、五一は無動寺別当施行状である。

(43)　鎌倉時代についてみると、「葛川明王院文書」中の青蓮院宮令旨の書止め文書には、次のようなものがある。「御気色所候也、仍執達如件」（『鎌倉遺文』⑭一〇五一一号、㉞二六三七二号、㊴三〇八五〇号、㊴三〇八八五号）
「御気色所候也、恐々謹言」（『鎌倉遺文』㉞二六二七八号）

「御気色候也、恐々謹言」（『鎌倉遺文』㉟二七〇七四号、㉟二七〇八四号）
「依御気色執達如件」（『鎌倉遺文』㉒一六五五号）
「青蓮院宮令旨所候也　仍執達如件」（『鎌倉遺文』㊴三〇八〇一号、㊵三一〇一一号、㊵三一一五九号）
「青蓮院宮令旨所候也　仍執啓如件」（『鎌倉遺文』㉞二六三〇〇号）
「青蓮院宮令旨所候也　恐々謹言」（『鎌倉遺文』㊴三〇八二三号、㊴三〇八五〇号）
「青蓮院宮御消息所候也、玄忠恐惶謹言」（『鎌倉遺文』㉟二六七六六号、㉞二六三一六号）
「御気色所候也、仍執啓如件」（『鎌倉遺文』㉞二六六九七号）
「**被仰下候也、仍執達如件**」（『葛川明王院文書』四一号）
「可有御下知之由可申旨候、玄忠恐惶謹言」（『鎌倉遺文』㊴三〇八八五号）
「其沙汰候也、仍執達如件」（『鎌倉遺文』㊴三〇九二六号）
「所候也、恐々謹言」（『鎌倉遺文』㉞二六二七三号）
「以此旨可然之様、可有御披露候、恐々謹言」（『葛川明王院文書』二七三号）

また、青蓮院門跡御教書の書止め文言では、「早以是等趣可有御下知由、可令申給旨候也、恐々謹言」（『鎌倉遺文』⑭一〇九五六号）とある。

一方、「葛川明王院文書」中の天台座主宮令旨の書止め文書では、「座主宮令旨所候也、仍執達如件」（『鎌倉遺文』⑫八八九九号、⑭一〇九五六号、『葛川明王院文書』二三三号）、豊後六郷山に出された天台座主御教書写の書止め文言では、「座主御房所候也、恐々謹言」（『鎌倉遺文』補③一三〇八号）などがある。

鎌倉時代の座主発給の令旨・御教書では、一般に座主宮令旨、座主御坊「所候也」のパターン文言がある。それに対して、青蓮院宮令旨・同御教書の場合は、いつも青蓮院宮の文言があるわけではなく、実に多様な様式をもっている。**史料6**の書止め文言「**被仰下候也、仍執達如件**」は青蓮院宮令旨のタイプにあり、**史料6**は、青蓮院宮令旨と考えられる。

なお、『葛川明王院文書』二三二号に五月十二日の座主宮覚雲法親王令旨案があり、この文書は、「**被仰下候也、仍執達如**

件」文言をもつが、内容から判断して青蓮院宮令旨とすべきである。

(44) 注（9）に同じ。

(45) 千燈寺所蔵本は「豊後国六郷山諸勤行并諸堂役諸祭等目録」という表題をもつ。

(46) 中野前掲、注（41）書、七五六頁。

(47) 元久三年四月二十六日付六郷山惣公文所下知状（渡辺澄夫編『豊後国荘園公領史料集成』二　香々地荘一五、余瀬文書　別府大学附属図書館　一九八五年）『鎌倉遺文』③一六一四号）。

(48) 元徳二年四月十日付鎮西探題下知状写（島原松平文庫所蔵『自坂東御教書写』、網野善彦「豊後国六郷山に関する新史料」『大分県立宇佐風土記の丘歴史民俗資料館研究紀要』6　一九八九年）（『鎌倉遺文』補④二一一三号）。

(49) 注（47）に同じ。

(50) 建保三年三月五日付僧朝範安堵申状（渡辺澄夫編『豊後国荘園公領史料集成』二　香々地荘一七、余瀬文書　別府大学附属図書館　一九八五年）（『鎌倉遺文』④二一四八号）。

(51) 建保三年四月十九日付御使僧範実下作職宛文（渡辺澄夫編『豊後国荘園公領史料集成』二　香々地荘一八、余瀬文書　別府大学附属図書館　一九八五年）（『鎌倉遺文』④二一五九号）。

(52) 「承久三年」十月日付御使藤原某下作職宛文（渡辺澄夫編『豊後国荘園公領史料集成』二　香々地荘一九、余瀬文書　別府大学附属図書館　一九八五年）（『鎌倉遺文』⑤二八六四号）。

(53) 貞和三年十一月十日付六郷山別当権律師下文案（渡辺澄夫編『豊後国荘園公領史料集成』二　香々地荘七五、志賀文書　別府大学附属図書館　一九八五年）。

(54) 十一月十日付六郷山権別当英隆奉書案（渡辺澄夫編『豊後国荘園公領史料集成』二　香々地荘七六、志賀文書　別府大学附属図書館　一九八五年）。

(55) 十一月十日付六郷山権別当英隆奉書案（渡辺澄夫編『豊後国荘園公領史料集成』二　香々地荘七七、志習文書　別府大学附属図書館　一九八五年）。

(56) 嘉暦二年六月十七日付別当下文案（渡辺澄夫編『豊後国荘園公領史料集成』二　香々地荘五五、余瀬文書　別府大学附属図書館　一九八五年）（『鎌倉遺文』㊳二九八六五号）。
(57) 嘉暦二年六月十七日付六郷山権別当仁王丸下文案（渡辺澄夫編『豊後国荘園公領史料集成』二　香々地荘五六、余瀬文書　別府大学附属図書館　一九八五年）（『鎌倉遺文』㊳二九八六六号）。
(58) 拙稿前掲、注（18）論文。
(59) 同右。
(60) 角違一揆契諾写に「六郷山執行僧円蔵」とみえる（『編年大友史料』六巻角違一揆契諾写）、康安二年十月二十二日付斯波氏経書下には「北浦辺警固事、属六郷執行手、可致其沙汰」とある（渡辺澄夫編『豊後国荘園公領史料集成』二　都甲荘一〇八、都甲文書　別府大学附属図書館　一九八五年）。
(61) 島原松平文庫所蔵『自坂東御教書写』（網野善彦「豊後国六郷山に関する新史料」『大分県立宇佐風土記の丘歴史民俗資料館研究紀要』6　一九八九年）。
(62) 網野善彦「豊後国六郷山に関する新史料」（『大分県立宇佐風土記の丘歴史民俗資料館研究紀要』6　一九八九年）。
(63) 渡辺文雄前掲、注（9）文書と千燈寺所蔵「豊後国六郷山諸勤行并諸堂役諸祭等目録」。
(64) 安貞二年十月十八日関東御教書写（島原松平文庫所蔵『自坂東御教書写』、網野善彦「豊後国六郷山に関する新史料」『大分県立宇佐風土記の丘歴史民俗資料館研究紀要』6　一九八九年）（『鎌倉遺文』補②九五五号）。
(65) 安貞二年十二月八日関東御教書写（島原松平文庫所蔵『自坂東御教書写』、網野善彦「豊後国六郷山に関する新史料」『大分県立宇佐風土記の丘歴史民俗資料館研究紀要』6　一九八九年）（『鎌倉遺文』補②九五九号）。
(66) 八尋和泉編『長安寺』（九州歴史資料館　一九八八年）。
(67) 豊後国都甲荘（石井進編『中世のムラ』東京大学出版会　一九九六年）。
(68) 『六郷山年代記』、屋山寺院主応仁置文（『豊後国都甲荘の調査』資料編　一九九二年）。
(69) 渡辺文雄前掲、注（9）書。

(70)　長小野田畠証文等目録（渡辺澄夫編『豊後国荘園公領史料集成』二　香々地荘四一、余瀬文書　別府大学附属図書館　一九八五年）。

(71)　応永十九年十一月十五日付六郷満山離山衆徒等申状写（渡辺澄夫編『豊後国荘園公領史料集成』二　香々地荘一〇七、「太宰管内志」　別府大学附属図書館　一九八五年）。

(72)　渡辺澄夫編『豊後国荘園公領史料集成』三　国東郷一三、余瀬文書　別府大学附属図書館　一九八六年（『鎌倉遺文』⑮一一九一一号）。

(補注)　国東半島荘園村落遺跡詳細分布調査は安岐郷の後、国東郷、山香郷と続けられ、現在に至る。

第三章　中・近世の六郷山寺院と峯入り

はじめに

六郷山研究は、一九七〇年代前半まで、中野幡能氏の独壇場に近いものであったが[1]、その後、大分県教育委員会の組織したメンバーによって、詳細な調査・研究が進められ、その結果は『六郷満山関係文化財総合調査概要』（一九七六年・七七年・八二年）や『歴史の道調査　峯入りの道』（一九八一年）に結実した。さらに、一九八一年に設立された大分県立宇佐風土記の丘歴史民俗資料館（現大分県立歴史博物館）の国東半島の調査（国東半島荘園村落遺跡詳細分布調査・六郷山寺院遺構確認調査など）が進むなかで、関係した研究者によって、古代・中世の六郷山研究がさらに進み大きく前進した[2]。

しかし、近世についてみると、桜井成昭氏の「六郷山研究の成果と課題」に指摘されているように、調査の進展はかなりみられるものの、資料を踏まえた研究は十分に進んでいるとはいえず、とくに全般にわたる研究はまだまだという状態である[3]。その意味で、本章はそのような状況を踏まえ、近世の六郷満山研究前進のささやかな一助にはなればと思い筆をとった次第である。

一　『六郷山年代記』成立の背景

1　中世後期の六郷山支配と吉弘氏

六郷山惣山として古代末から中世にかけて栄えた屋山寺、現在の長安寺には、『六郷山年代記』と呼ばれている記録が所蔵されている。この記録は慶長十二年（一六〇七）に屋山寺に住した豪意法印によって編纂されたもので、近世六郷山の最初の成果であった。ここでは、この年代記成立の背景から近世六郷山の置かれた状況を分析することをはじめたい。

そこで、まず、豪意法印の生きた中世末の六郷山の状況について概観してみることにしよう。中世末の六郷山は大友家の家臣吉弘氏の支配下にあった。そのはじまりは、十五世紀前半にさかのぼる。当時大友惣領家は氏時の子息氏継と親世以来、惣領家が二分し、そこに豊前守護の大内家との対立がからみ、内紛が相次いだ。永享三年（一四三一）の大内盛見の戦死を契機に、幕府は大友持直の守護職や所領を没収し、大友親著の子息親綱を守護に任命したため、豊後国内の国人を二分する戦いとなった。

永享七年から八年（一四三五〜三六）にかけて起こった姫岳合戦（臼杵市と津久見市の境）はその最終戦であった。この混乱のなかで、敗北した大友持直方の国衆の多くは所領を失った。六郷山執行や権別当の支配下にあった六郷山領も永享九年（一四三七）には、親綱方についた吉弘綱重の手に入ったようである。六郷山長岩屋や六郷山加礼川では、永享九年に吉弘綱重の安堵状が出され、綱重の弟豪慶（経）は六郷山執行兼権別当に就任し、六郷山の中山を中心に吉弘氏の六郷山支配がはじまる。(4)

戦国末期になると、さらに、吉弘氏の支配は進み、当主が六郷山領の支配権をもつだけではなく、執行や権別当の僧職を兼帯するようになる。『六郷山年代記』や長安寺の記録文書によれば、吉弘鑑理が六郷山別当（権別当ヵ）、吉弘宗鳳（宗仭・鎮信）が六郷山権別当や執行、吉弘統運（幸）が六郷山権別当に就任したことがみえる。

とくに戦国期最後の吉弘家当主である統幸は、天正十五年（一五八七）正月二十日の願文で、「源統幸忝なくも叡岳座主の尊命を請け、当山（六郷山）権別当に補任せられ、一山の法務となれり、然れども今代は、国司の命に随って、法体を改め、弓馬の家に局生し、天道に運を任せて、身を国家に投ず」（原漢文）と自らの心境を述べている。そこには、六郷山という寺院に深く関与した吉弘家の姿がよくみえる。[5] 吉弘氏は六郷山の惣山屋山麓の松行と長岩屋の境に屋敷を設けていたが、戦国末には、屋山寺のある屋山の頂上部に山城を築いた。これは、政教一体の支配体制を維持してきた吉弘氏が「弓馬の家」としての道を宗教に優先させた結果でもあった。

2　豪意法印と『六郷山年代記』の成立

このような統幸が活躍した時代に、六郷山学侶の頂点にいたのが、『六郷山年代記』を編纂した惣持院豪意である。豪意は弘治三年（一五五七）に六郷山の学頭に就任している。豪意は永禄五年（一五六二）には、大願主として吉弘氏の援助を受けて両子寺僧坊の焼失によって失われた大般若経の再興を行っている。また、天正五年（一五七七）には大願主として屋山法華三昧興所再興を行い、天正十年（一五八二）には、願主として両子寺本堂の建立に関わり、天正十五年（一五八七）には屋山の山王社の瓦葺きに関与した。学頭就任以来、六郷山の領主である吉弘氏の下で六郷山の再興に腐心してきた人物である。[6]

彼は元和六年（一六二〇）九月二十三日に亡くなるが、慶長十二年（一六〇七）に『六郷山年代記』を編纂する。豪意法印は当時すでに九〇歳の高齢であったが、「豪意ナカラン跡ニ而智間敷候間、是書知也」と自分の死後は六郷山の歴史を知るものはいなくなると大変な危機感をもって年代記作成に当たった。[7]

この危機感の背景には、豪意の年齢もあるが、当時の六郷山の置かれていた状況があった。

文禄二年（一五九三）には、大友家は朝鮮出兵の際の失態の罪から豊後国の知行を没収され、鎌倉時代以来続いた大友氏の豊後支配はあっけなく終わりの時を迎えたのである。大友家の家臣団は崩壊し、その知行地を失った。国東半島の都甲を拠点にし、大友家の重臣として活躍した吉弘統幸も浪人となり、一族で、筑後柳川に封じられた立花宗茂を頼り、筑後三池に滞在した。(8) 国東郡は高田に竹中重利、富来には垣見（筧）家純、安岐に熊谷直陳が封ぜられ、小さな郡は三つの大名領に分割された。六郷山という寺院も藩ごとに分断され、吉弘氏のような大檀那を失い、衰退の一途をたどった。

さらに、豊臣政権が崩壊し、徳川氏の幕藩体制の下では、慶長六年（一六〇一）に細川忠興に豊前国と豊後国の速見・国東両郡を含む三五万九〇〇石が与えられ、分断状況は一時的に解消されるが、寛永九年（一六三二）には、細川家が肥後熊本に転封せられるに及び再び分断状況は復活した。国東地域は豊前竜王松平藩領・幕府領・杵築小笠原領、のち杵築松平藩領、島原松平藩領、幕府領（のち延岡藩領）などが成立し、六郷山は満山としてのまとまりを次第に失ってゆく。

本来、永享九年（一四三七）の六郷山長岩屋住僧置文案には「山内ニ居住の族、住僧に入らざるにおいては、山中を追放すべきの事」（原漢文）とあるように、室町時代の六郷山の寺と村落は一体の存在であり、寺院は坊集落から発展した村を境内（山内）として支配してきた。(9) しかし、六郷山寺院は、近世の村からは直接的には切り離され、六郷山の寺院の存在した村にも真宗寺院など他の新しい宗派が檀家形成を行い、六郷山寺院は坊を中心とするわずかな檀家しかもたず、藩から与えられた禄は一〇石を越える寺はほとんどなく、数石から一石以下の小さな寺院に没落していった。

慶長十二年（一六〇七）に、このような六郷山の衰微を意識した六郷山最後の学頭豪意は、自らの命も永くないと悟り六郷山の成立からの歴史を書き記した年代記を作成することを決意した。年代記の記述は、屋山寺の記事が中心となっているが、両子寺の記事も量的にかなり多い。そのほか千灯寺や長岩屋などの記事もみられる。年代記は全体として六郷山のすべての寺院の情報が集められているとはいい難く、豪意が居住した屋山寺や大願主となって再建に尽力した両子寺などを中心に資料が集められ記述されたと考えられる。慶長十二年の段階では、六郷満山のすべての寺院は細川領のなかにあり、資料の収集は可能であったと思われるが、必ずしも、網羅的な記述にはなっていない。このようなまとまりを欠いた満山の状況自体が豪意の危機感そのものであったのではないだろうか。しかし、豪意の動きは決して孤立的な動きではなく、千灯寺においても、元和年間には六郷山の縁起の作成が行われており、これは年代記のなかにも同様の記述がみられることから、連動した動きが他の寺記にも存在していたことがうかがえる。

豪意以降の年代記は屋山の代々の住職によって書き継がれたが、その内容は、次第に寺のある加礼川村の村内のことが中心となってゆき、六郷山全体の記事はほとんどなくなってしまう。かつては六郷山の惣山として寺務の中心にあった屋山寺も加礼川村の一寺院にすぎなくなった。そのような満山寺院の衰退のなかで、杵築藩主の保護を受けその衰退を免れたのが、両子寺であった。両子寺は杵築松平家の祈願所として四〇石の禄を与えられ、屋山寺に代わり満山寺院の中核に位置付けられたが、藩によって寺院組織が分断された状態では、かつてのように六郷山は寺院としてのまとまりをもつことはできなかった。

二　六郷満山復興運動と集団峰入り行の創設

1　近世の峰入り

このような幕藩体制下の分断的状況に光明を与えたのが集団的組織的峯入り行の創設であった。中世には、組織的峯入り行を伝える記録はなく、安貞二年（一二二八）の六郷山諸勤行并諸堂役祭等目録写には、「初学の行者、人聞菩薩舊行を学び、一百餘所巖堀（崛カ）を巡禮す」（原漢文）とあり、[10]六郷山の僧侶は初学の修行として人聞菩薩の旧跡を巡礼することが求められていたことが記されている。それは、六郷山の僧侶個人に求められる行として寺それぞれが実施した可能性が高く、その実態がほとんど掴めていない。応暦寺所蔵の元禄十年（一六九七）の「修正鬼会経文六巻」に「天正ノ比ハ住持順慶法師峯七拾五度、寛文ノ比住持澄慶法師入峯五度」という記述があるが、[11]これが、中世以来の入峯行の名残りとみられる。

十八世紀に入ると、いわゆる寺院や堂の柱銘や修札などに「峯入り」の記録がみえはじめる。富貴寺大堂の柱銘には、元禄十四年（一七〇一）と宝永三年（一七〇六）の峯入りが記録されている。[12]全文を読み取ることは困難であるが、行者の銘はないと考えられ、十八世紀半ばからの集団による峯入りと異なるものであったと考えられる。その後、しばらく、峯入りの記録は確認できないが、寛延二年（一七四九）に両子寺を中心に組織的な峯入りが開始される。それに続く宝暦九年（一七五九）・安永八年（一七七九）のころ以降はかなり行事として整えられ、ほぼ一〇人から一一人の行者によって行われ、二一年間隔を原則として開催されて幕末に至る[13]（表6参照）。

入峯札の中央には「六郷満山仁聞菩薩古跡入峯行者拾人」などと書かれその下に結衆（参加行者）の名前が記される。表6に注目すると、入峯札に書かれる行者の人数は書かれた結衆（参加行者）の名前よりいつも一名多い。摩滅によって名前が判別されないためと当初は考えたが、よく判別できる銘文の場合も、一名プラスされている。長安寺の松本文尋氏によれば、現在行われている峯入りの入峯札は氏名の書かれた行者の総数が行者の数として書かれているそうであり、このようなことはない。これは一体どのように考えればよいのであろうか。

推測になるが、可能性としては、弘法大師信仰にみられる同行二人の考えに共通するのであろうか。中央に書かれた六郷山の開山仁聞菩薩がそのなかに含まれていると考えられるのである。峯入りは本来、八幡大菩薩の応現である

表6　峰入り行者（寺院）表

峯入り銘の年月日	確認できる参加行者（寺院）	同人数(実数)	出　典
元禄14年(1701) 2月13日			富貴寺大堂柱銘
宝永3年(1706) 2月13日			富貴寺大堂柱銘
寛延2年(1749) 2月8日	大先達地黄院　両子寺法印　中之坊　大満坊　南之坊　千燈寺下払坊　岩戸寺大門坊　麻田報恩寺	8人	『追遠拾遺』
宝暦9年(1759) 2月13日	先達千燈寺　大越家両子寺　奥先達足曳山	行者 10人	杲日庵入峯札
安永8年(1779) 2月14日 17日	大先達報恩寺　大越家両子寺　結衆　霊仙寺　天念寺　岩戸寺　西岸寺　岩脇寺　浄満寺　足曳山	行者 10人 （9人）	智恩寺講堂柱銘 大力坊入峯札
寛政11年(1799) 2月11日 26日	大先達　大越家　結衆　清浄光寺　霊仙寺　天念寺　神宮寺　大聖寺　足曳山　□□寺	行者 10人 （9人）	智恩寺講堂柱銘 丸小野寺入峯札
文化14年(1817) 2月14日 18日 26日	大先達大聖寺　大越家両子寺　結衆　清浄光寺　応暦寺　胎蔵寺　成仏寺　西之坊　庵実坊　自常坊　瑠璃光寺	行者 11人 （10人）	智恩寺講堂柱銘 清浄光寺入峯札 丸小野寺入峯札
天保8年(1837) 2月8日 13日 26日	大先達千燈寺　大越家両子寺　結衆　霊仙寺　門之坊　富貴寺　清浄光寺　行入寺　西岸寺　中之坊	行者 10人 （9人）	『執睨録』 智恩寺講堂柱銘 丸小野寺入峯札
嘉永6年(1853) 2月13日 18日 22日	大先達行入寺　大越家両子寺　文殊仙寺　千燈寺　天念寺　胎蔵寺　興導寺　清浄光寺　宝命寺　大聖寺	行者 11人 （10人）	智恩寺講堂柱銘 清浄光寺講堂柱銘 岩戸寺講堂柱銘

仁聞菩薩とともに国東の峰々岩屋などの聖地を歩む巡行であり、行者は常に仁聞菩薩とともにあるという意識からであろう。

富貴寺の柱銘に残された記録によれば、元禄十四年（一七〇一）二月にはじめて峰入りが行われている。それに引き続いて、宝永三年（一七〇六）に峰入りが行われるが、これらは富貴寺大堂の柱銘のみにみえるだけで、この二回の峰入りについてはその実態が明らかでない。この峯入りの柱銘によれば、元禄十四年については、「六郷山仁聞菩薩古跡」とあり、「元禄十四年二月十三日」日付が確認できる。宝永三年も「六郷山仁聞菩薩」まで確認でき、巡礼の日は「二月十三日」である。その後の峯入りの日程とよく符合する日付が記されており、間違いなく峯入り行が行われたと考えられる。それではこの峯入りはどのようなものであったのだろうか。史料はないが、桜井成昭氏との共同の検討によって、次のようなことが明らかになった。

峯入りの道は、これまでの研究では、宝暦五年（一七五五）の『豊前・豊後六郷山百八十三ケ所霊場記』（以後『霊場記』と略す）は、実際の峯入りとは多少異なるが、江戸時代の峯入りの巡礼場所を示すものであると考えられてきた。

一方、香々地の隈井家の『豊後国六郷山巡礼手引』（以後『巡礼手引』と略す）という本が存在しており、ここには一八六か所の霊場が記されている（うち三か所は重複、実数は一八三か所）。内容は、『霊場記』よりはるかに具体的で現況の詳しい記載が多く、実際に踏査したような記載が随所にみられる。

実は、桜井氏の検討によれば、『巡礼手引』では、田染の菊山村が「公料」と記載され、その他が「島原領」となっている事実から、『巡礼手引』は、菊山村が幕府領となった正保二年（一六四五）から延岡牧野領となる正徳二年（一七一二）の間で、田染の村々が島原領となった寛文九年（一六六九）以降となる。また、一三五番にある夷山霊仙寺は、元禄初頭に根本院を霊仙寺にあらためたことが『国東旧新略記』の記述から知られており、さらに元禄二年～正徳二年まで絞り込める。すなわち十七世紀末から十八世紀初頭のころに成立したといえる。(14) この時期は、この元禄十四年（一七〇一）・宝永三年（一七〇六）の峯入りの時期とほぼ重なる。

富貴寺の入峯柱銘には、行者や大越家や大先達などは記されていないようで、まだ、組織的な峯入りではない。元禄より以前は、「天正ノ比ハ住持順慶法師峯七拾五度、寛文ノ比住持澄慶法師入峯五度」のごとき、(15) 僧侶の個別の峯行が行われていたことは十分に推測され、富貴寺の柱銘の入峯もこのような前代以来の入峯行の延長とも考えられる。しかし、二月十三日という日はその後の峯入り行の日程と一致する点からすると（表6参照）、元禄十四年の峯入りとその直後に行われた宝永三年の峯入りは、十八世紀半ばから以後の集団的かつ組織的峯入りへ転換する過渡期的形態であり、実は『巡礼手引』作成と深く関係していたと推測するのもあながち外れていないと考えられるのである。

三回目の峯入りは寛延二年（一七四九）の記録などにみえる。『杵築史考』には「二月八日、六郷満山峯入の届出つ、両子寺・千燈寺・岩戸寺等、七日両子寺に會し、翌八日より實行せり、方法略す」とある。[16]この記録の出典は明らかでないが、ここに両子寺を中心とする峯入り行事の整備の動きが明確にみて取れる。すでに述べたように、両子寺は杵築藩主の祈願所として、近世の峯入りを積極的に推進した中心寺院であり、大先達と大越家が確認できない寛政十一年（一七九九）の峯入り以外では一貫して大越家（後越家ともみえる）の地位を保ち続けた。大越家とは、本来、熊野や大峰山に三六度以上入峯した修験者に与えられた位階であるが、国東では、峯入り行事の主催者としての性格が前面に出ている。

寛延二年（一七四九）の峯入りについては、現在のところ入峯修札も柱銘もまったく残存していないが、『追遠拾遺』には「同二月八日六郷山衆徒峯入、先達地黄院・両子寺法印・中之坊・大満坊・南之坊・千燈寺下払坊・岩戸寺大門坊・麻田報恩寺以上八人、七日両子寺に相揃、翌八日ヨリ峯入」とあり、先の記録より峯入りへ参加寺院の内容がより詳細に書かれている。峯入りは八人で行われ、中之坊・大満坊・南之坊は両子寺の坊であり、麻田報恩寺（現国東市武蔵町）も加わっていたことが確認できる。

さて、中野幡能氏はこの寛延二年の峯入りを本格的峯入りの出発とみているが、[17]どう評価したらよいのであろうか。それ以前に行われた島原藩領の富貴寺の大堂柱銘に確認される峯入りとの関連は必ずしも明確ではないが、先に述べたように元禄十四年や宝永三年は、戦後、峯入りを復興するとき、まず試験的な調査の峯入りが行われた。それと似たものと考えられ、その試験的巡礼の結果できたのが、「巡礼手引」であったと推定した。その後しばらく時間が空くが、行事として確立を考えたのが寛延二年の峯入りであったと考えられ、寛延二年にいわゆる行事としての本格的集団峯入りがはじまったとみてまちがいないだろう。

また、この最初の組織的・集団的峯入りで注目しなければならないのは、「先達地黄院」という僧侶の存在である。彼は、その院名から六郷山の僧侶ではないと思われる。おそらく山伏の可能性が高い。天保八年（一八三七）の峯入りでも山伏が二名同道しているが[18]、組織的な峯入りを行うに当たって、山伏のもっている手法が取り入れられたと考えられる。『峯入りの道』でも指摘しているように、大峰入りに関係する役ノ行者の石像が六郷山寺院にみられるのもそのような点から考えるべきであろう。

さて、現在確認できる安永八年（一七七九）以降の峯入りでは、島原藩領の田福村玉井堂を出発場所にしており（『水鏡』）、その終点が両子寺となっている。寛永二年（一七四九）は、両子寺を出発点にしているようにみえる点ではこれとは異なっている。両子寺が中心になり行われたという点では、それ以後の峯入りに連続するのであることは間違いない。しかし、まだこの段階の峯入りでは、半島の全体に広がる六郷山寺院の一部、すなわち杵築藩内の天台寺院の行事として創設され、行者として半島の仁聞菩薩の旧跡を巡ったのは杵築藩内の両子寺とその関係の天台寺院に限定されていたのである。

それでは、次の宝暦九年（一七五九）の峯入りは、どのようなものであったのだろうか。宝暦九年の峰入りに関する史料は豊後高田市嶺崎の杲日庵に残る入峯修札のみであり、実態が不明な点も多い。この峰入りについては、表6のごとく大先達は千燈寺、大越家は両子寺、奥先達は足曳山（両子寺）と記され、行者一〇人が参加した。両子寺と関係寺院が行ったという点では、寛延二年の延長上に位置付けられるものである。しかし、行者一〇人は安永八年（一七七九）以降の一〇人・一一人という行者人数の出発になっている点ではさらに体制が整ったことが推察される。

『執睨録』（橋津組大庄屋の政務の必携書）には「天台宗六郷山寺院入峯之事」という記事がある。これによれば、「六郷山は往古、仁聞菩薩建立之旧跡ニ而、前々ゟ弐拾壱年毎ニ右旧跡を寺院相廻り、勤方有之候」とある。また、

『太宰管内志』にも「豊後国国東郡六郷二十八山の寺院二十一年に一度峯入の時、此山に来り注連を切て奥に入る」とあり、二一年毎の峯入りの時だけは宇佐御許山の奥の院の注連を切って参拝することが記されている。峯入りは、幕末には二一年毎の行事ということが意識されていた。確かに宝暦九年（一七五九）以降の峰入りは明らかに二一年を意識して行われている。

さらに、安永八年（一七七九）の峯入りでは、霊仙寺（延岡藩領・豊後高田市）・天念寺（島原藩領・豊後高田市）・岩脇寺（島原藩領・豊後高田市）など、当時島原藩内や延岡藩領内にあった寺院が結衆として加わって、峯入りは名実ともに天台宗六郷満山全体の行事として位置付けられるようになった。このことからも、宝暦九年から次の安永八年にかけての段階に組織的な峯入りの整備が進められたことが十分に考えられるのである。そこで、宝暦九年から安永八年にかけての国東地域の状況を別の角度から検討してみることにしよう。

2　宝暦九年・安永八年の峰入りと六郷山寺院の目録作成

六郷山寺院では、慶長十二年（一六〇七）の『六郷山年代記』作成以降は、貞享元年（一六八四）の富貴寺由緒書をはじめとしていくつも作成され、島原藩ではすべての寺院に対して寛延元年（一七四八）には、寺院起立の由緒書の作成を命じている。このようななか、両子寺や神宮寺においては、宝暦二年（一七五二）には、六郷満山の縁起である「六郷開山仁聞大菩薩本記」の書写が行われている(19)。また、同じ宝暦二年には、近世の六郷満山の寺院目録である「六郷山本紀廿八山本末記」が書写される(20)。この縁起や目録は各寺院個別の由緒書と異なり、六郷山という寺院集団を強く意識したものであった。

次いで、十八世紀の初頭ころ作成された『巡礼手引』の霊場一八六か所の選定は、元禄十四年や宝永三年の峯入りと対応していると考えられる。また、寛延二年の峯入りについても『杵築郷土史』には「一六六か所の霊場」のことが記されているが、『峯入りの道』で指摘するように、寛政十二年の「六郷満山本縁起」の「豊後国六郷満山二八谷ニオイテ一百六十六カ所ノ寺院」を指すかもしれないが、あるいは『巡礼手引』の一八六か所の誤記という可能性もある。その意味で宝暦五年（一七五五）の『霊場記』作成が宝暦九年（一七五九）の峯入りと密接な関係があったことが一応想定される。

『巡礼手引』や『霊場記』では、宇佐郡の後山を一番として宇佐郡から速見郡山香を経て、田染を通り、都甲、真玉、香々地、国見、国東、武蔵、安岐と半島を時計廻りに廻り、安岐の東光寺（横城山）までの一八六ないし一八三か所の霊場を設定した。これは『八幡宇佐宮御託宣集』に、斉衡二年（八五五）に八幡大菩薩が能行聖人に示したところの峯巡行の二の道を意識している。すなわち、後山から横城山を直接行く道と海岸線を経廻る道であるが、『霊場記』が成立する直前に書かれた「六郷開山仁聞大菩薩本紀」には、託宣集の記述を意識した峯入りの由緒を書いた部分があり、霊場記の成立にはこの「六郷開山仁聞大菩薩本紀」が関係していると考えられる。

さらに、天明年中（一七八一～八八）には、復古的な寺院目録ではなく、現実の寺院を掌握した「六郷山寺院名簿」が作成されている。このように、十八世紀の半ばから後半にかけて、六郷山の復興運動が大きな高まりをみせている。

『豊後高田市史』において、金谷俊樹氏が近世作成の六郷山の寺院目録の分析を行い、「建武注文」からまず「六郷山本紀廿八山本末記」が作成され、さらに「仁安目録」というものが作成されたのではないかという説を提示した。(21)氏は「『本末之記』の作成の狙いは明らかに伝統を受け継ぎ、それを発展させることにあり、山号・寺号の整備による権威化と、あらたな寺院・岩屋の追加による再編成が、二つの柱であったと思われる。そして、『仁安目録』は『本末之記』がめざした六郷山の権威化をさらに推進し、山号・寺号が整然と連なる目録に統一することによって、まるで平安時代の全貌を伝えているかのように、われわれを欺き続けてきたといっていいだろう。」と述べている。

これは鋭い分析と指摘である。しかし、なぜ幻想的権威化が必要であったのだろうか。これは、分断され、小規模化した六郷山寺院の宗教的危機であったというべきであろう。村々における真宗寺院などの宗教的展開などのなかで、六郷山寺院は寺院経営としても信仰面でも行き詰まっていたと考えられる。宝暦年間にはじまる六郷山の目録・縁起の書写作成や寺院名簿作成の動きはこのような状況の打開であり、それを具現化したものが、満山全体による組織的峯入り行の創設であったと考えられる。宝暦九年（一七五九）から次の安永八年（一七七九）の峯入りはそれを強く意識したものであったと推定されるのである。

一方、峯入りの翌年の宝暦十年（一七六〇）には、天台六郷山寺院の天念寺第十一世住職盛殿法印が四国を行脚し、四国八十八か所霊場を勧請し、豊後四国八十八か所が現在の豊後高田市都甲地区から同市真玉地区にかけて設定される。これは宗派を越えた民間信仰を取り入れ、寺院の再興を模索したと考えられる(22)。これもまた、目録作成、峯入りの整備と軌を一にするものであった。

3　峯入りの道と『霊場記』の道

これまでの考察で、杵築藩、島原藩、延岡藩の領域にあった六郷山寺院が連合して峯入りに本格的に参入するのは、すでに述べたように、峯入りの行者のメンバーからみても安永八年（一七七九）からであったということはほぼ間違いない。その意味で『六郷山年代記』に安永八年の峯入りに関する記事がみられるのは注目される。『六郷山年代記』では、安永七年（一七七八）の記事に「入峯、御許山奥院不参、掛合ニ相成、此後参向仕候」とある(23)。年代記は縦軸に十干を並べ、そこに十二支を書き込む形式になっており、年号の場所確定が難しい。そこで、これは安永八年条にあったとみてよいと考えられるが、ここにはじめて峯入りの記事が入れられたのは、島原領においては安永八年の峯入りが重要な意味をもつことを示唆していると考えられる。

このとき御許山奥院へ参らず、これが議論となり、のちに奥の院に参向することになったとある。文意を掴みかねるところもあるが、おそらく、宇佐宮御許山を強く意識した峯入りを行うか、行わないかが問題となり、この時から御許山奥の院への参向がはじまった可能性がある。これは、宇佐宮を管轄していた島原藩領の六郷山寺院が峯入りに参入したことと密接に関係しているのではなかろうか。

さて、次に田染組大庄屋河野家の記録『水鏡』（天保八年完成）や先に取り上げた橋津組大庄屋の『執睨録』に記される天保八年（一八三七）の峰入りの事例から確立された近世の峯入りの内容やコースについて考察を進めてみよう。

天保八年の峯入りは、二月八日にはじまり、二月二十九日の両子寺到着まで二二日にわたって行われた。『執睨録』によれば、島原領では、大庄屋が管内の村での峯入りについての届け出を代官に提出する必要があった。服装などについては次のように記される。「先達之緋衣、外ハ白衣、頭は木酒（晒カ）ニ而包ミ、筆者は天窓ニ筆弐本角之如く指、いつれも帯釼ニ而人数は其年ニ寄、多少有之候、谷筋村方ニ而は、村限りニ山留を案内ニ出し候」とあり、行者は緋衣（赤い衣）の上に白衣を着て、頭は木酒（晒カ）で包み、柱書きや修札を記す筆者はとくに頭の天窓に筆を指していた。行者はすべて釼（剣）を帯び、人数は年によって異なった。また、村毎に「山留」（山に入ることを禁止すること）を通達した。

行者の食事や人足については、例えば橋津組立石村の場合、行者が止宿する後山薬師堂が村内にあるため、夕飯と朝飯さらに荷物人足は立石村の世話で行われることが先例であったと記されている。行者の止宿する場所では同様の村方の支援措置がとられていたと考えられる。

また、安岐糸永の「桂徳寺文書」中の「御用村用萬扣帳」安永八年（一七七九）二月の項にも、峯入りにともなう道橋の修理・案内のこと・接待のことが詳しく記載されている[24]。

このようにみてゆくと、峯入り行は六郷満山の寺々が結集し、単純に挙行できるものではなく、藩や村方の支援をとりつけてはじめて可能となった行事であることは明らかである。宝暦九年（一七五九）から安永八年（一七七九）の峯入り行の確立期には、関係するそれぞれの藩への説得があり、そのためにも目録の作成などによるさらなる六郷山の寺院の権威化がはかられる必要があったのである。そして、一一年毎の峯入りの慣例化は「先例」を作り、峯入りへの信仰を次第に国東の民衆のなかに定着させていったと考えられる。それが、『水鏡』や『執睨録』にみられる天保八年（一八三七）の峯入りの状況といえるだろう。

つぎにコースについて明らかにしてみよう。コースについては、『峯入りの道』において詳細な調査と復元がなされており、屋上屋を架すごとき作業であるが、もう一度検討する部分がある。『水鏡』の「天台宗六郷山寺院入峯之事」には、二月八日の出発から二月十五日に黒土（現豊後高田市真玉町）に至るまでの八日間のことが記されている。一方、『執睨録』には同じく二月八日から十日に至る三日間の記事が記されている。それぞれの大庄屋は自分の近接地域のことを詳しく書いており、重複してはいるが、両方をあわせると、島原藩領、現在の高田市域・宇佐市域の西部の峯入りの様子がほぼみえてくる。以下その史料を提示する。

史料1　『執睨録』抜粋

天台宗六郷山寺院入峯之事

天保八近例

一、六郷山は、往古、仁聞菩薩建立之旧跡ニ而、前々ゟ弐拾壱年毎ニ右旧跡を寺院相廻り、勤方有之候、尤二月八日ゟ始り、高田組田福村ニ而、行者相揃、順行いたし、同組梅林村江泊、翌九日朝、右村ゟ当組立石村・山村・岩崎村を通り、宇佐八幡宮并御許山江参詣致、夫ゟ立石御領平山村薬師堂江下り、金丸村年之神石上道ゟ江熊村左屋之神通り、岩屋之薬師江参詣、両戒村福昌寺ニ而勤有之、奥之院吉水山江参勤、立石村後山薬師堂江止

宿、十日高田組上来縄村應利山報恩寺江泊、夫ゟ所々順拝有之候得共、繁多ニ付略之、

一、右六郷山入峯之儀は、前以、加礼川村長安寺ゟ立石村江申来、先例人数左之通、

覚

千燈寺《大先達》　豪珍　霊仙寺　賢海
門之坊　豪諦　富貴寺　豪深
清浄光寺　澄賢　行入寺　豪善
西岸寺　豪清　中之坊　順哲
両子寺《大越家》　豪徳
外ニ世話方　山伏弐人

一、九日楢林村ゟ後山薬師堂迄案内、立石村より通し、翌十日右薬師堂ゟ應利山迄、前日通り人足八人程、九日・十日両日共、立石村ゟ差出候、

一、九日立石村後山薬師堂江止宿、夕飯賄一汁二菜、十日朝右同様ニ酒弐升、立石村ゟ仕出候先例也、
御届申上候御事、

一、六郷山之内、寺院仁聞菩薩古跡為入峯、今八日ゟ先例之通相廻、立石村後山薬師丑年ハ堂ニ勤有之、九日右堂内江止宿、宵朝賄《一汁二菜と》一汁二菜ニ而、《任先例》立石村ゟ仕出候段申出候間、《申事ハ》此段御届申上候、以上、

不認候酉二月八日　　大庄屋

「嘉永六月丑二月七日入峯有之、届出候」

御代官宛

一、先達之緋衣、外ハ白衣、頭は木酒（補注1）ニ而包ミ筆者は天窓ニ筆弐本角之如く指、いつれも帯釼ニ而人数は其年ニ寄、

多少有之候、谷筋村方ニ而は、村限りニ山留を案内ニ出し候

補注（1）『水鏡』にもほぼ同文があるが、「毛紬」とあるが意味不明。

史料2　『水鏡』抜粋

天台宗六郷山寺院入峯之事

一、六郷山者、往古、仁聞菩薩建立之旧跡ニ而、前々ゟ廿一年毎ニ右旧跡を寺院相廻り、勤方有之候、尤二月八日ゟ始候而八日ニ田福村玉井堂ニ而行者揃、右堂之下川ニ而垢離ヲ取頭巾揃有之、坂之上通、志手村阿弥陀堂江致参詣、又々御役所裏通罷帰リ御役所堀際ゟ蟹家堂藪中江下リ、芝崎村庄屋宅裏道ゟ町江出石橋渡中島堂内ニ而勤行有、川岸傳ひ若宮八幡宮江致参詣、同社裏川水取口江越左之藪中江石禿有之處ニ而勤有之、水取候處之道ゟ下来縄村江行、千部越ニ而楢林村江罷越右村江一宿、九日晩後野山、十日上来縄村応利山報恩寺江泊、十一日・十二日田染組間戸寺泊、十三日智恩寺村泊、田染組加礼川村長安寺江泊、十五日長岩屋村ニ泊、夫ゟ黒土村江移、

〔『執睨録』『水鏡』を合わせた行程〕

二月八日　田福村玉井堂に行者が揃い、堂の下の川で垢離取りを行う。
　　　　　志手村の阿弥陀堂に参詣。
　　　　　中島堂内で勤行。
　　　　　若宮八幡宮に参詣。
　　　　　楢林村にて一泊。

二月九日　楢林村より立石村・山村・岩崎村・橋津村を通り、宇佐八幡宮并に御許山に参詣。それより、立石

御領平山村薬師堂へ下り、金丸村の年之神、石上道より江熊村の左屋之神を通り、岩屋の薬師に参詣。両戒村福昌寺にて勤を行う。奥の院吉水山に参詣し、立石村後山薬師堂に泊まる。

二月十日　上来縄村応利山報恩寺に泊まる。

二月十一日　田染組間戸寺に泊まる。

二月十二日　田染組間戸寺にもう一泊する。

二月十三日　智恩寺村に泊まる。

二月十四日　田染組加礼川村屋山長安寺に泊まる。

二月十五日　長岩屋村に泊まり、それより黒土村へ移る。

ここに書き出された巡礼地は行者が通過したり、止宿した寺院や村の一部であり、黒土から先の道程や記録に省かれた部分については、『水鏡』『執睨録』からは明らかにできない。しかし、峯入りの際には、行者中の「筆者」が巡行した寺や堂に柱銘を書き記したり、入峯の修礼を奉納する。また、東国東の寺には入峯石などがあり、その存在から安永八年（一七七九）以降の峯入りの行程をほぼ推定できる。これらの情報を表にすると、表7となる。さらに、『水鏡』『執睨録』の記録と表7を総合すると表8のようになる。

これらから入峯の際に巡礼した寺院や堂を概観すると、天保八年の場合、二月八日に玉井堂に行者が揃い（兜巾揃い）、二月二十九日の両子寺の結願まで、二十二日で、半島を一周している。現在の峯入り行はほぼ四日の行程で一六〇キロを踏破しており、速さという点からみると現在の方が遥かに苛酷な道程ともみえる。それに対して、江戸時代の峯入りは、「仁聞菩薩建立之旧跡」として、『霊場記』で調査された寺院、岩屋をある程度意識しつつめぐっていることは明らかであり、苛酷な「行」よりも日数をかけて「仁聞菩薩建立之旧跡」を丁寧に巡礼することに眼目があったと思われる。

表7　峯入りの柱銘・修札・入峯石・記録にみえる寺堂（●柱銘、○修札、◎入峯石、△記録）

所在自治体	巡礼寺院・堂の名称場所	柱銘・修札・入峯石が残された寺や堂の名称と行者の通過の年月日							
		元禄14	宝永3	宝暦9	安永8	寛政11	文化14	天保8	嘉永6
		1701	1706	1759	1779	1799	1817	1837	1853
山香町	●西明寺観音堂（内河野）								2·□2
豊後高田市	○報恩寺（来縄・黄檗宗）							2·10	
	○田染愛宕堂（嶺崎小崎）								2·11
	●隋願寺（真中）						2·12	2·12	
	○胎蔵寺（平野熊野）								2·12
	○岩脇寺（嶺崎岩脇）								2·13
	○泉源寺（嶺崎横峰）							2·13	2·13
	○杲日庵（嶺崎横嶺）			2·13					
	●富貴寺大堂	2·13							
			2·13						
	○富貴寺白山神社（蕗）							2·13	
	●鼻津岩屋						2·13		
	●智恩寺（鼎）				2·14	2·11	2·14	2·13	2·13
	●天念寺講堂（長岩屋）								2·15
真玉町	○応暦寺奥の院（小岩屋）							2·1□	
香々地町	○大力坊				2·17				
	○長小野屋敷阿弥陀堂（長小野）								嘉永6
	上佐古の「六郷山入峯勤行所」石碑								
国見町	○清浄光寺（西方寺）						2·18		2·18
	○△千灯寺奥の院（千灯）							2·21	
国東町	○●岩戸寺（岩戸寺）				2·17				2·22
	●文殊仙寺奥の院（大恩寺）								2·23
	○成仏寺（成仏）								2·23
	○行入寺								2·24
武蔵町	○武蔵教善寺薬師堂（古市の今市、浄土真宗）								2·26
	○◎宝命寺観音堂（小城、入峰石）								2·26
	◎△報恩寺（麻田・入峰石）								2·26
安岐町	○丸小野（小野）					2·26	2·26	2·26	2·26
杵築市	△奈多八幡宮								2·27
安岐町	○西岸寺				2·28		2·28		
	△糸永				2·29	2·29			

表8　記録、入峯札、入峯柱銘などにみえる入峯巡礼地表（天保8・嘉永6を基準）

番号	月　日	入峯巡礼地	所　在　地	出　典
1	2／8	田福村玉井堂	豊後高田市美和（廃寺）	『水鏡』
2	8	阿弥陀堂	豊後高田市玉津（廃寺）	『水鏡』
3	8	中島堂	豊後高田市玉津（不明）	『水鏡』
4	8	若宮八幡宮	豊後高田市御玉	『水鏡』
5	8	楢林村［宿泊］	豊後高田市楢林	『執睨録』
6	9	立石村	宇佐市立石	『執睨録』
7	9	山村	宇佐市山	『執睨録』
8	9	岩崎村	宇佐市岩崎	『執睨録』
9	9	橋津村	宇佐市橋津	『執睨録』
10	9	宇佐八幡宮	宇佐市南宇佐	『執睨録』
11	9	御許山	宇佐市正覚寺	『執睨録』
12	9	平山村薬師堂	山香町向野	『執睨録』
13	9	金丸村年之神	宇佐市金丸	『執睨録』
14	9	江熊村左屋之神	宇佐市江熊	『執睨録』
15	9	岩屋の薬師	宇佐市江熊	『執睨録』
16	9	両戒村福昌寺	宇佐市両戒（曹洞宗）	『執睨録』
17	9	奥之院吉水山	宇佐市両戒（吉水神社）	『執睨録』
18	9	立石村後山薬師堂	宇佐市立石	『執睨録』
19	10	応利山報恩寺［宿泊］	豊後高田市来縄（黄檗宗）	『執睨録』
20	11	田染愛宕堂	豊後高田市嶺崎	『田染村志』
21	11	田染組間戸寺［宿泊］	豊後高田市間中（廃寺）	『執睨録』
22	12	山香西明寺観音堂	山香町辻小野（無住）	観音堂柱銘
23	12	胎臓寺	豊後高田市熊野	胎臓寺入峯札
24	12	随願寺	豊後高田市真中（廃寺）	『田染村志』
25	12	田染組間戸寺［宿泊］	豊後高田市間中（廃寺）	『水鏡』
26	13	杲日庵	豊後高田市嶺崎	『田染村志』
27	13	泉源寺	豊後高田市嶺崎（無住）	入峯札
28	13	岩脇寺	豊後高田市嶺崎（無住）	入峯札
29	13	富貴寺	豊後高田市蕗	柱銘・入峯札
30	13	鼻津岩屋	豊後高田市鼎	花寺の柱銘
31	13	智恩寺村［宿泊］	豊後高田市鼎（無住）	智恩寺柱銘『水鏡』
32	14	屋山長安寺［宿泊］	豊後高田市加礼川	『水鏡』
33	15	長岩屋村［宿泊］天念寺	豊後高田市長岩屋（無住）	天念寺柱銘『水鏡』
34	16	黒土村	真玉町黒土	『水鏡』
35	16カ	応暦寺	真玉町大岩屋	柱銘
36	17	大力坊	香々地町長小野（廃寺）	『三重郷土誌』
37	18	清浄光寺	国見町西方寺（無住）	入峯札
38	21	千燈寺	国見町千灯	入峯札
39	22	岩戸寺	国東町岩戸寺	入峯札
40	23	文殊仙寺	国東町大恩寺	柱銘
41	23	成仏寺	国東町成仏	入峯札
42	24	行入寺	国東町横手	入峯札
43	26	丸小野寺	安岐町丸小野	柱銘
44	26	報恩寺	安岐町麻田	報恩寺文書
45	26	武蔵教善寺薬師堂	武蔵町古市の今市	入峯札
46	26	宝命寺観音堂	武蔵野小城	柱銘
47	27	奈多八幡宮	杵築市奈多	杵築藩町役所日記
48	28	西岸寺（清厳寺）	安岐町掛樋（廃寺）	入峯札
49	29	糸永村	安岐町糸永	「桂徳寺文書」

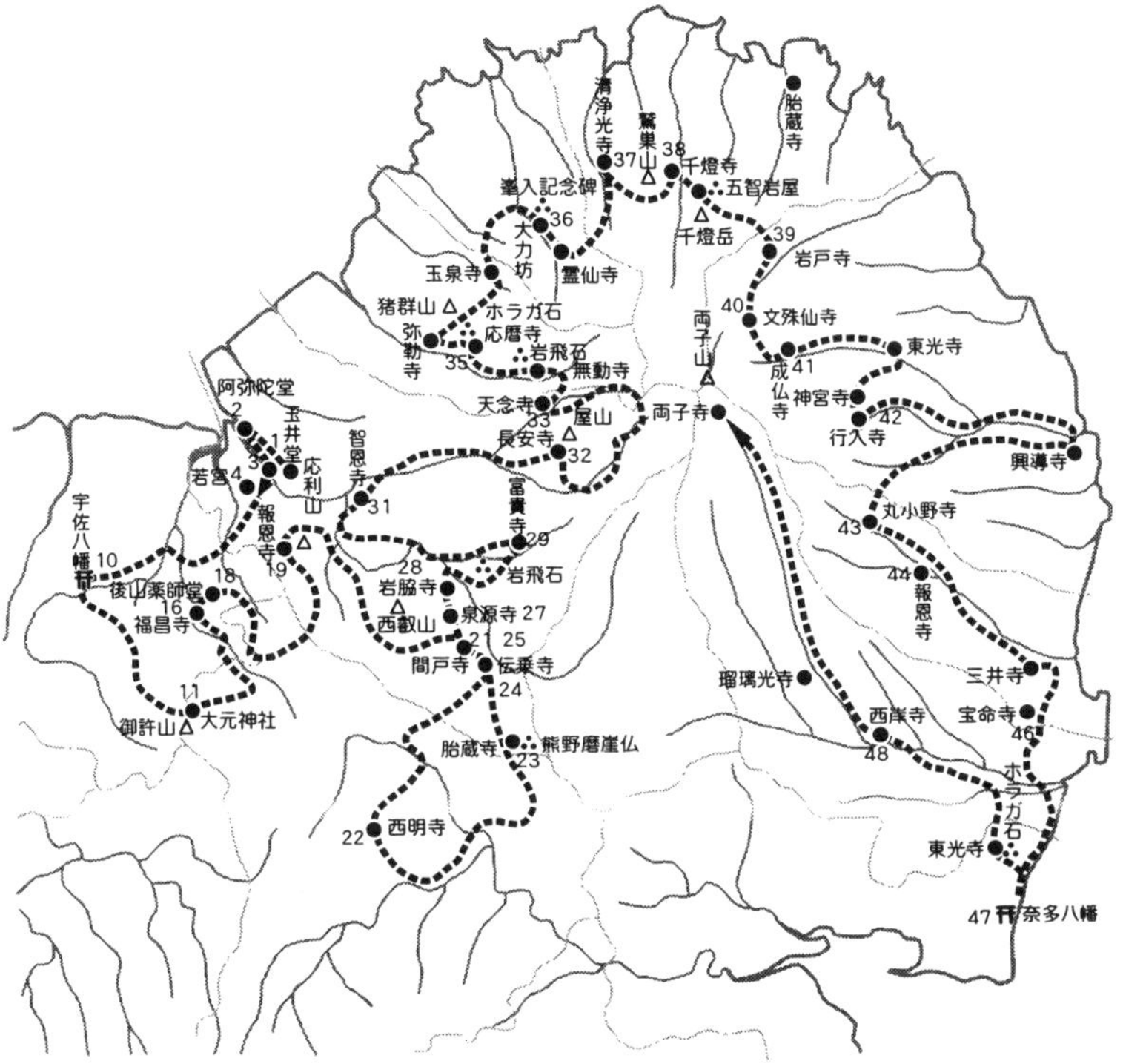

図20　近世の峯入コース　※番号は表８の番号

しかし、「田染荘の調査」の結果と照らしてみると、『霊場記』に記載された順路や巡礼場所と峯入りの巡礼順路や巡礼場所とは明らかに異なっているところも多い[25]。『霊場記』と峯入りには密接な関係はあるが、峯入りの順路・巡礼場所は『霊場記』の順路・巡礼場所とは明らかに別の原理で設定されている。峯入りの道の方が「仁聞菩薩建立之旧跡」をめぐっていると考えられがちであるが、実際は六郷山の本来の霊場ではない、宗派とは関係のない、村々の堂などを巡礼していることが多い。その意味では、峯入りの道の方が宗派を越えた民間の信仰を取り入れようとする意識が強く働いているといえるだろう。

また、峯入りで巡行をした寺院に注目すると、両戒村の福昌寺（曹洞宗泉福寺末）や上来縄村の応利山報恩寺（黄檗宗）や武蔵教善寺薬師堂（浄土真宗）などのように、すでに改宗し他宗派となった寺院なども数多く含まれている。とくに、応利山報恩寺は止宿の場所にも選定されており、峯入りは、宗派を越えた復古運動として展開し、民衆の間に受け入れられていったのである。その意味で、天台宗天念寺の僧侶が宗派を越えて弘法大師信仰を取り入れたのもこのような動きと同根のことであった。仏教の信仰は宗派を越えた民間信仰との接点をもたずに存続できない時代となっていたことを示しているともいえる。また、峯入りは、宇佐神宮や村々の鎮守をめぐっており、神仏習合の巡礼でもあったのである。

一方、『巡礼手引』の内容を基本的に継承した『霊場記』の霊場・コースは金谷氏の研究にもあるように、江戸時代中期に成立する六郷山の目録との関係が実に深い。その意味で、こちらの方が、「仁聞菩薩建立之旧跡」が強く意識されている。おそらく、『霊場記』に記載された場所・コースは、十八世紀半ば以降に整備される組織的、集団的な峯入り以前の段階、すなわち行者の個別的な、単独的な峯入り段階のものを反映した順路という可能性が高いのではないだろうか。十八世紀初頭までの峯入りは、すでに述べたように、「天正ノ比ハ住持順慶法師峯七拾五度、寛文ノ比住持澄慶法師入峯五度」とあるように、個人の峯行が行われていたことが十分に推測される。この個人が巡礼するための手引きとして成立したのが『巡礼手引』と考えられるのである。

このようにみてくると、寛延二年（一七四九）以降の峯入りと『巡礼手引』や『霊場記』の巡礼とは性格が異なっている。集団で組織的に行われた、十八世紀半ば以降の峯入りは、藩役所と村方の全面な支援をとりつけて行われていた。それは、もはや行者個人の修行ではなく、大庄屋の執務必携である『水鏡』『執睨録』に記載されたのは藩・村をあげての行事になっていたからにほかならない。両子寺を中心に企画された集団峯入り行は、四国遍路のように同行二人の思想を取り入れており、修行の側面より、行者が巡礼する村々への功徳を強調する行事となっていった。それゆえに、二二日間という長期間で国東の村々を丁寧にめぐり、行者は村を訪れ、仏の功徳を授ける有り難い存在となっていた。これが近世の峯入りの本質であった。

むすびにかえて

本章では、まず、中世後半の六郷山寺院が置かれた事情を明らかにし、さらに近世幕藩制国家の成立にともない、国東の天台寺院が置かれた状況について論を進めてみた。そのようななかで、集団的・組織的峯入りが十八世紀の半ばに創設される過程について検討を行い、次のような結論を得た。

（1）中世以来の入峯行は、「初学の行者、人聞菩薩舊行を学び、一百餘所巖岫を巡禮す」とあるように、行者個人の行であり、集団的な入峯行事が行われた形跡はなく、それゆえに、行の足跡を知ることはほとんどできないのである。近世のはじめ十七世紀までは、このような中世的行の世界が存続していたが、十八世紀に入るころから、新しい近世的峯入り行が模索されはじめる。これが、富貴寺に残る峰入り銘と思われ、これにあわせるように『巡礼手引』が作成されたと考えられる。

（2）しかし、十八世紀初頭の動きは、そのまま展開せずに、十八世紀半ばの寛延二年（一七四九）になって、両子寺の企画で複数の寺院（八人）が参加する集団の峯入りが行われはじめる。これは以後に行われる集団的・組織的峯入りの出発となるが、まだ、この段階では、島原藩や延岡藩の六郷山寺院は加わっていない。

（3）宝暦年間は、六郷山の目録の整備が進むなかで、六郷山寺院の権威づけが意図される。それは、宝暦二年（一七五二）の「六郷満山開山仁聞大菩薩本記」の書写作成、同じ宝暦二年の「六郷山本紀廿八山本末記」の書写作成、宝暦五年（一七五五）の『霊場記』の作成などである。一方、これと同時に、同行二人の思想を取り入れた峯入りの整備が進み、安永八年には、杵築領の寺院だけではなく、島原領や延岡領の六郷山寺院も参加する満山全体の行事となる。ここに峯入りは、田福での兜巾揃いにはじまり、宇佐宮・御許山を参詣してからはじまる形態を確立する。以後の峯入りはここに定まったといってよい。

（4）これまでの研究では、十八世紀後半に確立する峯入りのコースと『霊場記』のコースとの関係について明らかにされていなかったが、両者は密接な関係をもちつつも、別の原理によって成り立っていたと考えられる。とくに安永八年以降の峯入りは、藩と村が支える二一年毎の行事となり、行というより、祭会としての側面が前面に現れた。峯入りは現世利益を求める民衆の要望にも応える行事であり、人々は行者からもたらされる功徳を期待したのである。これは、弘法大師信仰のような民間信仰の流入に対応していることは明らかであるが、六郷山寺院は、藩権力と結合し、藩内の村の行事として六郷山寺院の再興の道を模索したのである。

しかし、このような近世的峯入り行事の創設も幕藩体制崩壊とともに消滅した。これを明治政府の廃仏毀釈と神仏分離の政策の結果、神仏習合的行事が禁止されたとする見解も出されているが、そうではないだろう。おそらく、峰入り行が藩という支配体制に強く依存する行事であったため、それを支えていた幕藩体制そのものが崩壊すると、途端に行事を維持していくことができなくなったのである。天台宗寺院は、近世においても体制依存の寺院の性格をぬぐいさることはできなかったのである。その証拠に、民間信仰としての弘法大師信仰は、現在に至るまで根強く生き残っている。

幕末の嘉永六年（一八五三）の峯入りから、一〇〇年近くをへた昭和三十二年に試験的峯入りが行われ、昭和三十三年に集団的峯入り行事が復興した。三十四年・三十五年・三十六年と行われ、昭和五十四年、平成三年、平成十二年と再び峯入りの復興がめざされた。現在の峯入りは後継者の問題や無住の寺院や地域の過疎などさまざまな危機を背景としているが、平成十二年の峯入りでは、多くの一般行者の参加を正式に認めた。僧侶は伝統として、巡礼する地域の人々に祝福を約束する存在であった。多くの行者の参加は再び「行」としての原点を求める動きとも感じられる。それはいかに現代が自分を見失った時代であるかということを反映しているようにみえる(26)。

注

（1） 中野幡能『六郷満山の史的研究』（藤井書房 一九六六年）、同『八幡信仰史の研究（増補版）』上・下（吉川弘文館 一九七五年）。
（2） 『豊後国田染荘の調査』（一九八六年）、『豊後国都甲荘の調査』（一九九三年）、『豊後国香々地荘の調査』（一九九八年）、『六郷山寺院遺構確認調査報告書』Ⅰ～Ⅶ（一九九三～九九年）、『中世のムラ』（東京大学出版会 一九九五年）。
（3） 桜井成昭「六郷山研究の成果と課題」（『大分県地方史』一七八号 二〇〇〇年）。
（4） 『豊後国都甲荘の調査』（大分県立宇佐風土記の丘歴史民俗資料館 一九九三年）。拙稿「豊後国都甲荘」（『中世のムラ』東京大学出版会 一九九五年）。
（5） 屋山権現文書『太宰府管内志』下、『豊後国荘園公領史料集成』2 都甲荘一六〇。
（6） 『六郷山年代記』（『豊後国都甲荘の調査』資料編 一九九二年）。
（7） 『六郷山年代記』慶長十二年条。
（8） 『六郷山年代記』。
（9） 『豊後国都甲荘の調査』資料編 中世史料補遺9 土谷文書。
（10） 豊後高田市長安寺所蔵（『豊後国荘園公領史料集成』2所収）、国見町千燈寺所蔵「豊後国六郷山諸勤行并諸堂祭等目録」。
（11） 歴史の道調査報告書『峯入りの道』（大分県教育委員会 一九八一年）一三頁。
（12） 『峯入りの道』資料（7）。
（13） 『峯入りの道』歴史的背景、段上達雄「六郷山の『峯入り』」（豊後高田市史特論編『くにさきの世界』所収）。
（14） 桜井成昭「近世六郷山に関する一史料」（『六郷山寺院遺構確認調査』Ⅸ 大分県立歴史博物館 二〇〇一年）。

(15) 前掲、注(11)書。
(16) 前田利光『杵築史考』一九一四年。
(17) 中野幡能『八幡信仰史の研究』下　九〇二～〇六頁。
(18) 『執睨録』(後藤重巳編　別府大学附属博物館発行)。
(19) 「六郷開山仁聞大菩薩本紀」については、両子寺に嘉永六年の写本、千燈寺に明治二十年の写本があるが、別に中野幡能氏所蔵本がある。これには次のような奥書がある。

大吉祥日謹書写シ奉ル者也、六郷山延力寺本紀全軸
満山之秘書也、雖然此本緑今六郷ニ無シ、求之既久シ頃漸ク不思議ニ之巻ヲ拝セリ、数年ノ願望成就メ則当山当寺ノ宝物ト成納置者也

大嶽山神宮教寺蔵

時宝暦二年壬申祀四月吉祥日謹識印焉

現住法印大会堅者円乗院豪岳代

これによれば、六郷山内になかった本紀を探し求めていた大嶽山神宮教寺豪岳がこれを寺の所蔵とした。恐らく書写をしたという意味であろうが、その本紀がどこのものかを明らかにしていない。このような奥書を作成し、このとき新たにこのような縁起を作成したという可能性も十分にある。
(20) 「六郷山本紀廿八山本末記」についても、両子寺に写本があるが、中野本にもあり、そこには、次のようにある。

六郷山本縁三巻ノ秘書即不思議ニ拝見シテ則書写奉リ、当山当寺ノ宝物ト為テ納置者也

宝暦二壬申祀四月大吉祥日　識印

大嶽山神宮寺現住円乗院豪岳代

これも「六郷開山仁聞大菩薩本紀」と同様である。
(21) 『豊後高田市史』(一九九七年)八二三～二六頁。

(22)『豊後高田市史』(一九九七年)七四五頁、段上達雄執筆分。
(23)『豊後国都甲荘の調査　資料編』。
(24)『峯入りの道』三六頁。
(25)『豊後国田染荘の調査』河野了執筆分。
(26)『国東半島の峰入り』(六郷満山会　二〇〇〇年)。
(補注)　表7・8に記載した寺院等の所在地の自治体名は平成の合併以前のものである。現在、山香町は杵築市、真玉町・香々地町は豊後高田市、国見町・国東町・安岐町・武蔵町は国東市に属している。

第四章　修正鬼会と国東六郷満山

一　神と仏と鬼の里

六郷満山（六郷山）とは、国東半島に点在する某岩屋・某山・某寺と呼ばれる天台系の山岳寺院の集合体であり、六郷とは来縄・伊美・国東・武蔵・安岐・田染の国東郡六郷を指した。伝承によれば、八幡の化身である仁聞菩薩が行場として養老年間に六郷山を開いたといい、宇佐八幡と密接な関係のある寺であった。

六郷満山の寺は、参道を登ると、まず鳥居があり、それをくぐり進むと、その脇には崩れかけた石垣が悲しい坊跡が続く。やがて恐ろしいというより滑稽な表情をした石の仁王に出会う。そこを抜けると、坊造りの本堂があり、土着のかおりのする古代・中世の古仏がほほ笑んでいる。さらに石段を登ると、そこには寺の行事の舞台である茅葺きの講堂が建ち、その奥に奥の院として宇佐の神々を祀る六所権現がある。かつては屋山の太郎天のように本地《ほんち》を不動明王とした童形の神像が安置された。また、講堂や六所権現の付近には、国東を象徴する大きな国東塔が静かにたたずみ、不動明王などの磨崖《まがい》の仏たちが歴史の重みを感じさせる。国東の六郷満山の寺々は、今やわたしたちが忘れ去ってしまっている神と仏の融和した古い日本の世界を彷彿とさせる。

地元でオニヨあるいはオニオと呼ぶ修正鬼会《しゅじょうおにえ》は最も神と仏と鬼が融和する国東らしい行事である。まだ春の遠い

天念寺の修正鬼会

岩戸寺の講堂の薬師如来像

千燈寺の五輪塔群

図21　国東の鬼会の舞台

二月（旧の正月）、国東の里では、大松明が暗い夜空を焦がし、松明をもった鬼が村をめぐり、寺の講堂で「鬼はヨー、ライシャはヨー」（岩戸寺・成仏寺）、「ホーレンショーヨ（法蓮称揚）、ソーリャオンニワ（鬼庭）へ」（天念寺）の掛け声で踊る。人々は今年の福をもたらす鬼を家に迎え（岩戸寺・成仏寺）、講堂のなかでは、鬼の松明にたたかれ今年の福を約束される（天念寺）。修正鬼会の鬼は追い払われる節分の鬼とは異なる。災払の鬼（赤鬼）は宇佐弥勒寺の初代別当法蓮や愛染明王、鎮鬼（荒鬼・黒鬼）は六郷満山を開いた仁聞菩薩（八幡）や不動明王の化身であるといい、神と仏と鬼が融和した国東独特の祭である。民俗学的には、鬼は追儺すなわち鬼やらいの鬼から説明する考えもあるが、胴や腕や足をそれぞれ一二箇所（閏年は一三箇所）を藤葛で縛られていることから、歳神的な性格を強調し、年のはじめに子孫を祝福する祖霊が鬼の形で現れるともいわれる。[1]

現在、国東の修正鬼会は国の重要無形民俗文化財に指定され、豊後高田市の天念寺が旧の正月七日に行い、国東町（現国東市）の成仏寺（旧正月五日）と岩戸寺（旧正月七日）が隔年交替で催し、わずかにその伝統を維持しているが、寺々に江戸期に使われた修正鬼会の面や法具が今も残っているし、[2]昭和の初年までは、国東六郷満山二十八谷の寺院や岩屋やお堂の多くで鬼会が営まれた。天念寺のある都甲の谷でもかつては長安寺、佐屋の元の集落、大力の十王谷、長岩屋の重蓮坊などで鬼会や子どもの鬼会が行われており、国東では、かつて多くの村々で鬼会が催され、鬼会の里の観があった。

しかし、鬼会という行事は必ずしも国東独自のものとも言い切れない。現在、宇佐の山本の鷹栖観音の岩屋でも鬼会が行われている。鷹栖観音は近くの虚空蔵廃寺とともに法蓮上人の開いた寺といわれ、六郷山とも深い関わりをもっている。一説では、国東の鬼会の原型をここに求める考えもある。[3]また、法蓮と深い関わりのある彦山でも旧正月二日に修正鬼会が行われ、[4]求菩提山でも旧正月の二日に鬼神社で修正会、同八日（現在は二月八日）に鬼会が鬼神社の祭礼として座主以下山徒が講堂に列参し、盛大に催される。[5]さらに、久留米の大善寺玉垂宮でも鬼夜（鬼会）が行われているという。鬼会は北部九州の宇佐宮に関係する寺社にみられる法会の一種と考えられるが、福神として鬼が踊る火祭りの形態は、修正会だけから説明できない国東独自のもののようである。

大分県の文化財報告書『国東半島の修正鬼会』で「修正鬼会についてはこれからの研究課題があまりにも多い」と述べているように、鬼会とは何か、鬼会の成立はいつかなどについては有力な説が立てられていないのが現状である。

二　六郷満山の鬼の伝承と鬼会

六郷満山の一つ両子寺（安岐町、現国東市）に所蔵される『六郷開山仁聞大菩薩本紀』（嘉永六年書写、以下『本紀』と略す）によれば、六郷満山すなわち六郷山は養老二年に八幡神の化身である仁聞菩薩によって開かれたという。『本紀』の養老三、四年（七一九、七二〇）の大隅・日向の隼人との戦いのくだりには鬼の伝承がみえるが、この鬼が鬼会の鬼の性格を考える上で注目されるので、やや長いが、引用する(6)。

偖又八幡、華厳上人・法蓮上人・胎能上人・覚満上人・此ノ御同行ト倶ニ、六郷山ニ於テ五尊五檀之大秘密ノ法ヲ修シ玉ヱバ、竜宮ヨリ一千燈ヲ挑捧ゲ奉リ、八大竜神王擁護シ玉フ。諸仏諸神加護シ給ヱバ、修力倍厳重也。其霊瑞ニヨツテ、其地ヲ千燈山五之岩屋ト号ス。其光リ一天ニ耀キ覆バ、逆浪天ニミナギリ、朦古ノ船数万艘ト雖、諸仏諸神ノ擁護、八幡ノ御修力、聖母ノ丹誠、天ヨリ授ケ玉フ鐱御鉾ヲ四方ニ振玉ヱバ、忽異賊モ隼人等モ寸々（ニ）ナリ、ホロビニケリ。又七鬼等船モ、逆浪漂盪、賊船残ナク敗覆、異賊尽ク死亡シ也〈養老三年己未ノ年ヨリ同四年庚申ノ年ニ至ル〉。

偖大隅・日向ヱ出陣之官軍モ、四所権現ノ神輿ヲ守護シ奉リテ、環御有ル。異敵等が首ヲ宇佐ノ松隈ニ埋テ、是凶士墓名ケリ。異賊等ガ国ノ隼人等退治アッテ、国民静謐シ、天下大平ニナレバ、四所ノ御神モ阿字本宮ニ帰シ玉フ。然レドモ末代ノ為トテ、出現ノ御姿ヲ写留、御尊容ヲ彫刻シテ、四所権現ト尊崇シ奉ル〈四所之御門トモ申奉ルニ此神ナリ〉。八幡祈願御成就坐テ、天子ヱ本尊ヲ奉ントテ、御自筆ニ不動明王ノ尊影ヲカキ玉ヒ、幷ニ巻数ヲ相副、其使ニハ石立山ノ光達〔先カ〕明賢ヲ以ス。明賢、播磨国ニ至テ、海上ヲ見ルニ、朦古ノ魁将也。鬼形死シテ波間漂リ。明賢、カレガ首ヲ取リ、禁中捧ン（ト）思念ス。加持力ニ随テ汀ニユラレ来ル其躰ヲ見ルニ、一身七頭也。其首ヲ切取リ、笈ト共ニシテ内裏ヱ至リ、修旦ノ本尊ト巻数トヲ捧ゲ奉ル。帝叡感坐、本尊ノ風大ヲ宮中ニ留玉ヒ、「末代ノ為、此ノ尊影ヲ六郷山ニ安置シ奉ルベシ」トノ綸言也。ソレヨリ風大ナシノ不動明王ト申奉リテ、六郷満山ノ御宝也〈此ノ不動尊、今ハ両子寺ニ安置奉リ、三時ノ勤行、修法供養、昔ノ通於テ㆓今㆒相勤ナリ〉。

偖重ノ綸言ニハ、「鎮西六郷山ハ、異国降伏之霊窟、大日本国安穏之霊場、天長地久ノ御願所也」ト云云。明賢ハ律師《りっし》ノ官ニ任ゼラレ、明賢律師ト云。七鬼ガ首ヲ叡聞ニ達スレバ、異敵ノ首ヲ王城ニ埋ムハ其穢有リト、諸卿評議アリ。汝ガ国ニ埋符スベシト宣下ニヨリ、律師、我山ニ埋テ、石ノ扉ヲ以テ堅ク閉塞グ。此ノ故ニ山ヲ石立山岩戸寺ト号ス。又此時、八幡御自作ノ本尊、不動明王二躰彫刻有リ。一尊ハ御隋身、一尊ハ長講堂ニ安置シ玉ヒテ、異敵征伐ノ為ニ、長日ノ修法有㆑之也。

この六郷山の縁起では、六郷山は異国調伏の霊場であり、鬼は調伏された隼人であり、蒙古であった。また、岩戸寺にまつわる伝承では、明石の浦に流れ着いた蒙古の魁将（七鬼）の首は岩戸寺の岩屋に埋められたという。現在、岩戸寺で行われる修正鬼会の鬼は蒙古の首が埋められた洞窟で荒鬼が登場するという形をとっている。鬼になる僧侶は、下の池でコーリトリという禊を行い、この洞窟に入り、鬼に変身する。岩戸寺の鬼は、蒙古（七鬼）、隼人であると考えられていたことはまちがいない。

新羅との戦いの場面　杵築市・奈多八幡宮所蔵（大分県立歴史博物館提供）

隼人との戦いの場面　中津市・薦神社所蔵（大分県立歴史博物館提供）

図22　異国調伏関係史料

また、六郷山最古の鬼会式の写本（豊後高田市長安寺所蔵）の奥書には、「粟田口　青蓮院御宮為異国降伏、元正天皇養老二丑星、依テ天皇勅願、鬼会式六巻、六郷惣山屋山於而御宝前無怠慢取行可者也」とあり、鬼会式は養老二年以来異国降伏のため、屋山の宝前で執り行われてきたという(7)。

鬼会式の「縁起導師作法」には「御明千燈大餅五枚」を寺・岩屋に供えるという内容があり、現在の修正鬼会のなかには「南無稽首五大普竜王　降伏三世軍荼利尊　焔魔夜叉不動尊」といわゆる五尊を唱える形式がみられる。五尊とは不動明王・降三世明王・軍荼利明王・大威徳明王・金剛夜叉明王を指し、密教の秘法五壇法では、中央壇に不動、東壇に降三世、南壇に軍荼利、西壇に大威徳、北壇に金剛夜叉を配し、天皇や国家の重大事にこれを行い、息災・増益・調伏（悪業や煩悩を除く、または敵意のある人を信服させ、障害を破ること）などを修する。先の六郷山の『本紀』でも、八幡（仁聞菩薩）・華厳・法蓮・胎能・覚満の五人が「五尊五檀〔壇〕之大秘密ノ法」を千燈の五岩屋（国見町）で修し、そのとき竜宮より一千燈がかかげられ、その光が一天を覆い、大浪が起こって蒙古の船がことごとく沈んだという話になっている。鬼会式の「御明千燈大餅五枚」は千燈の五岩屋の故事にちなむもので、鬼会の五尊を唱える形式も『本紀』と符合する。

六郷山の伝承や鬼会式を分析すると、鬼会は、異国調伏のために行われるという性格が色濃く出ており、もちろん鬼やらいの鬼や歳神としての性格をも含むことも否定できないが、鬼会の鬼は、隼人や蒙古という異賊であり、異賊＝鬼という視点から鬼会の鬼を分析する必要があるのではなかろうか。

三　鬼会と修正会

伝承では、鬼会は六郷山の開山とともに養老年間にはじまったということであるが、確かなこととはいいがたい。

ただ、その伝承からすると八幡が隼人の霊を鎮めるためにはじめた放生会と深い関係にあることが推測され、その淵源はかなり古い可能性は否定できない。

　しかし、鬼会の言葉が史料にみえるのは、十四世紀に入ってからである。六郷山の惣山といわれた屋山寺（現豊後高田市長安寺）の坊常泉坊（現豊後高田市道脇寺）に伝来した文書に永徳二年（一三八二）二月日付の屋山寺供料免田注文案があり、このなかに、「□《(い)》んしゅ分田地之事、一町七段半、三段鬼会たく米六斗……又いんしゅれいかうの鬼夜の紙」「一段鬼会《(院主)》たく田米一斗三升」と鬼会のことがみえている。(8) 慶長年間に成立した『六郷山年代記』(9)（長安寺所蔵）によれば、この供料注文の書かれた永徳二年は、修正会と鬼会が再興された年とされており、この注文は屋山寺の年中行事の復興のため作成されたと考えられる。この段階で鬼会が再興されたとすれば、鬼会の成立はさらにさかのぼることはまちがいない。

　また、六郷山夷岩屋の坊、大力坊に所蔵されてきた鎌倉末期の文書と推定されている別当幷院主分田町坪付注文にも「同（正月）六日鬼会御檀供田九段」とあり、鬼会は鎌倉末期までには成立していたとも考えられる。(10)

　現在鬼会は修正鬼会といわれ、修正会と鬼会が複合した行事となっているが、鬼会と修正会は別々の行事である。『六郷山年代記』(11)にも鬼会と修正会は別々に書かれており、この別当幷院主分田町坪付注文では夷岩屋の鬼会は正月六日の行事と記されているが、鎌倉初頭の安貞二年（一二二八）の六郷山諸勤行幷諸堂役祭目録写では、夷岩屋の修正会は正月一日～三日の行事とされており、行われる日も異なっている。(12)

　修正会に注目してみると、六郷山夷岩屋では保元二年（一一五七）の史料に「件の修正田においては、善哉坊のト地といえども、すでに行善坊、常々荒山を切り払いて、田地として耕作し来る間、大衆の僉議により、年来の修正を勤仕せらるるところなり」(13)（原漢文）とあり、平安末期には修正田をもとに修正を行う体制ができあがっていたことがわかる。

また、富貴寺に伝わる久安三年銘の面には、「御修正会」と記されており、この面の年紀を信用すれば、これは修正会で使われた面である。この富貴寺の面は修正鬼会で法呪師がかぶる鈴鬼面（男女面）といわれる系統の面である。十二世紀はじめの記録である『殿暦』や『中右記』には、修正会の呪師御覧ということがしばしばみえ、呪師による踊りのような所作、奇術のような芸能が行われたことが考えられる。富貴寺の面は、そのような呪師による仮面の踊りの存在を推測させる。

ところで、十二世紀の初頭までの修正会には、このような呪師の踊りはあっても、未だ鬼は登場しないようである。ところが、十二世紀半ばになると、修正会の最後で、龍天・毘沙門・鬼走りのことが行われたことがみえるようになる（『兵範記』）。さらに、鎌倉中期の史料によれば、修正会の竟夜（結願の夜）に神分導師のこと、初夜導師のこと、行道のこと、呪師のこと、猿楽などが行われた後、龍天の舞、毘沙門の舞、追儺が行われている。追儺の鬼は、杖をもって打たれたり、飛礫をもって打ち払われた(14)。ここでは、鬼走りを追儺と呼んでいる。追儺は本来、十二月晦日に行われる疫鬼を追い払う行事であり、修正会の結願の日の鬼走りをなぜ追儺と呼ぶかはわからないが、一般的には、修正鬼会の鬼の登場は、この修正会の結願の日の追儺の鬼から説明される。しかし、国東の鬼は、前節で述べたようにそれでは説明できない部分があまりにも多いのである。中世では、鬼会と修正会は、明らかに別の行事として行われているが、もう少し、両者の関係を史料に即して考察してみよう。

屋山寺では、現在知られる限りでは、三度にわたって寺領加礼川の供料免田注文が作成されている。最初が鎌倉初期に屋山寺を再興した応仁の注文（A注文）、次が先に問題にした永徳二年（一三八二）の注文（B注文）、最後が長享三年（一四八九）の注文（C注文）である(15)。A注文には「持仏堂修正料田」「講堂修正御田」「虚空蔵石屋修正料田」などの修正会の費用を出す田がみられるが、鬼会田はみられない。それに対してB・Cの注文には、修正田、鬼会田が両方みられる。先に示した安貞二年の六郷山目録でも六郷山の寺々の主要行事として修正会がみられるが鬼会

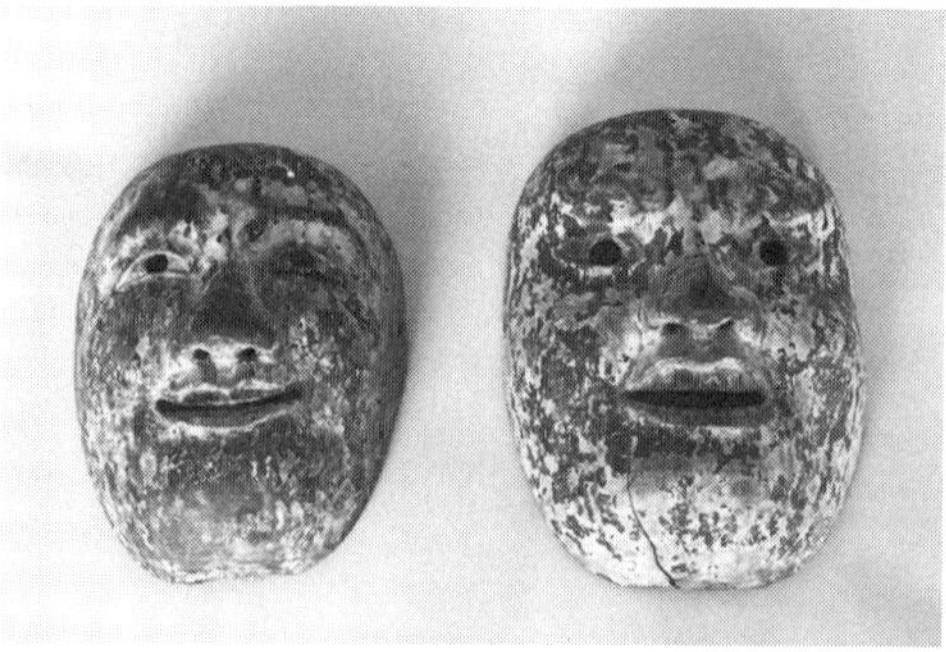

富貴寺の修正会面。久安三年の銘（豊後高田市・富貴寺所蔵）。

千燈寺の荒鬼面。慶長十五年の銘（国東市・千燈寺所蔵）。

図23　修正会および修正鬼会で使用された面

についての記載はまったくみられない。これだけで断定することはできないが、鎌倉前期までは六郷山の行事として鬼会が存在しなかったか、あるいはあっても注文に記されるほどの主要行事ではなかったと推定される。

京都では、すでに平安末期には修正会に鬼の要素が存在したが、それ以後も独立して鬼会などと呼ばれることはなく、あくまでも修正会の要素に過ぎなかった。しかし、国東では、十四世紀になって、修正会とは別に鬼会という行事が登場して来るが、このことを一体どう考えたらよいのであろうか。

四　蒙古襲来と鬼会

網野善彦氏によって紹介された島原松平文庫の『自坂東御教書之写』という写本によれば、六郷山は、安貞二年に鎌倉将軍家の祈禱所（関東祈禱所）に指定されたと考えられる[16]。これ以後、表に整理したようにしばしば巻数（願主が読経を依頼した経文）をもっての祈禱依頼が幕府からなされるようになる。

表9によれば、六郷山では、文永・弘安の蒙古襲来を契機に幕府から依頼される祈禱の内容が異国征伐や異国降伏といったものが中心となることが知られる。六郷山は文永・弘安の役以降「異国降伏之霊窟」といわれるにふさわしい状況があった。もちろん、一般的にも異国降伏の祈禱が依頼されたが、蒙古との戦いが異国の神との戦いという意味づけがなされたため、八幡神は、新羅や隼人との戦いに活躍したという伝承をもつことから、『八幡愚童訓』などに描かれたように九州の最前線にあって八百万の神々の先頭にたって蒙古と戦う神と位置づけられた。したがって、八幡の総本社である宇佐宮や王城鎮護の石清水八幡はもちろん、八幡の出家の姿である仁聞菩薩の開いた六郷山は、異国調伏の祈禱所として重要な役割を果たしたとみてまちがいない。

それでは、六郷山ではどのような祈禱がなされたのであろうか。弘安七年（一二八四）の六郷山異国降伏祈禱巻数目録写によれば、後山・吉水寺・辻小野・大谷寺・知恩寺・屋山・長岩屋・小岩屋・夷山・千燈山・大嶽山・両子山・小城山・横城山などの寺々では、基本的に七箇日の不動行法の勤修、仁王経一百座の講読、大般若経一部の転読、観音経一千巻の転誦、尊勝陀羅尼一千遍の誦経などが行われた[17]。石清水八幡宮でも、最勝王経の転読、大般若・仁王講の催行、尊勝陀羅尼の勤行や神楽の催行がなされたが、不動信仰が盛んである六郷山では不動行法が祈禱の中核であった。不動行法とは、密教・修験道で五大明王の主尊不動明王の力を使って悪魔・煩悩を退散させる法であ

表9　六郷山における異国調伏の祈禱史料

西暦（和暦）	内容	出典
一二二八（安貞二）	六郷山、大将軍御願円満・聖朝安穏・異国降伏・北条時房の息災の祈禱を行う	長安寺記録
	幕府、六郷山の祈禱の巻数を受け取る	島原松平文庫七号
一二四一（仁治二）	六郷山の祈禱の巻数を受け取る	島原松平文庫六号
一二四四（寛元二）	六郷山の祈禱の巻数を受け取る	島原松平文庫一九号
一二五七（正嘉一）	祈禱の巻数を受け取る	島原松平文庫九号
一二六一（弘長一）	幕府、六郷山の祈禱の巻数を受け取る	島原松平文庫二一号
一二七五（建治一）	幕府、六郷山に異国降伏の祈禱を依頼	島原松平文庫二二号
一二八四（弘安七）	六郷山、異国征伐の祈禱を行う	長安寺記録
一二九一（正応四）	幕府、六郷山に公家・将軍家の息災・安穏・異国征伐の祈禱を依頼	島原松平文庫一号
一二九四（永仁二）	幕府、六郷山の異国降伏の祈禱の巻数を受け取る	島原松平文庫二号
一三〇三（乾元二）	幕府に六郷山の異国降伏の祈禱の巻数の到着を注進	島原松平文庫三号
一三〇九（延慶二）	鎮西探題、六郷山に異賊降伏の祈禱を依頼	島原松平文庫五号

り、異国調伏のために行われる五壇法はこの最も厳重なる形式であった。

六郷山では、延慶二年（一三〇九）を最後に異国降伏の祈禱の史料がみえなくなる（表9）。それに代わるように鎌倉末期から南北朝期に鬼会が史料に登場してくる。鬼会式は先に分析したように六郷山の縁起と深く関わり、異国調伏の祈禱を儀礼化したという一面をもっている。また、鬼会に登場する災払鬼は、法蓮上人、愛染明王、鎮鬼（荒鬼）は、仁聞菩薩、不動明王の化身とされ、祈禱の主体者であり、加護をもとめる仏でもあった。同時に蒙古の将の首を埋めた洞窟で鬼に変身するという点では、荒ぶる異敵の鬼としての両義的性格もあわせもつ。このことから考えると、蒙古襲来とその退散が鬼会という法会を確立する上で大きなインパクトになった可能性がきわめて高いといえる。北部九州の宇佐宮に関係する寺社に鬼会が残るのも、このような視点で考える必要がある。

すなわち、蒙古襲来の現実がある間は、異国降伏の加持祈禱が中心となり、まだ鬼会などというかたちで祭礼化することはなかったと思われる。おそらく、蒙古襲来の風聞が薄れていく鎌倉末期から南北朝期になってはじめて祭礼としての形式ができあがり、蒙古＝鬼を降伏させたという自信から、異方の鬼を福神として転化させるというかたちで鬼会が成立したのではなかろうか。また、この鬼会は、まったく新たに成立したというより、年頭の行事としてすでに平安時代以前から行われてきた国家安穏・五穀豊饒・万民快楽を願う修正会の鬼走りが蒙古襲来を契機にあらたな要素が加えられ、独立した祭として成立した可能性がある。

『六郷山年代記』では、南北朝期の末の永徳二年に鬼会と修正会が再興したとする。(18) これは、南北朝期の動乱のなかで中絶して再興されたのか、あるいは再興という言葉が修正鬼会の成立を暗に示しているのかはわからないが、南北朝期が今日につながる修正鬼会にとって大きな画期であったことはまちがいないであろう。

ところで、現在、正月七日に修正鬼会が催されている長岩屋寺（天念寺）は、安貞二年の六郷山目録では、正月四日〜六日の三日間に修正会が行われている。(19) 中世以前の長岩屋の鬼会の日は不明であるが、夷岩屋では、修正会が正月一日〜三日、鬼会が中世には正月六日に行われたことはまちがいないので、長岩屋でも本来七日は鬼会の日であったと考えられる。鬼会は、修正会の後日を経ず行われていた別の法会であったことはまちがいないが、現在の修正鬼会はその開催日からして鬼会の日に修正会も行われるというかたちでできあがったと考えられる。一体、両者はいつごろ一体化していったのであろうか。

図24　屋山太郎天童像　本地を不動明王とする屋山寺（長安寺）の守護神　豊後高田市・長安寺所蔵

五　修正鬼会の成立

豊後高田市長安寺に伝わる鬼会式の奥書にもう一度注目してみよう。(20)奥書では、鬼会式は修正会式と言い換えられており、明らかに鬼会式と修正会式は同じものを指している。このいわゆる鬼会式六巻は文亀三年以来書写が繰り返され、現在のものは江戸時代中期の享保三年（一七一八）の書写本である。したがって、享保三年以前には、修正鬼会という鬼会と修正会の融合した形式ができあがっていたことはまちがいない。

しかし、長享三年（一四八九）の屋山払加礼川料免田注文では、明らかに「修正田」と「鬼会田」は区別されている。[21]また、「余瀬文書」中の天文十九年（一五五〇）、弘治三年（一五五七）、永禄八年（一五六五）、永禄十年（一五六七）の恒例用僧請定は、いまだ修正会の内容しか含んでいないといわれる。[22]とすれば、近世、江戸時代に入る段階で成立したと考えるのが最も自然であろう。

すなわち、中世の六郷山寺院と近世の六郷山寺院では、その存在形態がまったく異なっている。惣山といわれる屋山寺の場合を例にみてみよう。この寺は、現在の長安寺周辺を寺域として山下の加礼川の谷に払と呼ばれる所領を所持していた。払は六郷山にみられる独自な開発所領であり、加礼川の払は、鎌倉時代のはじめ、緒方惟栄《これよし》の焼き打ちで退転した惣山屋山を再興した院主応仁によって開発されたと考えられる。[23]長安寺周辺には、北の坊・引寺・中の坊・両子坊・千蔵坊・奥の坊・谷の坊などの坊跡の遺称地が残るが、山の中腹の長安寺周辺は、中世段階で、水田耕作が可能なところがほとんどなく、屋山の経済基盤はもっぱらこの加礼川の谷にあった水田や畠に依存していた。

加礼川の開発者応仁は、寛元二年（一二四四）ころに「打札之文」と呼ばれる置文を定めた。[24]これが屋山の払加礼川の最初の免田注文である。以来、先述のごとく南北朝末の永徳二年、室町末の長享三年と三回にわたって屋山の料免田の注文が作成されている。[25]その注文によれば、加礼川には、山下の坊として西坊・常泉坊・峯坊があり、それらは坊領とよばれる水田・屋敷・山野をもっていた。また、水田は、朝拝田・修正田・鬼会田・法華八講田・阿弥陀経田・彼岸御経田・御油田・常行三昧田・修理田・歳神田・鐘撞田など用途の名称を付けられた役田が中心で、屋山寺の年中行事はこの役田の収穫物によって支えられていた。中世では、修正会も鬼会もこのような役田に依存し、行事を行ってきた。

ところが、近世に入ると、幕藩体制による近世村の成立と檀家制度の整備により、六郷山の寺々は、寺領の村から切り離され経済的基盤の大部分を失った。杵築藩主の菩提寺になった両子寺を除けば、ほとんどは寺領を数石しかもたず、檀家も百軒以下、少ないものは数軒という山間の村の弱小寺院となった。中世以前に各寺で鬼会や修正田のような料免田に裏づけられ営まれたさまざまな年中の行事を維持することは、到底困難になったと考えられる。寺の多くの行事はこの段階で縮小なり、消滅する道を歩まざるを得なかったのであろう。これは状況的な推測になるが、修正会と鬼会という六郷山にとって重要な二つの行事は、もともと密接な行事であったこともあり、また、近接した時期に営まれていたこともあり、統合されたのではなかろうか。結果、その形態は、修正会結願の日のそれと類似したものとなったと思われる。

今日、中世以前にあった六郷山の寺の多くの行事はほとんど残っていないが、修正鬼会だけは、寺というか国東の村において年頭の重要な行事として生き続けて、今に至っている。歴史の厳しい現実のなかで今日まで維持されたこの祭は、六郷満山にとって欠くべからざるものであり、最も国東らしい行事として残ったのである。

六　六郷満山と坊集落

六郷山は、十二世紀初頭の保安元年（一一二〇）に延暦寺に寄進されて以後、次第に寺院組織が整えられてゆく[26]。十二世紀の半ばまでには、本山・中山・末山という三グループの寺院集団に分かれる三山形式が成立し、鎌倉初頭には全体を統轄する執行という僧職が置かれたようである。各寺院は数戸から十数戸の坊の集合体であり、院主という僧がこれを管轄し、寺の中心施設は、基本的に儀式の場としての講堂と六所権現のみであった。寺は現在の寺と異なり、広い寺の領域をもち、近世の一村を含み込むようなかたちで存在していた[27]。

例えば、天念寺すなわち長岩屋寺は、豊後高田市大字長岩屋と真玉町大字三畑を寺域としていた。長岩屋の谷には、かつて本坊・西の坊・円重坊・祇園坊・要本坊・重蓮坊・大満坊・アゼツ坊・ミューセン坊・センゾー坊・門の坊・二本坊などの一二坊があり、修正鬼会の時は、各坊から一本ずつのオオダイ（大松明）が出されたという。今もその坊跡にはお堂や石造物が残っている。

また、応永二十五年（一四一八）に作成された長岩屋住僧の置文には、住僧屋敷として六二箇所が記されているが[28]、そのうち二〇箇所ほどは遺称地があり、屋敷の分布がほぼ推定できる。屋敷の注文は、現在の長岩屋の奥、一の払という場所から順番に書き上げられており、三畑を除く長岩屋の谷の全域に住僧屋敷が存在したことがわかる。現在、長岩屋の戸数は七十数戸である。十四世紀の初頭には、ほぼ同じ戸数があり、老人世帯の多い現在に比べれば、一世帯の人数は多かったはずで、今より多い人々がこの谷に暮らしていたと思われる。また、注文のなかには、鍛冶屋や轆轤園など職人の

図25　屋山長安寺の全景（大分県立歴史博物館提供）

名をもつ屋敷があり、「六郷山長岩屋住僧屋敷」の注文といっても、僧だけでなく俗人も住んでいる村全体の書き上げというべきものであった。しかし、この文書の置文の部分には「山内に居住の族、住僧に入らざるにおいては、山中を追放すべき事」（原漢文）という条項があり、長岩屋の山内に居住するものは、僧俗にかかわらず、長岩屋の住僧であることを受け入れなければ、谷に居住することは許されなかったのである。すなわち、長岩屋という村は、いわゆる坊集落であり、村＝寺であった。国東の六郷山寺院のある村は基本的に長岩屋と同じであり、住僧屋敷＝坊から成立したと考えられる。

今日行われる修正鬼会も、寺の行事であると同時に、村の行事でもある。現在は、天念寺の修正鬼会は西国東郡の六郷満山僧侶グループと天念寺のある豊後高田市大字長岩屋の区の人々、岩戸寺と成仏寺の修正鬼会は東国東郡の六郷満山僧侶グループとそれぞれの寺のある地区が行事を担っている。藤葛の切り出しからはじまって、地区の人々は大松明、小松明、香水棒などの道具を準備し、炊事や掃除など祭を下から支えた。寺＝ムラという意識は今も生き続け、地区の人々は誇りをもって伝統的な行事に参加している。

しかし、国東の村々は今急激に過疎化が進み、老人世帯がほとんどを占め、若者や子どもがほとんどみられない。伝統は人々のくらしのなかで生きてきた。鬼会もくらしのなかで何百年と続いてきた。村のくらしが大きく変貌を遂げつつあるなかで、鬼会の伝統も大きな危機に瀕している。神と仏と鬼の里には、果たしてどのような未来があるのであろうか。

注

（1）『国東半島の修正鬼会』（大分県教育委員会　一九七七年）。

（2）衛藤賢史・橘昌信『国東の鬼会面』（別府大学附属博物館　一九八四年）。

(3) 中野幡能『八幡信仰史の研究』(増補版)(吉川弘文館　一九七五年)。
(4) 川添昭二・広渡正利編『彦山編年史料』(文献出版　一九八六年)。
(5) 重松敏美『豊州求菩提山脩験文化攷』(豊前市教育委員会　一九六九年)。
(6) 寺田豪延『両子寺縁起』(両子寺　一九八四年)。
(7) 注(1)に同じ。
(8) 飯沼賢司翻刻「道脇寺文書」(五号文書『大分県立宇佐風土記の丘歴史民俗資料館研究紀要』六)。
(9)『六郷山年代記』(『豊後国都甲荘の調査　資料編』大分県立宇佐風土記の丘歴史民俗資料館　一九九三年)。
(10)「余瀬文書」二五号(『大分県史料』二五)。
(11) 注(9)に同じ。
(12)『大宰管内志』所収長安寺文書。
(13)「余瀬文書」一号(『大分県史料』二五)。
(14)『勘仲記』弘安二年十四日・十八日条。
(15)「道脇寺文書」二号・五号(『太宰管内志』長安寺文書)。
(16) 網野善彦「豊後国六郷山に関する新史料」(『大分県立宇佐風土記の丘歴史民俗資料館研究紀要』6　一九八九年)。
(17)『太宰管内志』所収長安寺文書。
(18)『六郷山年代記』(『豊後国都甲荘の調査　資料編』大分県立宇佐風土記の丘歴史民俗資料館　一九九三年)。
(19) 安貞二年五月日の六郷山諸勤行并諸堂役祭等目録写(渡辺澄雄編『豊後国荘園公領史料集成2　都甲荘史料』所収)。
(20) 注(1)に同じ。
(21)『大宰管内志』所収長安寺文書。
(22) 注(1)に同じ。
(23)『概報　豊後国都甲荘　3』(大分県立宇佐風土記の丘歴史民俗資料館　一九九〇年)、『豊後国都甲荘の調査　本編』(大分県立宇佐風土記の丘歴史民俗資料館　一九九三年）。

(24)「道脇寺文書」二号。

(25)「道脇寺文書」五号（『太宰管内志』長安寺文書）。

(26)『六郷山年代記』（『豊後国都甲荘の調査　資料編』大分県立宇佐風土記の丘歴史民俗資料館　一九九三年）。

(27) 注（23）に同じ。

(28) 土谷文書（『豊後国都甲荘の調査　史料編』大分県立宇佐風土記の丘歴史民俗資料館　一九九二年）。

第Ⅱ部　六郷山寺院の実像と景観

第五章　六郷山の開発と寺院の実像—旧豊後高田市域を中心に—

はじめに

サトの開発である荘園の成立にやや遅れ、十一世紀の末から十二世紀初頭には、国東半島の谷部の奥の山間部に開発が進められていく、田染荘の奥に位置する田原別符の開発も山間部開発の一つであるが、さらにその奥のヤマへの開発が六郷山という山支配の所領を生み出していく。ここでは、旧豊後高田市域を中心に六郷山の開発の歴史と寺院の実像について考察を進めよう。

一　原始六郷山の成立

国東半島では、すでに奈良時代から宇佐宮の神宮寺である弥勒寺の僧侶集団の活動がはじまっている。『八幡宇佐宮御託宣集』（以下『託宣集』と略す）によれば、弥勒寺の初代別当となった法蓮は、禅修行を行い、現在の弥勒寺を創設する以前に宇佐宮の隣接の谷、日足《ひあし》において弥勒禅院という寺を造り、宇佐宮の背後の御許山周辺において山林修行を重視する仏教活動を展開していたようである。

『続日本史』によれば、法蓮は、医術に優れた業績があり、大宝三年（七〇三）と養老五年（七二一）の二度にわたって褒賞を受けている。律令体制下では原則として、僧侶の一般医療（呪術的医療を含む）を厳禁しており、この医術は、限定つきの「仏法医療」とみられる。「仏法医療」とは仏教的方法によるもので、因果応報の観念をもつ仏教論理では、人の病は罪業の結果となる。最も重い罪は殺生であり、人は殺生のために病になるという考えは、九世紀初頭に作成された仏教説話集の『日本霊異記』においても最も強調されている。しかし、人間が生きるということは、殺生をするということにほかならない。この矛盾を克服するものとして、仏教の帰依があるが、その際に人は殺生から起こる病から解放されるため、生き物を逃がしてあげるという「放生」という償いを行うことによって救われると経典は説く。

法蓮は、宇佐宮における放生会を創設した僧侶といわれているが、放生会は養老三・四年（七一九・七二〇）に起こった大隅隼人の反乱の鎮定に八幡神が関わり、多くの隼人を殺したことを悔いて、その憑代《よりしろ》となっている蜷《にな》・蛤などの貝を海へ放つ行事である。法蓮の医療とは、まさにこの「放生」という方法によると考えられる。法蓮が褒賞をもらった年は、前年に大規模な隼人の反乱が起きている。『託宣集』は法蓮が八幡神とともに養老四年（七二〇）の隼人の反乱の鎮圧に深く関わったことを伝えている。法蓮は大規模な反乱鎮定にともなう殺戮（殺生）の報いによって、病が蔓延することを想定し、隼人の国（広い意味での日向国）に隣接する豊国の国東半島の付け根において、日向からもたらされる病の「悪気」を防ぐための仏教活動をしていたとみなせる。

『日本霊異記』では、放生を行う僧侶は山林修行を積んだ禅僧が選ばれることが多く、法蓮らを中心とする宇佐仏教徒集団は山林へ交わる禅的修行を重視したことは先に述べた日足の弥勒禅院の存在からも推察される。また、『託宣集』では、法蓮・華厳・覚満・躰能ら僧侶は、八幡の応現である人（仁）聞菩薩とともに国東の山々を巡る修行を行ったと書かれている。法蓮は弥勒寺の初代別当であるが、華厳・覚満・躰能らもそれに続いて別当となった人物といわれる。

奈良時代の史料で弥勒寺の実態を伝えるものは、考古資料以外にほとんどないが、八世紀後半には、国家的プロジェクトによって壮麗な伽藍が整備されるとともに、法蓮の創建した宇佐山本の虚空蔵寺、華厳の関係した宇佐郡瀬の法鏡寺、覚満の関係した来縄の薬王寺なども整備が行われたことが明らかになってきている。とくに、豊後高田市域にあった薬王寺（ヤコージ）は、奈良時代の終わりから平安初期の瓦が薬王寺の瓦窯から発見され、弥勒寺と同じ瓦も出土した。八世紀末には、弥勒寺の僧侶らは国東半島の入口となる来縄の地に進出し、やがて、このような活動のなかで六郷山と呼ばれる山岳寺院が成立する。

六郷とは国東郡の六郷、すなわち来縄郷・伊美郷・国東郷・武蔵郷・安岐郷・田染郷の六つの郷を指すといわれている。六郷山は、この国東郡やその郡界（宇佐郡・速見郡の一部を含む）に位置する山々に点在する天台系寺院の総称である。その史料上の初見は、大治五年（一一三〇）の年紀をもつ高山出土の経筒の銘に「六郷高山」とあるものであり、保延七年（一一四四）の屋山出土の銅板法華経の経筥にも「鎮西豊後國六郷御山屋山」とある（渡辺澄夫編『豊後国荘園公領史料集成』二都甲荘史料四を以下都甲荘四と略す）。

図26　放生会（蜷まきの神事）

しかし、これまで述べてきたように、『託宣集』では、奈良時代には、禅林の修行の場として六郷の山々が注目され、平安時代初期には、六郷の宇佐側からの入口である来縄に弥勒寺僧の活動拠点としての薬王寺が建立され、躰能によって六郷山が開かれたといわれる。『託宣集』の六郷山が国東半島に点在する六郷山の寺々を指すか、どこか特定の寺を指すのかは明らかでないが、平安時代には、六郷という場が弥勒寺にとってより積極的な意味をもったことは間違いない。『託宣集』の別の記述では、宇佐宮の神官の一族宇佐氏（法蓮の子孫）出身の能行聖人なる人物が津波戸岩屋において、人聞菩薩より後山から横城山へ至る道と海岸伝いを経巡り半島を回る道の二つの峰巡行の道を示されたという話が載せられている。能行はその名前から六郷山を開いた躰能の弟子の可能性もあり、躰能・能行の時期、九世紀に六郷山の一つの画期があったという見方もできる(1)。

それでは、六郷を頭に冠するようになる十二世紀段階の六郷山はどのようなものであろうか。

二　天台六郷山の成立

十〜十一世紀に入ると、国東では、岩屋寺院的なものが徐々に形成されはじめる。豊後高田市内の小田原地区にある焼仏（観音立像）は、十世紀にさかのぼる可能性がある木彫仏といわれている。目の前にある六郷山の高山の仏像という説がある。現在のところ、この仏像が安置された場所は明らかでないが、この時期から寺院といえるような形態のものが国東の山間地に成立しはじめたことは間違いない。

さらに、山岳寺院形成が本格化するのは十一世紀末から十二世紀にかけての時期である。慶長十二年ころに作成された『六郷山年代記』（長安寺所蔵／『豊後国都甲荘の調査』資料編）の永久元年（一一一三）条に「六郷山始号天台別院無動寺」、保安元年（一一二〇）条に「六郷山延暦寺寄進六月十日」とあり、十二世紀の初頭、六郷山は天台延暦寺に寄進され、その末寺となる。先にも述べたように、「六郷」や「六郷御山」を冠する寺院が確かな史料に登場するのも十二世紀の初頭以降である。いわゆる六郷山という寺院集合体は十二世紀初頭に成立したとみて間違いない。それまで、宇佐宮の弥勒寺の下で、十〜十一世紀に次第に寺院としての体裁を整えてきた国東の岩屋寺院・山岳寺院は、十二世紀のはじめ、天台「六郷山」という寺院集団として括られ、宇佐宮弥勒寺から自立していたのである。それまで宇佐宮弥勒寺の修行の場であった国東半島の山々の仏教施設がなぜ天台宗へ組織化されたのであろうか。

これは、宇佐宮弥勒寺における天台宗と八幡大菩薩思想の結合の結果といえる。宇佐八幡宮の神宮寺である弥勒寺では、永保元年（一〇八一）、白河天皇の御願で建立された新宝塔院の落慶供養が行われた（『託宣集』『扶桑略記』『榊葉集』『大記』）。この新宝塔供養の年は末法突入三十年目に当たり、末法の世から人々を最終的に救う弥勒の信仰の拠点として、八幡弥勒寺の存在が強く意識されたものである。この供養では、天台座主の指示をうけた天台僧が弥勒寺講師（石清水八幡宮別当兼務）戒信とともに宇佐に下向し、天台の法華供養の法を伝授された弥勒寺僧が法華供養を行っている。

天台宗の考えでは、宝塔は法華経を安置する塔であり、開祖最澄は法華一乗思想に基づいて、国家護持のため日本六か所に六宝塔建立を構想している。その場所は、山城・近江・下野・上野・筑前・豊前であった。延暦寺は山城・近江にまたがっており、現在の西塔・東塔がこれに当たる。残り四か所は日本の古い境界を意識して、蝦夷（えぞ）に対する下野の宝塔、越《えち》に対する上野の宝塔、中国・朝鮮半島の大陸を意識した筑前大宰府竈門山の宝塔、南九州の隼人を意識した豊前宇佐宮の宝塔であった。しかし、宇佐宮分の宝塔は、十世紀の半ば筥崎八幡宮に建てられ、宇佐宮の宝塔は建立されなかった。末法思想が人々をとらえるようになった段階に、白河天皇の御願により、この建立されなかった宝塔をあらためて意識して建立したのが新宝塔院であった。この時の八幡別当兼弥勒寺講師の戒信は真言系僧侶であったが、この新宝塔院建立を契機に八幡宮と天台との関係が強まり、次の石清水八幡宮別当頼清は天台座主を師主し、以後は天台の色が強まる。その意味で、この塔の建立は天台法華一乗思想と八幡護国思想の結合を示すといえる(2)。

実は、このことが、国東における原始六郷山の在り方を大きく変化させる要因となったのである。永保三年（一〇八三）に津波戸山（現杵築市山香町向野）の山頂に経塚が営まれる。この経塚を造営したのは、この新宝塔院の供養に参列した宇佐弥勒寺の僧侶および宇佐宮の大宮司宇佐経相以下の神官らであった（山香郷三）。津波戸山の岩屋は人聞菩薩が岩から湧き出る水を硯水として法華経を書写したという伝説の地であり、現在も岩屋のすぐ脇から水が湧き出ている。また、九世紀半ばには宇佐氏出身の能行聖人がこの岩屋で人聞菩薩から国東の峰巡行の道を授けられた場所でもある。津波戸の山は原始六郷山の聖地というべき場所であった。この岩屋に弥勒寺僧や宇佐神官らによって経塚が営まれた意義は大きい。彼らは、法華経の経塔としての弥勒寺新宝塔を意識して、この山に法華経を入れた経筒を埋めたとみられるのである。

国東の六郷山では、この津波戸山の埋経を契機に、以後山々に経塚が営まれる。初期の経塚造営を担ったのは、弥勒寺僧というより、天台僧と呼ばれる人々であった。北部九州では、この時期天台僧の活発な活動がみられ、長治年間（一〇〇四〜〇六）、天台の悪僧の首領といわれる法楽法師が延暦寺一山の大衆らを掌握し、竈門山大山寺においても、その別当に就任したとして、大山寺別当を兼帯する石清水八幡宮別当光清と対立、両者の対立は竈門神社の神輿打擲（打ちすえること）事件に発展している。国東の六郷山の寺では、この時期、弥勒寺傘下にある六郷山僧侶が天台僧の主導の下で、経塚の整備を行うとともに、その地域の有力者の援助を受けて、寺院の建立を進めていった。半島部の六郷山の寺は、奥の院地域に経塚をもち、寺のプランと経塚が密接に連関している。永久五年（一一一七）の高山出土経筒納入の法華経は「天台僧良胤」によって書写されたことが明らかであり（大分県立宇佐風土記の丘歴史民俗資料館所蔵）、六郷山の中核寺院である屋山寺（豊後高田市）に安置される太郎天像（大治五年・一一三〇造立）の胎内銘にも、製作の中心になった僧侶として「天台僧円尋中禅坊」がみえる。

このような六郷山寺院の天台化は、各寺院の整備を促進するとともに、六郷という寺院の弥勒寺からの自立化を促し、保安元年（一一二〇）の延暦寺寄進へとなったのである。(3)「六郷山」という言葉もこの際にできたという可能性も高い。

三　山の開発と三山の成立

十二世紀初頭から本格化する天台化は、岩屋や山岳寺院の伽藍の整備を促し、「住僧」と呼ばれる人々を増加させた。長承元年（一一三二）には、六郷山全体では五八〇人にも及ぶ僧侶が存在していた（『六郷山年代記』）。長承四年（一一三五）三月二十一日の夷住僧行源解状案（①、余瀬文書／香々地荘三）や保元二年十二月二十九日の僧常智解状案（②、余瀬文書／香々地荘四）には次のように岩屋に住む「住僧」の開発の様子が記されている（原漢文）。

①右、彼の岩屋の砌は、本は大魔所にして、大小樹林繁り、人跡絶えるところなり、而るに、行源先年の比を以て、始めて件の石屋に罷り籠もるの間、時々微力を励まして、在る所の樹木を切り掃い、石・木根を掘り却け、田畠を開発の後、今日に至まで、全く他に妨げなく、耕作し来るところなり、これにより、所当の地利においては、偏に毎年の修正月の勤を致し、残る物を以て、己の身命を助け、既に年序を経るなりてへり、開発の理に任せて、御判を賜り、後代の証験のため、子細を注し、以て解す、

②件の修正田においては、善哉房地を卜（占）するといえども、既に行善房、常々荒山を切り払いて、田地として耕作し来るの間、大衆の僉議により、年来修正を勤仕するところなり、

「住僧」たちは、かつて人聞や法蓮が修行の場とした人跡未踏の「大魔所」や「荒山」の樹木を切り払い、石や木

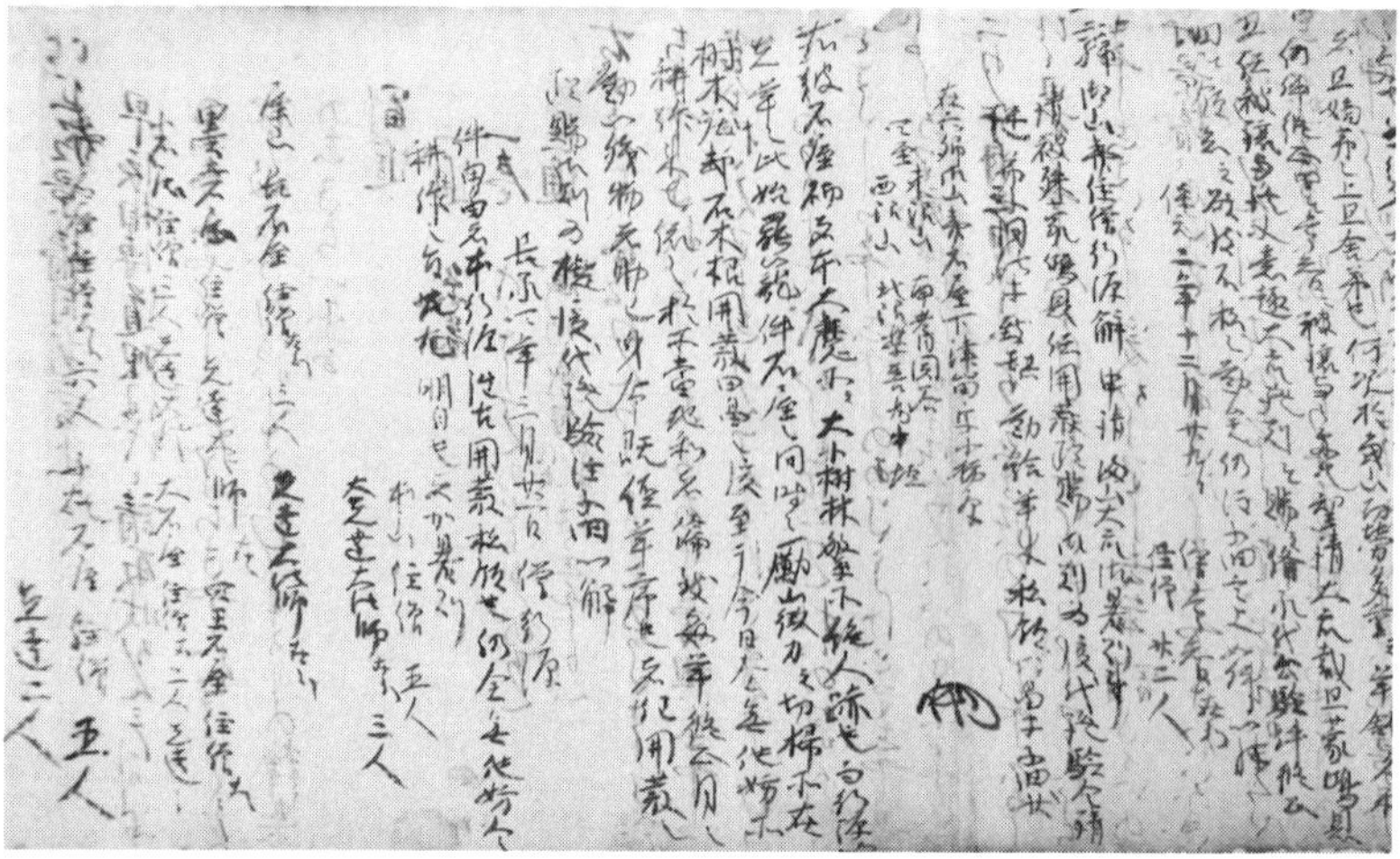

図27　長承4年3月21日夷住僧行源解状案（余瀬文書、大分県立歴史博物館所蔵、提供）

の根を掘り起こし、小規模な畠や水田を開発した。彼らは、これらの地利を寺の法会の費用に当てるとともに、その残物をもって生活の基盤とした。このような開発は後に「払」と呼ばれ、坊と呼ばれる「住僧」のイエに付属する所領単位となった[4]。

一方、山岳寺院の寺院経営は、このような小さな開発によってすべて支えられたわけではない。六郷山の本寺というある規模をもった寺院は、その周辺のサトの領主がそのスポンサーとなることが多かった。山香郷の辻小野寺（杵築市山香町内河野西明寺）は山香郷司の大神氏、知恩寺（豊後高田市鼎）は来縄郷の郷司、屋山寺は都甲荘の地頭（下司）の大神氏などがその支援を行い、山岳寺院は、宇佐宮や弥勒寺領の荘園に料免田を与えられていた。

このように、十二世紀を通じて六郷山は一つひとつの寺院の整備が進められると同時に集合体寺院としての全体的な寺院組織の整備も行われた。熊野三山や出羽三山のように、三山形式の山岳寺院形態がかたちづくられるのもこの時期である。六郷山の三山は本山（もとやま）・中山（なかやま）・末山（すえやま）と呼ばれ、表10に整理したように安貞二年（一二二八）の六郷山諸勤行并諸堂役祭等目録写（長安寺文書）・弘安七年（一二八四）の六郷山異国降伏御祈祷巻数目録写（長安寺文書）・建武四年（一三三七）の六郷山本中末寺次第并四至等注文案（永弘文書）などの目録等に寺院名が記載されている。

三山に属する寺院は、鎌倉時代まで末山に属する両子山《ふたごさん》（国東市）・横城山《よこぎさん》（杵築市）が建武四年の段階では中山に所属、逆に鎌倉時代まで中山に属していた夷山が建武四年段階には末山に所属するなど時期によって異動がある。なお、目録には、仁安三年（一一六八）の年紀をもつ六郷山二十八本寺本山目録があるが、これは近年の研究によって、中世末か近世の作であることが明らかにされている。(5) 確かに、この目録の寺は、建武の目録とほぼ同じ三山の配置を示していることからも、これを中世の前半以前にさかのぼらせることは難しい。

以上のように目録には、時代による三山寺院の所属の変化が認められるが、概ね、本山は豊前国宇佐郡や速見郡との境界の山を中心とする寺院であり、宇佐郡や速見郡域の寺院も含んでいるということは確認される。また、中山は西国東郡の寺院を中心とする寺院が多く、末山は東国東郡域の寺院とみることができる。また、表10から、読み取ることができるのは、時代が下るにしたがって末山の増加が認められる点である。

かつて、中野幡能氏は、仁安の目録に記される本尊の分析によって、本山は薬師・中山は観音・末山は多様性があるという結果を導きだし、本山から末山への時代的展開が想定されている。(6) この見解は、仁安の目録の時期から、分析の信憑性が問題とはなるが、安貞二年（一二二八）の目録においても、この傾向はより顕著にみられることから、論そのものの方向は否定されない。表10における本山・中山から末山への寺院増加の傾向をみても、中野氏がいうように、六郷山は本山にその原初的形態がみられ、平安中期以降から鎌倉時代にかけて、中山さらに末山へと発展していったとみて間違いない。また、前節までの歴史的な展開においても、原始六郷山の拠点は、明らかに、御許山から国東の入口に連なる山々が中心となっていたことは、発掘の成果や古記録の分析からも明らかである。

それでは、古い信仰形態をもつ本山から中山・末山への六郷山の展開はいかにしてなされたのであろうか。もちろん、これが天台六郷山の成立が大きな契機となったことは間違いない。しかし、十二世紀の初頭における六郷山にお

表10　中世の六郷山寺院

	安貞二年目録	弘安七年目録	建武四年注文（本寺）	建武四年注文（末寺）
本山	後山岩屋 伊多井社 吉水寺 津波戸石屋 ○大折山 ○鞍懸石屋 ○高山寺 ○間戸石屋 ○喜久山 ○不動石屋 ○大日石屋 辻小野寺 大谷寺 ○智恩寺	吉水寺 辻小野寺 大谷寺 ○智恩寺	後山 伊多井△ 吉水山 津波戸山 ○大祈山 ○鞍懸山 ○高山 ○間戸寺△ ○聞山岩屋△ ○大日岩屋△ 辻小野山△ 大谷山△ ○知恩寺 ○馬城山	○中津尾岩屋 ○轆轤岩屋 ○最勝岩屋 ○良醫岩屋 ○朝日岩屋 ○夕日岩屋 ○今熊野岩屋 ○稲積岩屋 ○日野岩屋 ○鳥目岩屋 川邊岩屋 ○鼻津岩屋 ○清瀧寺 ○普賢岩屋 ○妙覚寺 ○来迎寺 ○光明寺 ○蕗寺
惣山	○屋山			
中山	○長岩屋 ○龍門石屋 ○虚空蔵石屋 黒土石屋 四王石屋 小岩屋山 大岩屋 夷石屋 西方寺	○屋山 ○長岩屋 小岩屋 夷山	○屋山 ○長岩屋 ○龍門岩屋△ 黒土 小岩屋 大岩屋	○小両子岩屋 赤松岩屋 間簾岩屋 后岩屋 石堂岩屋 拂岩屋 光明寺 薬師堂 平等寺 尻付岩屋

いては、未だ、三山の形式は成立していなかったとみられる。

長承四年（一一三五）三月二十一日の僧行源解案には「本山住僧　五人」とあり、「本山」という名称がはじめてみえる。この文書は、僧行源が開発した私領を六郷山満山大衆の組織に安堵申請を行ったものである。満山大衆の署名の最初が「本山住僧　五人」であり、その後に屋山・長石屋・黒土石屋・四王石屋・小石屋・大石屋・夷石屋・千燈石屋の住僧や先達らが署名している（香々地荘三）。屋山以下の寺院は鎌倉時代、中山グループに入る寺院であり、中山の名前は出ないが、この段階で本山・中山の寺院の存在が確認される。

また、『六郷山年代記』長承元年（一一三二）の記事では、豊後・豊前の牛が死亡し、西国に牛がいないという状態になり、六郷山の本山と屋山に置かれている大般若経の転読が満山の僧侶五八〇人によって行われた。ここでも本山と屋山を筆頭とする中山のグループの存在がみえ、末山の存在を確認することができない。これらから、本山と屋山グループという寺院組織が六郷山のなかにできあがって

	末山
千燈岩屋 五岩屋 岩殿岩屋 枕岩屋 銚子石屋 瀧本石屋 大嶽寺社	両子仙 小城山
千燈山	大嶽寺 両子山 小城山 横城山
千燈山 ○加禮河 両子寺 丸小野寺 久末 横城山	大嶽山 小城山 見地山 岩戸寺 文殊仙寺 夷山 成佛寺 行入寺 清浄光寺 懸樋山
五岩屋 小不動岩屋 大不動岩屋 普賢岩屋	今夷 焼尾岩屋 普賢岩屋 輿岩屋 經岩屋 三十佛 瀧本岩屋 西裏岩屋 調子岩屋 師子岩屋 毘沙門岩屋 赤子岩屋 報恩寺 上品寺 浄土寺 貴福寺 吉祥寺 西山 虚空蔵寺 願成寺

○の付いたものは、豊後高田市域の寺院。
△の付いたものは、建武四年注文で末寺となっているが、上記の目録との対応から本寺の列に入れた。

いたことが推察されるが、いわゆる三山が成立していた形跡は確認されない。

それでは、鎌倉時代以降にみられる三山はいつ成立するのであろうか。ここに注目しなければならないのは仁安三年（一一六八）という年紀である。仁安三年の目録は後世の作であることは明らかであるが、なぜ、後に目録を作成する際に仁安三年という年を選んだのであろうか。六郷山は十二世紀初頭に天台僧の活動によって、寺院としての整備が進められ、弥勒寺から自立し、延暦寺の末寺に組み込まれた。十二世紀を通じて、宇佐宮に近い本山から中山さらに末山と寺院の整備開発が進められた。このような十二世紀の六郷山の組織整備の一応の完成が三山の成立と考えられ、仁安三年がその時期であると考えて何の違和感もないのである。(7)

四　惣山屋山の登場

それでは、このような三山はどのように寺院として組織されていたのであろうか。鎌倉時代以降の六郷山は比叡山の下に別当・執行・権別当が組織の頂点にたつ寺院組織ができあがっていたが、十二世紀の天台六郷山登場の段階はまだこのような組織は存在していなかった。しかし、十二世紀半ばの六郷山は五八〇人にも及ぶ僧侶を有する大規模な寺院となっており（『六郷山年代記』）、本寺と呼ばれる中核寺院は、数十人の住僧が所属し、山や谷の開発が進められた。当然のことながら、このような大規模な寺院組織を運営する機構が存在しなければならない。十二世紀の六郷山の史料には、紛争を調停したり、私領の安堵を行う、寺院のレベル、六郷山全体のレベルの大衆による衆議の存在が確認される。保元二年（一一五七）十二月二十九日の僧常智解状案では、「夷石屋大衆裁」を申請しており、これは「住僧廿二人」の合議によって証判が出されている（香々地荘

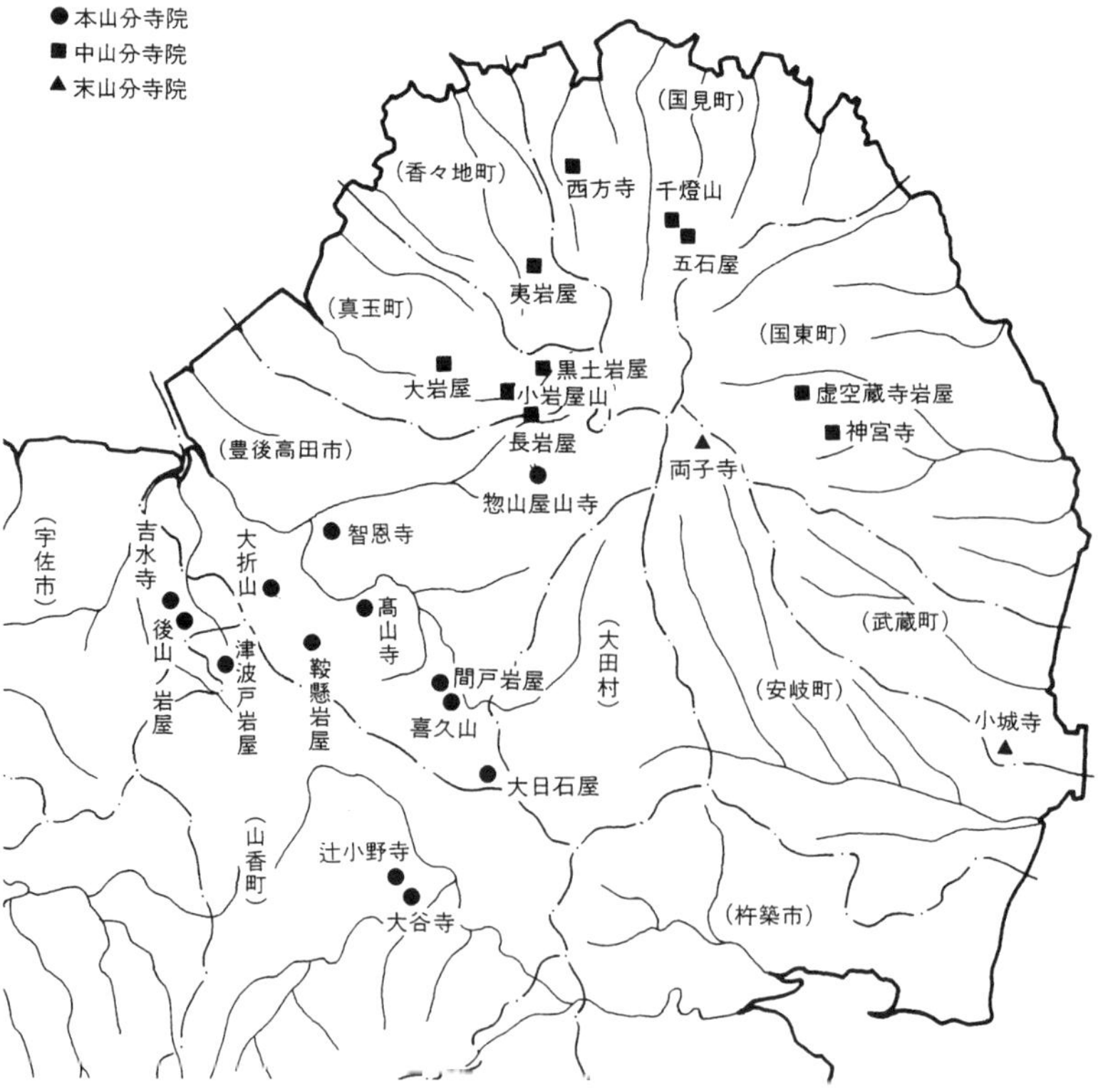

図28　安貞２年の目録による六郷山寺院の分布

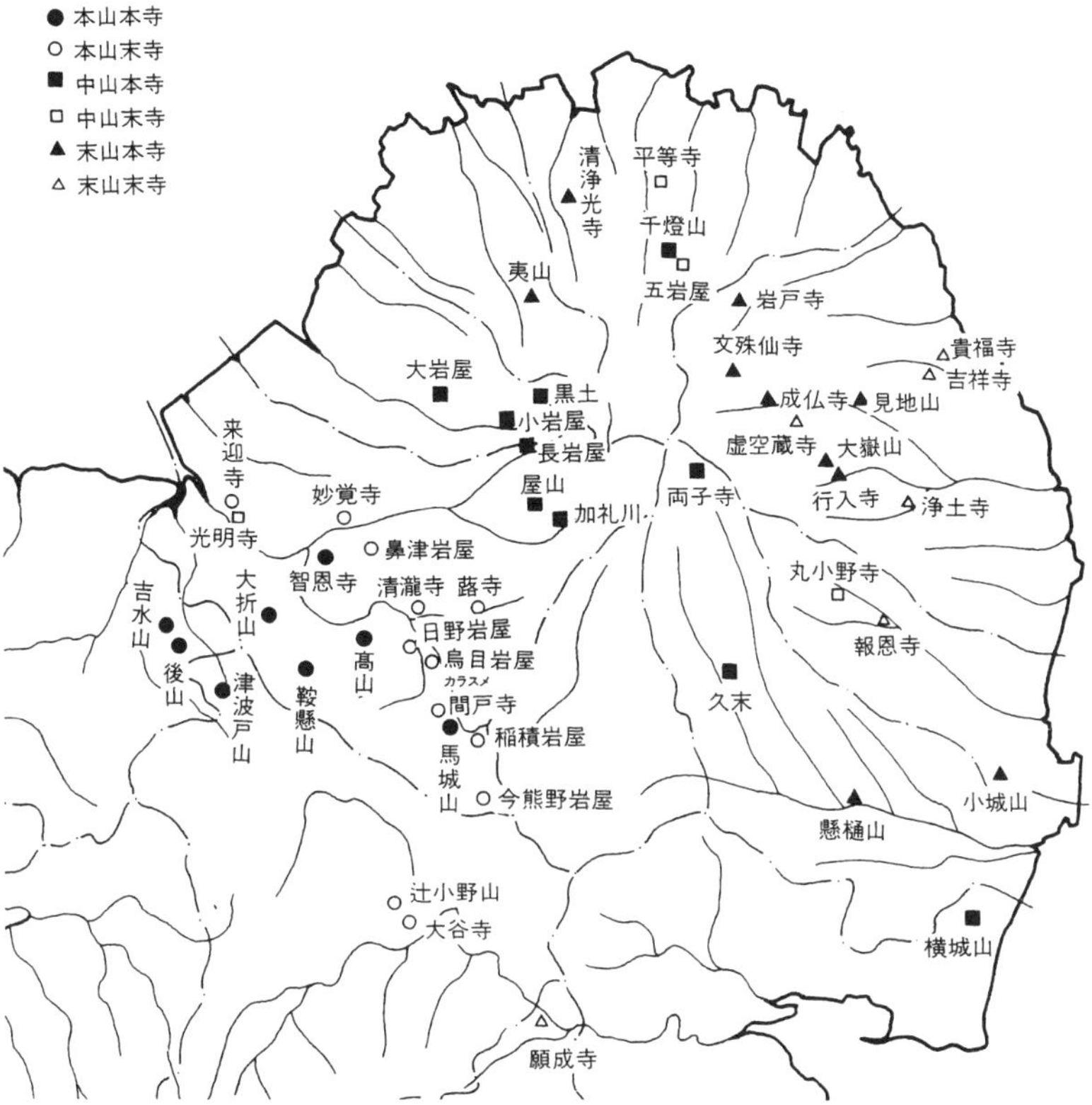

図29　建武4年の注文による六郷山寺院の分布

四)。また、長承四年三月二十一日の夷住僧行源解状案では、「満山大衆の御署判」が申請され、各寺から三人から六人の住僧や先達が出て署名している(香々地荘三)。すなわち、六郷山では住僧らの衆議によってすべての事項が決定されていたようである。

衆議は六郷山内部の各寺では、寺の中心である講堂などの施設に集まり行われたと考えられるが、六郷山全体の満山の衆議はどこで行われたのであろうか。

各寺のもちまわりでもよいが、やはり中核的な施設をもつ寺院を考えるべきであると思われる。安貞二年の六郷山目録に「惣山」として屋山寺の名が記されている。「惣」とは室町時代の惣村の「惣」にみられるように、合議や衆議を前提とする組織であり、「惣

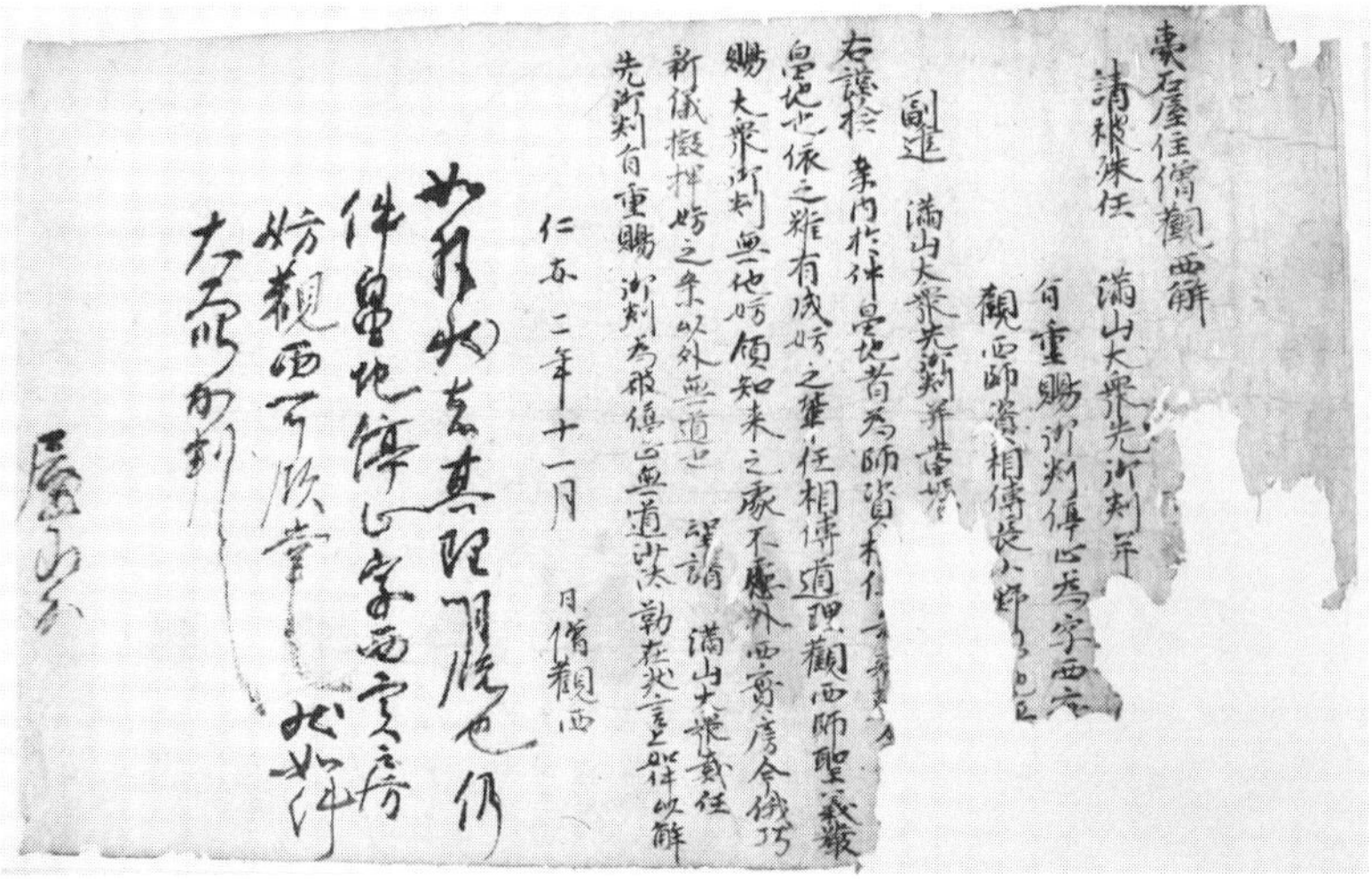

図30　仁安２年11月　日夷石屋住僧観西解文案（余瀬文書、大分県立歴史博物館所蔵、提供）

山」の「惣」も満山大衆の衆議を前提とするものと推定される。

そのように考えると、屋山寺は、まさに六郷山の「惣山」にふさわしい寺であることがわかる。まず、この寺には、銅板法華経が埋納された。この銅板法華経は経塚に埋められたもので、宇佐宮御馬所検校紀重永を製作者とする同一タイプの銅板法華経とその経筥が彦山と求菩提山に埋められた。彦山と求菩提山ではその中心施設の近い山に埋められており、国東半島全域に及ぶ広大な地域に展開する六郷山においても、その埋められた場所は全山の中核寺院であったはずであり、埋められた屋山はそのような場所であった。

また、ここには、大治五年（一一三〇）二月十五日に造られた木造太郎天像がある。この像の正式の名は「屋山太郎惣大行事」と墨書されている。江戸時代の史料によれば、両子寺にも惣大行事と呼ばれる像が存在した。両子山は鎌倉時代末から次第に六郷山の中核的寺院とみなされ、江戸時代は杵築藩の菩提所として繁栄した。両子寺の惣大行事がいつのものかは定かではないが、惣大行事の置かれた寺は六郷山の中心寺院であるとみてよいだろう。

さらに、久安六年（一一五〇）に大梵鐘の製作が行われた。その大きさは、龍頭を含め、五尺三寸（約一六〇センチ）、銅五三〇〇両が使用された。この梵鐘は五年後の久寿三年（一一五五）には、銅二五〇〇両が加えられ改鋳された（『六郷山年代記』）。まさに惣山にふさわしい大梵鐘が完成したのである。惣山屋山では、満山大衆の衆議が定期的に開かれたと思われ、それにふさわしい寺の施設の整備が進められたと考えられるのである。

仁安二年（一一六七）十一月、夷石屋の住僧観西の出した解（申請書）は、六郷山満山大衆の裁を申請しているが、そこに記載されている大衆の安堵の署名は写真のように「屋山房」の名しかみえない。これまでの解釈は文書の後が欠損しているというものであるが、「惣山」屋山の六郷山における位置付けを考慮した時、この記載は屋山において満山大衆の裁判を代決するシステムが出現しはじめたと考えても不思議ではない。十二世紀後半に入り、六郷山は屋山を中心に寺院としての体制が整備され、この一つの帰結が先に述べた仁安三年における三山体制の確立といえるのではなかろうか(8)。

五　屋山の再興と六郷山執行の成立

治承・寿永の内乱の過程で、惣山屋山は大変な打撃を受ける。『六郷山年代記』に「尾形三郎是吉俄天下乱逆放火、屋山焼失、屋山寿永二癸卯年ヨリ建久四癸丑年迄十二年間及退転畢」とあり、屋山は、緒方惟栄の軍勢によって宇佐神宮とともに襲撃され、寺は焼失し、十二年間も無住状態に陥ったと記されている。

建久五年（一一九四）、このような荒廃した屋山に入り、その再建に着手したのが屋山院主応仁であった。応仁は、長安寺過去帳では京都生まれとするが、実は都甲家実の子息であり（立石都甲系図）、地頭の後押しで院主として屋山に入ったようである。彼の再建目標は二つあった。それは、六郷山惣山の機能の復興と寺としての復興の二つであった。しかし、時代の流れは惣山復興を許さなかった。

六郷山の直接の本寺である天台無動寺は、この時期、関白九条兼実の弟天台座主慈円の支配する寺であり、六郷山は九条家とつながる幕府と密接な関係をもつことになった。応仁もこのようななかで、守護として入部した大友氏に再建を依頼したようであり、『六郷山年代記』によれば堂舎の復興への協力も得られたようである。

ところが、慈円の登場は、惣山を中心とする六郷山の体制への復興ではなく、新たな延暦寺支配の再編という方向で進められたのである。それが、執行職というそれまで六郷山には存在しなかった新しい総帥職の創設である。『六郷山年代記』によれば、元久元年（一二〇四）の条に「六郷惣山執行円豪門徒可相伝申也」という記述があり、円豪がその初代と認識されていたようである。

十二世紀までは、執行職は存在せず、満山大衆の衆議を最高の決議として、その衆議所があったと思われる惣山屋山が全体を統括したが、この執行職の登場によって、惣山屋山を中核とした体制は崩壊した。屋山院主の応仁は、惣山の再興をも目指したと思われるが、慈円を中心とする天台延暦寺は、六郷山大衆の集会体制を切り崩し、縦系列の支配を強化するために、執行職を創設した。

六郷山執行の初代として登場した円豪の下に、六郷山は本山・中山・末山の三山の一山ごとに権別当が置かれる新しい体制ができあがった。さらに執行の円豪は、安貞二年（一二二八）五月には、将軍家の祈祷のため六郷山の諸勤行・諸堂役祭などを注進した目録を作成し、八月には幕府から正式に六郷山を関東祈祷所たることを認められた。

一方、屋山は安貞二年（一二二八）の目録では「惣山」と書かれていたが、もはやその実質はなく、六郷山の統轄権は執行職に移っており、応仁は、寺の伽藍や行事の再興に力を注いだ。市内加礼川平原の観音堂（道脇寺）に所蔵されていた「道脇寺文書」のなかには、年月日欠の応仁置文案がある。この文書は、端裏書に「屋山之打札案」とあり、正文は板のようなものに書かれ、寺の堂内に打ち付けられ掲示されたとみられる。内容は、講堂・持仏堂・権現堂などの仏具荘厳と料免田畠を寄進し、年中毎節の仏神の行事を定めたものであり、応仁の屋山寺再興の集大成である。とくに、屋山の料免田のほとんどすべてが加礼川の谷に設定されており、中世、加礼川は屋山払加例川などと呼ばれた。払とは、六郷山に独自にみられる言葉であり、いわゆる開発所領であり、加礼川は、応仁によって開発された所領でなかったろうか。加礼川の中核の坊である常泉坊（現道脇寺）では、中世、坊領として応仁の月忌田が設けられ、今でも道脇寺のお堂には、彼の位牌や供養塔がある。

それでは、応仁はいつこの打札の文を作成したのであろうか。『六郷山年代記』には、寛元二年（一二四四）の条に「応仁打札之次第快円ユツル」という記載があり、応仁置文の「於院主職者譲与法橋快円畢」という記述に対応する。『六郷山年代記』も道脇寺の応仁位牌も長安寺過去帳も、応仁の他界を宝治元年（一二四七）としており、応仁は死去の少し前である寛元二年（一二四四）に六郷山執行である快円に屋山の院主職とともに彼の屋山再興の成果を譲った。応仁には子息もいたが、敢えて、六郷山執行へ院主を譲ったのは、自ら実現できなかった「惣山屋山」の再興を意図したと考えるべきであろう。六郷山執行快円の屋山院主就任によって屋山は再び「惣山」の名にふさわしい寺となった。

快円については、確かな記録はなく事蹟は明らかでないが、長岩屋（現天念寺）の中興が快円であるという伝承があり、屋山を中心に、加礼川・長岩屋の寺院や耕地は、応仁・快円の時期に開発が進み、再

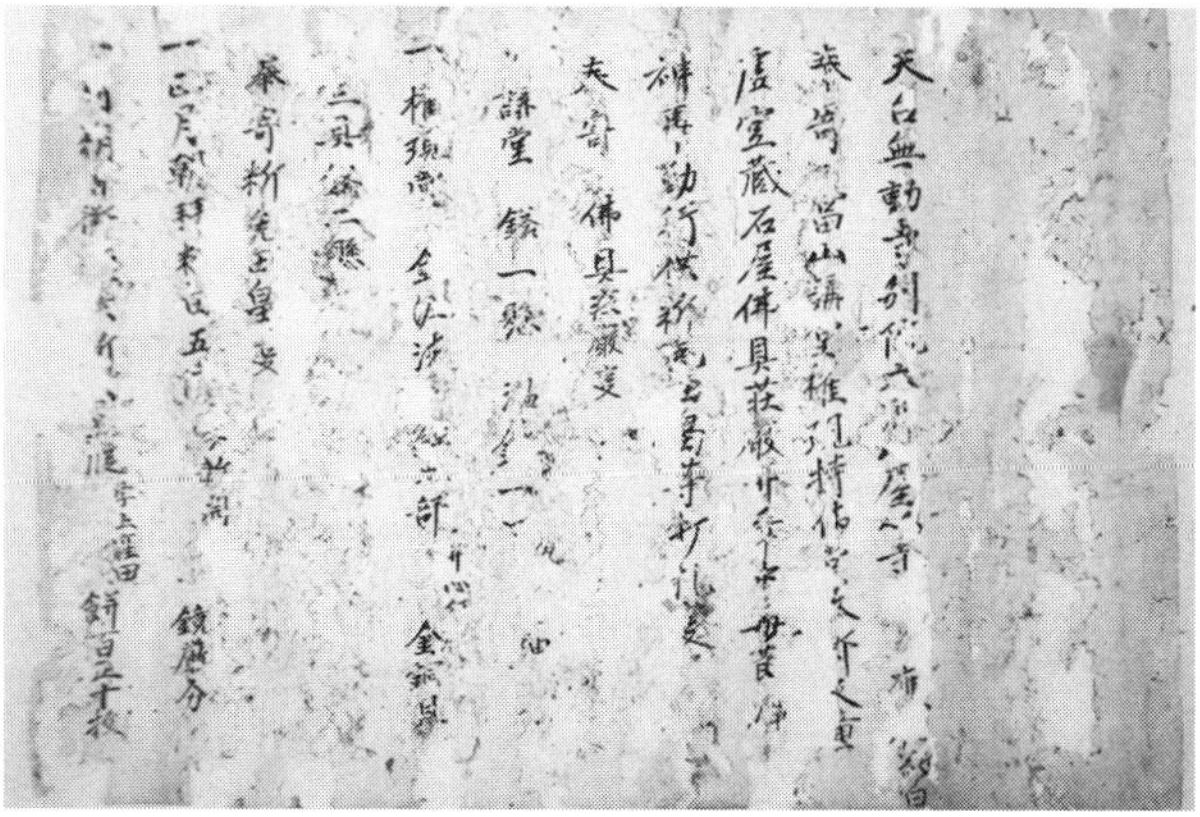

図31　応仁置文案（打札之文案・道脇寺文書）大分県立歴史博物館寄託、提供

興されたと思われる。

『六郷山年代記』によると、応仁から快円が屋山の院主の時期に次のようなことがあった。建保元年（一二一三）に九重塔（石塔か）が建立され、建保六年（一二一八）には長岩屋の堂供養が行われた。建長六年（一二五四）に焼けた屋山の宝殿（六所権現）は、翌年に再建され、文永元年（一二六四）には、九州の牛の疫病に対して、六郷山衆徒・先達八三〇人が屋山に置かれた千部大般若経・三千部仁王経の転読を行い祈祷したとある。未だ惣山の威風衰えずの観であるが、その一方で建治元年（一二七五）に再興された屋山の釣鐘は、竜頭を加え、三尺（九〇センチ）であり、久寿二年（一一五五）に鋳造された大鐘の半分の長さにも満たなかったことは、惣山の衰退、六郷山の衰退をよく示していると考えられる。

ところで、屋山寺を再興した応仁の子孫（都甲氏）は、加礼川に入り、常泉坊を中心に加礼川院主と称した。加礼川は本来屋山寺の払であり、加礼川院主というのは応仁の子孫の自己主張だと思われる。しかし、建武四年の六郷山本・中・末山寺院次第注文案では、加礼川は、屋山から独立した寺院として四至が記されており、六郷山内部でも加礼川院主の地位は認められていたとみるべきであろう。南北朝時代、花嶽合戦や豊前城井城合戦などで田原氏の手の者として参戦し、負傷したもののなかに、加礼河刑部房や加礼河弥五郎などの人物がいるが、彼らも加礼川院主の一族とみられる(9)。

六　鎌倉時代の六郷山の支配構造

六郷山は寺院であるが、そのなかに広大な耕地・山野を含む所領であり、荘園と並ぶ単位所領である。荘園がサトの開発とすれば、六郷山はヤマの開発の一形態といえる。先に述べたように鎌倉時代初頭に六郷山には惣山を統轄する執行職が成立し、本山・中山・末山の三山にはそれぞれ、権別当と呼ばれる一山を統べる職が置かれたようである。執行職になるものはどこかの権別当職を兼務したとみられ、初代別当円豪も権別当職を兼務している。

鎌倉時代の中期に来縄郷の知恩寺の院主であったとみられる小田原重景の子息良範もこの権別当に任じられていたことが知られる（「野津本大友系図」）。また、本山である比叡山側には、六郷山別当と呼ばれる職に就く僧侶がおり、これが権別当はこの六郷山別当に対するものであり、別当は延暦寺政所を代表して下文を出し、六郷山内の田畠の安堵などを行った。執行は三山の代表である権別当を取りまとめる役で、裁定権などはもたず、比叡山への連絡や関東祈祷所としての六郷山の窓口になった職と考えられる。

旧豊後高田市域には、本山と中山の寺院が分布している。各寺院には、院主と呼ばれる寺院の管理僧がおり、この下に坊に居住する住僧等が配置された。本寺と呼ばれる中核寺院では、一〇～二〇名ほどの住僧がおり、坊を経営し、南北朝時代から室町時代には屋敷・山野・田畠を含む坊領と呼ばれるものが形成されるようになり、この坊が現在の集落の前身となる場所も多い。

建武四年の六郷山本中末寺次第并四至等注文案には、旧豊後高田市域の六郷山寺院として次の寺院が確認される。


（抄出）

本山付末寺

一、後山　吉水山　大折山　鞍懸山　津波戸山　高山　智恩寺　馬城山
一、大折山払々料田畠山野等四至以丁（下）、院主相伝証文爾明白也、当寺領　内多分　河野四郎押領、
一、鞍懸山払々料田畠山野等四至以下、院主相伝証文爾明白也、当寺領内少々、小田原助入道押領、

（中略）

一、高山払々料田畠山野等四至以下、院主相伝証文爾明白也、当寺領小田原助入道押領、

一、馬城山　限東赤石辻　限西ハエホン嶽　限南六太郎美尾　限北光広　委院主所持証文爾明白也、但、近年曾禰崎十郎入道押領、
一、知恩寺払々料田畠山野等四至以下、院主相伝証文仁明白也、本山末寺
辻小野山　大谷寺　間戸寺　伊多伊　大日岩屋　中津尾岩屋　轆轤岩屋　良醫岩屋　朝日岩屋　夕日岩屋
聞山岩屋　今熊野岩屋　稲積岩屋　日野岩屋　鳥目岩屋　河辺岩屋　鼻津岩屋　普賢岩屋　妙覚寺　来迎寺
光明寺
（中略）
一、清滝寺　限東迫　限西マイ淵　限南井クラ尾立　限北山下美尾　院主所得証文爾明白也、
（中略）
一、間戸寺　伊多伊　大日岩屋　大折山末寺也、
彼寺領　小田原助入道押領、　寺領四至以下　本寺院主相伝証文仁明白也、
一、中津尾岩屋　轆轤岩屋　最勝岩屋　鞍懸山末寺也、
彼寺領都甲四郎入道・真玉又次郎押領
寺領四至以下本寺院主所持証文仁分明也、
一、鼻津岩屋　普賢岩屋　妙覚寺　高山之末寺也、
一、蕗寺　高山末寺也、当寺領　調幸実押領
払々料田畠山野（等）四至以下、院主所持証文仁明白也
一、来迎寺　高山ノ末寺也、限東ノウヘノ谷　限西シテノ大道　限南高田河　限北草地ノ堺
委院主所持証文仁分明也、彼寺領悉敷地共　小田原助入道押領、
一、光明寺　限東美尾　限西馬渡　限南尾立　限北尾立

委院主相伝証文仁分明也、

一、今熊野寺　限東コケラ仏　限西赤岩、限南尾立　限北稲積不動堂、

委院主相伝証文仁明白也、

一、良醫岩屋　朝日岩屋　夕日岩屋　聞山岩屋　稲積岩屋　日野岩屋　鳥目岩屋　馬城寺末寺也、彼寺多分　曾禰崎

十郎入道押領、

寺領四至堺、本寺院主所持証文仁分明也、

中山

（中略）

一、長岩屋山　限東赤丹畑大タウケト号、限西恒吉西福寺下谷、限南尾ノ鼻ヨリ加礼河マテ大道、限北美尾

委院主相伝証文爾分明也、

一、尾（屋）山　限東田原路　限西明神前道向神護石、限南鳴石　限北折花

委院主所持証文仁明白也、

一、加礼河　限東屋山路　限西河、限南河内山辻　限北百東下迫

委院主所持証文仁明白也、

（中略）

中山末寺

一、小両子岩屋　龍門岩屋　赤松岩屋　間簾岩屋　后岩屋　石堂拂岩屋

光明寺　薬師堂

一、小両子岩屋　龍門岩屋　長岩屋ノ末寺也、

表11　豊後高田市内六郷山寺院一覧

寺院名	所在地	現状
大折山（本山本寺）	来縄の応利山報恩寺	応利山の頂上部近くに寺院跡
鞍懸山（本山本寺）	佐野の奥畑の神宮寺か	寺跡は不明
高山（本山本寺）	西叡山高山寺	再建寺院はあるが、旧寺院跡不明
智恩寺（本山本寺）	鼎の知恩寺	無住、山神社・講堂・観音堂あり
馬城山（本山本寺）	真木山伝乗寺	無住、堂と平安末期の阿弥陀仏像・四天王像・大威徳明王像・不動明王像（重要文化財）などが残る。
間戸寺（本山末寺）	中村の間戸	間戸に穴井戸観音あり、寺院跡不明
轆轤岩屋（本山末寺）	嶺崎の小崎の茅場堂	岩屋
最勝岩屋（本山末寺）	嶺崎の小崎の最勝山岩屋（茅場の谷の仏のクボ?）	岩屋
良醫岩屋（本山末寺）	嶺崎の小崎の無名堂	
朝日岩屋（本山末寺）	小崎の朝日岩屋	岩屋に石仏観音
夕日岩屋（本山末寺）	小崎の夕日岩屋	岩屋に石仏観音
聞山岩屋（本山本寺）	真木の菊山堂	観音堂
今熊野岩屋（本山本寺）	熊野胎蔵寺	有住

天台六郷山の寺院は十二世紀前半に原初的組織ができあがった。成立当初からさまざまな由来の寺院を組織化したものであったが、鎌倉時代に入ってからは、在地の神官領主などの氏寺をも包摂し、その数を増していった。建武四年の注文の段階で、市内の六郷山寺院も小田原助入道・曾禰崎十郎入道・都甲四郎入道・真玉又次郎・調幸実《しらべゆきざね》・河野四郎などが寺領を押領し、その経営は困難をきわめていたことが記されており、個々の寺は衰退していったのにもかかわらず、安貞二年の段階の六郷山の規模（三三か寺）に比べて、建武段階では、本末あわせて八八か寺と東国東地域の末山を中心に六郷山へ加わった寺院が急増している。これはなぜだろうか[8]。

六郷山の寺院は本来、弱小で小さな寺院の集合体であり、その多くは宇佐宮や弥勒寺の荘官である神官勢力や在地の有力者を庇護者として、当初は荘園的経済に依存していた。

稲積岩屋（本山本寺）	稲積山慈恩寺	有住
日野岩屋（本山本寺）	嶺崎の日野山岩脇寺	無住
鳥目岩屋（本山本寺）	嶺崎の一八三〜二一四に鳥目の地名あり	岩屋不明
清滝寺（本山本寺）	小田原の清滝	廃寺
鼻津岩屋（本山本寺）	鼎の鴨尾の花寺	岩屋に石仏あり
普賢岩屋（本山本寺）	大力の堀岩屋の普賢岩屋	普賢菩薩石像あり
妙覚寺（本山本寺）	現妙覚寺は荒尾であるが、払田に旧妙覚寺跡あり	発掘によって礎石らしきもの出土
来迎寺（本山本寺）	旧高田城付近に海見山来迎寺があったという	不明
光明寺（本山本寺）	田福の玉井山光明寺	不明
蕗寺（本山本寺）	富貴寺	国宝富貴寺大堂
長岩屋（中山本寺）	長岩屋山天念寺	講堂・身濯神社（六所権現・坊跡）などあり、無住
屋山（中山本寺）	加礼川の長安寺	有住
加礼河（中山本寺）	加礼川の道脇寺観音堂	道脇寺・峯の坊などあり
小両子岩屋（中山末寺）	長岩屋天念寺の裏山の岩屋	この岩屋の阿弥陀仏は国重要文化財
龍門岩屋（中山末寺）	長岩屋天念寺の裏山の岩屋	岩屋に観音

たとえば、都甲谷の条里部の荒尾地区には、「ヤヤマダ」の字があり、六郷山屋山寺の免田が都甲荘のなかにあったと推定される。田染荘でも六町の免田が荘田のなかにあったし、香々地荘の長小野は、荘の除分として六郷山夷岩屋の支配を受けていたように、六郷山と荘園とは、六郷山が天台の末寺となってからも密接な関係にあった。

　また、院主を出す母体として在地の勢力が存在していた。都甲荘では、地頭である都甲氏と屋山院主は密接な関係にあった。「都甲加礼川系図」と呼ばれる系図が山香町立石や田染嶺崎に四本ほど残る。これは、すべて屋山寺院主応仁を祖とする系図であり、この子孫はすべて都甲の名字を使っている。当初、都甲荘の地頭である都甲氏と応仁の子孫の関係は明らかでなかったが、後に発見した立石の都甲氏系図のなかに、地頭都甲氏との関係を記したものが存在し、都甲家実の子息とす

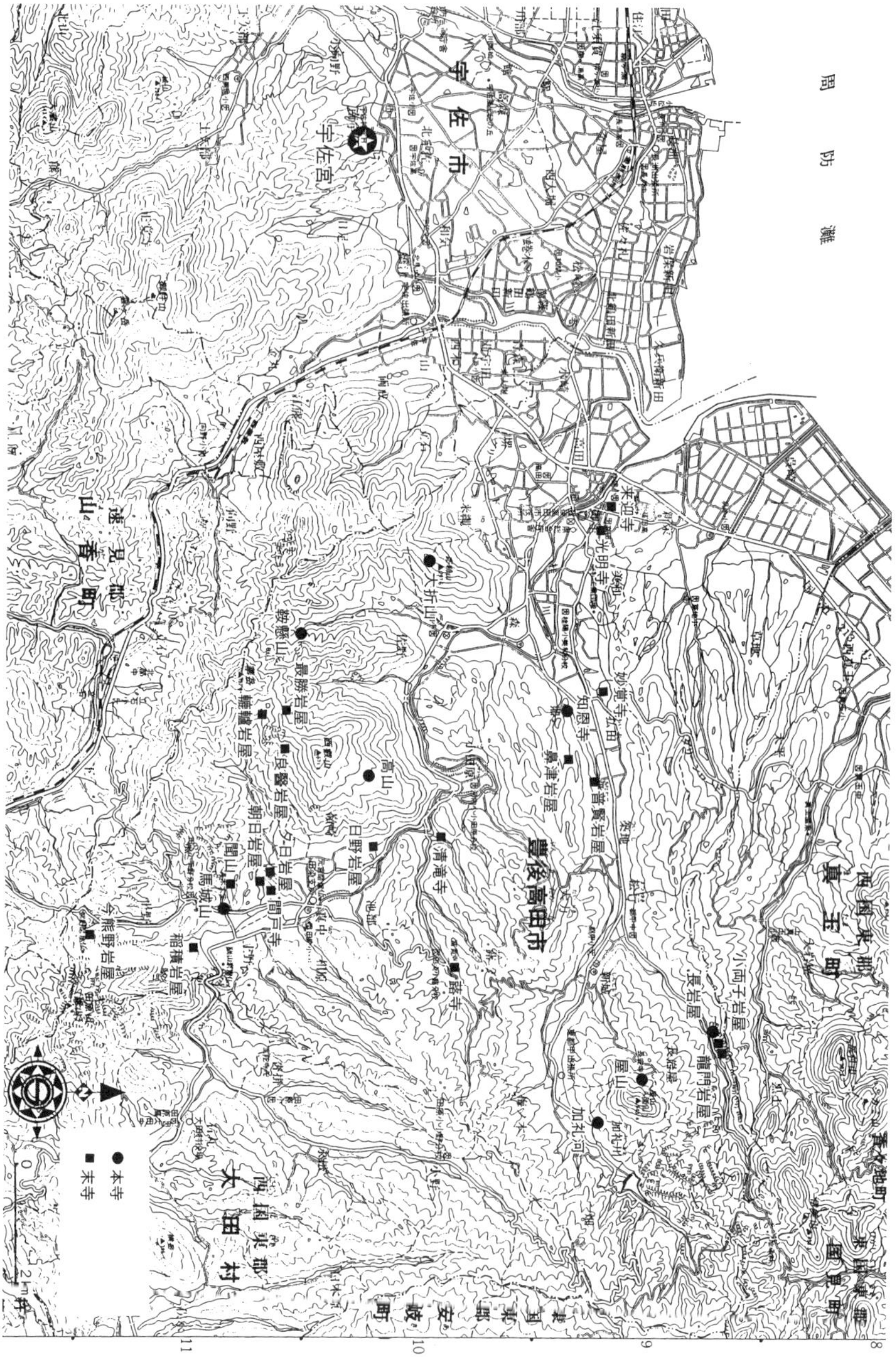

図32　豊後高田市内六郷山寺院分布図

るものが判明した。また、都甲荘地頭職相伝系図によれば、家実の子息惟家には六郷山の執行となった円仁があり、円仁の子息円然も六郷山執行の地位についている（都甲荘四八）。

このように六郷山の寺々は、中山の寺のある都甲荘の地頭都甲氏の場合だけでなく、末山では国東郡司の系譜である紀氏、本山の山香郷の寺では山香郷司大神氏、本山の来縄郷の寺では郷司の系譜を受け継いだ大友一族の小田原氏など、寺が所在する場所に近接する地頭勢力と密接な関係にあり、その勢力が一族を六郷山の寺に送り込んでいたのである。

しかし、鎌倉時代とくに承久の乱以降には、国東地方に関東の御家人勢力が入り力を伸ばし、庇護者であった宇佐の勢力はその力を大幅に後退させた。平安時代終わりに、蕗の谷に宇佐宮神官によって建てられた壮麗な阿弥陀堂も、鎌倉時代に入り、大宮司が祈願所として保護を与えたが、糸永名の地頭曾禰崎氏の支配が強まり、建武以降は曾禰崎氏と何らかの関係にあると思われる肥前の調氏（南朝方）が寺領を押領するに至り、建武四年の注文では、六郷山本山の末寺としてその仲間入りをしている。

また、払田の妙覚寺は、弥勒寺喜多院所領注進状にみえる豊後の「妙覚寺　八丁」に当たる寺とみられ、鎌倉時代末には、「とこうのはらいたのさいせう別当」という弥勒寺の所司僧が居住している（都甲荘五七）。それにもかかわらず、この寺院も六郷山にその名前を連ねている。芝崎の来迎寺、田福の光明寺などの寺も神官勢力に関わった寺と推定され、本来の六郷山寺院ではないと考えられる。

宇佐宮やその神官勢力の後退によって、援助などが得られなくなった在地の寺院は小田原氏、曾禰崎氏、調氏、河野氏、都甲氏、真玉氏などの在地の地頭勢力に寺領を奪われてしまった。小さな個々の寺院では、このような事態を解決することは困難であり、頼るべき宇佐宮・弥勒寺もすでにその解決能力を失っていた。そのため、小さい寺院の地域的集合体である六郷山へ加わり、地頭勢力へ対抗したのであろうか。小さな土豪勢力が南北朝の内乱のなかで一揆を結び大勢力に対処したように、六郷山は国東天台系小寺院のいわゆる「一揆」としての機能を果したたとみられる。

ところで、建武四年の注文の段階では、旧豊後高田市域には六郷山の寺院が二九か所確認される。その内訳は本山の本寺が五か所、その末寺が一九か所、中山本寺が三か所、その末寺が二か所である。圧倒的に本山の占める割合が多く、この一帯が六郷山本山の中心であったことが知られる。しかし、中山寺院は少ないが、惣山として古来六郷山の寺院の中核にあった屋山寺（長安寺）が含まれており、旧豊後高田市域は六郷山寺院の中心地であったといえる。それでは、次に、本寺を中心に鎌倉時代の六郷山寺院の在り方を個別に検討してみることにしよう。

七　旧豊後高田市域の六郷山寺院

1　大折山・鞍懸山

これらの寺院は速見郡山香郷と宇佐郡封戸郷と国東郡来縄郷の境界をなす山陵の東側に位置する。大折山は応利山報恩寺と呼ばれ、現在は黄檗派の禅宗寺院としてその命脈を保っている。寺院は来縄の応利山（二九七メートル）の頂上部近くに位置し、標高二六〇メートル付近に報恩寺およびかつての寺院の遺構が残されている。現在は、来縄から登る道では、宝篋印塔のある塔ノ隈を経て、仁王像の前を通り、一・八キロの行程で、観音像が安置される報恩寺本堂に到達する。旧観音堂は寺の反対側の南東の斜面を削平した平場にその跡があり、佐野側からの登る道がある。旧観音堂跡（講堂）の上には風除権現社があり、江戸時代より人々の信仰を集めたという(10)。

安貞二年（一二二八）の目録では、本尊は聖観音、年中行事として正月五日修正月会、一夏九旬（三か月）の安居、十月二十一日から二十三日の法華不断経の勤、八座問答講、毎月十八日の観音講、日次の初後夜入堂読誦経典の勤が行われた。さらに、安貞二年からはご祈祷をはじめ、長日観音経三十三巻が読まれることになったという（来縄郷一一）。現在、この鎌倉時代の遺物はまったく検出されないが、観音を中心とする信仰は今日まで生きているといえる。建武四年の注文では河野四郎に寺領をほとんど押領されたと記されているが、河野四郎は山香立石村の地頭であった河野一族と推測され、寺領は来縄郷側というより、山香から越える道がある佐野の谷に存在していたと思われる。旧観音堂の位置が佐野側に位置するのもこのことと関係するかもしれない。

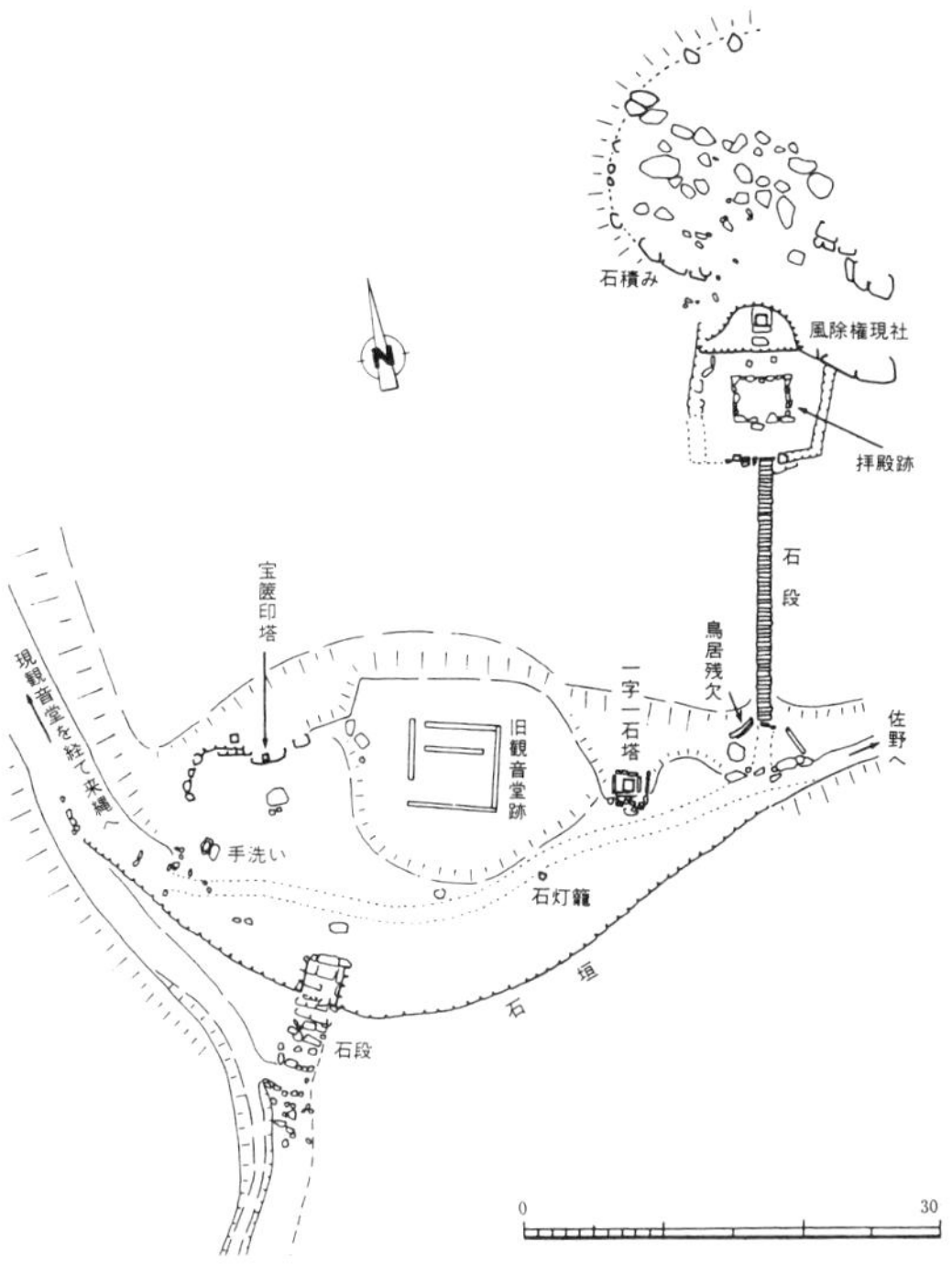

図33　応利山報恩寺跡実測図
（大分県立宇佐風土記の丘歴史民俗資料館作成）

建武四年の注文では、大折山の末寺として間戸寺・伊多伊・大日岩屋があげられる。間戸寺は田染の小崎と上野地区の間に挟まれた台地状の地形で東側には屏風のような奇岩の山塊があり、ここに朝日岩屋・夕日岩屋がある。穴井戸観音付近に寺があったと推定されるが、遺構は明確でない。安貞二年の目録では、間戸石屋とみえ、本尊は薬師如来、年中行事として正月八日の修正月会、一夏九旬安居、法華不断経の勤、毎月の薬師講、毎日の初後夜入堂読誦経典が行われ、六所権現宝前では、二季祭と五節供等が行われ、安貞二年からは長日薬師経十二巻、同仁王講一座の読誦がはじまった。

「伊多伊」は、安貞二年の目録によれば、伊多伊社と書かれ、本尊は妙見大菩薩を祀る。伊多伊社は宇佐市出光元にあるという。また、大日岩屋は、安貞二年の目録では、熊野磨崖仏の大日の岩屋を指すとみられるが、建武四年の注文の大日岩屋は山香町松尾の大日岩屋とみられる。

鞍懸山は、「豊前・豊後六郷山百八十ケ所霊場記」では、鞍懸山馬頭寺と鞍懸岩屋（妙見岩屋）がみえる。その場所は佐野の奥畑といわれる。安貞二年の目録では、鞍懸石屋と書かれ、権現の宝前において二季御祭、五節供などとあるだけで、寺院としての法会の記載がまったくない。建武四年の注文によれば、本山末寺の中津尾岩屋・轆轤岩屋・最勝岩屋は鞍懸山の末寺であり、都甲荘の地頭都甲四郎入道と真玉又次郎に寺領を押領されている。中津尾岩屋は山香町の松尾の後野にあるといわれる。また、轆轤岩屋・最勝岩屋は田染の小崎地区の奥にある。ここになぜ都甲四郎入道と真玉又次郎の支配が及ぶかは不明である。

2　高　山

高山寺は西叡山（標高五七一メートル）の北東部の緩斜面に位置する。西叡山はもともと高山と呼ばれる山であり、この山の名が寺名であった。『豊後国志』に「旧七堂伽藍有り、堂宇荘厳、今廃す、礎石堂存す」とあり、『太宰管内志』にも「西叡山の跡は田染郷横峯村山上に在り、頂上にも今も石のほこら残れり、是より東一町許に高山寺の礎のこれり、山上聊《いささか》くぼかなる処にて東西に迎えるところなり」と載せられる。しかし、現在のところ礎石などの遺構を示すものは発見されていない。頂上から東北側のなだらかな斜面（標高三五〇メートル）付近に西叡山高山寺跡を示す標柱が立っている。付近は一町以上の場所が確保でき、「寺山」「寺床」あるいは「寺屋敷」の地名がある。平安時代にさかのぼる遺物も表採されているが、地表ではそれとわかる遺構は確認されない[11]。

伝説によれば、江戸初期元和のころに火災のために全山堂宇は灰燼に帰したといわれるが、これは京都叡山の尼僧が西叡山高山寺の繁栄をねたんで放火したためだという。これまで、この伝説に象徴されるように西叡山は、古代・中世と大変繁栄した寺院とみられてきた。中野幡能氏は、室町時代成立という「六郷山定額院主目録」にある「高山養老寺」という寺名に注目し、西叡山高山寺は六郷山が延暦寺に寄進されて以降の称であると推定した。この初名の養老寺のように年号を使用するのは吉水山霊亀寺と高山養老寺だけであり、如何にこの寺が六郷山の寺のなかで重要かを示していると主張した(12)。

また、「六郷山定額院主目録」にみえる高山養老寺の四十五坊は他の六郷山寺院と比べても群を抜いている。江戸時代に成立した「六郷山本紀二十八本山本末之記」では、満山灌頂室（所）として、学頭がおり、教学の中心にあったと伝えられる。以上の点などから、西叡山は鎌倉はじめまでは、六郷山の中心であったとみなされてきた。しかし、これまで、述べてきたごとく、天台六郷山の成立当初の十二世紀から屋山が「惣山」として機能してきたことはさまざまな史料から明らかにされるところで、高山寺が満山の最大の寺院だとする徴証はない。

安貞二年（一二二八）の目録では、本尊は薬師如来と観世音菩薩（高山寺から数丁離れたところにある）であり、年中行事も正月八日の修正月会、毎日の初後夜入堂読誦経典の勤、六所権現の宝前での二季祭・五節供等があげられ、新たに薬師経十二巻と仁王講一座の転読が行われはじめたとあるだけである。これは六郷山ではごく普通の寺院の記載であり、ここから最大の寺院を想像することはできない。また、正和二年（一三一三）十月十二日の鎮西下知状によれば、来縄郷の小田原にあった内小野名をめぐって宇佐神官宇佐定基と小田原宗忍の間で相論があった（来縄郷二五）。この際に宗忍が主張したところによれば、ここは六郷山の執行領であったが、「高山法華□（経カ）田」と交換されたとある。高山の名前がみえるだけで、ここからは高山の実態を知ることはできない。

しかし、高山寺は、建武四年の注文によれば、鼻津岩屋、普賢岩屋、妙覚寺、蕗寺、来迎寺など六郷山寺院中、馬城山に次いで多くの末寺をもっている寺である。末寺が多いということは、寺院の力を示すと考えるのが一般であるが、その内訳を眺めると、そう単純なものではない。鼻津岩屋や普賢岩屋は高山の東山麓の小田原と都甲谷の間にある低い山にある岩屋である。現在も岩屋は残り、石仏が置かれている。鼻津岩屋に相当する花寺では、寺の付近に高山の神輿が動座したとき、神輿が置かれたという石が存在している。それに対して、妙覚寺、蕗寺、来迎寺はこれらの岩屋寺院とは異なるタイプである。

妙覚寺は、都甲谷の入口の払田の丘陵の上にあった寺院である。もともと、弥勒寺の所管の寺院であり、この寺院の付近には弥勒寺の所司で別当と呼ばれる有力僧侶が居住している。鎌倉時代末には「さいしゃう別当」（宰相別当）、室町後期には、西別当・東別当、惣堂達らの弥勒寺の役僧の居住が確認される。(13) これらの事実から妙覚寺は六郷山寺院とは系統を異にする寺院であったことがわかる。

蕗寺は現在の富貴寺のことであり、これも宇佐宮惣検校益永氏に関わる阿弥陀堂と思われるが、鎌倉時代には、「蕗阿弥陀寺」とみえ、大宮司家の祈願寺として保護されていたが、承久以後、糸永名の地頭となった肥前の御家人曾禰崎氏などの領主制展開のなかで、宇佐の保護が失われた寺院である。

来迎寺は、「限東ノウヘ（野部）ノ谷、限西シテ（志手）ノ大道、限南高田河、限北草地の堺」とあり、この場所は、現在の芝崎の台地の上であり、近世に高田城が営まれた場所に当たる。来迎寺草創についてはまったく不明であるが、その名前をみると、浄土信仰を意識した寺であり、阿弥陀堂を伴う寺であったと推定される。このような場所に阿弥陀堂を営む勢力としては、来縄郷に関わる郷司などの神官勢力の氏寺的なものであった可能性が高い。

前項で述べたごとく妙覚寺、蕗寺、来迎寺は、鎌倉時代末には、宇佐宮神官や弥勒寺勢力というスポンサーを失った典型的な没落寺院である。これが高山の末寺に入れられたのは、高山が有力寺院であったというより、寺院のそれぞれの独自性をたもちつつ、六郷山の勢力の力を得るという便宜的な措置であったのではなかろうか。

3　馬城山・今熊野山

仁安三年（一一六八）の目録では「馬城山伝乗寺」とあり、現在の真木の大堂がこれに当たると考えられる。馬城山の初見は、建武四年（一二二八）の注文であり、それ以前の六郷山の目録にはみえない。しかし、安貞二年（一二二八）の目録では、「喜久山　本尊丈六皆色阿弥陀如来　丈六不動、同大威徳明王、種々勤等中絶」という記載がある。現在の真木の大堂の北側に桂川と合流する聞山川（熊野川）が流れ、この川の奥を聞山といい、今も岩屋がある。ここに記載される仏像は現在真木の大堂すなわち伝乗寺に伝えられた丈六の仏たち（国重要文化財）であることはまちがいないが、このような巨大な仏像がこの岩屋にあったとは到底考えられない。喜久山と馬城山伝乗寺とはどのような関係にあるのであろうか。

建武四年の注文では、良醫岩屋・朝日岩屋・夕日岩屋・稲積岩屋・日野岩屋・鳥目岩屋などとともに聞山岩屋は馬城山の末寺に入れられている。また、六郷山定額院主目録でも「聞山十恩院主高山ノ徒又伝乗寺徒呂也」とあり、聞山は高山や伝乗寺の支配の寺とみなされていた。建武四年の注文にある馬城山の四至は「限東赤岩辻　限西ハエホシ嶽　限南六太郎美尾　限北光広」とあり、およそ、現在の田染大字平野のうち陽平・薗木・田野口、大字真中の真木・菊山の地区に比定されている。この範囲には聞山は含まれており、喜久山は馬城山のなかに包摂される存在である。

渡辺文雄氏は、安貞二年の目録では喜久山「種々勤等中絶」とあるように、あの丈六の巨像を本尊とする喜久山が廃絶したので、新しく建立された伝乗寺に移安したか、もしくは喜久山は馬城山伝乗寺の前身であったとみている。仏像の年代も、これまで十二世紀の後半とする見方を否定し、十一世紀にさかのぼるものという考えを出し、富貴寺が浄土信仰を反映した宇佐一族の安寧の場所として建立された寺院であったとすれば、田染における弥勒寺的存在の寺として、天台教理の実践道場として建立されたのではあるまいかと述べている(14)。

私も渡辺氏の考えに基本的に賛同する。さらに、この考えを進めてみると次のように考えられないだろうか。鎌倉初期には、寺が廃絶状態にあったということはかなり古い寺院と思われるが、仏像は明らかに天台的色彩がみられる。宇佐弥勒寺では末法突入三十年目を意識して白河天皇の御願によって永保元年（一〇八一）に新宝塔院が建立され、弥勒寺の天台化が促進される(15)。

永保三年（一〇八三）には津波戸山において、宇佐宮大宮司や弥勒寺の関係者によって経塚が営まれた。来世を救う阿弥陀仏と現実の災害から人を守る不動や大威徳などの明王信仰は、新宝塔院建立の思想と根底において符合することがあり、宇佐宮天台化の契機となったこの時期に馬城山伝乗寺の仏たちの造立があったとみてはどうだろうか。

大堂の仏たちは他の六郷山の寺院とは異質で、きわめて巨大な仏像でかつ京ぶりな仏たちである。この造立には余程の契機があったとしか考えられない。国家的な新宝塔の建立はまさにその契機であったとみなせるのではなかろうか。永保元年（一〇八一）に新宝塔院の建立は、二章でも明らかにしたように天台六郷山という集合寺院を生み出す契機になった。その意味では、原伝乗寺すなわち喜久山は、六郷山の原初となる初期六郷山の中核寺院と考えられる。この寺院は弥勒寺との関係がきわめて深かったとみられ、十二世紀に入り、六郷山の延暦寺寄進が行われると、宇佐との関係が深いがためかえってその維持が困難となったという見方もできる。

その後、治承・寿永の内乱によって、宇佐宮・弥勒寺の援助を失い、安貞二年の目録で「種々勤等中絶也」という状態になったとみられる。おそらく、この衰退した巨大寺院を聞山という岩屋の下に六郷山寺院として再編したのが安貞の目録の姿であり、建武四年の注目では再び聞山の影に隠れた馬城山伝乗寺が再び前面に現れたと考えるべきであろう。大堂の周辺には、願寿（就）寺、城山の薬師堂、前田の閻魔堂跡、黒草の観音堂、真木隋願には隋願寺跡、芝堂の薬師堂、草場の釈迦堂跡など寺跡や堂跡が集中し、これらは伝乗寺に関連するものと推察される。元禄一年の村絵図（豊後高田市所蔵）では、廃絶した隋願寺や閻魔堂・くろくさ堂などが描かれており、現在の堂の前に店の並ぶ道が桜馬場と記されている。現在寺の全容はほとんどわからないが、このあたりに寺の中心があったことは十分に推測できる。

最後に、建武四年の注文に「今熊野岩屋」「今熊野寺」とあるのは、熊野磨崖仏の下にある熊野胎蔵寺のことと思われ、寺伝では伝乗寺の末寺といわれている。「今熊野」とは、「新熊野」と書き、白河・鳥羽・後白河の三代の院によって、崇啓された紀伊の熊野権現を後白河院が白河御所の北に勧請した神社である。熊野信仰は、十二世紀半ばから後半にかけて九州に入り、宇佐周辺では彦山が新熊野神社の社領に組み入れられる。

熊野磨崖仏の上には熊野権現社があり、ここにあった懸仏が胎蔵寺に所蔵されている。懸仏は建武四年の銘があり、「六郷本山今熊野御正躰也」と陰刻されている。建武四年の注文と同じ年であり、注文の内容が銘文から確かめられる。熊野信仰がいつ取り入れられたかを記す記録はまったくないが、平安末から建武四年の間に熊野社が勧請されたことは確かである。

それでは、巨大な熊野磨崖仏はどのように位置付けられるのであろうか。安貞二年の目録では、「一、不動石屋本尊不動　五丈石身、深山真明如来　自作」「一、大日石屋　本尊大日　五丈石身、深山同種子岩切顕給也」とある。他の寺や石屋には必ず寺の行事などが記されているが、まったく何も書かれていない。この直前に載せられる喜久山は「種々勤等中絶也」とあるように、同様の状態にあったと思われる。伝乗寺にある丈六の仏たちとこの巨大磨崖仏はその仏像彫刻技術において他の国東の作品から抽《ぬき》んでている。真木は熊野の入口であり、この二つの寺院は成立当初密接な関係にあったのではなかろうか。

磨崖仏の年代については、半肉彫りであることもあり、十一世紀前半から十二世紀後半までかなりの幅で議論される。渡辺文雄氏は、大日と不動の年代は異なり、大日は十一世紀、不動は十二世紀後半という説を『市史特論編』で出している(16)。とくに、中央に刻まれた神像に注目し、不動の成立の段階で熊野信仰が取り入れられたとみているのである。私も、平安時代末に豊前・豊後地域に熊野信仰が取り入れられたことは別に考察したことがある(17)。

そこで、伝乗寺にも境内社とした熊野社があることに注目したい。先に馬城山伝乗寺の前身と思われる喜久山が弥勒寺宝塔院建立の契機に成立したことを推測したが、宝塔院は白河院の御願であることと熊野信仰がこの三代の院によって国家的信仰へと昇華させられたことをあわせ考えると、伝乗寺の仏たちも含めて、熊野の磨崖仏も宇佐宮へ影響をもった白河・鳥羽・後白河の院との関連を推測する必要がある。このことは現在論証することはむずかしいが、あらためてこのような視点で、熊野の磨崖仏と真木の大堂の仏たちを見直す必要があるのではなかろうか。

4　智恩寺

寺は、大字鼎の堂山にある。現在、堂山には講堂と山祇神社の建物が残り、その下に観音堂がある。大分県立宇佐風土記の丘歴史民俗資料館が一九八九年から一九九一年にかけて実施した発掘を伴う調査によれば、寺は堂山地区だけではなく、イヤの谷地区、寺屋敷地区、西城地区、一本松、内屋敷に関連施設があったことが判明している。イヤの谷地区はその遺構や遺物から坊屋敷が想定され、寺屋敷地区は現状でも北側に堀が残っているが、全体を堀で囲む構造になっており、そのなかに中世の末まで寺の本堂など屋敷があったと推定される。西城は遺構は確認されなかったが城郭施設があったとみられる。一本松、内屋敷では発掘は行わなかったが中世の墓地が確認される。

堂山地区では、講堂の建つ区域の隣接地域で発掘を行い、九世紀代に収まる瓦や土器が発見されている。この事実は、智恩寺が六郷山の寺院のなかでも最も古い時期の創建であることを示している。国東の六郷満山の寺は八幡の応現である人聞菩薩によって開かれたという伝承をもつが、この人聞とともに国東の山々を修行した僧侶法蓮・華厳・覚満・躰能の同行は、それぞれ山本（宇佐市）で虚空蔵菩薩、郡瀬（宇佐市）で如意輪観音、来縄（豊後高田市）で薬王菩薩、六郷山で薬師如来を崇したといわれる。中野幡能氏は、薬王院のあったといわれる後山を覚満が薬王菩薩

①〔宇佐宮惣堂達書上帖〕

躰能和尚――惣堂達祖宇佐姓┬重景――惣堂達二世・天平勝宝――良範――
　　　　　　　　　　　　　└重治　早世

――三世　豊後国来縄郷智恩寺村智恩寺エ移住祖師躰能開基依因縁　宝亀三年子歳五月補任ス――

――時重　四世・延暦――栄範　五世・大同弘仁――範秀　六世・天長――

――主秀　七世・承和・嘉祥――金秀　八世・仁寿・斉衡・天安（以下略）

②〔野津本大友系図〕（小田原氏部分略系図）

┬重景┬重直
│　　├小次郎左衛門
│　　├山三郎左衛門
│　　└良範　智恩寺権別法眼――永範　丹性坊――範秀　春徳丸卿公
├景泰
├頼景
├円証
├泰重
├景郷
├忠景
└長能

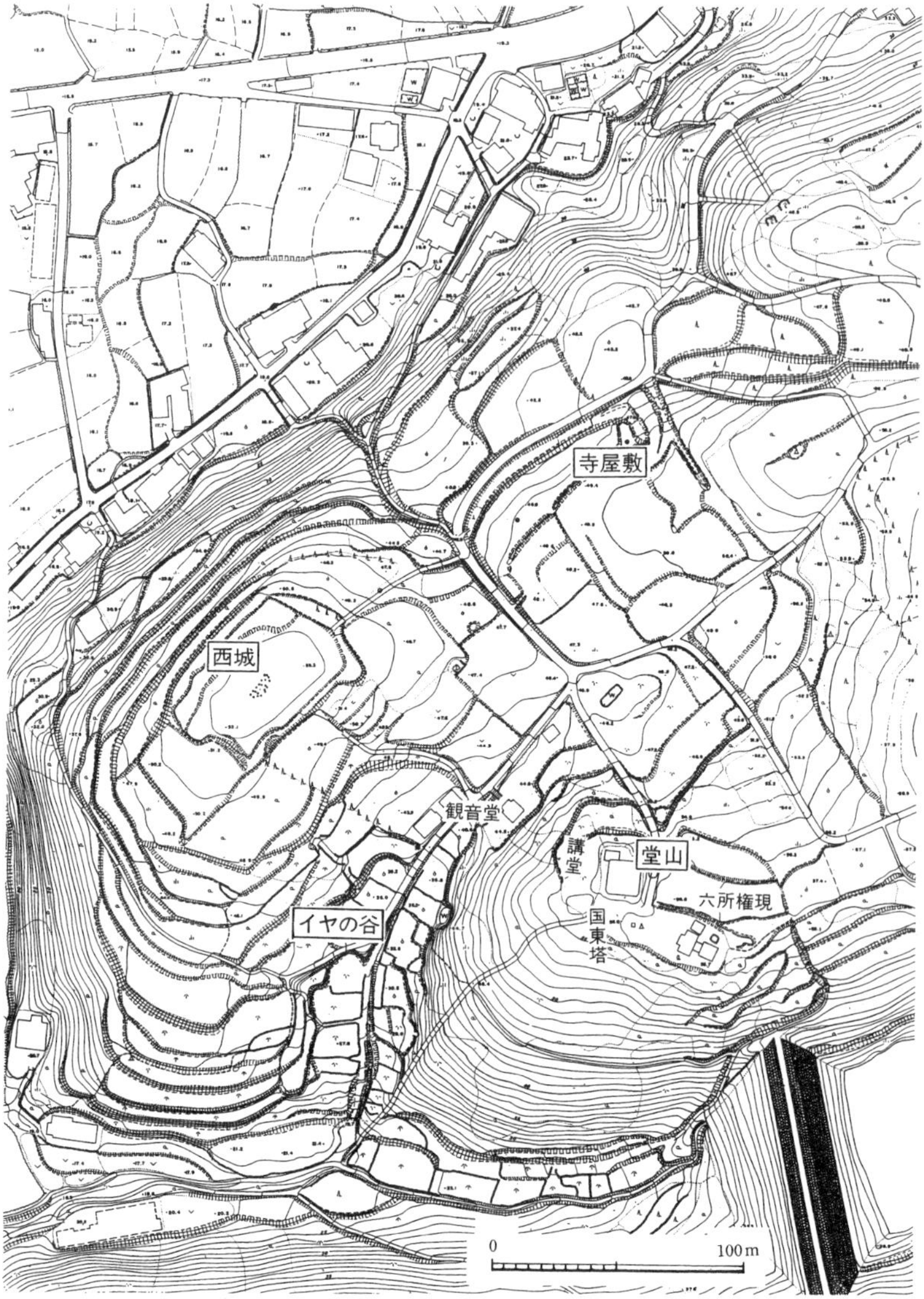

図34　智恩寺ならびに周辺地形図(大分県立宇佐風土記の丘歴史民俗資料館作成)

を祀った場所と考え、躰能が薬師如来を崇したのが智恩寺であるとしている。

その根拠は明治四年（一八七一）に宇佐宮に提出された『宇佐宮惣堂達書上帖』に弥勒寺の惣堂達は躰能和尚を始祖とすることが記されており、三代目の良範が躰能ゆかりの智恩寺に居住したとあるからである。しかし、この記録は明治のもので甚だ信用しがたいところがある。例えば、重景・良範・時重・栄範・範秀とくる系譜は、八世紀半ばから九世紀前半の系譜として書かれるが、この人物たちは、野津本「大友系図」にみえる小田原重景・良範・永範・範秀とくる智恩寺院主の系譜と基本的に一致する。この人物たちは鎌倉時代の人物であり、この『宇佐宮惣堂達書上帖』は躰能に鎌倉時代に智恩寺を支配した小田原氏の系譜を結合したものであると推測される。

とすれば、この系譜を基に組み立てられた中野説はまったく成り立たなくなるわけであるが、考古学の調査からみると、智恩寺は九世紀代までさかのぼる寺であり、躰能が薬師如来を崇した寺とする可能性の範疇にある。人聞菩薩に同行した法蓮・華厳・覚満・躰能は同一の時代に生きた人間ではなく、八世紀から九世紀初頭にかけて弥勒寺の別当に就任した人物と推測される。覚満の開いた薬王寺は、智恩寺の南三〇〇～四〇〇メートルのところにある「ヤコージ」とみられ、この寺の瓦を焼いた「カワラガマ」遺跡のロストル式平窯から出土した瓦によって、寺は八世紀末に存在したことが推察されている(18)。このことから、躰能の開いた六郷山はそれより後の時代すなわち九世紀代の寺であり、六郷山と智恩寺とその時期が近接してくることになる。

六郷山の最初を智恩寺と断定することはできないが、六郷山の本山の寺院は、智恩寺ばかりでなく高山・後山・間戸石屋など薬師如来を本尊とする寺院が多く、なかでも智恩寺は山や石屋の名称をもたず、異質な寺院であり、その古さを示しているのではなかろうか。

さて、平安後期の智恩寺についてはまったくわからないが、鎌倉初期の安貞二年の目録に「本尊薬師如来、年中勤修正月会正月五日、一夏九旬安居勤、月並勤薬師講毎月八日　日次勤初後夜入堂読誦経典、六所権現於御宝前、二季祭五節供等」とあり、とくに、特異な行事はなく、他の寺院並の年中行事・毎月の講・毎日の勤が行われていた（来縄郷一一）。

鎌倉時代の承久以後は、来縄郷から田染荘地域の領主として入った小田原重景の子息良範が智恩寺の院主職を得て、その子息永範から範秀に伝えられる。野津本「大友系図」では、良範は「権別当」とあり、六郷山の本山（もとやま）を統括する職に就任していたようである。永範は弘安八年の豊後国図田帳では「郷司来縄妙性房知恩寺栄範」とみえ、来縄郷司を兼ねた。また、永（栄）範とその子息範秀（春徳丸）は、夷山（香々地町夷）の院主も兼帯したことが確認できる（香々地荘七五・四〇）。

建武四年の六郷山注文では、本山寺院のなかでは唯一寺領の押領の記載がない。大友氏の一族である小田原氏が院主を所持しているのであるから当然のことであるが、智恩寺は鎌倉時代本山のなかで最も勢力をもった寺院といえる。教学の面でも、智恩寺の住侶であった妙秀が明徳三年（一三九二）に宇佐宮の宮佐古山の学頭に任じられており（「宮佐古山学頭代々名帖」）、知恩寺の占める位置は大きかった。

戦国時代まで智恩寺の院主は続き、豊臣秀吉の朝鮮出兵の際にも大友軍のなかに「知恩寺」の名前がみえている。西城は領主としての知恩寺院主が築いたものと推定される。しかし、院主は領主であった故、大友氏と没落をともにして近世には寺も急激に衰退する。(19)

5　屋山・加礼川

屋山については、すでに本章四節・五節で六郷山の惣山として寺院が鎌倉時代に入って六郷山の支配体制が変化すると、どのような寺院となったのかを明らかにした。そこで、ここでは、中世六郷山寺院として最も良好に遺構が残る屋山寺の復元を試みることにしたい。屋山寺は現在金剛山長安寺と呼ばれている。寺のある屋山は標高五四三・三八メートルの山で、都甲谷の中央に聳え、この山を挟んで南に加礼川の谷、北に長岩屋の谷がある。屋根のような形をした屋山は眺める方角によってその形が変化するため、八面山とも呼ばれる。

寺は標高二九〇〜三五〇メートル付近の緩斜面にあり、二九〇メートルの所に鳥居があり、そこから三〇〇メートルほどの参道が本堂の横に続いている。この参道の両脇には、谷ノ坊・中ノ坊・両子坊・奥ノ坊・千蔵坊・北ノ坊などの坊名のほかに引寺という地名が残っている。参道の詰めには石段があり、これを上がると本堂の脇に出る。この正面にはかつて楼門があり、そこからさらに奥の院に通じる階段が一〇〇メートルほど続く、途中の左手の脇には講堂の跡が残り、階段を上り切ると左手の奥に六所権現の社がみえる。六所権現の前の右手には三メートルを超える優美な国東塔（鎌倉時代末）が建っている。国東の六郷山の寺院をタテ型伽藍とヨコ型伽藍に分ける研究があるが、この寺院は参道がタテに形成されるタテ型伽藍の典型である。

図35　中世末の屋山寺境内模型（大分県立歴史博物館）

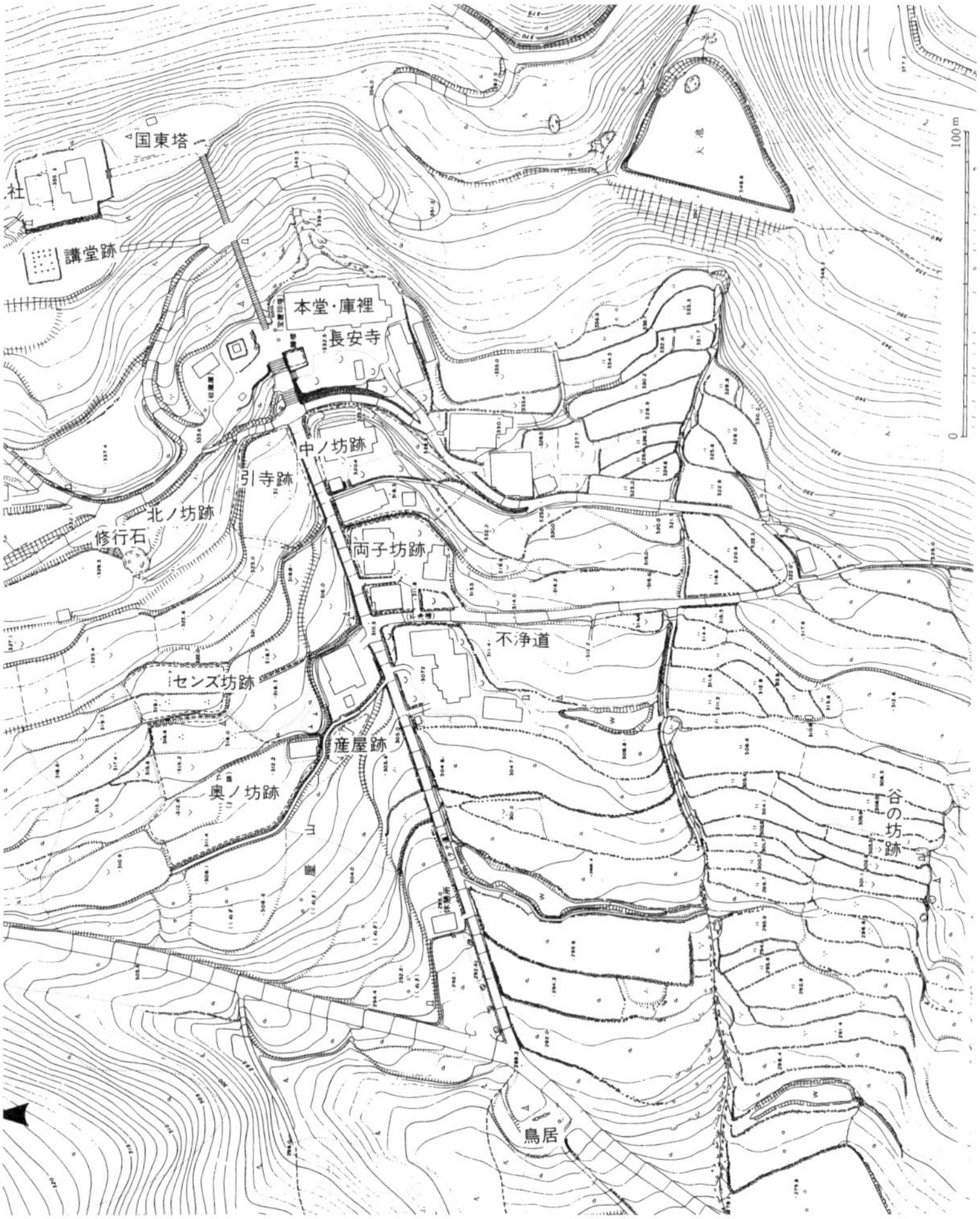

図36　長山長安寺周辺図（大分県立宇佐風土記の丘歴史民俗資料館作成）

近世・近代の寺は、参道をほぼ中央で直行するヨコ道を不浄道と呼び、これより上を寺の神聖な空間と認識していた。長安寺や坊の流れを引く家では子どもが生まれると、この道とタテ道の参道が直行する場所の下に設けられた産屋で出産する習わしとなっていた。しかし、中世にさかのぼると、寺の境内意識はさらに広く外側に拡がっていたようである。伝承によれば、長安寺には仏持院・宝持院・学頭坊・本坊・両子坊・千蔵坊・奥ノ坊・谷ノ坊・北ノ坊・中ノ坊・下ノ坊・峯ノ坊・猪窟坊など二院十一坊があったといわれている。この内、中ノ坊までは長安寺の参道周辺にあった坊であるが、下ノ坊・峯ノ坊・猪窟坊は、屋山の南側の山麓の大字加礼川の中平、峯、佐屋の元の集落にあったといわれ、峯には峯ノ坊の観音堂が現存している。いわゆる下ノ坊以下は山下《さんげ》の坊というべきものである。

建武四年の六郷山注文では、「屋山」とは別に「加礼河」と呼ばれる寺院が載せられる（都甲荘七九）。その四至は「限東田原路　限西河　限南河内山辻　限北百束下迫」とある。東限の「田原路」は長岩屋の奥の字田原地、西限の「河」は都甲川（俗に加礼川）、南限の「河内山辻」は、豊後高田市と大田村の境にある山辻、北限の「百束下迫」は現在の新城の百塚に比定され、その範囲は、大字加礼川の屋山地区を除く範囲と梅木の庵の迫、楪付近を含む地域である。

先の屋山の山下の坊はこの「加礼河」のなかに含まれる。文明ころの「道脇寺文書」には「屋山払加礼河」という記載がみられる（都甲荘補二二・二四）。払とは六郷山独自にみられる開発単位所領である屋山払というのは屋山寺の開発した寺領という意味である。「加礼河」は独立した六郷山寺院として存在する一方で、屋山の払という二つの顔をもつのである。

南北朝時代の末に作成された屋山寺供料免田注文案によれば、加礼河の坊として峯坊・常泉坊・西坊が記される（都甲荘補一三）。峯坊は峯の集落にあった坊で、現在は峯ノ坊の観音堂が残る。常泉坊は、中平の平原にある道脇寺という観音堂がその後身である。道脇寺文書中の坊領の山野を記した史料によれば、現在の中平の集落から佐屋の元の集落とその背後の山を含む範囲であることが判明した。西坊は、現在その遺称地はないが、坊は梅ノ木の楪と庵の迫の間に位置する山口にその坊の中心があったとみられる。

このなかの常泉坊は鎌倉時代の初頭に屋山寺を再建した僧応仁の隠居坊といわれ、道脇寺の堂のなかには応仁の位牌が置かれ、堂の裏にある墓所には江戸時代に建てられた応仁の供養塔がある。本節一項で述べたように、応仁は治承・寿永の内乱で荒廃した屋山を再建するため、加礼川の谷の開発を行い、寺の法会などのための免田を定めた。応仁は屋山寺の院主職を六郷山執行の快円に譲り、加礼川の常泉坊に隠居し、応仁の子孫は、この「加礼河」に住み、「加礼河院主」を称した。これによって、屋山の開発所領である「加礼河」は屋山寺の法会を支える免田が設定された場所すなわち屋山払という顔と同時に応仁の子孫が権利をもつ所領として常泉坊を中心に独立した寺院としての顔をもつことになったのである[20]。

6　長岩屋

屋山の北の長岩屋川沿いの谷の中央に長岩屋山天念寺がある。天念寺は岩屋堂形式の講堂と六所権現（現在は身濯神社）が横に並ぶ形式の伽藍で、タテ型伽藍を形成する長安寺とは対照的なヨコ型伽藍の寺院である。その成立時期は不明であるが、長承四年（一一三五）の六郷山夷山住僧行源解状案では、「長岩屋住僧在判三人」とあり、十二世紀前半には、すでに長岩屋住僧の活動が確認される。現在、本堂には、釈迦如来坐像、日光・月光菩薩立像、勢至菩薩立像、吉祥天立像などの平安仏が安置されている。時期は、十二世紀代のものだといわれている。また、この岩屋の末寺となっていた小両子岩屋の阿弥陀如来立像（一九八センチ）も同じ時期とみられており、天台六郷山成立時期の遺物がかなり残っている。

安貞二年（一二二八）の目録では、六郷山中山の筆頭に記され、その年中行事も惣山屋山に次ぐ規模でかなり充実

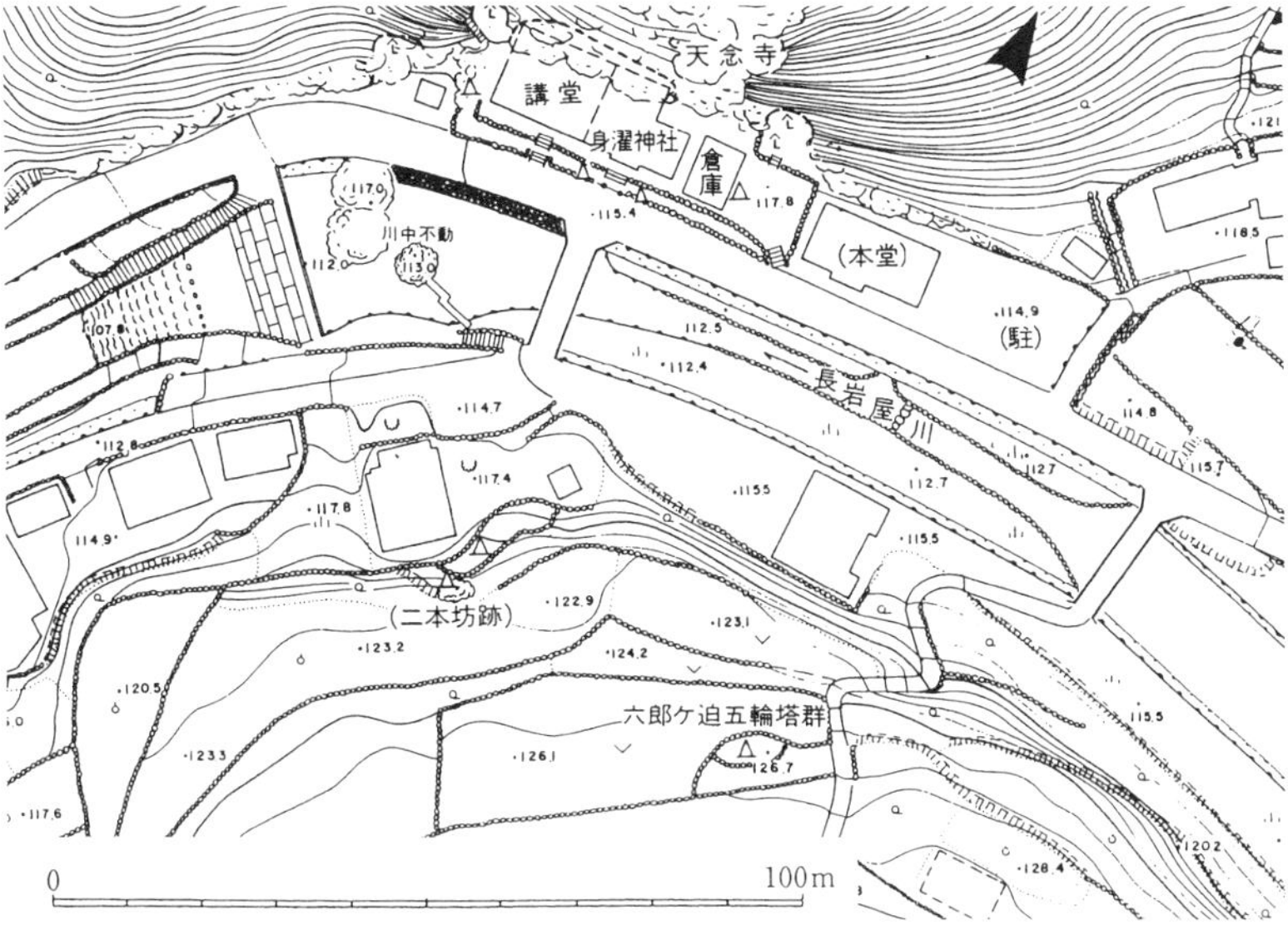

図37　長岩屋天念寺周辺詳細図（大分県立宇佐風土記の丘歴史民俗資料館作成）

している。本尊は観世音菩薩と記されているが、現在この観世音菩薩は寺に伝わっていない。修正月会も正月四日から六日の三か日夜行われ、十一月一日から三日には三ケ夜の大念仏、一夏九旬の不断供花、七月十五日の布薩、一日転読大般若会（請僧二〇人、十月五日勤）、法華不断経（十月二十八日～三十日）、修問答三十講（請僧二〇人）、天台大師供（十一月二十四日）、仏名経（七月二十七日勤）、毎月八日の薬師講、毎月十八日の観音講、毎日の初後夜入堂と経典読誦、不動行法一座、薬師経十二巻と観音経三十三巻の転読、六所権現の宝前における二季祭・五節供など、さらに安貞二年から祈祷を開始し、長日大般若経の転読、仁王講一座が行われたとある（都甲荘一三）。本尊が観音であるので観音講や観音経の転読が行われたのは理解されるが、薬師講や薬師経の転読も行われており、古くから薬師如来が存在したことをうかがわせる。現在、古代・中世にさかのぼる薬師如来はないが、その脇侍である日光・月光菩薩像がある。

　安貞二年の目録では、建武四年の注文（都甲荘七九）

に長岩屋山の末寺と記される龍門石屋についての記載がある。それによれば、本尊千手観音、修正月会や一夏九旬不断供花や毎月十八日の観音講が行われ、六所権現も長岩屋とは別にあったと記される。龍門岩屋はお山と呼ばれる天念寺裏山にある。また、建武四年の注文に龍門岩屋とともに長岩屋末寺として書かれているのが小両子岩屋である。この岩屋もお山のなかにある。ここには、先に述べた国の重要文化財となっている阿弥陀如来像が安置されていた。この仏像は昭和十六年（一九四一）の水害で壊れた本堂を修築するため、埼玉県の鳥居観音に売却され、平成九年（一九九七年）地元の悲願で再び買い戻されたといういわくある仏像である。

鎌倉時代の様子を伝える史料は少ないが、鎌倉時代の初頭、建保六年（一二一八）に長岩屋では堂供養が行われ、講師として宇佐宮の学頭坊が招かれた（『六郷山年代記』）。また、屋山の院主応仁から院主職を譲られた六郷山執行快円が中興したという伝承も残る。また、六郷山異国降伏祈祷巻数目録写によれば、中山分の寺として屋山・小岩屋・夷岩屋・千燈山などとともに不動行法を修し、大般若経の転読、仁王経百巻の読誦、観音経千巻の読誦、法華八講問答講を講ずるとある。この寺は六郷山執行とも関係が深く、天念寺の下のガランにあった暦応四年（一三四一）銘の石殿（明石太郎氏所蔵）には、忍辱聖人からはじまって、円豪大徳・快円大徳・円□大徳・円位大徳・円然大徳・円成大徳・円増大徳・円空大徳・円□大徳・豪全大徳・聖円大徳などの僧侶の名が刻まれる（都甲荘補八）。このうち、円豪・快円・円位・円然・円増らは鎌倉時代の六郷山の執行職にあった人物たちで、長岩屋が六郷山執行とも関係が深かったことがうかがえる。

さて、寺は現在長岩屋のほぼ中央にある小さな寺院であるが、寺域は現在の寺の範囲より格段に広い。建武四年の六郷山注文によれば、長岩屋山の四至として「限東赤丹畑大タウケト号　限西恒吉西福寺下谷　限南尾ノ鼻ヨリ加礼河マテ大道　限北美尾」と載せられる（都甲荘七九）。東の境は国見町赤根との長岩屋の境界となっている地蔵峠のことである。西の境は遺称地はなく不明であるが、真玉荘との境と考えられる。南の境の尾ノ鼻は屋山の山稜の西南の先端部で、新城地区と長岩屋の境であり、ここから加礼河に向かう道を南の境にしたと考えられる。北の美尾は現在の豊後高田市長岩屋と旧真玉町を境する屏風のような切り立った岩山とみられる。この範囲は今日の大字長岩屋の範囲に一致しているといえる。

応永二十五年（一四一八）の長岩屋屋敷注文によれば、六二か所の屋敷が載せられている（都甲荘補一八）。このうち、二四～二五か所の屋敷の場所が確定され、そこから中世長岩屋の範囲が推定される。それによれば、長岩屋の奥の一ノ払から森の木までの範囲に比定され、建武四年の六郷山注文の範囲、現在の長岩屋と一致することがわかる。この注文には、定文が六か条が付記されており、その第一条に「山内（長岩屋山内）に居住するものは『住僧』に入らなければ、山中を追放すべきである」ということが記されており、ここに書かれた六二か所の屋敷は住僧の屋敷ということになる。しかし、屋敷は多様であり、坊名をもつものが二か所、「智鏡屋敷」「道心屋敷」など法名をもつ人物の名が記されるのが、一二か所、「五郎次屋敷」などの俗名をもつ屋敷名が五か所、「宮司屋敷」「専当屋敷」などの官職に関わるものは五か所、「轆轤薗」「鍛冶屋」などの職人名をもつ屋敷が二か所、地名・その他の屋敷名が三八か所存在した。

この屋敷名からみても、谷の住人がすべて僧侶であったということはなく、むしろ職人や百姓や神官など多様な俗世界の人々がそのほとんどである。それでいながら彼らを「住僧」という枠組みのなかに包括していたことはなぜだろうか。これは注文が六郷山長岩屋の体制の再建のために作成されたもので、寺の役を勤めるものを「住僧」とすることによって、長岩屋全体を寺領としてあらためて確定しなければならないほど六郷山長岩屋の支配が揺らいでいたからではなかろうか。

住僧とは、本来「坊」に住む僧侶であり、六郷山の各寺院を支える構成員であった。十二世紀の天台六郷山成立当初から住僧は各寺の寺領の開発主体となり、保元二年（一一五七）段階にすでに夷岩屋（香々地町）二二名の住僧が活動した。長岩屋の「住僧」もこのような住僧の流れを引くものであるが、周辺の在地領主や百姓などが次第に入り込んだり、住僧の家族の自立化の進行によって、寺を支える住僧の体制が揺らいだとみられる。

しかし、この長岩屋谷では、「住僧」の流れをくむ十二坊と呼ばれる坊が近世までその伝統を残し、講堂では、毎年寺の法会である修正鬼会が続けられている。今や坊も廃絶したが、かつての寺領の範囲であった長岩屋地区全体の祭として六郷満山の僧侶たちの行う法会を裏方として支えているのである。(21)

八　中世の両子山

『六郷山年代記』（以下『年代記』と略す）は、大分県豊後高田市加礼川の長安寺に所蔵される古記録である。仏教伝来から万徳元年（一八六〇）までの屋山を中心に国東六郷山の歴史を編年体で記録したものであるが、慶長以前は、屋山寺（現長安寺）の学頭であった豪意（元和六年死去）が期したものと考えられ、大分県でも最古の年代記に属する。(22)

本節で扱う両子寺は、国東半島の中心に位置する両子山の東に位置する山岳寺院であり、近世は、杵築藩の菩提寺とされ、国東六郷山の中心寺院となり、近世「峰入り」の再興の際も中核寺院となった。しかし、両子寺には古文書や古記録はほとんど現存しておらず、とくに中世の両子寺の歴史に至ってはこれまでその実像はほとんど明らかにされてこなかった。『年代記』には、幸いにも、表のごとく両子寺に関する記事がかなり散見する。以下この年代記および網野善彦氏によって紹介された六郷山関係の新出『自坂東御教書之写』(23)に他の史料を交えながら、六郷山の拠点寺院の一つである両子寺の中世の歴史を概観してみよう。

表12 『年代記』両子山関係抜粋

貞永一壬申（一二三二）	両子宮蔵焼了
嘉暦一丙寅（一三二六）	両子山大講堂立了、執行円増代、門ノ坊躰天（退転）仕ヲ大万坊澄尊ツ、キ同澄祐ニ譲□
応安二己酉（一三六九）	両子大般若経肥州仁扑（被ヵ）取也、
応安六癸丑（一三七三）	豪物学頭ニ住、九年住、六供坊宇興行、両子山惣坊躰天仕候ヲ千徳坊什玄相ツ、キ右之豪物法印譲畢、
永和四戊午（一三七八）	自肥州松浦両子大般若経本山被帰訖、十二年之間大般若一部書了、泉□□□在也、
大永一辛巳（一五二一）	千徳坊盛祐両子岩屋時分シテ建立畢、当供養□吉弘太郎殿ヨリ御刀・布百卅タン、
永禄五壬戌（一五六二）	両子山僧坊・同大般若経焼了、大旦那源鑑理・同宗鳳□貞山北坊買奉畢、大願主豪意
永禄十二己巳（一五六九）	両子山大般若経再興了、
元亀二辛未（一五七一）	同□両子堂再興了、奉行□□大介、別当吉弘鑑理子息宗鳳代時執行也、□□岩屋香呂阿弥陀サイシキ、御堂立同遷座了、
天正十壬午（一五八二）	八月十三日大洪水両子山大講堂・食堂破却訖、二百五十七ニ成也、同田代皆失也、権別当吉弘嘉兵衛統運代、
天正十四丙戌（一五八六）	天正十四年丙戌、両子山本堂建立、八月五日石居、同八日柱立、九月二日棟上、十一月十二日堂供養、御本尊遷座畢、願主物持院豪意法印、吉弘殿ヨリ御手刀・トウ甲布百三十段、

1　鎌倉時代の両子山

両子寺が歴史にはじめて登場するのは、仁安三年（一一六八）の六郷山二十八本寺目録であるが[24]、これはその内容から後世（近世）の作とされており、現在両子寺に関する最古の記録は同寺の奥ノ院の岩屋のホゾ穴に記された「建保三年歳次乙亥　九月十三日　願主良嚴」なる墨書文字である[25]。この墨書から建保三年（一二一三）には、両子寺奥ノ院が存在していたことは明らかであるが、両子寺がいつ成立したかは明らかではない。両子寺は、安貞二年（一二二八）の六郷山目録では、六郷山の三山（本山・中山・末山）の末山の寺院として登場するが、この目録には、末山寺院として、小城山と両子山の二つの寺院しかみえない[26]。末山は、三山のなかで最後の時期に整備された寺院とみられており、十三世紀のはじめでもまだ寺院数も少なかった。両子寺は比較的新しい段階の寺院と推定される。

鎌倉時代の両子寺の様子を語る史料は、『年代記』では、貞永元年（一二三二）の「宮蔵」焼失の記事からはじまる。また、嘉暦元年（一三二六）には、両子寺には大講堂が建立されたことがみえる。この断片的な記事の背後を知る貴重な史料として網野善彦氏が紹介した島原松平文庫所蔵『自坂東御教書之写』がある。この史料では、安貞二年の時期の両子寺の様子や六郷山執行の活動、末山系寺院の様子がみえる[27]。

『自坂東御教書之写』を所蔵した島原松平藩は、豊前宇佐郡と豊後国東郡に二万石ほどの分領をもっていたが、この文書の写には「六郷山大菩薩開基以来、養老弐戊午ヨリ文禄二年迄八百七十六年也」と端書にあり、末尾の端書にも大友吉統、義述父子が朝鮮出兵の際の行動の責任を問われ、豊臣秀吉によって領国が没収され、文禄二年（一五九三）七月十六日から太閤検地が実施された経緯が書かれていることから、網野氏は文禄二年に成立したものと考えている。文禄二年は、島原藩成立以前であり、このような史料が島原松平家に入ったのかは明らかではなく、網野氏も「何故、また何人によってこの写本が作成されたのか、その原本はいかなる状態であったのかなども、いまのところ不明とするほかない」と述べている[28]。

しかし、手がかりがないわけでもない。末尾の「当国ヲ自六月太閤召上畢、吉弘統運裏モ、六月六日自高田表乗船了、椎田江借宿逗留了、同七月十六日ヨリ國東郡ヨリ検地始リ、当郡ハ八月廿五日ニ調了」には、吉弘統運（統幸）の奥方が六月六日に高田（現大分県豊後高田市）から乗船して、椎田（現福岡県築上町）に宿を借り逗留した記事を入れている。その後、七月十六日から国東郡では、検地がはじまり、「当郡」（網野氏は不明とするが、筆者は国東郡と考える）は八月二十五日で調べが終わったとある。[29] ここで、大友家の重臣で国東六郷山の領主であった吉弘宗運（統幸）の奥方の国東退去の動向をわざわざ記載していることが注目される。これは、この文書群の写が吉弘家と関係することを暗示しているのではなかろうか。吉弘統運（統幸）は六郷山権別当を兼帯した六郷山の領主であり、『年代記』でも、永禄五年（一五六二）、元亀二年（一五六九）、天正十年（一五八二）、天正十四年（一五八六）と両子寺の大般若経の再興、堂舎の再建、建立に吉弘氏が深く関係したことが記載されている。このことから、六郷山の権別当、執行職を掌握していた吉弘家が執行職関係の文書群である「自坂東御教書之写」を所持していた可能性が高い。

さて、ここで『自坂東御教書之写』から、鎌倉時代、両子山の様相を明らかにしてみよう。安貞二年はすでに述べたように、六郷山の寺院目録が作成された。この目録は、六郷山が関東祈祷所になると同時に六郷山執行が関東（幕府）と関係を結ぶ契機になったことはすでに明らかにした。この重要な安貞二年に六郷山執行領両子寺院主職が登場する。

①　関東下知状写

豊後國六郷山所司等申當山執行領両子山院主職以下谷〻石屋〻〻等事

為将軍家御祈祷所圓豪領知之處、兼直法師等令濫妨、御願違乱之由、所司等訴申之間、被尋下之處、如豊前大炊助入道寂秀今年九月日注進状者、雖相觸兼直法師等不及是非散状之由、執申上者、停止兼直法師等濫妨、任所司

解状、如元當山執行圓毫可令領知之旨、依鎌倉殿仰下知如件、

安貞二年十一月廿五日　　　武蔵守〃

相模守同

②　豊後国守護所下文写

守護所下　六郷山執行圓豪

可早任鎌倉殿御下知狀領掌致御祈禱忠、豊後國六郷山執行領両子山院主職以下谷〻等事

右、安貞二年十一月廿五日関東御下知狀今月廿五日到来偁、豊後國六郷山所司申中間略之者、任鎌倉殿御下知狀、停止兼直法師等濫妨、當山執行領両子院主職以下谷〻等事、圓毫可令領掌之狀如件

安貞二年十二月廿七日　　　沙弥寂秀〃

上記の①文書では、六郷山執行領両子山院主職以下谷々石屋等を関東祈祷所として円豪が領知していたところ、兼直法師等が濫妨し、関東の御願が違乱となっていると六郷山の所司が訴えたので、幕府はこれを認め、六郷山執行円豪の領知を認めるという下知状を出した。これを受けた豊後国守護所大友親秀（寂秀）は、②の文書で六郷山執行円豪に対して、祈祷の忠を致すため、六郷山執行領の両子山院主職以下の谷々等を安堵した。幕府は関東祈祷所として六郷山が祈祷を行う見返りとして、六郷山の代表である執行に両子山の院主職以下の谷々等を安堵した(30)。

『年代記』元久元年（一二〇四）条によれば、「六郷惣山執行円豪門徒可相伝申也」という記述があり、円豪は六郷惣山の執行の初代と認識されていたようである。治承・寿永の内乱で六郷山の衆議の場として位置付けられていた惣山屋山寺が退転し、十二世紀までの衆徒らの衆議体制が大きく動揺した後、延暦寺主導で創設されたのが六郷山執行職である。物山屋山の退転後、屋山寺に入った院主応仁は十二世紀までの惣山衆議体制を再建するため屋山寺の再興をはかった(31)。これに対して、新たに執行職となった円豪は、末山という六郷山では最後に編成された寺院群に拠点を

置き、屋山の応仁を牽制しながら両子山院主職を所持し、幕府も祈祷の見返りとしてこれを安堵することになったのである。安貞二年に対立していた兼直法師がいかなる人物かは不明であるが、円豪には、反対勢力がいたことは事実であり、そのため円豪は叡山のみならず、幕府の権勢を後ろ盾に、両子山を中心に六郷山をまとめようとしたのである。これ以降、六郷山執行は円豪の門徒に伝えられ、両子山は六郷山では、惣山屋山と並ぶ中核寺院に踊り出てくるのである。

鎌倉末期には、両子山は、屋山を越える勢力をもつようになったと考えられ、『年代記』にある嘉暦元年（一三二六）の両子山の大講堂の建設もこのような動きと関係しているとみられる。建武四年（一三三七）の六郷山本中末寺次第并四至等注文案では、屋山を越え、六郷山中山の筆頭に書かれるようになった(32)。さらに、『年代記』の執行補任・学頭補任の記事に注目すると、執行円増（蔵）を最後に屋山出身の執行がみえなくなり、屋山では学頭の補任記事がそれに替わって登場してくるが、これも上記の両子寺と屋山寺の上下関係の変化に対応しているようである。暦応元年九月十八日の別当光澄下文写では、その事書部分に「早可令知行領掌、豊後國六郷山執行職、并屋山・長岩屋除地・兩子山除財前次郎丸・横城半分・千燈山□田畠事」とあり、六郷山の執行職には、両子山・屋山の知行権が含まれており、両寺は執行領の中心寺院として一体的に支配されていた(33)。

2　南北朝期以降の両子寺

南北朝期は、確かに両子寺が惣山であった屋山寺を凌駕し、六郷山の中心寺院としての地位を確立した時期でもあるが、内乱という混乱期のなかで最も困難な時期でもあった。応安六年（一三七三）に両子山の惣坊が退転したとあり、南北朝の争乱にこの一帯が巻き込まれたようである。寺は被災者というより、その原因は自らの側にもあった。当時の六郷山執行は、地域領主として、大友家の軍勢の一翼を担う存在であり、軍勢催促状などにもその活動が確認される。[34]応安二年（一三六九）～永和四年（一三七八）までの間、両子寺の大般若経が肥前の松浦にもち去られたというのも、寺院そのものが戦乱の当事者として活動した結果に他ならなかった。

十五世紀の両子寺の状況は、「年代記」にはみえず、不明な点も多いが、大友家の豊後国支配は深化し、国東半島へも浸透した時期である。とくに、その一族である田原氏や吉弘氏が国東郡の郷・荘、六郷山領を私領化していったようである。例えば、永享九年（一四三七）には、吉弘綱重が屋山払（屋山寺の私領）の加礼川（現豊後高田市加礼川）、長岩屋（現豊後高田市長岩屋）の支配を確立した。[35]しかも吉弘綱重の子息円仲法印は六郷山執行となっており、[36]十五世紀の半ばには、六郷山の中核寺院である屋山やその関係寺院、執行領である両子山はほぼ吉弘氏の傘下に入ったといえる。

十六世紀に入ると、『年代記』にも吉弘氏が両子山に明確に関係した記事がみえはじめる。大永元年（一五二一）、千徳坊盛祐によって、両子寺の岩屋が建立され、この供養に吉弘太郎より刀・布一三〇反が寄進されている。千徳坊は、今日伝わる両子山の僧坊名には確認でないが、文禄のころ、両子山の参道入口にある無明橋を提げて懸けたという怪力無双の千徳坊の伝説が残る。また、永禄十三年（一五七〇）四月二十三日の吉弘鑑理寄揆被官手負注文によれば、肥前佐賀表で戦って負傷した吉弘家の家臣のなかに「千徳坊」の名がみえる。[37]さらに、両子寺住日代千徳坊が天文三年四月に勢場ヶ原の戦いで戦死した吉弘氏直とその家臣のために板碑を建立している。[38]このような事実から、十六世紀、戦国時代、両子寺の千徳坊と吉弘氏の間には主従関係があったことは間違いない。千徳坊は、「目代」とあることから、吉弘氏の代官として両子寺に居住し、その寺の経営を任された僧侶であったと推測される。

戦国時代の末期、吉弘氏は鎮信（宗鳳・宗仭）・統幸（統運）の時、都甲谷の長岩屋の入口懸樋城に居住し、当主が自ら六郷山の執行や権別当職につき六郷山を支配した。前節で取り扱った『自坂東御教書之写』も吉弘家に所蔵されたもので、六郷山執行職もしくは権別当職に伝えられた文書群の写と考えられる。六郷山夷地見坪付注文案や年未詳の七月十一日の屋山学頭豪意書状写などには、吉弘家の奉行衆というべき斎藤・清田・舌間・野田・綾部・丸小野・諸田などの諸氏の六郷山領における活動の断片がみられる[39]。『年代記』によれば、永禄～天正年間にかけて両子山では大般若経の再興、本堂などの堂宇の再建が進められるが、これは吉弘氏の援助のもとで行われたと考えられる。実際、天正十四年（一五八六）の本堂建立は吉弘殿より手刀・布が寄進された。また、この時、この本堂建立の願主となった惣持院法印豪意は、屋山の学頭でもあり、中世以前の『年代記』を作成した人物であり、その墓は屋山寺（現長安寺）にある。このことからも、吉弘氏の時代、両子寺と屋山寺は一体的に寺の運営が行われていたといえる。

中世最後の当主吉弘統幸は、文禄二年（一五九三）大友家の没落後、慶長五年、主家再興のために、別府石垣原で黒田軍と戦い壮絶な戦死を遂げるが、彼が天正十五年正月二十日に認めた立願文には、「然而源統幸忝請叡岳座主之尊命、被補任當山權別当、成一山之法務、雖然今代者、隨國司命、改法體、局生弓馬家、任運於天道、投身於國家」とあり、叡山の座主の命で、権別当職について一山の法務を行ってきたが、国司すなわち大友家の命に随って法躰を改め、弓馬の家（武家）に生まれたものとして、運を天道に任せ、身を国家に投ずることにしたと述べている[40]。吉弘家は六郷山領を所領として支配するだけではなく、法躰として六郷山の頂点に立ち、六郷山の僧侶を組織し、それを軍事的に動員することもあったと考えられるのである。

3　両子山の堂舎とその歴史

最後に『年代記』から両子山の堂舎について整理してみることにしよう。両子山の建物の初見史料は先述したように貞永元年（一二三二）の宮蔵焼失の記事である。「宮蔵」という建物は不明であるが、「宮蔵」は神社の社殿を指す語と考えられ、奥の院の両子権現の堂を指す可能性が高い。奥ノ院の岩屋の建保三年の墨書が奥の院建立と関係があるとすれば、奥の院の建物の焼失という考え方もできる。

両子山では、鎌倉末期の嘉暦元年（一三二六）、大講堂が建てられた。すでに述べたように、単に「講堂」ではなく、「大講堂」と表現されたのは、六郷山における両子寺が中核寺院としての位置を確実にした反映であると考えられる。この時の大講堂は、天正十年（一五八二）の大水害で食堂とともに大破するまで二五六年間使用されたと考えられる。『年代記』の天正十年条の「二百五十七ニ成也」の記述は、この年が嘉暦元年（一三二六）から二六七年目に当たることを指していると思われるからである。この大講堂がいつ再建されたのかは不明であるが、天正十四年（一五八六）の本堂建立の記事が注目される。今日本堂は、不動堂（護摩堂）もしくは奥の院本堂を指しているが、この時の本堂は何を指すかはわからない。石居や柱立の様子からみると、奥ノ院ではないようである。あるいは、護摩堂または講堂かもしれない。

最後に両子寺の僧坊についてみてみよう。僧坊跡は、今日も仁王門から現在寺の間の参道に残る。両子寺所蔵の元文二年（一七三七）の記録によれば、当時両子寺には、権現堂・山王社・講堂（五間×五間）・食堂・護摩堂・惣持院客殿・庫裏・開山堂・門・露路門・惣門の建物の他に門前に中之坊・大万坊・安実坊・実相坊・財蓮坊・門之坊・自常坊・真光坊・南之坊・北之坊などの僧坊があった[41]。門之坊や大万坊は、『年代記』嘉暦元年（一三二六）条に「門ノ坊躰天（退転）仕ヲ大万坊澄尊ツヽキ同澄祐ニ譲□」とあり、鎌倉時代末には、その坊名が確認できる。

また、同記応安六年（一三七三）条では、「両子山惣坊躰天仕候ヲ千徳坊什玄相ツヽキ右之豪惣法印譲畢、」とあり、惣坊が退転し、千徳坊什玄がこれを継承し、豪惣法印に譲ったことが記されている。惣坊とは、両子山の諸坊の頂点に立つ僧坊と思われ、ここにはじめて千徳坊が登場する。この坊は、元文二年の記録には確認できない坊ではあるが、前節でも述べたように、六郷山の支配者として室町期以降君臨した吉弘氏の下、その目代（代官）として両子寺を総帥した坊であった。したがって、吉弘家が国東を去った後は、吉弘家に近い故に、その継続が難しく近世にはその姿を消したとも考えられる。

僧坊は、長い歴史のなかで、戦乱や火災で被害を受けたと考えられる。火災の記事として『年代記』で確認できるのは、永禄五年（一五六二）の焼失記事である。「両子山僧坊・同大般若経焼了」とあり、原因は明らかではないが、坊舎が焼失した。

九　六郷山横城山と奈多

宇佐氏の出身の能行聖人は、天長二年（八二五）から斉衡二年（八五五）まで三一年間にわたって六郷山に住み、修行を続けたが、「未だ人（仁）聞菩薩を拝せず、巡礼の次第を知らず」という状態にあった。そこで、津波戸の岩屋に籠もり、五体投地（最高の敬意を表す礼法）をし、六時（一昼夜六分していう語）に懺法をした。遂に二一日目に異香が室に満ちて、雷光が山に輝き、硯徳の僧侶（八幡大菩薩・人聞菩薩）が現れて「この山に修行するに、二つの路有り、後の山の岩屋より始めて、横の城に至るべし。又海路辺地を経巡るべきなり。わが昔の修行かくの如し」と告げた（『八幡宇佐宮御託宣集』）。

最初のルートの「後の山」とは、宇佐郡の出光の東にある山で国東郡と宇佐郡の境の山であり、六郷山の一つ後山岩屋があった。「横の城」は、横城山のことで、六郷山横城山（東光寺）という寺院があった。このルートは、行幸会の際に、廃棄する薦の枕や御装束などを宇佐から安岐郷へ運ぶ道と基本的に重なっている。

行幸会の奈多道は、峰を巡行する修行の道と異なり、里を通る道であったが、八幡神再生の道であった。厭魅事件で四国の伊豫国宇和峰に去った八幡神は、称徳女帝によって復権され、さらに、延暦二年（七八三）に小倉山に戻り、出家して八幡大菩薩として再生する。この再生の過程を祭礼としたのが行幸会と考えられる。とすれば、八幡大菩薩が峰巡行するのも仏教側の行幸会の性格をもっているといえないだろうか。

八幡大菩薩は衆生を救うため、焼身の修行に入り、正覚の道を求めて、国東の峰々へ入った。寺の側からこの修行する大菩薩を仁聞菩薩と呼んだ。二つの修行の道は、国東の山々をぐるりと巡るものと、菩薩として再生する起点となった奈多への道を撰んだのであろう。

横城山東光寺（杵築市）は、奈多海岸の裏の山塊に位置し、奈多宮と横城山は密接な関係にあった。現在、東光寺は、小さなお堂があるだけで、往時の寺の面影はない。一九九二年に、寺の裏山の真砂土採取の最中、そこから経筒が二口発見され、杵築市教育委員会に持ち込まれた。市教育委員会は、大分県文化課と協議の上、発掘を実施した。その結果、経塚の遺構と遺物が裏山の尾根沿いに多数検出され、表面採取のものをあわせると、一四口（陶製と銅製がある）の経筒が発見された。遺構は石室をもつ経塚が一〇か所、素堀で花崗岩の台座をもつものが二か所、経筒のほかに遺物として鏡が七面、合子が一点、出土した。[42]

この時期、大分県立宇佐風土記の丘歴史民俗資料館（現、大分県立歴史博物館）では、六郷山の調査を実施しており、六郷山寺院の伽藍配置と経塚の位置関係が問題となっていた。それまで、国東半島では、多くの経筒が出土していたと伝えられていたが、盗掘がほとんどであり、どのような位置に経筒が埋納されていたかは明確ではなかった。この調査の最初の段階では、六郷山寺院の伽藍の実測と経塚遺構の発見に力が注がれ、峰巡行の起点となった後山寺院の跡や辻小野山西明寺で経塚の石室や破片を発見した。[43]東光寺の経塚の発見は、同じ頃であり、六郷山寺院の経塚の実像を解明する手がかりとなるだけではなく、全国的にみてもこのように大量の経塚の発見は珍しいものであった。この結果、六郷山では、寺院伽藍の計画と一帯になって、寺院の奥の院の部分に経塚が営まれたことが明らかとなった。

六郷山は、宇佐神宮の神宮寺弥勒寺の僧侶の修行の場として開かれ、能行の伝承にあるように九世紀以降、峰々の奇岩・霊窟を廻る修行が行われたと考えられる。やがて、小さな岩屋は小さな寺院に発展し、仏像などが安置されるようになった。十一世紀の末から、十二世紀初頭にかけて、九州では、比叡山の僧侶の活動が盛んになる。国東半島でも天台僧が活動し、法華経を法式に則り書写し、埋経する経塚の作法をもち込んだ。六郷山では、奥の院に当たる六所権現の裏に経塚が営まれ、経塚は寺院の伽藍計画の一部、むしろ中心として機能したようである。

東光寺も十二世紀初頭には、経塚が営まれ、それとともに寺院の伽藍が整備されたと思われる。六郷山は、寺院ごとに住僧が坊舎に住み、一つの寺院には十数名の住僧が所属した。平安時代末の横城山の実像はみえないが、夷岩屋の例からみると、寺は住僧の衆議によって運営され、これら住僧は大衆として六郷山全体、すなわち満山のことを衆議によって決していた。しかし、鎌倉時代には、一つ一つの寺院には、院主という寺院を統括する僧侶が生まれ、横城山でも院主の存在が確認される。貞応二年（一二二三）十一月二日の大友能直譲状によれば、末子志賀能郷（仁王丸）に譲った所領のなかに「安岐郷横城山院主職」がある（安岐

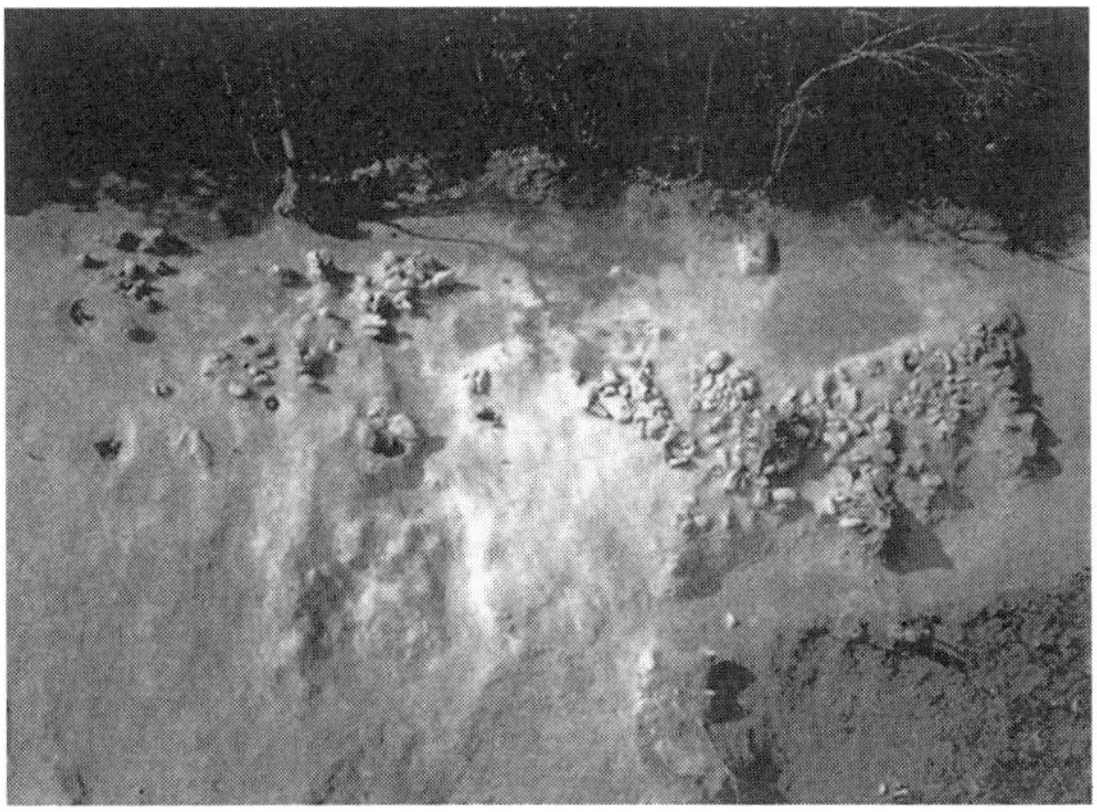

経塚の発掘

経筒

図38　東光寺の経塚と遺物（杵築市教育委員会）

郷一五）。この所領は、賀来荘の預所を勤めた備後法眼幸秀より譲られた七か所の所領に入っていたと思われるが、幸秀がなぜここの院主職をもっていたのかは不明である。

六郷山の場合、都甲荘のなかにある屋山寺は、院主は地頭都甲氏の一族から出しているように、その寺院がある周囲の在地領主と密接に関係していた。横城山の場合も、奈多宮と横城山は本来密接な関係をもっていたとみられ、奈多大宮司の一族（宇佐氏）が院主職をもっていて良さそうであるが、実際は、大神一族（大神良臣の子孫であり、宇佐の神官系統ではない）に関係すると思われる幸秀が院主職をもっており、その後は、志賀氏に渡される。鎌倉後期の六郷山の寺院注進状や建武四年の注文にも載せられるが、寺院としては、早くに衰退したようである。

注

（1）拙稿「神と仏と鬼の里を行く」（『豊後高田市史特論編　くにさきの世界』二章　一九九六年）。
（2）拙稿「権門としての八幡宮寺の成立―宇佐弥勒寺と石清水八幡宮の関係―」（十世紀研究会編『中世成立期の歴史像』東京堂出版　一九九三年）。
（3）拙稿「文書から見た六郷山の諸相―六郷山の成立―」（『六郷山寺院遺構確認調査報告書』大分県立宇佐風土記の丘歴史民俗資料館　一九九三年）。
（4）「払」については、拙稿「荘園村落遺跡調査と開発史―国東半島の荘園と成立―」（佐藤信・五味文彦編『土地と在地の世界をさぐる』山川出版社　一九九六年）を参照。
（5）同右。
（6）中野幡能『八幡信仰史の研究（増補版）下』（吉川弘文館　一九七五年）、同『六郷満山の史的研究』（藤井書店　一九六六年）など。
（7）拙稿前掲注（1）及び（3）論文を参照。

（8）同右。
（9）大分県立宇佐風土記の丘歴史民俗資料館企画展示図録「富貴寺」の海老澤衷分解説（同資料館発行　一九八六年）。
（10）栗田勝弘「六郷山の考古学的調査　大折山」（『六郷山寺院遺構確認調査報告書Ⅰ』（大分県立宇佐風土記の丘歴史民俗資料館　一九九三年）。
（11）栗田勝弘「六郷山の考古学的調査　高山」（『六郷山寺院遺構確認調査報告書Ⅰ』（大分県立宇佐風土記の丘歴史民俗資料館　一九九三年）。
（12）中野幡能『六郷山の史的研究—くにさきの仏教文化—』（藤井書房　一九六六年）、前掲拙稿注（2）論文。
（13）以上は、拙稿「都甲地域の環境と歴史（三）古代・中世」「中世の耕地と集落」（『豊後国都甲荘の調査　本編』大分県立宇佐風土記の丘歴史民俗資料館　一九九三年）、同「豊後国都甲荘」（『中世のムラ—景観は語りかける—』東京大学出版会　一九九五年）など参照。
（14）渡辺文雄「真木大堂とくにさきの仏たち」（『豊後高田市史特論編　くにさきの世界』一九九六年）。
（15）拙稿「権門としての八幡宮寺の成立—宇佐弥勒寺と石清水八幡宮の関係—」（十世紀研究会編『中世成立期の歴史像』東京堂出版　一九九三年）。
（16）渡辺文雄「熊野磨崖仏とくにさきの石仏」（『豊後高田市史特論編　くにさきの世界』一九九六年）。
（17）拙稿「豊後石仏造立の歴史的背景—中世成立期の豊後国の位置づけと関連して—」（『臼杵石仏』吉川弘文館　一九九五年）。
（18）真野和夫「六郷山寺院」（『豊後高田市史特論編　くにさきの世界』一九九六年）。
（19）以上の記述は大分県立宇佐風土記の丘歴史民俗資料館報告書第九『国東六郷山本山本寺知恩寺　発掘報告書』（一九九二年）および同右論文を参考とする。
（20）以上の項は、拙稿「都甲地域の環境と歴史（三）古代・中世」（『豊後国都甲荘の調査　本編』大分県立宇佐風土記の丘歴史民俗資料館　一九九三年）、同「豊後国都甲荘」（『中世のムラ—景観は語りかける—』東京大学出版会　一九九五年）、同「神と仏と鬼の里を行く」（『豊後高田市史特論編　くにさきの世界』一九九六年）など参照。
(21) 以上の記述は拙稿前掲、注（16）論文を参考とする。
(22) 国東半島荘園村落遺跡詳細分布調査概報『豊後国都甲荘　Ⅰ』に『六郷山年代記』の写真と全文の翻刻を掲載した。また、この記録を使用した研究としては、中野幡能「六郷山の歴史と信仰」（『国東仏教民俗文化財緊急調査報告』元興寺文化財研究所　一九八一年）などがあるが、年号、読みが間違っている部分がある。
(23) 島原松平文庫所蔵の「自坂東御教書之写」は網野善彦「豊後国六郷山に関する新史料」（『大分県立宇佐風土記の丘歴史民俗資料館　研究紀要』一九八九年　Ｖｏｌ．６）で紹介される。
(24) 『太宰管内志』下（渡辺澄夫編『豊後国荘園公領史料集成二』　別府大学附属図書館　一九八五年）。
(25) 『六郷山両子寺史』。
(26) 長安寺文書（渡辺澄夫編『豊後国荘園公領史料集成二』　別府大学附属図書館　一九八五年）。
(27) 網野前掲、注（22）論文。
(28) 同右、五頁。
(29) 同右、五頁。
(30) 同右、三頁。
(31) 拙稿「中世六郷山の組織の成立と展開」（『鎌倉遺文研究Ⅲ　鎌倉期社会と史料論』東京堂出版　二〇〇四年）。
(32) 永弘文書（渡辺澄夫編『豊後国荘園公領史料集成二』　別府大学附属図書館　一九八五年）。
(33) 長安寺文書（渡辺澄夫編『豊後国荘園公領史料集成二』　別府大学附属図書館　一九八五年）。
(34) 康安二年十月二十二日の九州探題斯波氏経御教書には、「北浦邊警固事、属六郷執行手、可致其沙汰」などとみえる（渡辺澄夫編『豊後国荘園公領史料集成二』　別府大学附属図書館　一九八五年）。
(35) 永享九年十二月十三日吉弘綱重安堵状「道脇寺文書」、永享九年七月十五日六郷山長岩屋住僧置文案「土谷文書」（『豊後国都甲荘の調査　資料編』大分県立宇佐風土記の丘歴史民俗資料館　一九九二年）。

(36)「吉弘氏系図」（渡辺澄夫編『豊後国荘園公領史料集成二』都甲荘四七八〜四八四頁　別府大学附属図書館　一九八五年）。
(37) 吉弘鎮整文書（『増補訂正編年大友史料23』）。
(38) 余瀬文書、『太宰管内志』下所収弥山文書（渡辺澄夫編『豊後国荘園公領史料集成二』香々地荘・都甲荘　別府大学附属図書館　一九八五年）。
(39)『六郷山両子寺史』『増補訂正編年大友史料16』。
(40) 天正十五年正月二十日付源（吉弘）統幸立願文（渡辺澄夫編『豊後国荘園公領史料集成二』都甲荘　別府大学附属図書館　一九八五年）。
(41)『大分県文化財報告書第38集』所収。
(42) 吉田和彦・永田裕久編『東光寺経塚発掘調査報告書1』（杵築市教育委員会　二〇〇九年）、同編『第三〇回企画展　14本にこめられたひとのおもい、未来へのねがい、東光寺経塚とその周辺』きつき城下町資料館、吉田和彦「大分県杵築市所在東光寺経塚に関する覚書」（『古文化談叢』第65集（4）二〇一一年）。
(43) 辻小野山西明寺の経塚については、二〇一三年度に大分県立歴史博物館によって調査が行なわれ、多数の経塚遺構が確認された。

第六章　都甲谷の六郷山寺院の実像―荘園村落遺跡調査の成果―

はじめに

都甲と呼ばれる地域は、豊後高田市西都甲地区と東都甲地域をあわせた地域である。ここにはかつて、宇佐宮の神宮寺弥勒寺の荘園都甲荘園があった。成立当初の荘園は、都甲谷の入口部の条里地割が存在した西都甲地区を中心とした領域であり、奥の山間地への開発は十分に進んでいなかった。十一世紀までは、弥勒寺の僧侶らの行場などと利用されていた長岩屋川、加礼川の流域の谷、その中央にそびえる屋山には、十二世紀に入ると、屋山寺、長岩屋、加礼川などの天台六郷山寺院が形成された。本章は、一九八七～一九九三年にわたり、大分県立宇佐風土記の丘歴史民俗資料館（現大分県立歴史博物館）がこの都甲地区で実施した「国東半島荘園村落遺跡詳細分布調査」の成果のうち、筆者が担当した都甲地区の六郷山に関する復原的調査の部分を整理、再収録したものである。

一　都甲谷の六郷山領の歴史

1　屋山寺の六郷山領

十二世紀の初頭に成立した天台無動寺領六郷山は、三山の形式をもつ大規模な寺院集団であった。その最高の機関は、満山大衆の衆議であり、十二世紀の六郷山はこの満山大衆衆議が中心となり運営されたが、早くから惣山と呼ばれる中心寺院も形成された。惣山の名は、安貞二年（一二二八）に作成された六郷山の目録に「惣山屋山」とあるだけであるが、惣山の制度が実質的に機能していたのは十二世紀の段階と推定される。屋山寺（現豊後高田市長安寺）は、十二世紀の前半から六郷山のなかで特別な位置を占めていた。

まず、大治五年（一一三〇）に作られた太郎天童像（図39）は、天台僧円尋の主導の下に、豊前講師らが協力し、屋山の僧侶経舜や宇佐八幡宮の御前検校などの多くの宇佐・国東の僧侶・俗人ら結集によるものであり（渡辺澄夫編『豊後国荘園公領史料集成二』都甲荘史料三、以下、都甲荘三と略す。）、都甲谷周辺の人々を越える宇佐宮や豊前講師などの広範な人々が関わっている点で、屋山の特別な位置を推測させる。

次に、屋山出土の銅板法華経とその経筥である（都甲荘四）。この経筥は、経塚に埋められたいわゆる経筒である。同一種類のものが、六郷山屋山と求菩提山と彦山という天台修験の山に埋められたことが知られており、この三つはすべて宇佐宮の御馬所検校の紀重永の手によって作られた。これは宇佐宮とこれら三山の密接な関係をよく示しているると同時に、六郷山では屋山にこの銅板法華経の経筥が埋められたということは、六郷山内における屋山の位置付けを端的に示しているのである。

さらに、久安六年（一一五〇）に屋山では、大梵鐘が造られた。大きさは、竜頭を加え、五尺三寸（一六五センチ）、和銅五三〇〇両を使用し、太郎天童の胎内銘にその名がみえる経舜が大勧進を務めている。この鐘は久寿二年（一一五五）に改鋳され、二〇〇五両の和銅が加えられ、惣山にふさわしい二メートルを越える大梵鐘となった[1]（『六郷山年代記』）。中野幡能氏は、平安時代末まで、惣山の地位にあったのは高山寺（豊後高田市西叡山高山寺）であり、屋山寺が惣山となったのは鎌倉時代であるとしているが[2]、氏の高山＝惣山説は、「西叡山」の山号や山麓の内小野の観音像（十世紀代のものといわれる）などによるもので確たる根拠はない。十一世紀以前の原始六郷山段階はいざ知らず、少なくとも十二世紀の天台六郷山成立の段階には、屋山寺がその中核寺院であった。ところが、治承・寿永の内乱の過程で、屋山は大変な打撃を受ける。その再建に着手したのが都甲荘地頭都甲氏の出身である応仁であった。応仁は屋山寺院主に就任すると、屋山の南の谷、加礼川の水田開発を手がけ、そこに屋山寺の法会を支える免田を設定した。応仁の再興は「打札之文」と呼ばれる置文に記され、応仁は屋山中興の祖と記憶された。

　さて、南北朝時代に入ると、再建された六郷山は再び危機に瀕する。六郷山の僧侶たちも執行が自ら兵を率いて戦い、先の加礼河氏の例にみられるようにその渦中に否応無く巻き込まれていった。屋山では貞治四年（一三六五）十月十四日に七堂が焼失し、行事・儀式なども転退したが、内乱の終息とともに再び復興の機運が高まった。永徳二年（一三八二）に屋山では修正会と鬼会が再興され、山王社が勧請された（『六郷山年代記』）。また、この年、応仁の置文を踏襲した屋山寺供料免田注文が作成され、加礼川にある屋山の免田の再建がはかられた。これらは、一連の屋山寺復興の事業であった。一方、長岩屋でも、屋山に少し遅れ、応永二十五年に（一四一八）に山内の屋敷注文が作成され、住民の規範や公事や夏供米

図39　太郎天像（長安寺所蔵）

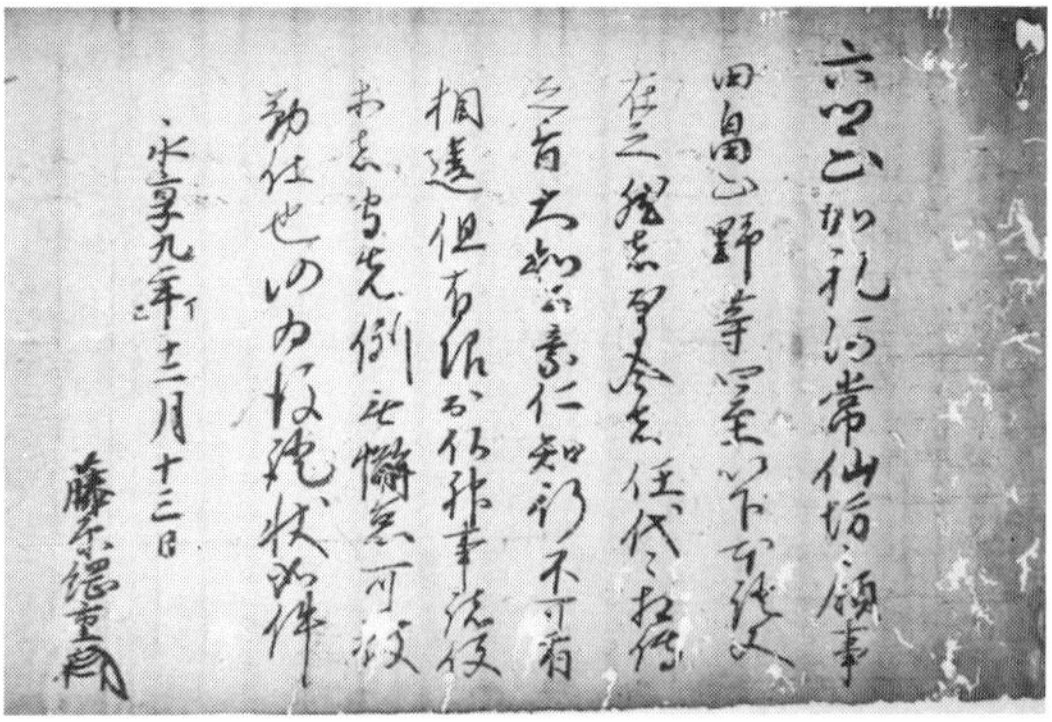

図40　吉弘綱重安堵状（道脇寺文書、大分県立歴史博物館寄託、提供）

に関する規定が定められた（都甲荘補九）。これも再建への一環であった。このように南北朝末から室町時代の初頭は六郷山領の画期であった。

2　吉弘氏の入部と室町・戦国時代の都甲地域

永享七〜八年（一四三五〜三六）の姫岳合戦を境に、都甲荘の支配に大きな転機が訪れる。永享九年（一四三七）七月十五日に長岩屋では、夏供米再興が安居の住僧らによってはかられ、その再興のための注進状の奥書に「夏供米中絶之畠再興之至、最目出可然候、今存知訖、不可有相違者也」と安堵の文言が吉弘石見守綱重によって記される（補九）。また、同年の十二月十三日には、加礼川の中心的坊である常仙（泉）坊の坊領を大和公豪仁が知行することが同じく吉弘綱重によって認められる（図40）。この二つの事実は、大友氏の一族田原氏の分流吉弘氏が都甲谷の六郷山領に支配権を確立したことを示している。

吉弘氏は、南北朝時代に大友惣領家の下で頭角を現し、室町初期の大友惣領家の分裂のなかを巧みに生き抜いた。大友持直は、永享三年（一四四一）に九州の覇権を争い大内盛見を博多に敗死させたが、翌年に守護職を幕府に没収され、従兄弟大友親綱が補任された。これに不満をもった大友持直は幕府の命に従わず、幕府は大内家の家督を継いだ大内持世に命じて、持直を討たせ、これを敗走させたが、永享七年（一四三五）ころ持直は体勢を立て直し、豊後国衆の多くを味方に付け南部の姫岳に籠もったものの、翌年敗北した[3]。このとき、吉弘氏は大友親綱方に付き、国東地域に新たに所領を得た。加礼川や長岩屋の支配権はこの時に確立されたとみられる。

さらに、都甲荘松行名でも、大友持直方に付いた都甲丹波守らの所領が没収され、吉弘氏に与えられたようである。都甲谷の大字松行にある金宗院と呼ばれる寺は、吉弘氏の菩提寺であり、十五世紀の後半には成立している。恐らく、都甲地域の六郷山領の支配権を確立すると同時に、松行にも所領を与えられ、ここに館を構えたと推定されるが、惣領家がこの段階から居住したかは明らかではない。しかし、これ以後、都甲谷は吉弘氏の重要な本拠地となったことは確実であり、吉弘氏は条里地区を中心とする都甲荘と六郷山領を統一的に支配するようになると、都甲の称が六郷山領まで広がっていったのである。

さて、十五世紀の後半から十六世紀はじめまでの吉弘氏の活動は不明点が多いが、十一代氏直あたりから活動がみえはじめる。氏直は天文三年（一五三四）の大内氏と大友氏が対決した山香の勢場ケ原の戦いで大友軍の将として壮絶な戦死を遂げた。その父の親信も含め、統幸まで五代の吉弘家の当主のうち四人までが大友氏の重臣としてすべて戦死という勇猛で馳せた家柄であった。戦国末期には、松行を中心に都甲地域各所に一族や家臣を配し、屋山寺の上には詰め城である屋山城を築いたが、その支配は東国東の安岐郷一帯と西国東郡の山間部を中心とする一帯に及び、都甲谷の六郷山領はもちろん千灯寺・両子寺・夷岩屋など地域も支配下にあったようである（4）。

例えば、夷山例進料足等勘定状によれば、夷山の天文二十四年（一五五五）から永禄三年（一五六〇）まで例進（税）は、臼杵（大友氏）と都甲（吉弘氏）に進納された（香々地荘一六二）。天文二十四年（一五五五）といえば、十二代鑑理の時代であり、夷谷の長小野の大力氏の一族には「大力弥介理持」のように鑑理の一字「理」をもらったと思われる人物がいる（香々地荘一六五）。都甲谷の大力地区でも、持地庵というお堂があり、そこには大力兵部なる人物の位牌があり、その堂裏には天正六年（一五七八）十一月の日向耳川の戦いで戦死した人物の墓碑（板碑）がある。この大力も夷谷の大力氏の一族と思われ、同庵が吉弘氏の菩提寺金宗院の下寺であったことからみて、同氏の被官であったと推測される。また、博多櫛田神社の梵鐘の銘文に「天正五年丁丑年十一月吉日、豊後国北浦部国東郡都甲庄、領家住人綾部玄番允藤原理昌」とある綾部理昌もその名から鑑理の一字名を与えられた被官と推測される（都甲荘補二四）。このように少なくとも十二代鑑理から都甲谷の周辺部の土豪の被官化を進めていったようである。

さらに、吉弘鎮信（宗鳳・宗仭）には、六郷山権別当の地位に就き、その子息統幸（統運）も同じく権別当となり法体で過ごしたという。六郷山を中心とする支配権を正当化した。元亀から天正にかけて行われた両子寺の堂宇の再建は吉弘氏が大旦那となり行われているし（『六郷山年代記』）、戦国末に戦火で焼けた千灯寺の再建も吉弘氏の手によるという伝承もある。

鎮信は天正六年（一五七八）十一月十二日に日向耳川で戦死する。その七回忌の供養塔である宝篋印塔は屋山寺（長安寺）の境内にあり、その位牌は加礼川の谷の奥一畑の梅遊寺にある。そこには「円寂　高岩宗仭庵主　覚霊」（表）「天正六年戊寅霜月十二月日　於日州戦死」とあり、都甲谷はまちがいなくその本拠地であった。都甲谷には、天正六年十一月十二日に戦死した人々の板碑や位牌は、大力の持地庵裏の板碑、梅遊寺の位牌（宗仭のほかにもう一基）、金宗院の位牌（現在妙覚寺管理）など多い。吉弘氏とともに従軍した家臣が多く戦死したのであろう。

鎮信の子息統幸は、天正十六年（一五八八）に伊勢に参宮しているが、その参宮帳には、「都甲之庄松幸之村」の人とされ、御供衆として都甲九郎左衛門尉・上野勘右衛門・綾部平左衛門・野田玄番允・諸田三郎右衛門・室甚右衛門など、都甲谷や伊美・香々地や安岐方面の地を名字とする人々がおり（『都』一六二）、他の史料から推測した吉弘氏の勢力範囲とほぼ一致している。都甲の松行には、吉弘氏の菩提寺金宗院があり、先年盗難に遭うまで、境内に吉弘統幸の供養の宝篋印塔があった。

天正八年（一五八〇）、大友家は国東田原氏の惣領家の攻撃を開始した。安岐城を落とし、田原氏を称した大友義統の弟親家は、田原氏の最後の拠点となった来縄郷の鞍懸城を取り囲んだ。この戦いでは、近接地の城として吉弘氏の屋山城が大友方の重要拠点となった。しかし、当時、大友家の家運はすでに傾き、天正八年（一五八〇）には多くの家臣団が離反状態になった。終に天正十四年（一五八六）には薩摩の豊後侵攻を許し、翌年には豊臣秀吉に援助を依頼し、その軍門に降った。ここに戦国大名としての大友氏の歴史は閉じられ、都甲谷の中世も終焉を迎えた。

その後、文禄二年（一五九三）に大友義統が朝鮮出兵の失敗で領国を没収されると、吉弘統幸は柳川の領主となっていた一族立花氏に抱えられたが、関ヶ原の直前に大友義統が領国奪回を目指して豊後に侵攻すると、それに加わり速見郡石垣原の戦いで戦死した。一族のなかには、都甲の屋山城に籠るものがあり、黒田軍によって掃討されたという。

二　加礼川地区の共同体と水田開発

1　屋山寺と加礼河山の関係

前節で述べたように、加礼河は、六郷山の一つの寺院であると同時に、鎌倉初期の六郷山の惣山屋山寺（現長安寺）の院主応仁の開発になる所領として「屋山寺払加例河」と呼ばれていた。

寛元二年（一二四四）のものと推定される屋山寺院主応仁置文案によれば、加礼河の水田は、屋山寺の講堂・権現・持仏堂や虚空蔵岩屋（現加礼川新田）の仏神事、あるいは屋山の祭会の催行のための役田に充てられると同時に屋山寺の住僧らにその得分が配分されていたようで、料免田の書き上げの下に「鏡厳分」「禅慶分」「静増分」「奇慶分」「禅朝分」「快円法橋分」「財智分」「西乗分」などと記されている。「快円法橋」は六郷山執行で応仁の跡を継いだ院主であった。他の僧たちは屋山や加礼河に坊を構えた住僧たちと考えられる（都甲荘補三・四）。

永徳二年（一三八九）の屋山寺供料免田注文案（都甲荘補八）も、同様に屋山寺の仏神事のための料免田を書き上げているが、この段階に加礼河には、峯坊・常泉坊・西坊の三坊の名が登場し、坊には坊田が付属していた。永徳二年の注文には、坊分の田のほか院主分があるが、まったくそのような記載のない田も多く、すべてが配分されていた応仁の置文とは異なっている。しかし、応仁の段階にあったものが、この段階でなくなるとは考えがたいので、おそらくこの注文が加礼河の坊を主に書かれたものであったため、山上の屋山寺付近の坊分の免田についての記載は省略されたと考えるべきであろう。

それでは、なぜこの注文は、加礼河を中心に書かれたのであろうか。加礼河は屋山寺の払（開発所領）であり、文明年間ごろまでの「道脇寺文書」には「屋山払加礼河」とみえる。また一方では、建武四年（一三三七）の六郷山本中末寺次第并四至等注文案には、加礼河が六郷山の中山本寺の一つとして屋山寺と独立した六郷山の寺として登場し（都甲荘七九）、永享九年（一四三七）十二月十三日の吉弘綱重安堵状には単に「六郷山加礼河」とみえのである（都甲荘補一〇）。永徳二年の注文は、後者の加礼河の立場から記載されたと思われる。おそらく加礼河は、南北朝期になってから、次第に一つの寺として認定されるようになったが、屋山寺払という性格を最後まで脱却することができなかったのである。

また、伝承によれば、長安寺には仏持院・宝持院・学頭坊・本坊・両子坊・千蔵坊・奥ノ坊・谷ノ坊・北ノ坊　中ノ坊・下ノ坊・峯ノ坊・猪窟坊など二院十一坊があったという(5)。このうち中ノ坊までは山上の長安寺付近の坊であり、現在も地名として両子坊・千蔵坊・奥ノ坊・谷ノ坊・北ノ坊・中ノ坊のほか引寺などが残っている。下ノ坊以下は、いわゆる加礼河の坊である。このような伝承でも、かなり後まで加礼河が屋山寺の一部と認識されていたことを裏付けている。

2　加礼川の坊と集落

応仁の置文、永徳二年の注文、伝承などによれば、六郷山加礼河には常泉坊・峯坊・西坊・下坊・猪窟坊の外、虚空蔵石屋と呼ばれる岩屋が存在した。今日の加礼川の谷の集落の発生を考える上で、これらの坊は集落の先駆形態として位置付けられる。すなわち、常泉坊は平原の道脇寺のことで、平原坊とも呼ばれ、平原の集落と深い関係がある。峯坊は現在も峯の集落に小堂が残る。西坊は遺称地がない。下坊は中村の集落に下の坊の屋号をもつ家があり、かつてはお堂もあったという。猪窟坊は佐屋の元の集落の中央に「いのくぼう」の屋号をもつ家に比定される。また、虚空蔵石屋は、新田の集落の奥にある三島社（虚空蔵さん）に比定される（以上図41参照）。ほぼ現在の佐屋の元より上の加礼川の右岸の小集落に対応して坊や岩屋が存在したことが確かめられる。

しかし、永徳二年の注文でわかるようにこれらの坊がすべて同時に存在していたわけではなく、はじめは常泉坊・峯坊・西坊、虚空蔵石屋からはじまって、下坊・猪窟坊はのちに成立したようである。文明年間の加礼河常泉坊領山野等四至注文には、つぎのように常泉坊山野の四至がみえる（都甲荘補一三・一四）。

豊後國六郷山屋山拂加禮河常泉防〔坊〕ゝ領山野四至堺事、
ひかしハかう石を堺石よりひかしハふんへの内、にしハ常泉防〔坊〕内□山の□まちほりかわりふけ有、南ハしんかいミ□〔そ〕を限、□□の事こんかう童子あふミ畠の上石垣を限、常泉防〔坊〕□〔う〕ち也、かうこ石尾の右はし《かきり》□
さうの尾を限、きつねこえ山□□しり尾をかきり上ハ二王をハくし□□なる石のうえめうと石をかきり、
□〔東カ〕□□上たつ石を□きり、□ハ赤土か□道□也、□さかいかうこ石□
□下ハ谷□□□しんはん□、石かきり□西ハ□之内二王の□石
□をかきり、
文明□〔年〕□月十□日　□

東の境の「こう石」は不明であるが、「ふんへ」は現在の中平（中村・平原）の西にあった中山家一軒の屋号で県道の上を「上フンベ」その下を「下フンベ」といったという。「山の口まちほり」は図41に示したように新海イゼの

溝ぞいの狭い水田の呼称、「南ハしんかいミそをかぎり」とあるので、溝沿いの「まちぼり」（隠田）を含み、新海（開）イゼの溝が南の境になっていたことがわかる。次の「こんこう童子あふミ畠の上石垣」は佐屋の元の集落の西に長安寺にあがる屋山道があるが、その登り口に「コンゴウドウ様」（金剛童子）と呼ばれる石の堂があり、そこから一〇〇メートル上ほどに「アブミ畠」と呼ばれる畠が残っている。「こうこ石」はそこから少し登った道の右手に「コウゴ石」と呼ばれるところがあり、大きな石があるという。さらに「さうの尾」は不明であるが、「きつねこえ山」は、「コウゴ石」の上の「キツネゴウヤ」、「二王」は屋山道が分岐する字仁王に比定される。西側は佐屋の元からの屋山道沿いに境があったことがわかる。次の「なる石」は現在の字鳴石のことで、「めうと石」は鳴石から分岐して峯や新田方面へ向かう横道沿いに「メョウト石」という石に比定される。鳴石と「めうと石」に境界があるとすれば、屋山道の一つである横道が北の境界になっていたと考えられる。次に東であるが、「立石」の地名がみえるが、今のところ遺称地は発見できない。また、ここから先は文書の欠損が激しくよくわからないが、東は峯坊と境界を接していることはまちがいないので、「メョウト石」から桜の谷を平原に下る道沿いが境となった可能性が高い。

以上、地名との照合から推定すると、常泉坊の山野四至は南は新海イゼの溝を境に、西は佐屋の元からの屋山道、北は仁王から鳴石を通って峯方面へ向かう横道、東は桜の谷の東を通り平原に降りる道が境界になっていたとみられ、常泉坊の山野は図41に示した範囲に推定される。また、年未詳の僧豪仁譲状でも、常泉坊の屋敷として佐屋の元の「金剛童子屋敷」が含まれている。

したがって、その坊内には、現在の集落としては、佐屋の元と平原と中村の一部が含まれ、さらにその後背地の山が入っていたようである。このように常泉坊の範囲を推定すると、佐屋の元の猪窟坊・中村の下坊は、常泉坊から室町後期から近世のある時期に独立したものと推定される。

次に峯坊の範囲を書いたものはないが、新田に虚空蔵石屋があることから、現在の峯の集落の範囲とさほど隔たり

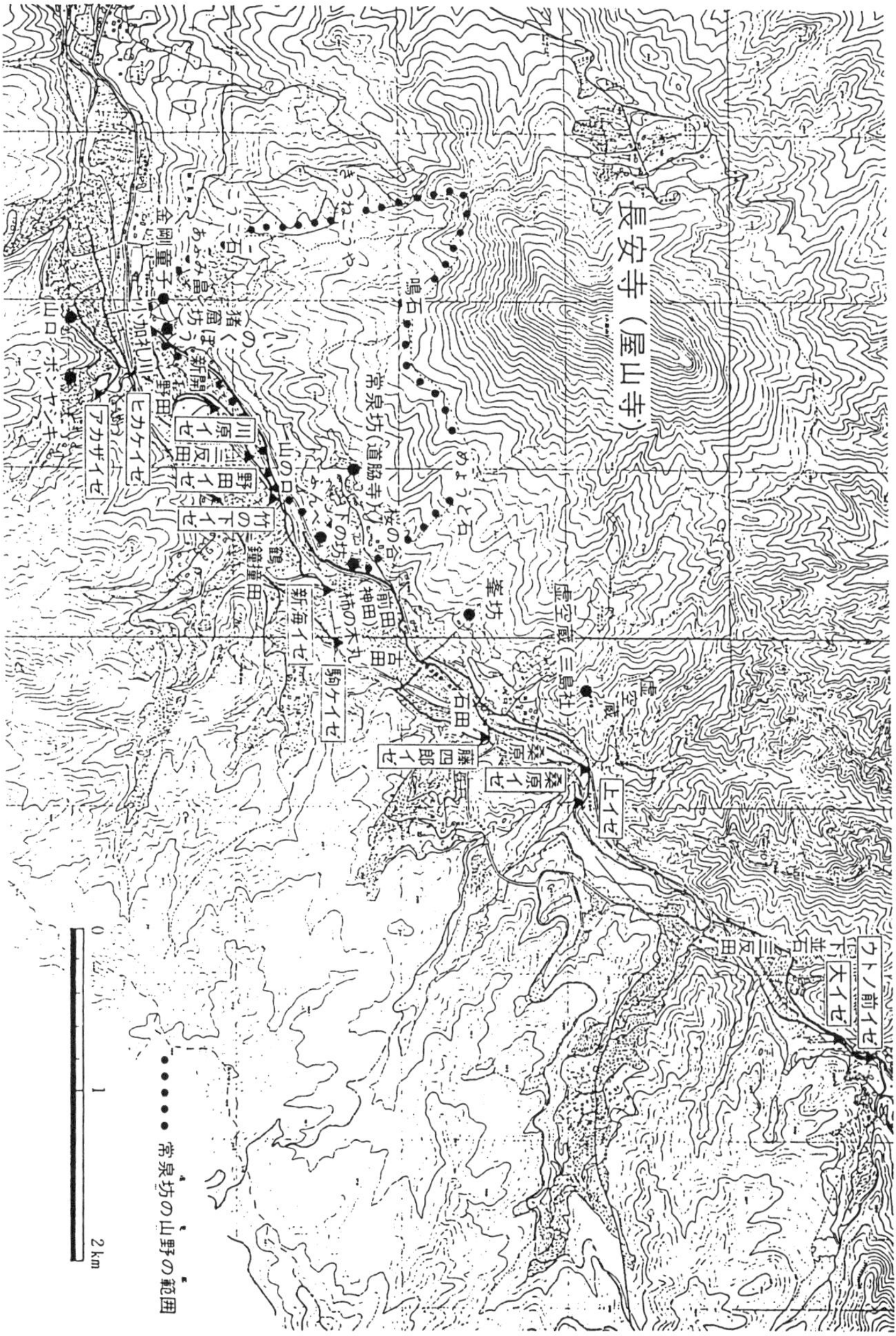
長安寺（屋山寺）
常泉坊（道脇寺）
虚空蔵（三島社）
峯坊
上イセ
桑原イセ
藤四郎イセ
駒ケイセ
野田イセ
川原イセ
竹の下イセ
ヒカケイセ
アカザイセ
加礼川
金剛童子
大イセ
ウトノ前イセ
常泉坊の山野の範囲
0
1
2km

図41　加礼川詳細図

はないと考えられる。現在の峯の集落の上に峯念坊と呼ばれる堂があり、かつてはその周辺に七・八軒ほどの家があったといわれ、明治二十一年作成の字図の段階でも、堂の周辺に四区画ほどの屋敷地が確認され、かつては堂を中心に坊集落が形成されていたようである。したがって、現況からみて、峯坊の屋敷・山野は、西は常泉坊に接し、北は鳴石から来る横道が境となり、南は、不明であるが、桑原イゼの溝（現在の県道）が境となったと思われ、東は新田にあった虚空蔵石屋と接していたのであろう。

虚空蔵石屋は坊ではないので、領域をもったかはわからないが、新田の集落と深い関わりがあったことはまちがいない。近世初頭の目録と思われる六郷山定額院主目録（『太宰管内志』）には「加礼川山万福寺」という寺がみえるが、この寺も新田にあったという。虚空蔵石屋との関係はわからないが、新田は六郷山の岩屋・寺院を集落の出発にしていると考えられる。現在、虚空蔵石屋の場所は、三島社の境内地となり、本尊虚空蔵菩薩は、三島社の御神体と一緒に祠られている。三島社は、新田の河野氏の氏神であると同時に村の鎮守である。河野氏は近世の加礼川村の庄屋で、田染の大庄屋河野氏の一族といわれる。田染の河野氏は『河野家年代記』によれば、慶長五年（一六〇〇）に大庄屋に任じられており、戦国末期～近世初頭の混乱期に田染盆地に進出したといわれる。新田の河野氏もこれからまもない時期にこの地に進入し、かつての六郷山の岩屋虚空蔵石屋の場所に氏神を祠ったため、現在のような神社のなかに仏像が安置されるようになったと考えられる。

最後に、西坊であるが、その名前からすると、加礼川の西にあったようである。加礼川の谷の坊田は基本的にその坊に近いところに比定されており、西坊の坊田には加礼川の西の端の佐屋の元の小加礼川に比定されるものがあるので、西側にあることはほぼまちがいない。しかし、屋山山麓の加礼川右岸には、常泉坊領があり、西坊が存在する余地がない。また、建武四年の六郷山注文には、加礼河山の土地は川の南側にもあったと推定できる。この二つの事実から佐屋の元の対岸、大字梅の木の庵の迫付近の可能性があると思われる。

図44　中野家の中世墓

図42　山口の中野家「蘇民将来」の木札

図45　ヒカケイゼの水管

図43　長安寺の和尚が「蘇民将来」の札を書く

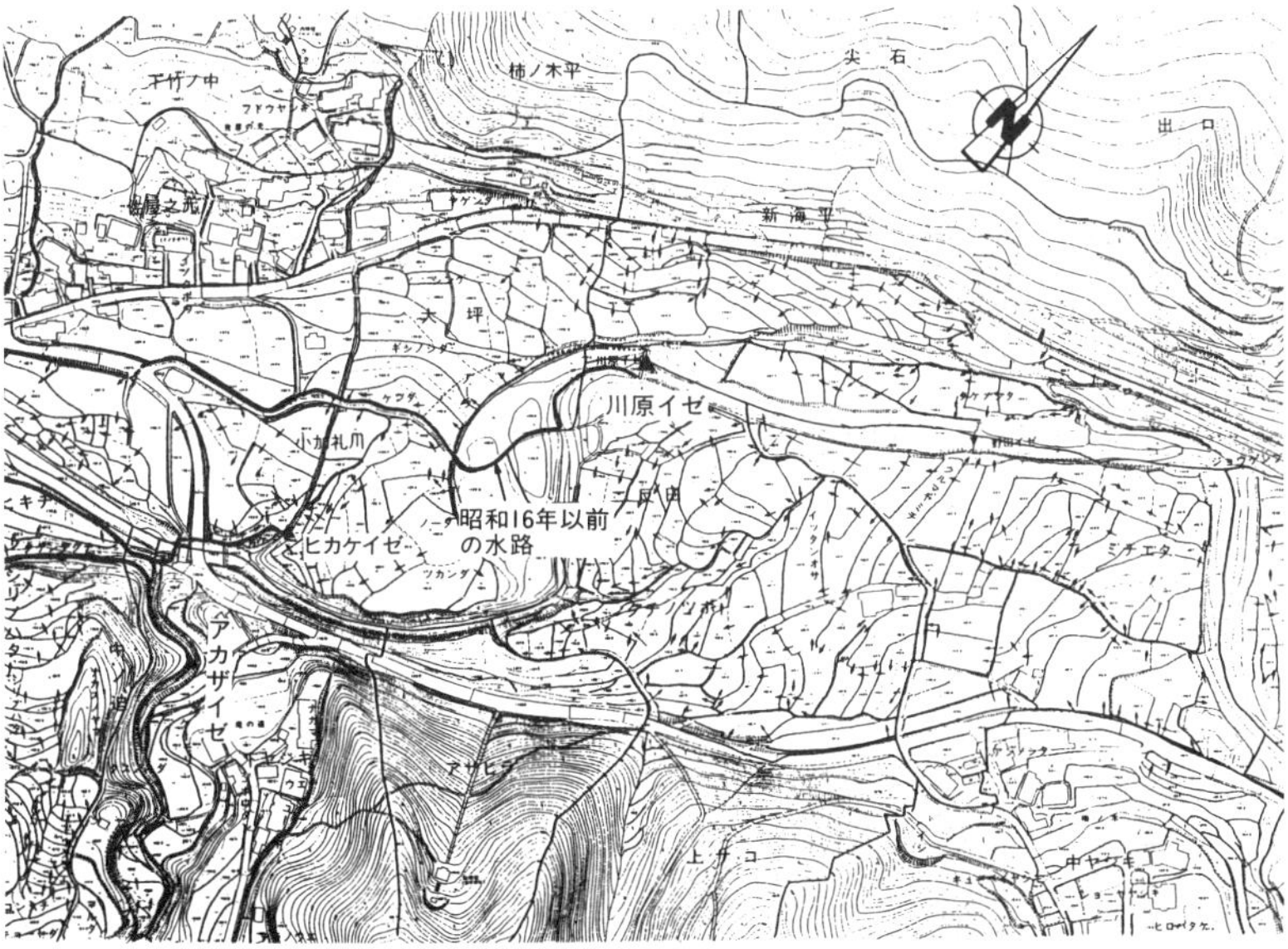

図46　小加礼川付近の詳細図（図42–46：大分県立歴史博物館寄託、提供）

庵の迫の中央のなかの島には、正中二年の墨書銘をもつ連碑、現集落から朝平神社へ上る入り口の脇には、鎌倉末から南北朝のものを含む五輪塔・板碑、集落から谷を挟んだ向かいの畠には、「ボンヤシキ」「ヤゴロウ」の地名があり、「ヤゴロウ」という畠の畑には南北朝以前にさかのぼれる大形の板碑が倒れている。

また、谷中央のお堂には、室町後半の薬師如来やかなり古い焼け仏などがあり、毎年正月十四日には、長安寺の和尚の読経が行われるという。この庵の迫の集落は、全戸浄土真宗の門徒で、天台の長安寺の檀家ではなく、何か古くからの伝統行事を踏襲したものであろうか。さらに、この読経は隣の山口（中野家二軒の屋号）と関係している。長安寺の和尚は、正月十四日の早朝、今は車で来るが、昔は佐屋の元に下る屋山道を使って、山口の家を訪れ、そこで二本の木に「蘇民将来子孫繁昌門也」と記し（図43）、この家の裏の墓に詣で、その後、その二本の木をもって庵の迫のお堂に向かうのである。庵の迫では、村の人が読経を聴講し、和尚はその二本の木をお堂に置いて帰る。その後、山口の中野家のおばあさんがそれを取りに来て家の門に立てるのだという（図42）。

山口に伝わる伝説によると、昔、長安寺から小坊主が屋山道を降りて山口にやってくる途中、仁王が鼻というところからもっていた松火を投げたところ、山口まで飛んできてお堂が焼け、なかの仏が火の玉となって庵の迫の「ボンヤシキ」に飛んだという。それが今のお堂に安置されている焼け仏だという。今は、山口は隣のゆずりはの部落に属しているが、かつては長安寺と関わってこの二つの所は密接な関係があったことが推測される。また、山口の家には「ドウヤシキ」という場所があり、かつては地蔵が祠られていたようである。その堂跡の横の井戸は屋山城主が産湯に使ったといわれ、屋敷の裏の墓（図44）は、方形に石を積み上げた上に国東塔や五輪塔を建てたもので、道脇寺や峯坊の坊の墓と同型のものである。

また、水利の面でも、この山口と対岸の佐屋の元の関係は深い。山口の前の水田はアカザイゼとヒカケイゼとシンゲイゼによって潤される（図46）。その内、ヒカケイゼは、対岸の佐屋の元の谷川にヒカケイゼと呼ばれる小さな堰があり、そこから都甲川の水管（昔は松を刳り貫いた掛樋）を渡し（図45）、庵の迫の集落の下の谷の入口でこの谷の水とヒカケイゼの水を併せて、山口の下の水田に掛かかるようになっている（図44）。江戸時代、佐屋の元は加礼川村であり、山口は、梅の木村であり、村が異なる。このように異なる村に水を提供する場合、水代を米などで支払うことが多く、この都甲谷でも、加礼川の下鶴の水田は、対岸から「ギョクマイ」という水をもらっていたし、松行地区は新城地区から掛樋で水をもらい、米をその代として渡していた。しかし、ここでは、近代に至るまで、佐屋の元に対して米などを払うことはなかったという。

ヒカケイゼは永徳二年（一三八二）の屋山寺供料免田注文に院主分の田として佐屋の元付近の田がみられ、そのなかに「ひかけ、はん（半）」の記載があり、すでに南北朝時代には、その存在が確かめられる（都甲荘補八）。また、鎌倉初期の応仁置文には「樋上新開尻依」と「新開尻依」という水田名がみられるが、「新開尻依」とは新海イゼがかりの水が届く最後の水田を指すと考えられ、現在の加礼川字大坪の付近に比定される。「樋上新開尻依」は大坪の付近にあったと思われ、「樋上」の「樋」とは「ヒカケ」イゼのことを指す可能性がある。このヒカケイゼの存在は、中世以来の佐屋の元（加礼川）と山口の深い関係を見事に示している。

以上の事実から、山口を含む庵の迫一帯は、今日に至るまで長安寺や加礼川地区と深い関係にあり、その歴史的な環境は西坊のあった場所にふさわしいと結論づけられる。

さて、加礼河の常泉坊・峯坊・西坊・虚空蔵石屋について検討してみたが、この結果から次のようなことがいえる。まず、中世加礼河は屋山寺院主応仁によって鎌倉初期に開発され、屋山寺の払（所領）となり、土地は、応仁の子孫・弟子たちの営む坊に分割された。加礼河には、南北朝期末までに常泉坊・峯坊・西坊や虚空蔵石屋が営まれ、常泉坊の例からみると、その山野などは、現在の佐屋の元・中平（平原・中村）を含んでおり、坊が現在の小集落の形成の出発になったことが明らかである。さらに中世末〜近世初頭ごろ、新たに新坊（下坊・猪窟坊）が自立して、これが佐屋の元や中村の小集落を形成した。虚空蔵石屋から成立した新田などは、近世の初頭に河野一族が進出し、近世村の庄屋となる。近世村の加礼川は、屋山と加礼川を併せて成立するが、川の向こう側にあった分は近世村梅木村に編入されたと考えられる。

3　加礼河の開発と水田・畠の在り方について

六郷山は、十二世紀初頭に寺院の形態を整えはじめ、それに伴って国東半島部の中央の山岳地帯の開発が本格化する。水田開発もそのころからはじまるとみられるが、それまでは、香々地の夷谷のように、「本は大魔所にして、大小樹木林が繁り、人跡絶えざるところなり」という状況であった。それが「始めて件の石屋に罷籠もるの間、時々微力を励まして、在る所の樹木を切り掃い、石・木根を堀却し、田畠を開発するの後、今日にいたるまで、全く他に妨げなく、耕作し来るところなり」という状況になってくる（香々地荘三）[6]。加礼川の谷でも、十二世紀前半の屋山寺（現長安寺）の伽藍整備にともなって田畠の開発が進んだと思われるが、当初の開発は、天水・湧水を使用した緩斜面の谷水田開発や古田や竹の内にみられる川に面した低い平坦面での河川灌漑開発が先行したと推定される[7]。

平安時代の終わり、緒方惟栄の焼討で一二年ほど退転した屋山寺は、鎌倉時代に入り、都甲荘地頭都甲氏の出身である僧応仁によって再興された。応仁の再興の内容は、「応仁の打札の文」という置文に集約されるが、建物からその荘厳の再興、儀式・行事の再興、その免田の整備開発に及んだ。応仁の記したこの置文にも、夷石屋の開発文書に記された「大魔所」と同様に「当山は、元は天魔の楼の内として、人民通り難し」とあり、その後で、応仁の再興によって田畠も開かれたことが誇らしげに謳われている（都甲荘補三）。

それでは、応仁段階の加礼川における開発はどの様なものであったのだろうか。応仁置文（都甲荘補三・四）にみえる地名を水系毎に整理すると次のようになる（図49参照）。

①ウトノ前イゼ↓ウトノ前
②桑原イゼ↓前田・（古田・柿円）
③新海イゼ↓津流・新開・新開尻・樋上新開尻依
④川原イゼ↓小加礼河
⑤谷水がかり↓虚空蔵・虚空蔵新開
⑥不明↓田中・上窪田・尻依

①　ウトノ前は現在も一畑の地名にあり、川に接した傾斜の少ない水田である。

②　桑原イゼのかかりと考えられる前田には、歳神の免田一段がある。

現在、前田という地名は字名にはなく、現在の大歳神社の前にある字神田の内と推定される。神田の上には、字上前田の地名があるが、この前田と区別するために付けられたのではなかろうか。現在の神田は傾斜地水田が大部分を占めているが、川に近い平坦部分は、柿木丸と呼ばれる水田があり、前田は、神社のすぐ下の県道を挟んだ上下の水田辺りに相当すると考えられる。神田のすぐ上にある安藤家ではこの辺りを前田とも呼ぶ（図47）。古田は、すでに述べたように川に沿った低い水田であり、その地名からかなり古くから開かれた水田と思われる。柿円（柿木丸）とともに本来桑原イゼとは異なる水系をもって

図47　柿木丸・神田を望む

図48　新海井堰

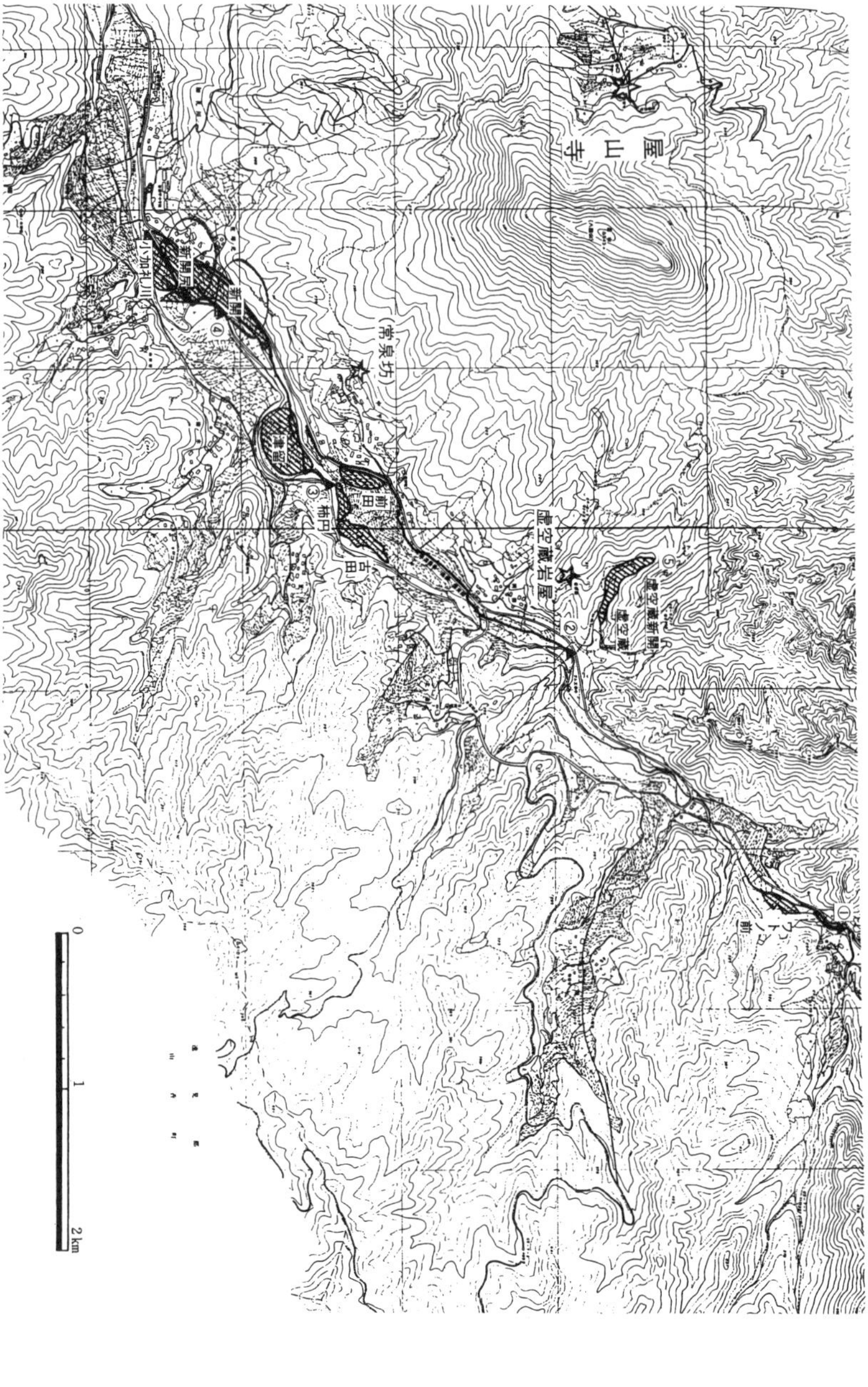

図49　応仁置文段階の加礼川の水田分布図

いた可能性がある。しかし、前田が大歳神社の前の水田とすれば、この段階にはこの桑原イゼのかかりは成立しており、古田や柿円には上からも水が供給されたとも考えられる。あるいは古田・柿円の水の不足を補うために、この水系が造られたのではなかろうか。

③　津流、新開、新開尻、樋上新開尻は図49のような場所に比定される。津流は現在の上鶴・下鶴の水田と思われるが、ここは山からの天水と新開イゼの水を併せて使い、緩斜面が水田化されている。新開、新開尻、樋上新開尻は、現在の新海平のシンゲ・大坪の付近の水田と推定される。ここも割合平坦な緩斜面の水田が多い。この新開イゼの水田は、おそらく応仁の段階の開発と思われる（図48）。

④　図46に示したように、字大坪の下、川寄りに一段低い水田があり、ここが字小加礼川である。小加礼川は、川原イゼのかかりであるが、川原イゼは対岸の梅木側で水を取り入れ、川を渡す構造になっていたが、この井堰は昭和十六年の水害で壊れ、現在は、大坪の下の水田を通して小加礼川の水路に水を入れるようになった。小加礼川は加礼川の本流に対する言葉と推定され、この水田の水が小加礼川から供給されたことを示しているかもしれない。川原イゼのある付近は、川が大きく蛇行して梅木の字二反田にも旧河道と思われる谷がある。この付近でかつて、川が二つに分かれていた可能性があり、その一方を小加礼川と称したのではなかろうか。分流した河道を巧みに利用した水路で水を供給したのがこの小加礼川の水田でなかったろうか。

⑤　虚空蔵および虚空蔵新開は、現在の字虚空蔵に比定される。この谷は近年まで水田が営まれていたが、並石ダムの建設によって利用されなくなり山林となっている。水は豊富で開発しやすい谷であるという。

⑥　田中・上窪田・尻依は不明であるが、上窪田は、並石の久保田という可能性もある。

以上、応仁の置文にみえる水田の立地を個々に明らかにしてみたが、主要な点を整理すると次のようになる（図49参照）。まず、基本的に応仁の置文にみられる水田は、開発のしやすい河川とあまり比高差のない場所がほとんどであるという点に注意する必要がある。また、平安時代に開発されたと思われる古田などの古い水田を安定化するために、桑原イゼを築き、さらに前田や柿円（柿木の丸）の水田を開いたが、まだ水路と古田・柿木丸などの水田の間にある急傾斜地の水田開発には至っていない。応仁の段階の新たな開発としては新海イゼのかかり、虚空蔵新開などが考えられる。というのは、新海イゼは、応仁が隠居し、その開山となった常泉坊の山野の南の境となっており、常泉坊領の主な水田はこの新海イゼがかりのなかに点在するからである。全体を通じていえることは、応仁の開発は、平安時代以来の原始的な開発を安定化するとともに、新しい水田の開発も行ったことである。応仁の置文はすでに述べたようにこのような開発の集約であり、屋山寺はこれによって経済基盤を不動のものにしたのである。

次に永徳二年（一三八二）の注文（都甲荘補八）から加礼川の水田はどのように変化したのかを分析してみよう。永徳二年（一三八二）は南北朝の動乱が終結に向かう時期であり、屋山ではこの年、鬼会と修正会が再興され、山王社が勧請されている（『六郷山年代記』）。このような状況からみると、この注文は戦渦で荒れた屋山寺の再興の一環として作成されたと判断してまちがいない。すでに述べたように、応仁の注文の段階とは、注文の性格が異なっており、単純な比較ができないが、一応、注文にみえる水田を水系ごとに整理すると次のようになる。

①大イゼ→三段田・しもなめし
②ウトノ前イゼ→うとのまへ
③桑原イゼ→ふる田・前田・柿木の丸・桑原・石田大木の本・法け八向田（古田）
④新海イゼ→しんかい・つる・鐘つき田・つるの口・朝拝田（下新開）
⑤川原イゼ→小賀例川（石王田・ひかけ・ちしやの木町堀・つかそい）
⑥ヒカケイゼ→ヒカケ
⑦野田イゼ→野田

⑧タケノシタ→竹の下
⑨駒ケイゼ→二段田・しんかい・口のつほ
⑩谷水→さくらか谷
⑪その他→九日田・三月田・さの神田・中田えのきのつほ・川くほ・せうの田・き日田・しやうきやう三まい田・くすのき丸・外その・御油田・立儀はつかう田

線を引いた水田名は、応仁の置文にはみられない。応仁の置文も永徳二年（一三八二）の注文も加礼川の水田を網羅しているとは考えられないが、水田名の増加は一定の開発の進行を示していることはまちがいない。とすれば、大イゼ、野田イゼ、タケノシタ、駒ケイゼのかかりの水田は、永徳二年（一三八二）までの間にこれらの井堰を新たに築くことによって出現したものと考えられるのである。また、桑原イゼかがりでは、井堰から近い桑原や石田の水田の名が現れ、天水を利用したものとしては、新たに大歳神社の西の谷である「桜が谷」にも水田が開かれた可能性がある（図50参照）。

南北朝期末の段階には、水田が増加し、新たな井堰の開発があったことが確かめられる。しかし、その水田の位置は、まだ川に近い緩斜面にあり、井堰を増やすかたちでの開発に限定され、急斜面での棚田開発には及んでいないことがわかる。

また、屋山寺の払である加礼川の水田注文は、長享三年（一四八九）にも作成されているが（都甲荘一四〇）、これは長享二年（一四八八）の屋山七堂の焼失の再興のために行われたものと推定される（『六郷山年代記』）。基本的に永徳二年（一三八二）の注文を踏襲したものであり、新たな水田の増加はほとんどみられない。永徳二年（一三八二）から一〇〇年を経て水田は増加がないことは考えられないが、注文の田数は固定化しており、増加があってもそれを注文に組み入れることがなかったと考えられる。したがって室町時代の水田開発の状況を把握することは困難である。

しかし、文明年間に作成された常泉坊領々山野四至注文によれば、この時期、山野の利用がより重要になり、山野が坊領として個々の坊の支配に入ってきたとみられる。これは、山や野の利用が重要であるとともに、焼畑の存在や畠の存在を考えなければならない。四至の境になっている「あふミ畠」は集落の後背地の山の斜面にある畠であり、山野にはこのような畠・焼畑が存在した。明治二十一年（一九八八）段階の土地利用を示した図を参考にしてみると、山に広大な畠が存在しており、山野は様々な利用がなされていた。都甲荘の条里部の「名《みよう》」においても、「名」のなかに鎌倉時代の後半から畠が組み込まれはじめている。とくに室町以降、松行名のように畠が掌握されており、畠がとくに収取体系のなかに重要な意味をもってくることが明らかである(8)。常泉坊領々山野四至注文の存在はこのような山野・畠・焼畑への開発・掌握の進行を示すと考えるべきであろう。

さて、水田開発についてみると、鎌倉・南北朝と確実に井堰が増加し、水田が増えていったが、急斜面における棚田の開発は、ここでみえる水田地名からみる限り、未熟な段階であったことは明らかである。

技術史の上からいっても、石垣を高く築く技術は、近世に入るまで、一般では確立していない。大分県でも、中世の山城や館や寺などでは、土塁が基本であり、低い石塁は存在しても、石垣の技術はまったくみられない(9)。このような技術環境のなかでは、現在みられる二〇度を越えるような傾斜地での棚田の水田開発は、近世に入ってからとみられるのである。

すでに述べたが、中世末から近世初頭の混乱期に、この谷には田染盆地から河野氏の一族が進出してくるが、河野氏は、加礼川の新田と一畑の北の迫を拠点に加礼川村と一畑村の庄屋に就任し、一族は、梅ノ木の庵の迫や楪《ゆずりは》などにも居住している。新田の集落は、中世には峯の坊と虚空蔵石屋があり、古田や石田や桑原や虚空蔵などの水田が開かれていたが、中世には新田の地名はみえない。おそらく、中世の末か近世に入り上イゼが開かれ、「新田」が開かれ

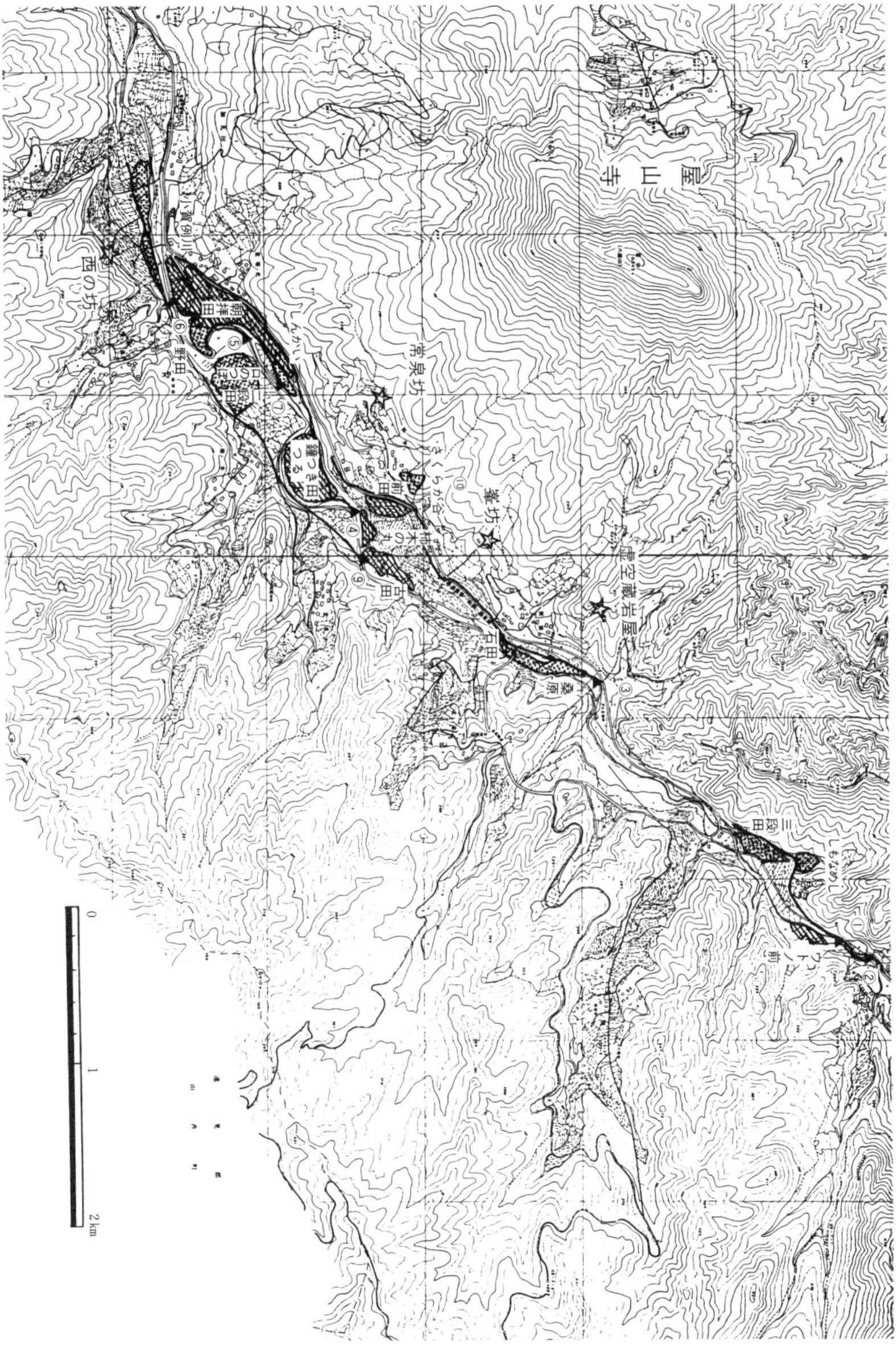

図50　永徳２年の注文の段階の水田分布図

図51　加礼川、一畑地区空撮写真（左手　北の迫の棚田）

たと思われ、そのことによって集落の名が新田と呼ばれるようになったのであろう。また、北の迫・庵の迫・楪には、二〇度を越える急傾斜に石垣を築き水田が開かれているが（図48）。この地域には、中世の石造物などが分布するが、中世の水田名は史料からは確認できない。おそらく、中世末から近世に入り、河野氏の指導でこの傾斜地に水田が開かれ、近世の村落を形成したと思われる。

その意味で、加礼川の谷における近世の開発は、まさにこの棚田開発に象徴されるのである[10]。

三　応永二十五年の長岩屋屋敷注文からみた長岩屋の坊集落

1　天念寺十二坊

この地区は、都甲川の上流、いわゆる六郷山都甲地域にあり、中世は長岩屋と呼ばれる六郷山の本寺が存在した。現在、その後身は、長岩屋山天念寺という無住の寺であり、ここでは、国東を代表する祭である「修正鬼会」（国重要無形民俗文化財）が毎年旧正月七日（正月末〜二月上旬）に行われている。西国東の六郷満山の僧侶が集まり、地区の人々が裏方となって盛大に祭が催された。地元で「オニオ」または「オニヨ」と呼ばれる夜の祭で最高潮となる。「オオダイ」と呼ばれる大松明に火が点けられ、講堂の前を照らすと、講堂で僧侶の勤行が開始され、香水の舞が終わると、四方固めが行われ、講堂内を結界して、ここから鬼が登場する。まず、男女面の鈴鬼が踊り、その後、災払鬼が講堂内を暴れ回り、人々はその鬼の松明に叩かれて、その年の福を約束される[11]。

かつて、講堂前に掲げられた「オオダイ」は天念寺十二坊から一本づつ出され、十二本の松明が捧げられたという。十二坊は、往時の天念寺の繁栄を偲ばせるものといわれてきた。十二坊とは、本坊・円重坊・祇園坊・要本坊・西ノ坊・畔津坊・大満坊・妙仙坊・門ノ坊・二本坊・仙堂坊・重蓮坊などであるといわれており、それぞれの坊跡といわれる場所には、今も堂宇や石造物が残る。

図52　天念寺の講堂と身濯神社

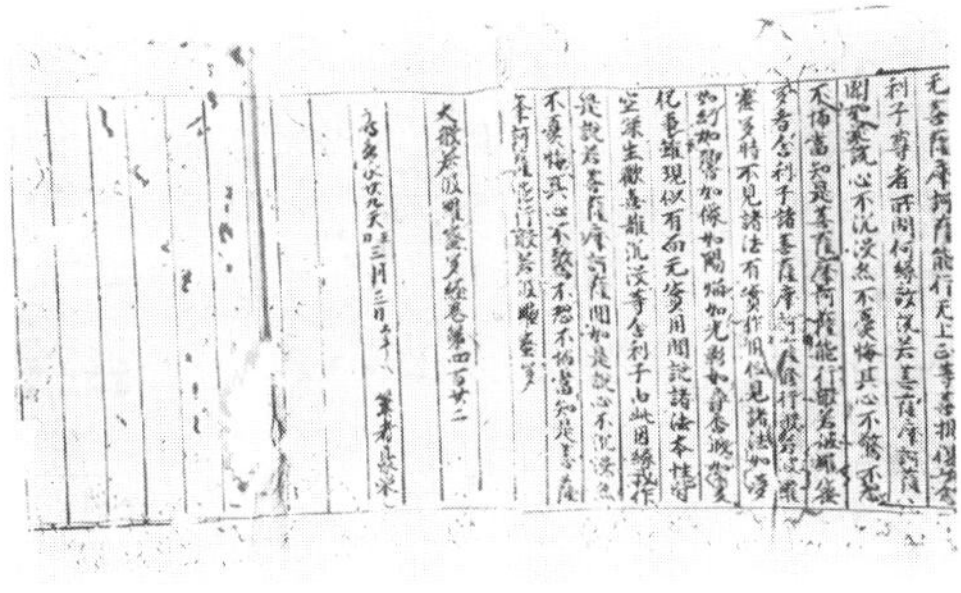
図53　天念寺大般若経

円重坊跡の裏には、都甲谷でも最も古形の五輪塔群があり、祇園坊跡の裏の龕には、数体の石仏がある。要本坊跡は今も小さな堂があり、石仏・木仏が何体か安置され、境内の入口近くには、破損が激しいが室町時代の宝篋印塔が建っている。西ノ坊跡には、戦国時代末の磨崖の板碑が二ケ所にあり、そのうち一つには、「天正八年」の墨書銘がある。また、かつては現在の県道沿いに角塔婆を中心に五輪塔群があったが、現在は、道の崖上にすべて移動されている。畔津坊跡はアゼツ井戸やアゼツ畠に遺称を残すが、両者の場所が離れており、よくわからない。大満坊跡は七郎ケ迫の展望台の裏にあるが、近くには、中世の石棺が露出している七郎ケ迫五輪塔群がある。妙仙坊は、そこから一〇〇メートルほど奥にあったといわれるが、その裏には、わずかな五輪塔と大石に刻まれた磨崖の板碑がある。門ノ坊跡の付近には、現在はっきりした石造物はないが、かつてこの坊跡の下の川に張り出した小さな広場があり、ここは、「ガラン」と呼ばれていた。そこには「暦応四年」の銘をもつ石殿があったが、今は豊後高田の市街地に移されている。二本坊跡の裏には、上人ケ塚という場所があり、宝塔や五輪塔などがあり、かつては大きな国東塔もあったという。仙堂坊と重蓮坊は他の坊と異なり、天念寺から一キロ以上離れている。仙堂坊は、かつての都甲小学校の分校の前に遺称地があり、分校の裏に、石造物が残るが、ほとんど近世のものである。重蓮坊跡は、字重蓮坊にあり、現在そこには家が三軒ある。東側の家の岩の上には、五輪塔や小さな国東塔があり、家の裏の谷の奥には、地蔵山と呼ばれる岩屋があり、江戸時代の作と考えられる木造の地蔵尊が安置されている。

このように十二坊の跡には、さまざまな遺物が残り、これらが古くから、おそらく中世以来の坊であることを推測させる。しかし、この荘園調査の過程で見出された応永二十五年（一四一八）の長岩屋屋敷注文には、六二ケ所の屋敷が書き上げられているが、坊と呼ばれるものは、たった二ケ所しか記されていない（都甲荘補九）。十二坊の伝承とこの注文の事実の隔たりはどうして生まれたのであろうか。ここでは、この注文の分析を通して、中世の長岩屋の寺や集落、耕地の在り方を復原し、遺物や伝承や史料との関係を整理してみようと思う。

1　応永二十五年の長岩屋屋敷注文について

まず、この応永二十五年（一四一八）の屋敷注文の史料としての価値を検討することからはじめよう（都甲荘補九）。この文書は、永享九年（一四三七）七月十五日の長岩屋夏供米再興置文に引用されたもので、これを含む永享九年の文書は、江戸時代に三畑村、現豊後高田市真玉町三畑の庄屋の子孫である土谷朋夫家に伝えられたものである。文書としては写であるが、その裏書に「本書千燈寺中ノ坊執行屋敷有」とあり、この文書もしくはその原本が千燈寺の中ノ坊に伝存したものであることが知られる。千燈寺は、現在の国東市国見町にある六郷山の本寺の一つで、元千燈寺と呼ばれる場所が往時の千燈寺の境内地であり、現在の千燈寺は坊の一つが山を降り、千燈寺を称したものである。中ノ坊の位置はわからないが、ここに「執行屋敷」すなわち六郷山執行の屋敷があったことは注目される。六郷山執行は六郷山を統括する僧侶であり、この執行屋敷に伝来した文書の一つと考えられる。

（裏書）「本書千燈寺中ノ坊執行屋敷有」

六郷山長岩屋住僧屋敷

一拂　西ノ屋數
中　佛供嶽
岩ノ上　德乘拂
田口二屋數　大坪三
水口　田中薗
御油畠　妙門坊
西ノ屋數　西ノ坊
孫三郎屋數　淨道屋數
福定屋數　香司屋數
今井ノ屋數　久原屋數

上ノ屋數　　箭代屋數
大藏屋數　　楠屋數
轆轤薗　　智鏡屋數
中薗　　迫ノ屋數
道心屋數　　岩武屋數
鍛冶屋　　左近三郎屋敷
道寂屋敷　　妙覺屋敷
御前屋敷　　道法屋敷
樋ノ口　　黒法師屋敷
五郎次屋敷　　長小野屋敷
茶木畠　　平六屋敷
「永享九年丁巳是ヨリ下夏供米中絶再興畢、要細裏書在之、」
常力屋敷　　宮司屋敷
淨心屋敷　　三角畠
右衛門九郎屋敷　　岡ノ屋敷
専当屋敷　　道心屋敷
河原屋敷　　吉武屋敷
法圓屋敷　　田中ノ屋敷
貝ノ丸　　陰ノ木屋敷

四郎次郎屋敷　　仲薗屋しき
弁宮(官カ)屋數　　香司屋しき
堀ノ内　　森木屋敷
一、山内ニ居住族於不入住僧ニ者、可山中追放事、
一、山公事濟期者、自其時分前〻可進納也、若一月も有延引候者、自前百文拾文充利分相副可進納也、不可有緩怠事、
一、山公事以下無沙汰之於衆徒住僧者、別子細寺務へ可披露也、若有見隱聞隱者、惣住僧共ニ可爲同罪者歟、其僧者彼一ヶ条先日衆徒住僧一同ニ起請文之者、爭無沙汰緩怠之族隱置哉、然者就緩怠子細可罪科事、
一、山公事以下事、豊年凶年不云、不可有增減事、
一、於山公事者、号難自不可有辭退、任番帳面可勤仕事、
一、夏供米畠事、縦雖有荒不作可勤仕也、荒不作者其身緩怠歟、依爭其有限自往古諸役、可懈怠哉、不可有無沙汰事、
右、守条〻不可存緩怠所如件、
應永廿五年六月八日　　　判有
「是より奥ハ右之裏書之分」
夏供麦畠新領九十余町、
右、夏供米畠事、松鼻より下廿屋敷不慮之中絕ニ候、當作人等任雅意自往古無之由掠申事、太以佛意冥慮不可然者也、然者任古帳之旨、于時永享九年丁巳令再興訖、仍諸下作人等不及一口問答、如本帳慇懃催勤仕事、於山外山中無其隱上者、至末代衆徒住僧一味同心、無親疎可被致其沙汰者也、六郷六所權現殊醫王善逝御照覽候へ、今度

再興之趣、順次任成敗衆徒等曾以不可有違失、偏供佛施僧之至、冥鑒もいかんか可有疑哉、仍後日安居之住僧連署注置者也、

永享九年丁巳七月十五日

豪照大徳　判有
榮銓大徳
豪榮大徳
豪順大徳　判
豪周大徳　判有
再興執行兼権別當
権少僧都豪經　判有

夏供米中絶之畠再興之至、最目出可然候、令存知訖、不可有相違者也、

吉弘石見守綱重

文書は、二つの部分からなっている。前半の応永二十五年（一四一八）六月八日に作られた屋敷注文は、後半の文書のなかに引用されたものであるが、文書の全体が引かれている。屋敷注文の後ろには定書があり、掟文的な性格をもつ文書である。後半の永享九年（一四三七）七月十五日の住僧連署の置文は、「是より奥ハ右の裏書の分」とあり、原本では前半部の裏に書かれていたようである。それは、当時夏供米畠が廃絶状態となっている松鼻より下の二〇ケ所屋敷を再興するためにつくられたもので、その再興は、「古帳」すなわち応永二十五年（一四一八）の屋敷注文にもとづいて行ったため、前半部に応永二十五年の注文が引用されたのである。文書は、衆徒・住僧らが一味同心して六郷六所権現に誓い起請をして、安居の住侶が連署する形式をとっており、さらにその連署の奥に「夏供米中絶

の畠再興の至、最も目出しかるべく候、存知せしめおわんぬ、相違あるべからざるものなり」という吉弘石見守綱重の安堵文言がある。

永享九年（一四三七）という年は、加礼川で吉弘綱重が常泉坊領を安堵した年であり（都甲荘補一〇）、都甲谷の奥に支配権を確立した時期である。この夏供米畠の再興も長岩屋住侶の連署の形で行われているが、その連署の最後の再興執行兼権別当権少僧都豪経は、吉弘系図にある綱重の弟の権少僧都「豪慶」と同一人物である可能性がきわめて高く、この再興は吉弘氏の長岩屋の支配の掌握の過程で、その指導の下で作成されたと考えられる。

さて、応永二十五年（一四一八）の文書の分析に入ろう。屋敷注文と定文からなる。定文は六ケ条あり、その内容を意訳すると次のとおりである。

①　山内に居住するものは、「住僧」に入らなければ、山中を追放すべきである。

②　山公事の済期は、決められた時より以前に進納すべきである。もし一か月も遅れた場合は、百文につき十文の利子をつけて進納すべきである。（したがって、）緩怠あるべきではない。

③　山公事以下を無沙汰の衆徒・住僧においては、その理由を寺務に披露すべきである。もし、見隠・聞隠ことがあれば、すべての住僧は同罪である。（また、）その僧は、この一ケ条につき先日衆徒・住僧一同に起請文を出しているので、無沙汰・緩怠のものを隠し置くべきではない。したがって、緩怠は子細について、罪科にすべきである。

④　山公事以下のことは、豊年・凶年をいわず、増減あるべきではない。

⑤　山公事においては、難と号して、自ら辞退あるべきではない。番帳面に任せて勤仕すべきである。

⑥　夏供米畠のことはたとえ荒不作であっても勤仕すべきである。荒不作はその耕作者自身の緩怠か。時宜によって大切な往古よりの諸役を懈怠してよかろうか。無沙汰があってはならない。

この定文は、前半の屋敷注文を受けて、六郷山の寺院の山公事・夏供米といった役の負担について定めたもので、①で役を負担するものを「住僧」という概念でくくり、「住僧」であることを認めないものは、長岩屋の谷の居住を許さないとしている。②〜⑥は、山公事や夏供米の納め方を細かく規定したものである。室町時代の地方寺院の公事負担の在り方を考察する上ではきわめて貴重な史料である。

ここで、第一に注目したいのは、第一条の文言である。これは、屋敷注文に書き上げられた屋敷の住人を「住僧」として掌握したもので、寺＝ムラという寺院支配の体制を前面に出している点である。屋敷注文の最初にも「六郷山長岩屋住僧屋敷」と記されており、この書き上げは、単なる長岩屋住人の屋敷注文ではなく、「住僧」の屋敷注文として分析する必要がある。

第二に山公事や夏供米の賦課を行う台帳としての役割をもっている。すなわち、山公事や夏供米は屋敷を単位に賦課されており、屋敷はかなり広い畠や山野を含んでいたことがわかる。中世後期の名や加礼川の中世の開発について論じた際に、名や坊が後背地の山野を抱え込んでいると指摘したが、長岩屋における屋敷の賦課体制もこのようなものと同様な構造であると考えられる。

それでは、「住僧」屋敷はどのようにこの谷に分布していたのであろうか。

2　応永二十五年の住僧屋敷注文と天念寺十二坊

屋敷注文には六二ケ所の屋敷が記されているが、その分布は現在の豊後高田市大字長岩屋の範囲に収まり、屋敷は、谷の奥の一払から下に向かってほぼ順番に記されているようである。

表13は、屋敷の一覧であるが、ほぼ場所が比定できるものにはゴチックで示し、現在の呼び方を後に書いた。この遺称地の判明したものを地図に落としたのが図54である。図54には、天念寺十二坊の位置も示してあるが、この住僧

表13　長岩屋住僧屋敷一覧と遺称地

住僧屋敷名	遺　称　地〔推定地〕	住僧屋敷名	遺　称　地〔推定地〕
一　払	字一払	左近四郎屋敷	
西ノ屋敷	字地主西	道寂屋敷	
中	字地主中（寺屋敷）	妙覚屋敷	
岩ノ上	岩ノ上	御前屋敷	字殿前？
仏供嶽	字椋竹	道法屋敷	
徳乗払	〔重蓮坊〕	**樋ノ口**	字殿前　ヒノクチ
田口二屋敷	字田口	**黒法師屋敷**	字殿前　クロブシヤシキ
大坪三	字岩下　ムコウツボ	五郎次屋敷	
水　口		長小野屋敷	
田中園		茶木畠	
御油畠		平六屋敷	
妙門坊		常力屋敷	
西ノ屋敷		宮司屋敷	
西ノ坊	字西ノ坊	浄心屋敷	
孫三郎屋敷		三角畠	
浄道屋敷		右衛門九郎屋敷	
福定屋敷		**岡ノ屋敷**	字大般若岡ノ谷（屋号）
香司屋敷		専当屋敷	
今井ノ屋敷	字今井	道心屋敷	
久原屋敷		**河原屋敷**	字カワクボコーラ
上ノ屋敷		**吉武屋敷**	字吉竹
箭代屋敷		法円屋敷	
大蔵屋敷		**田中ノ屋敷**	字カワクボ田中屋敷
楠屋敷		**貝ノ丸**	字陰の木貝の丸（屋号）
轆轤薗		**陰の木屋敷**	字陰の木
智鏡屋敷		四郎次郎屋敷	
中薗屋敷		仲薗屋敷	
迫ノ屋敷	字今井　サコノヤシキ	弁宮屋敷	
道心屋敷	字岩竹　ドウセン	香司屋敷	
岩武屋敷	字岩竹	**堀ノ内**	字森の木　堀の内
鍛冶屋	字岩竹　カジヤ	**森木屋敷**	字森の木

なお、この地名比定については、長岩屋地区の住民とくに佐藤正彦氏の協力を得た。

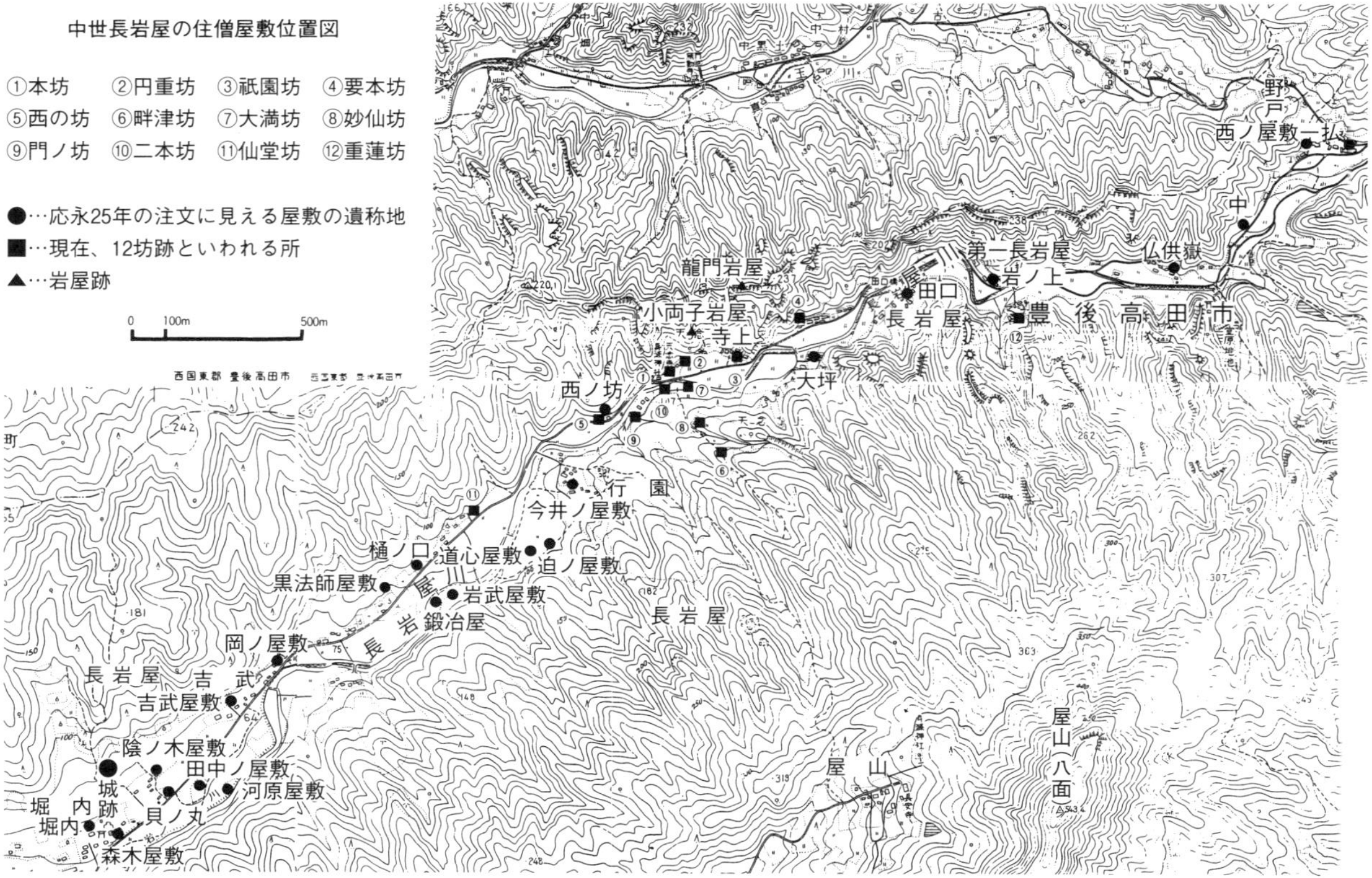

図54　中世の長岩屋の住僧屋敷の位置推定図

屋敷注文は天念寺十二坊の分布範囲を越えて、長岩屋の谷全体に広がっている。この注文が谷全体の住人の屋敷を把握したことは、この分布からも明らかであり、すでに述べたように、この注文は長岩屋の谷の住人を「住僧」というかたちで掌握し、六郷山の山公事や畠の賦課などを負担する体制を確立する意味があったと考えられる。すなわち、谷の住人は、すべて長岩屋の僧侶であるということである。もちろん、これは実体的なものではなく、公事負担の上のレトリックであるが、寺＝ムラという六郷山の体制はその後の村の歴史に大きな影響を与えた。

さて、伝承の十二坊と応永二十五年（一四一八）の注文の住僧屋敷六二ケ所の関係であるが、十二坊の伝承は、応永二十五年（一四一八）までさかのぼることはできないことは明らかである。また、十二坊のうち、注文にその名がみえるのは、西の坊だけで、他の坊はみえない。しかし、天念寺の大般若経（『豊後国都甲荘の調査　資料編』）の奥書には、応永二十九年分に「豊就六郷山長岩屋妙門坊書写了」「再興大願主無障金剛豪隆・修理妙門円光」、永禄七年分に「森木安芸守浄音　六十七才　于時妙門坊権律師円朝　西ノ坊澄□　大越家明秀」「妙門坊円朝律師」などと妙門坊と西坊の名がみえている。この奥書にみえる坊は、この二つだけで、他の坊名はみられない。奥書の坊は、応永二十五年の注文の坊名とまったく一致しており、戦国時代の終わりころまで、西坊以外の十二坊は史料に確認することができない。奥書だけで断定することはできないが、いわゆる十二坊は、近世にできあがったものという可能性が高いのである。しかし、十二坊跡に残るさまざまな遺物は、中世からの坊的な屋敷の存在を示しており、十二坊は応永二十五年注文の住僧屋敷の系譜を引くものもあり、それに、妙門坊や西坊から分立した坊もあったと考えられる。

例えば、応永二十五年（一四一八）の注文で岩ノ上と田口二屋敷の間にある徳乗払は、注文の記載順からみて、十二坊の一つ重蓮坊に相当すると考えられる。すなわち、払（はらい）は、前節の加礼川でも考察したように開発所領であり、水田を基本とするものである。重蓮坊の集落の後背地には、長岩屋ではめずらしく水に恵まれた迫がある。現在は荒廃しているが、かつてはかなりの水田が存在した。その意味で払と呼ばれるにふさわしい場所であった。重蓮坊が徳乗払とすれば、時代が下ってから、ここにあった屋敷が重蓮坊という坊名で呼ばれるようになったと考えるべきであろう。

また、十二坊の内、一〇坊までが現在の天念寺からほぼ二〇〇メートル以内に存在している。応永二十五年（一四一八）注文でこの辺りにあったと推定される住僧屋敷は、水口、田中園、御油畠、妙門坊、西ノ屋敷、西ノ坊・孫三郎屋敷・浄道屋敷・福定屋敷・香司屋敷などがあるが、この付近にあったと思われる、本坊・要本坊・祇園坊・円重坊・妙仙坊・門之坊・大満坊・二本坊・畦津坊・西の坊などの一〇坊の名称も西之坊以外は確認できない。おそらく、重蓮坊のように屋敷は存在したが、坊名をまだ称していなかったり、分立した坊もあった可能性がある。天念寺の川向こうの妙仙坊や門の坊などは「妙」「門」の字が妙門坊と類似するところが気にかかる。十二坊のうち本坊は現在の寺の庫裏の場所であるとしているが、石造物からみると、円重坊の辺りが鎌倉時代までさかのぼり得るかなり古い中心的坊があったと思われる。もし、これが本坊とすれば、寺の役から外されており、応永二十五年（一四一八）注文に記されなかったか、あるいは天念寺大般若経でもすでに応永年間からみえる妙門坊が本坊であった可能性もある。

天念寺十二坊は、屋敷としては、応永の屋敷注文までさかのぼる可能性があるが、坊の名称は近世の産物であるとみられる。おそらく天念寺の檀家とオーバーラップすると考えられ、近世に入り、長岩屋全域への宗教的・経済的な支配が崩壊したのち、近接の屋敷を寺の檀家として再組織し、伝統を踏まえ、坊名を称させたか、あるいはすでに中世以来、私的には坊名が使われていたかもしれない。いずれにしても、十二坊の形態は近世的な産物ではあるが、屋敷としては中世以来のものであることはそこに残る中世の石造物の存在によって確かめられるのである。

それでは、最後に室町時代のいわゆる坊集落の復元を試みることにしよう。

3　住僧屋敷注文から復元される坊集落

現在、大字長岩屋の戸数は、七九軒であり、応永二十五年（一四一八）では六二か所の屋敷が存在した。現在、長岩屋区は天念寺を境に上・下に分かれ、上長岩屋が三二軒、下長岩屋が四七軒である。応永二十五年（一四一八）注文では、妙門坊と西ノ坊の間が現在の天念寺の場所と思われるが、上長岩屋うちに比定される屋敷は約一二か所、下長岩屋のうちは、五〇か所である。現在も下長岩屋の方が戸数が多いが、室町時代の上・下の比率は、圧倒的に下長岩屋に偏っている。これは、奥の谷に比べて広い耕地をもつ下の方がより早くに開発されたとみられ、屋敷の差異は、開発度の差異といえるのではなかろうか。この谷の開発は、加礼川の場合と異なり、棚田を形成するような傾斜地が下長岩屋ではなく、棚田は谷の長岩屋川の上流へ行けば行くほど増加するような景観をなしている。したがって、開発は、下から上へ展開し、谷の一番奥に位置する三畑の庄屋土谷家文書の由緒書によれば、十六世紀前半には、足駄木に土谷家の先祖が入り、田畑を切り開いたとある（資料編近世史料）。三畑は、近世の初頭まで、長岩屋の一部であるが、後に独立して近世村一村をなすのである。

それでは、まず上長岩屋地区にある住僧屋敷の在り方をみてゆこう。ここでは現在の三軒〜六軒の小さな集落が応永の段階の屋敷と一致しているという特徴をもつ。これらの小集落は「ドイ」と呼ばれ、一族の集団を基本としており、墓は、この一族集落ごとに造られ、この集団が葬式組でもある。現在、「中」のように全く家が亡くなった所、田口のように十軒の家が一軒になった所など、過疎化によって家が消滅した場所も多いが、基本的にいまもその景観は大きくは変わっていないとはいえる。

そこで、旧土地台帳と明治二十一年の地籍図から屋敷を復元してみると、さらに古い明治時代以前の景観が推定できる。図55は明治二十年代の長岩屋地区の宅地の分布を地図に落とし、その家の姓を示したものである。この地区では、現況でもそうであるが、明治の段階では、同姓集団すなわち一族三軒〜七軒が単位をなしている様子が一層見事

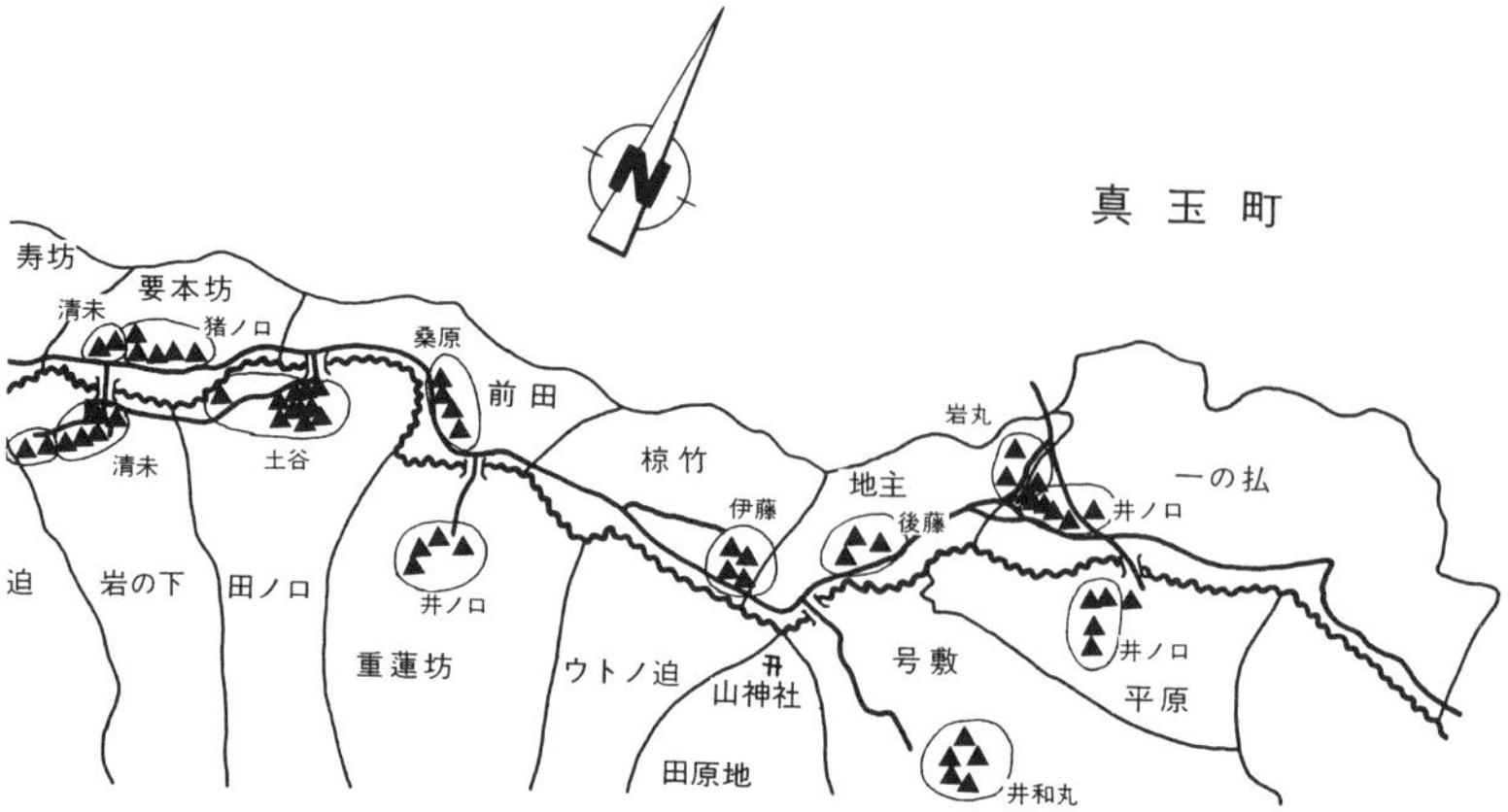

図55　明治21年長岩屋地区小字と住民の姓

にわかる。とくに上長岩屋では、この「ドイ」が中世の屋敷に基本的に対応しているのである。

一方、下長岩屋では、現在の集落が四七軒に対して当時は五〇か所の屋敷があり、現在の戸数を上回っている。しかし、明治二十年代の復元を行うと、この地区には一〇四・五軒の家があり、現在これが半分を下回っている。たとえば、行園（字今井）はかつては七・八軒の家があったが、現在住んでいる人は二軒となっている。応永二十五年注文では、孫三郎屋敷・浄道屋敷・福定屋敷・香司屋敷・今井ノ屋敷・久原屋敷・上ノ屋敷・箭代屋敷・大蔵屋敷・楠屋敷・轆轤薗・智鏡屋敷・中薗・迫ノ屋敷などこの付近に比定される（但し、孫三郎から香司屋敷までは七郎カ迫に入るかもしれない）。ここでは、近年までの家の規模が基本的に住僧の屋敷の規模と一致しているとみられる。

それに対して、岩武屋敷と鍛治屋は現在の岩竹の福田庵のある地区に比定されるが、明治段階には、ここには、福田姓をもつ家が八軒あり、ここでは屋敷が福田同姓集団と一致している。また、吉武屋敷、陰ノ木屋敷、堀ノ内、森木屋敷もそれぞれ字名や地区の称として残っており、これも数軒から十数軒の家の集団に相当する。

下長岩屋地区では、応永の屋敷注文の屋敷は、家一軒に相当する

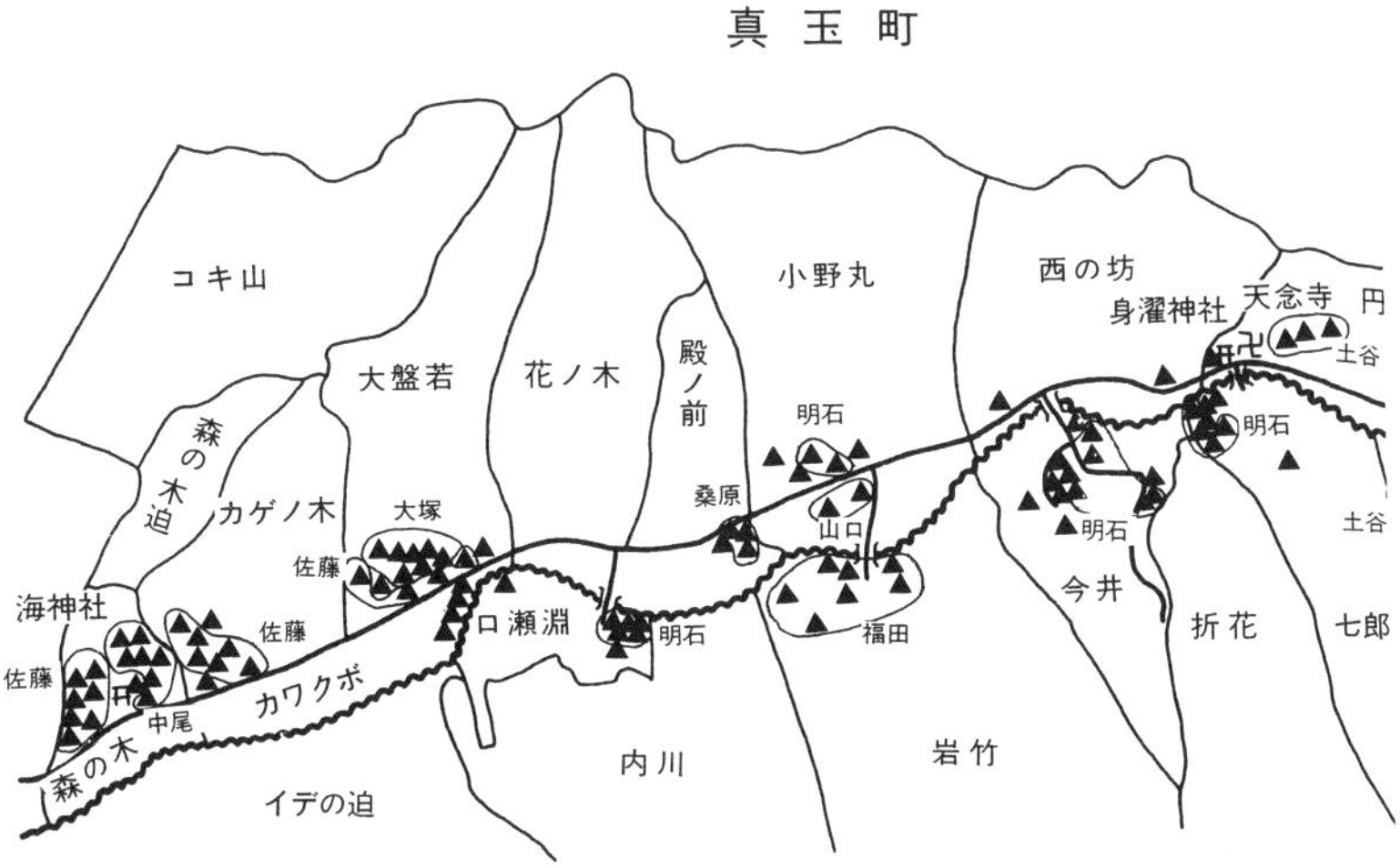

場合と上長岩屋と同じように数軒の家集団に相当する場合がある。また、注意しなければならないのは、明治段階でも宅地が存在しなかった場所に中世の屋敷が比定される場合がいくつかあることである。たとえば、道心屋敷、黒法師屋敷、田中ノ屋敷は、明治段階の屋敷復元図（図55）にもまったく現れてこないものである。これは屋敷のなかで継続せずに消滅したものが多かったことを示している。これらを差し引いて考えると、近代まで継続したものは減少することになり、上長岩屋と同じく、屋敷は同族集団を基本としていた可能性がある。

概報『豊後国都甲荘４』では、上と下の長岩屋を比較し、上では同族集団の屋敷、下では現在と同じような一軒を単位とする屋敷を想定し屋敷の在り方がやや異なっていると結論したが、これは訂正しなければならない。中世の長岩屋の谷の屋敷は、上も下も基本的に同姓の一族何軒かによって構成されたとみられ、田染荘の尾崎屋敷のように屋敷は数軒の園などによってできあがっていたとみてよいだろう。

しかし、上長岩屋と下長岩屋では、水田と屋敷の在り方が明らかに異なっていることは間違いない。上長岩屋では、図54にあるように、屋敷は、畠を含む後背地の山とその屋敷の前に広がる水田が一つのセットになっている。一つの屋敷の前の水田には基本的に一つのイゼが対応している。天正十七年（一五八九）正月五日の吉弘統幸知行預ケ状で、諸田土佐守に両子山薬王丸名と長岩屋の内の「面之屋敷」と緒方荘の内の日小田百貫分の役職を預けているが（都甲荘一六四）、この「面之屋敷」は「西之屋敷」の誤写と思われ、応永の屋敷注文にみえる「西ノ屋敷」と推定される。但し、一の払の西屋敷か天念寺付近の西ノ屋敷かは断定できないが、名などと同様に所領の単位となっていることから、水田をも含みこんでいるものとみられる。上長岩屋の屋敷は、基本的にこの「西之屋敷」タイプといえるのである。

これに対して、下長岩屋でも、山公事や夏供米畠の賦課は屋敷単位に課されるところから、屋敷は、山や畠を抱えていたことは間違いないが、上長岩屋とは異なり、屋敷に水田が一円的に付属したのかは明らかでない。たとえ、水田が付属していたとしても、下長岩屋では、一つのイゼかかりすなわち灌漑水系に幾つもの屋敷があり、屋敷は経営単位として自己完結したものではないのである。

図56　長岩屋の景観

このように、中世の長岩屋の集落は、水田の在り方は上と下でやや異なるが、基本的に屋敷を単位に経営がなされており、山野・畠は屋敷内として付属しており、永享九年（一四三七）には、「夏供麦畠新領」が九十町も存在したのである。これは、国東半島における畠・畑（焼畑）の重要性を見事に示している。(12)

注

（1）拙稿「文書から見た六郷山の様相―六郷山の成立―」（『六郷山寺院遺構確認調査報告書』Ⅰ　大分県立宇佐風土記の丘歴史民俗資料館　一九九三年）。
（2）中野幡能『八幡信仰史の研究　増補版』（吉川弘文館　一九七五年）。
（3）『大分県史』中世篇Ⅱ第二章三節（渡辺澄夫氏執筆分）。
（4）乙咩政已「屋山城と吉弘氏」（『豊後国都甲荘1』一九八八年）。
（5）『六郷満山関係文化財総合調査概要―豊後高田市・真玉町・香々地町の部―』（大分県教育委員会　一九七六年）。
（6）六郷山の「大魔所」は黒田日出男『境界の中世・象徴の中世』（東京大学出版会　一九八六年）でいう「黒山」であり、六郷山の開発は「黒山」の開発の一つであろう。
（7）拙稿「中世の加礼川地区の坊と水田」（概報『豊後国都甲荘』3　一九九〇年）二二頁参照。
（8）『豊後国都甲荘の調査　本編』（大分県立宇佐風土記の丘歴史民俗資料館　一九九三年）四八頁～五五頁。
（9）大分県立宇佐風土記の丘歴史民俗資料館『智恩寺』一九九二年。
（10）以上は渡辺前掲注（4）論文を修正、補填したものである。
（11）拙稿「修正鬼会と国東六郷満山」（『大系日本歴史と芸能3西方の春』（平凡社　一九九一年）。
（12）以上は拙稿「中世の長岩屋の坊集落の復元的考察」（概報『豊後国都甲荘4』一九九一年）を修正、補填したものである。

第七章　中世における「山」の開発と環境—国東半島地域の山の開発を事例として—

はじめに

考古学や歴史学に携わる大分県内の若手の研究者が共通のテーマで何か話ができないかということで、昨年（一九九三年）から開発史研究会をはじめて一年と少しになる。とくに明確な方針をもって研究会をはじめたわけではないが、この間に、縄文・弥生・古墳時代の開発、中世の荘園開発や城館、都市論、海岸の開発、山の開発などの発表があり、原始から現代に至るまで人間の開発行為をトータルに考える有意義な会となった。数名からはじめた会も時には二〇名を越えるようなこともあり、活発な討論もできるようになった。本論考はこの研究会の成果の一つである。

近年、地球的規模で環境が悪化していくなかで、人間と環境、人間と自然の問題が大きく取り上げられるようになった。日本の歴史学においても、自然環境と歴史の関係が問題とされるようになってきており、人間の営みである開発も、自然環境に規定され、また開発が環境を変化させたことも明らかになりつつある。日本では、これまで、比較的恵まれた自然環境があるために、開発のリアクションとしての環境の変化に近年まで鈍感であったような気がする。しかし、歴史が人間の営みの足跡であるとすれば、開発とそれによる環境の変化の関係を意識し、歴史を構築しなければならないことは明らかである。

これからここで扱う「山」の場合も、普通はかなり安定的にみえるが、長い歴史のなかでみると大きく変化してきている。近年、杉花粉症で苦しむ人が多いが、これは杉の植林と山の手入れ不足からくる人災だという説もある。また、周囲にみえる山の姿もここ数十年の松喰虫の被害で松が失われ、大きく景観を変えている。小椋純一氏が『人と景観の歴史』という本を書かれている。(1)「景観は時代の産物」という認識に立ち、里山の植生物景観の状態や変化は、その時代の開発の在り方の投影であり、地形図や写真や絵図を主要な資料とすることによって、過去の植生景観を明らかにすることを試みている。このような視点は地理学の重要な論点であったが、歴史学においてもこのような視点はますます切実なものとなってきている。

本章もこのような視点を踏まえ、山野への開発の歴史とそれに伴う環境・景観の変化がまた人間にどのような影響を与えたかを中世に絞って考えてみることにしたい。そのフィールドは、筆者が長年調査を行ってきた国東半島地域である。

一　六郷山の成立―「大魔所」(黒山)の開発―

国東半島には、六郷山と呼ばれる八〇か寺を越える山岳寺院の集合体がある。六郷とは国東郡六郷すなわち来縄《くなわ》・伊美・国東・安岐・武蔵・田染《たしぶ》の六郷といわれるが、寺は速見郡と宇佐郡の一部にもあり、半島部全体に展開した山岳寺院といった方が正しい(図57)。

この山岳寺院の成立は、見方を変えると、広義には荘園制の確立の一つとしてとらえることができる。十一世紀から本格的に確立する荘園制は十二世紀に至って完成をみるといわれている。本来は荘園制は水田の支配を領域とする過程で成立した。十一世紀後半から次第に山野への支配も取り込みながら、領域的支配が完成していくのである。

六郷満山の寺院（建武四年注文案による）▼

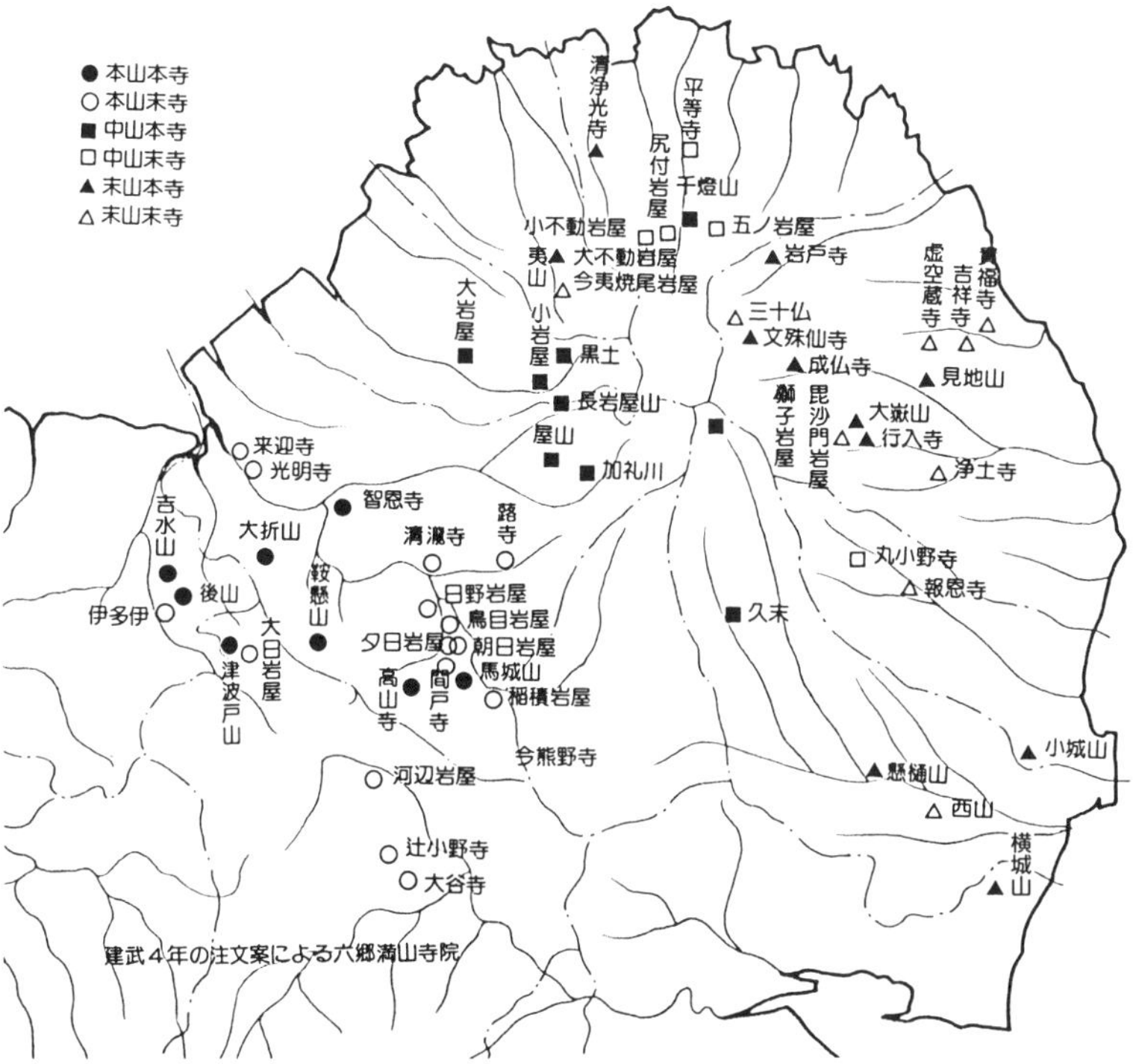

図57　六郷山寺院の分布図

国東半島では国衙領の国東郷を除けば、すべてが宇佐宮と宇佐宮の神宮寺弥勒寺領の荘園である。荘園は盆地に形成された田染荘や山香荘などのタイプと半島の中央部に放射状に形成された谷に形成されたタイプに分けられる。前者は、本郷と別名《べつみょう》からなり、別名は名や村と呼ばれ、本郷の周縁部の小さな谷の開発によって形成され、そのなかに山岳寺院が点在していた。それに対して、後者では、放射状の細い谷に流れる川の中流部から下流部にかけて荘園が形成され、谷の奥の山間部には、六郷山の寺院領が存在していた。

大分県立宇佐風土記の丘歴史民俗資料館（現大分県立歴史博物館）によって行われた都甲荘調査成果によれば、都甲荘は十世紀末から十一世紀前半に成立し、谷の奥の屋山などの六郷山寺院がいわゆる領域型の山岳寺院として形成されたのは十二世紀の初頭であることが明らかになってきている。[2] すなわち、まず水田開発を主体とした低地の荘園の形成が先行し、やがて山間部の開発の一つのタイプとして山岳寺院の集合体である六郷山が形成されたとみられるのである。

六郷山の寺院は岩屋などとして平安時代の前半あるいはさらに古くからの歴史があったと推定されるが、天台寺院として組織化されるのはすでにのべたように十二世紀の初頭である。[3] この組織化の契機となったのが永保元年（一〇八一）の宇佐宮弥勒寺新宝塔院の建立・供養である。これは白河天皇の御願で行われたもので、入末法三十年目の年を強く意識した国家的な行事であり、この供養では天台座主の指示で弥勒寺僧に法華供養法が授けられ、宇佐八幡の信仰のなかに本格的に天台の法華経思想が導入された。これが、六郷山の形成に大きなインパクトになったのである。

翌々年の永保三年（一〇八三）には、津波戸山に宇佐宮の大宮司や僧侶によって経塚の造立が行われ、これをおそらく皮切りに埋経活動が本格化する。北部九州を中心に天台僧の活動や経塚の造立が目立ちはじめるのはこの時期からであり、国東半島では、このような天台僧の活動をテコにこの地域の岩屋寺院の本格寺院化と組織化が開始される。[4] 例えば、寛治四年（一〇九〇）には、速見郡山香郷の辻小野山に、山香郷司が六郷山寺院の一つ辻小野寺を建立し、[5] 永久五年（一一一七）には、毘沙門天像が造られるのである。その結果、六郷山は永久元年（一一一三）に無動寺を号し、保安元年（一一二〇）に延暦寺に寄進され、天台寺院として組織が確立する。[6]

天台僧円尋らによって造立された屋山寺（現在の長安寺）の太郎天童（一一三〇年作）は、天台六郷山の成立の初期の作品といえるが、このような造仏は堂舎や荘厳の整備などと対応しており、それを支える寺院経済の確立も行われたと推定される。

半島の西北部に位置する香々地の奥にある夷谷には、六郷山寺院夷岩屋（夷山）がある。この寺の坊の一つの大力坊に伝わった余瀬文書に当初の開発の状況を記した次のような文書が残っている(7)。

一　六郷御山夷住僧行源解　申請　満山大衆御署判事
　請被殊蒙鴻恩、任開発理、賜　御判、為後代証験、令請継弟子同法等、致無其勤給年来私領田畠等子細状
　在六郷御山夷石屋下津留字小柿原　(表文書継目裏)「(花押)」
　四至　東限山　南(限脱)者闇谷　西限山　北限楽善房中垣
右、彼石屋砌者、本大魔所天、大小樹林繁、所絶人跡也、而行源以先年之比、始罷籠件石屋之間、時々励微力天、切掃所在樹木、崛却石木根、開発田畠之後、至于今日、全無他妨、所耕作来也、依之、於所当地利者、偏致毎年修正月之勤、以残物者、助己身命、即経年序也者、任開発之理、賜御判、為擬後代証験、注子細以解、
　長承四年三月廿一日　　　僧行源
件田畠者、本行源住古開発私領也、仍全無他妨、令耕作之旨、尤尤明白也者、加署判、
　本山住僧　五人
　大先達大法師在判三人
屋山　長石屋　住僧在判　三人　先達大法師在判
黒土石屋　住僧　先達大法師在━　四王石屋住僧在━　〻〻
小石屋住僧　三人　先達大法━　大石屋住僧在　二人　先達〻〻
夷石屋住僧在判六人　千燈石屋　住僧　五人
　先達二人

この谷は、行源が入る以前は、「本は大魔所にして、大小樹林が繁り、人跡絶えるところなり」という状況であった。「而るに、行源先年のころを以て、始めて件の石屋に罷り籠もるの間、時々微力を励まして、ある所の樹木を切

表14　六郷山の払と払地名（○印は水田と確認できるもの）

払　名		所　在　地	出　典
○	加礼川払	豊後高田市大字加礼川	「道脇寺文書」
	一ノ払	豊後高田市大字長岩屋一の払	「土谷文書」
	徳乗払	豊後高田市大字長岩屋字重蓮坊	「土谷文書」
	西払	豊後高田市真玉町大字城前字西払	建武４年注文
	薫石払	杵築市山香町大字向野薫石	建武４年注文
○	利乗払	豊後高田市香々地町大字夷	「余瀬文書」
○	蓮祐払	豊後高田市香々地町大字夷	「余瀬文書」
○	禅坊払	豊後高田市香々地町大字夷	「余瀬文書」
○	徳万坊払	豊後高田市香々地町大字夷	「余瀬文書」
○	田ノ口払	豊後高田市香々地町大字夷	「余瀬文書」
○	住蓮払	豊後高田市香々地町大字夷字十連	「余瀬文書」
○	大定（条）払	豊後高田市香々地町大字夷	「余瀬文書」
○	阿蓮払	豊後高田市香々地町大字夷	「余瀬文書」
○	森下払	豊後高田市香々地町大字夷	「余瀬文書」
○	香祐払	豊後高田市香々地町大字夷	「余瀬文書」
○	大藤払	豊後高田市香々地町大字夷字小藤か	「余瀬文書」
○	壽礼田払	豊後高田市香々地町大字夷	「余瀬文書」
○	学乗払	豊後高田市香々地町大字夷	「余瀬文書」
○	鍛冶屋迫払	豊後高田市香々地町大字夷字鍛冶屋迫	「余瀬文書」
○	安文払	豊後高田市香々地町大字夷	「余瀬文書」
○	迫シリ払	豊後高田市香々地町大字夷	「余瀬文書」
○	小野払	豊後高田市香々地町大字小野	「余瀬文書」
○	円徳屋敷払	豊後高田市香々地町大字夷字円徳	「余瀬文書」
○	竹中払	豊後高田市香々地町大字夷字竹ノ中	「余瀬文書」
○	東南払	豊後高田市香々地町大字夷字東南払	「余瀬文書」
○	妙鏡払	豊後高田市香々地町大字夷	「余瀬文書」
○	長本払	豊後高田市香々地町大字夷字定本か	「余瀬文書」
○	観行払	豊後高田市香々地町大字夷	「余瀬文書」
○	美濃払	豊後高田市香々地町大字夷字蓑払	「余瀬文書」
○	都甲露（路）払	豊後高田市香々地町大字夷	「余瀬文書」
○	下力成払	豊後高田市香々地町大字夷字力上	「余瀬文書」
○	千蔵払	豊後高田市香々地町大字夷	「余瀬文書」
○	安樹払	豊後高田市香々地町大字夷字庵十払	「余瀬文書」
○	坊楽払	豊後高田市香々地町大字夷字坊落	「余瀬文書」
○	松尾払	豊後高田市香々地町大字夷	「余瀬文書」
○	屋気尾払	豊後高田市香々地町大字夷焼尾	「余瀬文書」
○	高六払	豊後高田市香々地町大字夷幸録	「余瀬文書」
○	けうウチ払	豊後高田市香々地町大字夷行知払	「余瀬文書」
○	円祐払	豊後高田市香々地町大字夷	「余瀬文書」
○	石払	豊後高田市香々地町大字夷	「余瀬文書」
○	小垣原払	豊後高田市香々地町大字夷	「余瀬文書」

払　名	所　在　地	出　典
○　香院払	豊後高田市香々地町大字夷	「余瀬文書」
○　あん払	豊後高田市香々地町大字夷	「余瀬文書」
○　田ノ上払	豊後高田市香々地町大字夷	「余瀬文書」
○　田中ノ払	豊後高田市香々地町大字夷字田中	「余瀬文書」
○　河部払	豊後高田市香々地町大字夷	「余瀬文書」
○　長法払	豊後高田市香々地町大字夷	「余瀬文書」
○　きうらきの払	豊後高田市香々地町大字夷字木浦松か	「余瀬文書」
下払	国東市国見町大字	地名
一ノ払	国東市安岐町大字両子	地名
払	国東市安岐町大字両子	地名
払	国東市国東町大字岩戸寺	地名
下払	豊後高田市大字梅木	地名
西祓	豊後高田市真玉町臼野地区	地名

※建武４年注文とは建武４年の六郷山本中末寺次第并四至等注文案を指す。

り掃い、石・木根を堀り却き、田畠を開発するの後、今日に至るまで、全く他に妨げなく、耕作し来るところなり」とあるごとき開発がはじまった。また、保元二年（一一五七）十二月二十九日の僧常智解案でも、常智が行善房に譲った修正田も行善房が「常々荒山を切り払いて、田地として耕作し来るなり」とあるように[8]、山を切り開いて田畠が作られ、それが夷石屋の修正田に充てられた。

六郷の山々は本来「大魔所」「荒山」であり、人の入らぬ人跡未到の山であった。「仰も黒山は、是は伐り掃う以て主として、荒野はまた開発を以て主たる事、常習なり」とあるように平安末期に荒野の開発と並んで「伐掃」によって「黒山」の私領化が進んだことを黒田日出男氏が明らかにしているが[9]、六郷山の「大魔所」「荒山」はまさにこの未開「黒山」にほかならない。この二つの史料は、六郷山における十二世紀前半の開発の在り方を見事に示すものであり、それはまさに「黒山」を切り開くというかたちで、領域を山岳寺院が成立させる開発であった。

六郷山には表14のごとく「払《はらい》」と呼ばれる所領が各所にみられる。この払はこのような「黒山」の開発の結果、六郷山寺院が作り上げた開発所領であった。また、六郷山の成立は宇佐宮領や弥勒寺領の荘園の荘園的支配から外れていた未開の「黒山」への開発の結果とみなすこともできる。彦山・求菩提山《くぼてさん》、雷山・脊振山などの「山」の名で呼ばれる山岳寺院も開発史の側面からみていくと、同様なことがあったのではなかろうか。

このような山への開発は、国東地域では十二世紀に本格化し、それ以後も常に続けられてきた。それでは、この初期の「黒山」開発の実態はどのようなものであったろうか。一見、焼畑のごとき開発イメージをもつようにも思われるが、その中心は表14にも明らかなように水田であった。その点を鎌倉初頭の屋山寺の再興の事例から詳しくみてみよう。

治承・寿永の内乱で、六郷山の惣山屋山寺も緒方惟栄らに焼き討ちされ伽藍を焼失し大きな打撃を被り、一二年にわたって退転した。その後、建久五年（一一九四）に僧応仁が入寺し、再建がはじまるが[(10)]、応仁の再興の内容は、「応仁之打札之文」と呼ばれる置文に集約される[(11)]。それは堂舎の再建、荘厳の再興、儀式、行事の再興、その維持のための免田の開発・整備に及んでいる。この文書のなかで、「当山は元は天魔の楼の内として人民通り難し」という状態であったが、応仁の再興によって水田開発が進み、寺院経済の再興がはかられたのである。

応仁が屋山寺の免田を置いたのは、屋山の南側の谷、加礼川であった（図57参照）。加礼川は室町時代まで「屋山払加礼川」という名で呼ばれ、屋山寺の経済を支える場所であった。この払の成立は、天台六郷山の成立した十二世紀初頭までさかのぼるものと思われるが、十二世紀代の六郷山では、未だ弥勒寺領荘園や宇佐宮領荘園から十分自立ができていなかった可能性が高い。山岳寺院の行事などを支える払などの所領もそれほど大規模なものでもなく、屋山に置かれた太郎天童の胎内銘にあるように、宇佐宮の関係者がそのスポンサーとなっており、寺院として延暦寺に組織されながらも、経済的には宇佐宮との関係が非常に強かったと思われる。恐らく免田なども谷の下にあり、広い土地のある荘園のなかに設定されたのではなかろうか[(12)]。

例えば、夷岩屋に付く長小野村は、香々地荘のうちに属し、その除分として扱われている。都甲荘でも、条里地割のある荒尾にヤヤマダという地名があり、屋山寺の免田が都甲荘内にあった可能性がある。また、田染荘や山香郷には六郷山分の田が六町あった(13)。初期の天台六郷山は寺の周辺部の開発を進めたが、まだ、荘園に経済を依存する部分がかなりあったということである。

治承・寿永の内乱で、宇佐宮は平家方に付き、宗教的・経済的権威が失墜した。鎌倉期に入り、六郷山も宇佐宮の経済力が後退してゆくなかでより自己完結的な経済構造に移行せざるを得なくなり、寺院周辺の開発がより進んだと思われる。応仁による加礼川の開発は、まさにその典型であり、屋山の自立的な寺院経済を確立するところに目的があった。加礼川では、すでに平安時代から「古田」などの川とあまりレベル差のない、川沿いの平坦面での開発が進んでいたが、もう一段高いところに水路を築き、さらに広い平坦面・緩傾斜地に水田を開いた。「津留」「新開」「新開尻」「樋上新開尻」などに水をかける新海井堰はこの応仁の開発によって作られたと推定される。また、山のわずかな水を利用した「虚空蔵」などの小さな迫などもみえるが、この段階の開発は井堰かがりを基本とするもので、川に近い平坦面や緩傾斜地に限定される水田開発であった(14)。山野への畑の開墾や利用なども同時進行したが、この段階の「大魔所」への開発、「払」の開発は、半島中心部の谷での水田開発に主体があったとみられるのである。

二　六郷山と荘園の山野相論とその背景―狩倉と畑―

鎌倉時代の六郷山の経済的自立化の動きは、荘園に入った地頭に代表される鎌倉勢力との間で、山野をめぐる新たな問題を引き起こして行く。次ぎのような鎮西探題裁許状が残っている(15)。

豊後国六郷山執行圓増代定什申当山千燈獄畑以下事

所(右)如所進承元五年改建暦二月廿八日右大臣家御下知者、六郷山所司申四至内狩猟事、且任注文召下手張本、且向後可加禁制云々、如同日被成下于大宰小貳（少）并豊後左衛門尉等両通御教書者、子細同前、爰同国伊美一方地頭又五郎入道浄意跡乱入千燈嶽以下所々、致狩猟剃切霊山於畑、焼払之条無謂之由、定什就訴申度々尋下之上、以八坂孫五郎入道々西相触之処（所カ）、如語進浄意跡胤長去年嘉暦四改元徳九月廿九日請文者、企参上明申云々者、胤長棒自由請文于今不参、難遁違背之咎、然則任承元御下知御教書等、云狩猟段云山於畑之篇、停止之、寺家領掌不可有相違矣者、依仰下知如件、

元徳二年四月十日　　修理亮平朝臣〻

この史料は、元徳二年（一三三〇）に六郷山の執行円増の代官である定什が伊美荘の一方地頭の非法を訴えたものである。この非法とは、伊美一方地頭の又五郎入道浄意跡（子・孫）の胤長らが六郷山の千燈嶽に乱入し、狩猟を行い霊山を畑に切り焼き払ったというのである（図58参照）。この訴えをするに当たって六郷山側は承元五年（一二一一）に幕府から出された六郷山四至内での狩猟禁制の文書を先例としてもち出しており、鎌倉初期から地頭の狩猟による六郷山内でのトラブルが存在していた。このような麓地頭と六郷山との間での狩猟をめぐる争いは寛元年間（一二四三～四四年）にもあり、地頭の狩猟狼藉を止める命令がこの時再び幕府から出されている。

しかし、この鎌倉末の相論の論点は、同じ地頭による狩猟問題に端を発しているが、さらに山での畑問題すなわち焼畑問題が浮上して来ている点が注目される[16]。この焼畑をめぐる相論は、伊美荘に隣接する岐部荘においても同じ時期に起き、岐部三郎入道円如が六郷山の燈油料麦を狩猟を口実に押領したと六郷山側から訴えられている（図58参照）。これに対して「彼の畑山は岐部庄内として本所弥勒寺領なり」と岐部三郎側は反論し、この畑山が六郷山領か岐部荘内か問題となり、幕府から河野四郎と竃門孫次郎に調査が命じられた。

「畑」については、黒田日出男氏の注目すべき研究がある[17]。黒田氏は「畑」と「畠」は中世以前では前者が焼畑、後者が定畠と明確に区別されていたことを史料の上で明らかにしたが、中世における焼畑の問題はまだ十分に明らか

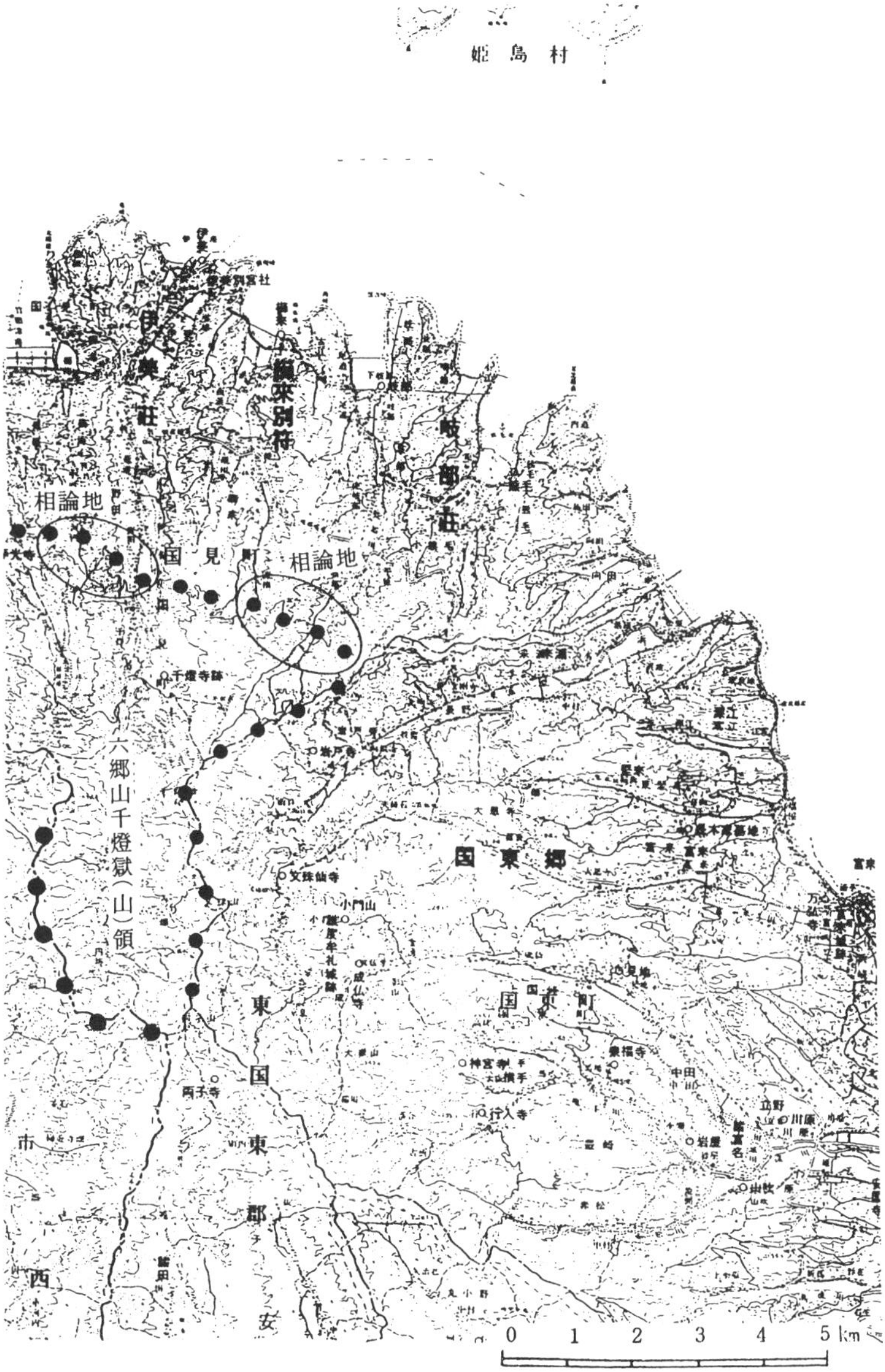

図58　千燈山・伊美荘・岐部荘付近図

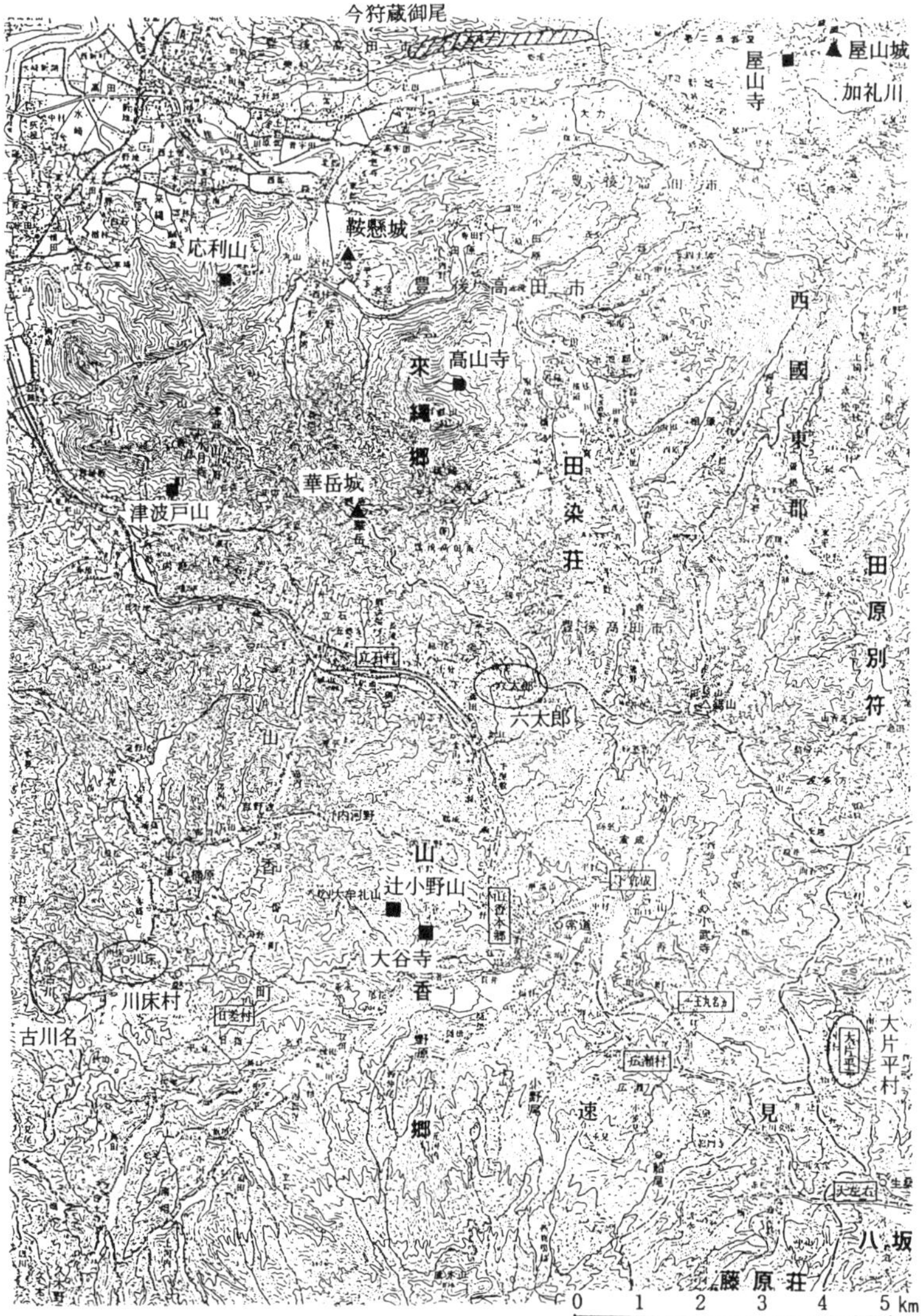

図59　山香郷・田染荘・都甲荘付近図

にされているとはいいがたい。黒田氏が紹介した正安二年（一三〇〇）七月二日の鎮西探題裁許状では、薩摩国谷山郡山田村の百姓らが「狩倉を畑に切らしめ」、焼畑をつくったため、地頭が百姓九人の身代を押し取ったというのである。[18]この焼畑の開作事件も鎌倉末に起こっており、十三世紀後半から焼畑をめぐる対立が、地頭や山岳寺院や百姓の間に表面化しているのである。ことに狩倉の焼畑としての利用が大きな問題となっている。

国東半島でも地頭による狩倉が各所に設定されているが、狩倉は狩猟場としてのみならず開発の場として次第に重要となってくるのである。国東郡田染荘と速見郡山香郷の境に六太郎という場所があるが、現在は杵築市山香町に属している（図59参照）。建武三年（一三三六）三月三日の御代官家継承補任状によれば、六太郎は「□□原村惣領薗木狩倉」と呼ばれている。[19]薗木は田染荘に属し、ここは田染荘側から設定された狩倉と思われる。この狩倉には弁済使が置かれ、六太郎平三郎がこれに補されたのである。貞治七年（一三六八）の某充行状では、「六太郎畑田畠屋敷等」とあり、水田や畠が開かれ、もはや狩倉というより一つの開発所領として確立していることがわかる。[20]ここで「六太郎畑」と「畑」の字が使われている点に注目すると、狩倉が焼畑として利用され、さらにそこが定畠化し、水田まで開かれるようになったのがこの段階と考えられるのである。このような弁済使が置かれた山間所領としては山香郷と日出の境にある大片平村がある。この大片平村は八坂下荘に属し、その代官に直属する所領であり、山間部への開発の展開の過程で成立したという点では類似している。[21]

ところで、狩倉がなぜ焼畑として開かれるのであろうか。国東半島の狩倉の立地が明確にわかるのは、この六太郎の場合と都甲荘の北の四至としてみえる「今狩蔵御尾」の場合である[22]（図59・60参照）。その立地は、海抜一〇〇メートルにも満たない低い山地にあり、すでに述べたように六太郎は畠はもちろん水田も開くことも可能な山地であったし、都甲荘の「今狩蔵」の場合も、明治二十二年（一八六九）の土地利用を復元した図（図60）を分析すると、畠が広範に開かれ、山頂部は原野や芝地や秣場などであり、地目としての山が少ない場所である。

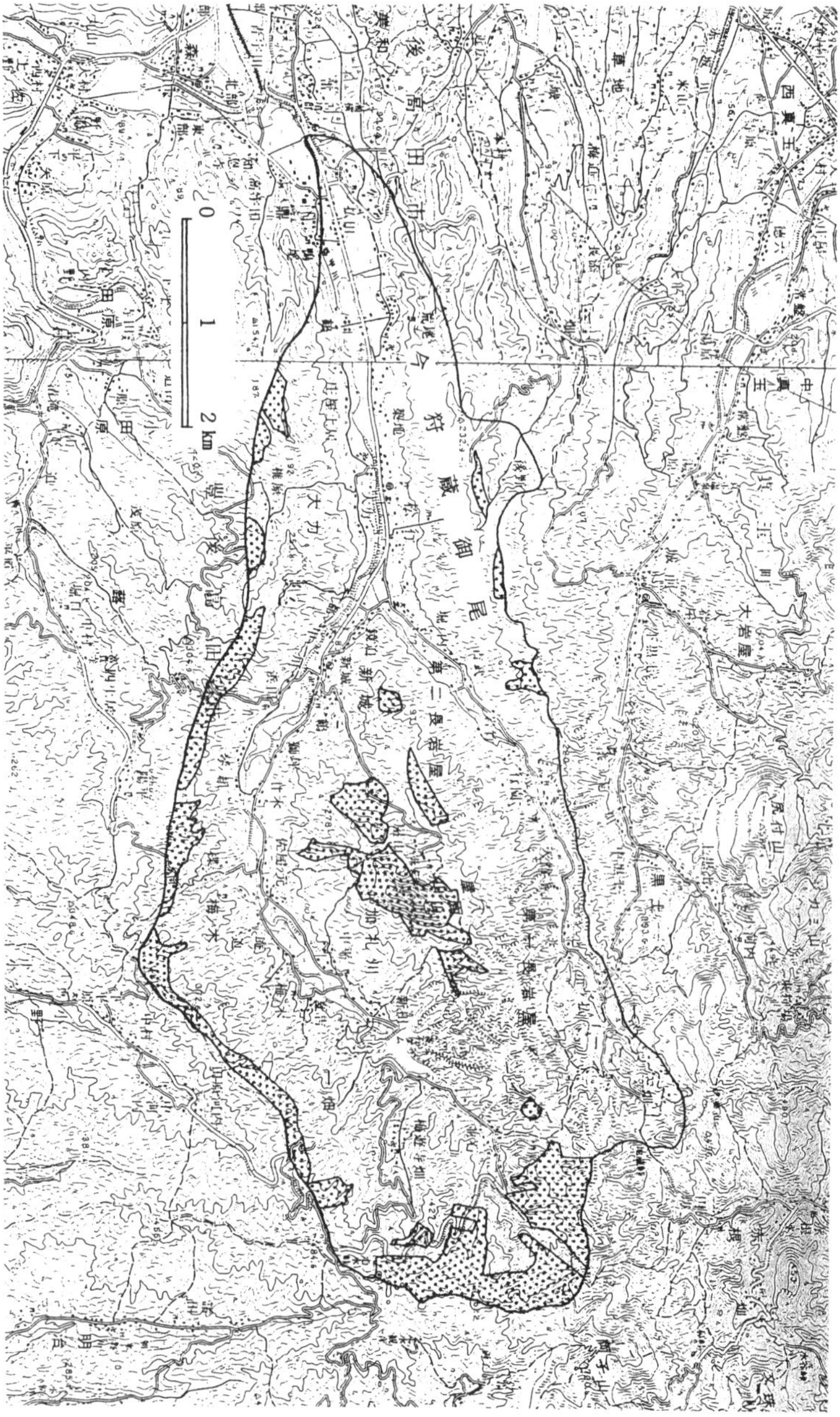

図60　明治22年の都甲地区の原野・芝地・秣場（アミ点部分）分布図

また、狩倉は、武士にとっては軍事演習の場としてその職能を磨く所であった。そのことから、ただの狩猟の場ではなく、弓矢の使用が容易な場所でなければならない。狩倉は決して高い木の繁茂する山林ではなく、ある程度見通しのきく草地である。このような場所は焼畑の繰り返される場所となることが多いように思われる。狩倉が先か、焼畑が先かはわからない。どちらが先かが問題ではなく、六太郎のように狩倉から焼畑さらに定畠へ移行し、田も開かれ、村へ発展した事例があるということである。先の伊美荘や岐部荘の地頭と六郷山の対立も狩猟・狩倉の問題によって引き起こされているが、それは山野への開発の進展のなかで、山を支配する六郷山と麓の地頭の利害が狩倉の立地する地帯で対立した結果というべきである。鎌倉時代末期には低い山の斜面での焼畑開発が進行していたということを如実に示しているのである。

それでは、次にこのような山への開発の進展を荘園の住人や六郷山の住人のレベルから考えてみることにしよう。

三　名・屋敷・坊への山野囲込みの進行

永仁七年（一二九九）六月二日の鎮西探題裁許状によれば、都甲荘内の「榎迫・葉付畠・夫婦石以下」畠地・山野をめぐり、地頭都甲左衛門尉惟遠と正清名の名主《みようしゆ》と推定される正清弥次郎惟重の間で熾烈な相論が展開されている。(23)これは山野用益権や山畠をめぐる地頭と名主の対立を示す史料であるが、このような鎌倉時代末期における対立も前章における荘園の地頭と六郷山の山野開発をめぐる対立もその根底は同一と考えられる。

本来、荘園の名は水田支配を基本とするもので、畠に対して支配する領主側の支配は弱かった。寛元元年（一二四三）五月の都甲荘地頭大神惟家申状でも、「当庄は、これ惟家先祖左近大夫経俊朝臣開発の私領なり、しかるあいだ、八代より相承以来、屋敷堀内等は、前々の検畠の時、まったく以て馬の鼻向けられず、……此のごときの屋敷堀内、領主の得分として、御免許を蒙る事、先例・傍例なり」（原漢文）と地頭が主張しているように、畠への領主の掌握はやや遅れて鎌倉時代から本格化したと考えられる[24]。しかし、屋敷畠への完全な支配は近世をまたなければならず、中世では、黒田日出男氏が「中世の畠地とそこにおける生産（畠作）が、量質共に極めて大きな比重をもっていたこと、就中、農民の生活の維持・再生産に決定的とも言いうるような意義を有していたことは、いうまでもないことである」と述べているように[25]、領主権力の影響が弱い畠は、農民はもちろん在地領主の経営を支える根幹部分として重要であった。

国東半島のごとき狭小な谷に耕地が展開するような地形では、屋敷は山を背にして設けられることがほとんどであり、畠はその後背地に立地することは都甲荘の調査などで明らかにされている。「名」の屋敷は、広大な山野を背負い、そこを畠や用益地として利用している。都甲荘の地頭の所領をみると、鎌倉初期の正治元年（一一九九）の譲状では、「つ、しんで、ゆつりあたふる、てんハくならびにちとうのせうく《職》の事」とあり[26]、「田畠」だけであるが、鎌倉中期以後のものでは、「田畠」のみならず「山野」を含めるようになっている。荘園領主側も検畠で畠への支配を強化するが、地頭や名主はそのような支配強化に抵抗しつつ、新たな畠地の場として山野への開発を進めていったようである。最初の山野・畠地をめぐる地頭と名主の対立は、まさにこのような山野への地頭や農民の開発の結果として現出したのである。やがて、「名」は、そのなかに完全に畠を組み込むようになる。例えば、室町時代初期の松行名（都甲丹波守跡）は、田二町五段、畠三町からなっていた[27]。これは、鎌倉時代からみえる畠が面積表記されたにすぎないが、この地域では、如何に畠の占める割合が多かったかをよく示す事例であろう。

一方、六郷山はすでに述べたようにもともと山の所領として形成されたが、当初はやはり山間地の水田開発が主要な目標であった点は荘園と本質を同じにしているとみられる。荘園において、「名」が次第に後背地の山を屋敷の延長として取り込んでいったように、六郷山でも同様の方向が存在した。六郷山は荘園と異なり基本的には存在しない。六郷山では、坊領とか屋敷と呼ばれるものが名に対応する。

すでに、六郷山夷では、一節でも述べたように、岩屋に籠もる修行僧が「大魔所」としての山野を切り開き、それを修正田料として寄進し、それを私領として弟子に伝えている。十二世紀の半ば夷谷には二十三人の住僧がおり、夷岩屋に詰めていたことが知られるが[28]、かれらは生活の場としての坊をもって、開発した土地を寺に集積し、寺院経済を支えていたと思われる。

また、六郷山加礼川では、鎌倉初期の応仁の屋山寺再興の段階では、「鏡厳分」「禅慶分」「静増分」「奇慶分」「禅朝分」「快円法橋分」「財智分」「西乗分」など屋山の個々の僧侶に割り当てられていた料免田がみられる[29]。これは勿論、坊の存在を示すものとみてよい。しかし、夷の修正田のように、それぞれの坊という単位の開発所領が集積されこれらの屋山寺の払（開発水田所領）としての加礼川ができあがったとは考えにくく、応仁の置文によって「払」の土地が定めらたところからみると応仁とその一族が開発の主体となり、屋山払加礼川が形成されたとみられる。

しかし、いずれにしてもこの平安時代末から鎌倉初期の開発段階では、個人名としての房はあっても屋敷名としての坊は史料上に確認することができない。ところが、南北朝時代の末、永徳二年（一三八二）の注文にはじめて「常泉坊」「峯坊」「西坊」といういわゆる屋敷名としての三つの坊の名が現れ[30]、室町初期の応永十九年（一四一二）十一月十五日の六郷満山離山衆徒申状には、「当山所々坊領并有限役田以下」という語がみえるようになり[31]、坊領が形成されてくる。

また、これらの坊は現在もその流れが継承されている点で僧のイエの成立ともいえる。常泉坊は加礼川の平原に、峯坊は同じく峯の集落にその小堂が残っており、堂を管理する家には応仁を祖とする加礼川系図（現在不明）や文書類が残っていた。それぞれの堂宇の裏には、この地域の坊に特有な石積みの基壇にのった五輪塔群がみられる。また、西坊はその遺跡地がないが、現加礼川区の対岸の梅の木区の庵の迫・山口の集落付近に推定できる。山口の中野家の古墓は、平原や峯のそれと共通する石積みの基壇の上に五輪塔や国東塔が並ぶ形式のものであり、この中野家では、正月十四日に長安寺から住職が訪れ、門口に「蘇民将来子孫繁昌門也」と書かれた呪符の木札が立てられる。

さて、常泉坊の流れを引く、道脇寺の小堂に残る文書群には、文明年間の常泉坊の山野四至を記載した文書がある。この文書をもとに現地踏査すると、この常泉坊は現在の佐屋の元、中村、平原の集落とその後背地の山野を含む地域であったことが復元される。この常泉坊領堂山野四至注文の作成は、山野の利用やそこに含まれる山畠や畑（焼畑）の存在がより重要になったことを示していると考えられる。

また、屋山を挟んだ北側の谷にある長岩屋では、応永二十五年（一四一八）に住僧屋敷注文が作成され、六四箇所の屋敷が掌握された[32]。この文書の作成目的は、屋敷畠からの山公事や夏供米の徴収のためのものであり、後ろに六箇条の掟書が記載されていた。この注文をもとに作成された永享九年（一四三七）の長岩屋住僧の置文では、本文中に「夏供米畠」と書かれているが、その後で「夏供麦畠新領九十町」と記され、この夏供米は畠からの徴収物であり、実は米ではなく麦の徴収であったことがわかる。また、当時、九〇町に及ぶ畠がこの谷に存在していたことがわかる。畠は谷の川沿いの平坦地にあった水田とは異なり、屋敷の後背地に広がる山の斜面に開かれた山畠で、焼畑が定畠化したものであろう。

さらに、夷山長小野村でも、永享十三年（一四四一）に水田取帳目録が作成されるのと同時に畠の内検目録とが作成されている[33]。これも畠への本格的掌握の開始であろうと考えられる。

ところで、六郷山には、谷役と山役と呼ばれる税がある。谷役は鎌倉時代末の史料に「例講谷役」ともみえ[34]、六郷全山に課された惣山屋山の行事に要する費用と推定される。永徳二年（一三八二）二月の屋山寺供料免田注文案では「谷役」の記載があるが、これらはすべて水田に対する税であり[35]、谷役とは、谷にある水田に対する賦課の可能性が高い。それに対して、山役は永享九年（一四三七）の長岩屋住僧置文にある「山公事」と同一と思われ、山野に開発された畠に対する賦課と考えられる。また、山役や山公事は、室町時代以降の史料にみられるので、現在確認できる史料の限りでは、谷役の成立より遅いと考えられる。

二節で明らかにしたように、鎌倉後期から焼畑をめぐる地頭と六郷山の対立が目立ってくる。さらに、同じ時期に地頭と名主などとの山野相論も表面化している。鎌倉末から南北朝時代にかけて、六郷山内では、このような山野への畑→畠地化の動きが加速化し、後背地の山野までを屋敷領域とするかたちの坊や屋敷が成立している。谷役はこのような屋敷を通しての畠物の徴収体制であり、これはまさに山野への開発の進展を前提に成立した新しい役であると位置付けられるのではなかろうか。

室町時代に入ると、畿内近国では惣村が成立し、農民的な開発が進展してゆく、九州の山間地では、惣のごとき組織ができあがることはないが、惣の前提になった百姓レベルでのイエの確立があったと同様に、このような畠物の徴収はこの地域でのイエの確立を示すとみることができる。また、応永二十五年（一四一八）の住僧屋敷注文で定められた掟書の第一条には「山内に居住の族、住僧に入らざるにおいては、山中を追放すべき事」とあるが[36]、これは見方を換えれば、長岩屋という坊型集落の住人への統制規定であり、惣の掟と共通する面が見出せるのである。

やがて、イエの開発の展開は、村と村の間の開発のぶつかりあいに発展してゆく。応永二十八年（一四二一）に定められた山香郷法式によると、境相論が止まざるときは、論所を政所（大友家が荘・郷単位に置いた代官）が中分する規定がみられたり、「大山野」は政所の進止とする規定がみられる[37]。また、実際の相論の実例としては、山香郷（現大分県杵築市山香町）の川床村と佐田（現大分県宇佐市安心院町）の古川名の間で、大永四年（一五二四）に境相論が起きる（図59参照）。この発端は、古川名の名主古河景助から河床孫兵衛方の狼籍が山香郷政所へ訴えられたが、山香郷政所から返答がないとして、古河景助は佐田方役所へ訴えたことによる。佐田方役所は、山香政所へ連絡をとり、協議が行われたが、この境相論はすでに一一年も前から起こっていたということである[38]。

河床孫兵衛方対古川名狼籍条々

一、従河床至古川名、住古以来代々勤来候山野夫并八朔歳暮納物事、去々年大永弐分、一円無沙汰候事、

一、先例無沙汰之子細、可申究ために、去年大永参従当山野、従河床村入候牛馬事、可有停止由申候処、結句改古境、新傍〔牓〕示指候事、非緩怠候哉、仍放牛放馬追退候事、

一、同年四月二日、古川名内井手二箇所、切落候事、(39)

（後略）

争いのあらましは次のようである。河床から古川名に対して、昔から山野夫や八朔歳暮納物を勤めてきたが、大永二年（一五二二）分がまったく無沙汰となったため、翌年古川方は、川床方から山野に牛・馬を入れることを制止した。このため、起こった河床方は古川名内の井手二箇所を切り落とし、井手をめぐる争いにまで発展したというのである。

山野は畠として開発されるのではなく、秣場として放牧が行われたまでになった。室町時代以前にこのような山野への放牧が国東半島で行われていたかは明らかにはできない。もちろん、九州では古くから国家的な牧や荘園としての牧は存在したが、山間地の農民レベルで使用する牛馬が山野に放たれるようになったのは中世も後期に入ってからと考えられる。焼畑などで焼かれた山は、畑として利用されない場所は採草地や牧草地にかわる可能性を秘めていた。室町時代に入り、山はさらに利用度が高まり、雑木に覆われた自然林はほとんど存在しなくなったのではなかろうか。

一方、国東半島は、鉄生産が古くから行われた場所であり、諸田や岐部や夷などでは、大規模な鉄生産が行われていたことが中世の史料からも明らかであり、今日残る多くの鍛冶跡の鉄滓などからそれがうかがえる。(40)このような鉄生産には大量の炭が必要であった。炭の生産を明らかにすることも文献の上からはきわめて困難であるが、山林の伐

採は、木の減少を招くと同時に二次林としての松林を形成したと推定される。松は製鉄用の炭にも適し、タタラ跡などから出土する炭も松が主であるという。今日、国東半島の山は、手入れされない杉林や雑木またナバ木となる櫟林が目立つが、数十年前まで、松喰虫が発生するまでは国東半島の山林は、松を主とする林で形成されたといわれる。

このようにみると、中世の後期に入るころには、国東半島の山々は、山林は松をかなり主体にするようになり、放牧や畑・畠の山への展開などによって秣場や牧草地や焼畑あるいは狩倉などに利用される場所が増え、図60のように木がほとんど生えていない原野がかなりを占める景観ができあがったのではなかろうか。例えば現在の別府周辺の山や湯布院町（現由布市）や九重高原一帯にみられる景観に近いものがあったと考えられるのである（図61）。

小椋純一氏が中世や近世の絵画から分析し、「応仁の乱後の室町後期、京都近郊山地には既に江戸時代と同様、高木の林は少なく、低い柴や草の植生の部分が広く見られるものと考えられる。また、部分的には何の草木もないようなはげ山もすでに出現していたと考えられる」と述べて、室町後期以降の京都郊外の山地が人為的な影響によって植生形態ができあがっていたことを指摘している[41]。宇佐・国東地方も大筋においてこのような京都郊外の山と同様の状況が進行していたとみてまちがいないと思われる。

四　山野景観と山城の成立

これまで、山城の成立を開発史や景観の視点でとらえることはできなかった。城はあくまでも軍事的な問題であり、山城も何の戦いに使われたのか、誰の城なのか、どのような構造をもった城なのかなどが問題にされてきた。しかし、中世後期に城はなぜ山城として展開するのであろうか。もちろん、山城は単独に存在するのではなく、平地にある居館との関係において存在しているが、山城の存在意義が増すのは単に乱戦による軍事的な面のみで説明ができるのであろうか。ここでは、山野開発と山城の登場の接点をさぐってみたいと思う。

　次の表15は、宇佐・国東地域の山城で史料にみえるものであり、（　）のなかは史料にみえはじめる年代である。前掲図62はその位置図である。

表15

南北朝時代	花嶽（応安7）、おとむれ（応安2）、衛比須城（南北朝末）
室町時代	立石城（永享7）、鹿越（鹿鳴越）城（明応5～）
戦国時代	妙見城（明応8～）、鞍懸城（天正8）、屋山要害（天正8）、竜カ鼻城（天正9）、雄渡牟礼（天正8）

　このうち、花嶽は、応安七年（一三七四）八月二十八日の夜に南朝方が「忍び上がり」、ここに城郭を構え、豊前・豊後の両国の通路を遮断したため、守護大友氏の命令でここに田原氏を中心とする軍が投入され、攻撃が行われた[42]。花嶽は速見郡（現杵築市山香町立石）と西国東郡（豊後高田市）の境界にある標高五九三メートルの山である。頂上部から張り出し尾根は小谷に切断され、鋸歯状の鋭い岩峰の続く特異な稜線をなしている。ここに城郭を構えたというが、このような地形から戦国時代の山城と同様なものと考えがたい。おそらく、岩場で見通しが効き、見張り場として優れた場所で立地を生かし、宇佐から立石方面へ抜ける道を頂上から監視し、麓の軍に知らせるような機能をもったと思われる。

　これに対して、同じ時期の国東郷の雄度牟礼城は異なった機能をもった城であった。田原氏能はここに籠もり戦死しており、この城は田原氏の詰めの城であった[43]。国東半島東部の田深川の上流の谷の奥、半島の中心部に近い小門山にあり、楯籠るための城であり、山麓には六郷山成仏寺があった（図58）。このようなタイプの城は、交通の要衝を押さえるものではなく、防御を専らにする機能が優先され、六郷山寺院のある山であるという点を注目しておく必要

図61　別府市扇山の景観

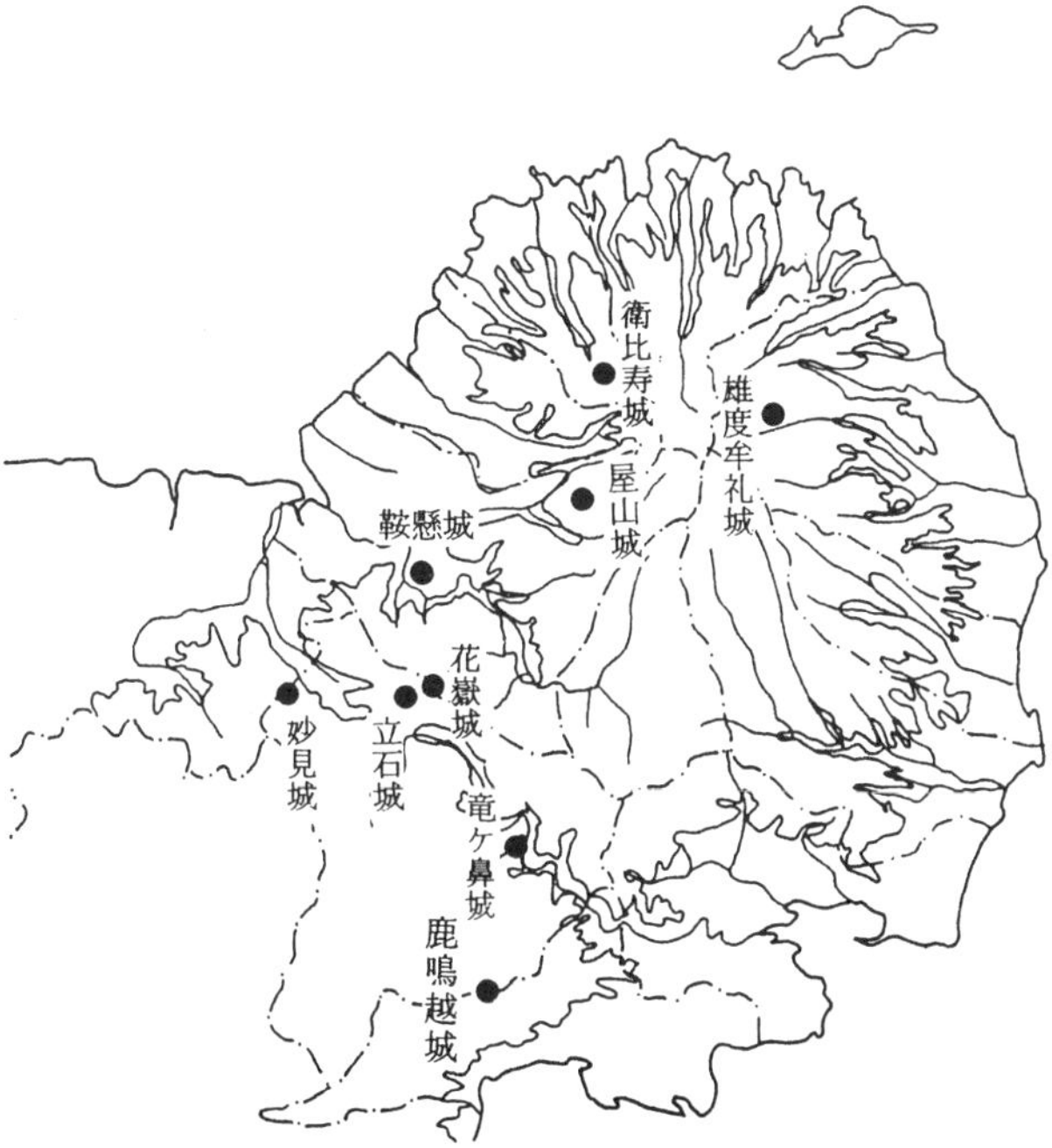

図62　中世史料にみえる国東半島の山城

がある。また、同じ時期の今川了俊書状にみえる「衛比須城」も、「城中の人々」という語がみえるように、多くの国衆が籠る城であり[44]、六郷山の夷山（岩屋）の山中に造られたものである。

室町時代にみえる立石城と鹿鳴越《かなごえ》城は、豊前と豊後を結ぶルートにある立石峠と鹿(鳴)越峠にある城である。この城は、豊前国守護として入った大内氏と豊後大友氏の対立のなかでつくられた城であり、立石城は、豊前側が豊後側からの侵入を阻止する機能があり[45]、鹿越城は豊後の大友氏側の防御の拠点としての機能をもってつくられ、戦国時代には、山香一揆衆などを中心に城番制度が整備されている[46]。立石城についてはよく分からないが、鹿越城については現在鹿鳴越にその遺跡が残っている。

戦国時代に入ると、雄度牟礼城のように、南北朝時代以来のものもあるが、さらに山城の数は増加し、文献に現れる以外にも大小さまざまな山城がつくられる。この地域で特徴的にみられるのは、宗教施設のある山と山城が重なっていることである。雄度牟礼城が六郷山の寺の裏山であったように、屋山城は六郷山の中心寺院である屋山寺のある山であり、鞍懸城も六郷山に関連する山であった。

さて、戻って、中世後期の山の景観がどのようになったかを思い出してみよう。国東半島の山々は、はじめ山岳寺院として開発されたが、鎌倉時代から狩倉などが設定され、六郷山の焼畑開発とぶつかりあう事態となった。やがて、狩倉や焼畑は、定畠化するところが増え、さらに山の奥または頂上部への開発が進んだ。室町時代には、牛馬の利用が農民レベルでもより進み、山は秣場や採草地としての利用が進み、高い樹木が茂る景観は失われ、低い草や木の生える原野的な景観が多くなったと推測できる。

山城はこのような景観のなかに存在していたことをあらためて考え直す必要があるのである。私はかつて、大分県立宇佐風土記の丘歴史民俗資料館に勤務している頃に、山城の模型を業者に委託し製作した経験がある。城は表15にもみえる屋山城である。踏査と航空測量で作成した一〇〇〇分の一の図面から城の堀や郭を復元したが、最後に植生を復元するのに苦労した。完成に近づいた模型を確認にいった時に、山城の斜面にびっしりと杉の樹林が植えられている模型をみて私は何か違和感を覚えた。果たしてこれが当時の景観であろうかと。杉が植えられるようになったのは最近のことでそれまでは松や雑木が多かったので、松らしい木にこれをかえるように指示した。そして城は見通しがきかなければ守ることも攻めることもできないのであるから、遺構のあたりは木がないはげ山にしたのである。

最近、開発史研究会で山城には木があるか、ないかということが問題になったことがある。もちろん、城の部分にはないと考えられるが、果たしてどのくらいまで木がなかったのかは分からないということになった。また、城を造るのには、堀切りや土塁や削平など困難な工事があるが、最も大変なのは樹木の伐採ではなかろうかという意見が出された。よく考えたら高い杉や松など樹木の生えた山を焼いて切り開き、はだか山にして山城をつくるとなれば大変な工事となるが、果たして、このようなことをして山城をつくったのであろうか。

しかし、すでに中世後期には、山の開発が進むなかで山は焼かれ切り開かれ高い樹木の生えるところは少なくなっていたことはすでに明らかにした。明治期の屋山の場合も図60のように山の七合目以上は、草地を中心とした原野となっていた。このような景観のなかで山城を考えると、実は山城は山野開発の最後の産物であるというとらえ方もできるのである。山岳寺院が平安時代末の山への開発の到達点を示すとすれば、山城は中世後期の山への開発の到達点を示すものとみてよいのである。

むすびにかえて

人間の歴史はまさに開発の歴史である。本章では、山を取り上げ、中世における山の開発過程を様々な角度から考察を試みた。論旨を要約して結ぶことにしよう。

国東の山々は、古代以来、宗教者が「行《ぎょう》」を行う特殊な場所であり、「大魔所」と呼ばれ、一般の人々がそこに入ることを拒絶してきた。平安時代後期になり、僧侶たちが恒常的に生活するようになり、この「大魔所」に開発の手が入りはじめる。これが天台六郷山寺院の成立である。

鎌倉時代になると、天台六郷山は、宇佐宮や宇佐弥勒寺からの自立を強め、寺院経済の面からも麓の荘園のなかに設定されたと思われる免田に依存する体質を抜け出し、自立の道を歩むようになる。これは必然的に寺周辺の山間地への開発を促進することになった。

鎌倉時代も後半から末には、六郷山の寺院住民と麓の荘園の地頭の間で山野をめぐって対立が目立ってくる。地頭側は山野を狩猟場として点定し、さらに焼畑に開発し、六郷山側も寺領が犯されたとして訴えている。これは山の開発からはじまった六郷山と水田開発からはじまった荘園の山をめぐる本格的な争いであった。

また、この時期の寺と荘園の対立は、個々の農民的な経営が山へ展開した結果ともいえる。「名」は広大な山を抱えるようになり、屋敷は山野・畠を含む領域をもつようになり、南北朝時代には、六郷山領内の坊や屋敷も地名で呼ばれるものが出現し、山野を含む坊領などが確立する。これによって、荘園では領主側の畠への本格的な収取が行われはじめ、六郷山では水田に賦課された「谷役」に加えて「山役」と呼ばれる畠への収取が確立する。

さらに、このような屋敷・畠の掌握は、六郷山の寺院単位になされたため、結果として寺領域にすむ住人の結合を強化し、この地域でも、掟書を定めるように擬似「惣」的な共同体を生み出した。次に、このような村的共同体の発展は、村と村の境にある山の利用をめぐる争いを生み出す。室町時代には、農民レベルでも牛馬の使用が増え、放牧場や秣場をめぐる争いが起こるようになる。

このような山の開発の展開によって、狩倉や焼畑から定畠を生み出され、さらに山の斜面では放牧のための秣場や採草地が設定された。室町後期には、国東半島地域では、頂上部まで開発が進み、山の中腹までは畠、さらに上は、焼畑や秣場や採草地として利用され、高い樹林に覆われた山は少なくなり、草原となった山がかなり出現したと考えられる。国東の「大魔所」「黒山」の風景は失われ、神秘の宗教的な場としての山は歴史の彼方に消えていった。中世後期の山城は、このような風景のなかに造られた。山城の出現は軍事的な問題であるが、見方を変えれば、山の開発の最後の到達を示すものであり、山の恐怖・畏怖の克服の過程とも考えられるのである(47)。

山の開発は人間に新たな生産をもたらしたが、その働きかけは、山の姿を刻々と変化させ、山への信仰やその環境を一変させた。樹林の焼き払いや伐採による開発が景観だけでなく、山の利用にあらたな展開をもたらした。また、このような自然への働きかけは、当然自然からの災害などさまざまなリアクションを招いたと思われる。本章としては実はそのあたりまで踏み込んで問題を展開したいと考えたが、課題と目標の間にはいささか齟齬があったことを認めざるをえない。この点については今後の課題としたい。

注

（1）小椋純一『人と景観の歴史』（雄山閣　一九九二年）。
（2）拙稿「文書から見た六郷山の様相―六郷山の成立―」（大分県立宇佐風土記の丘歴史民俗資料館『六郷山寺院遺構確認調査報告書　I』　一九九三年）。
（3）『扶桑略記』永保元年十月二十日条、勧修寺本『大記』永保元年十月十四日条など。
（4）拙稿前掲、注（2）。
（5）山香地頭職系図（『豊後国荘園公領史料集成　四』山香郷史料付録二）。
（6）『六郷山年代記』（大分県宇佐風土記の丘歴史民俗資料館『豊後國都甲荘の調査　資料編』　一九九二年）。
（7）長承四年三月二十一日付夷住僧行源解案（「余瀬文書」『大分県史料』二五）。
（8）保元二年十二月二十九日付僧常智解案（「余瀬文書」『大分県史料』二五）。

（9）黒田日出男「広義の開発史と『黒山』」（『日本中世開発史の研究』校倉書房　一九八四年）、同「『荒野』と『黒山』」（『境界の中世・象徴の中世』東京大学出版会　一九八六年）。
（10）注（6）に同じ。
（11）年次欠応仁置文（大分県宇佐風土記の丘歴史民俗資料館『豊後國都甲荘の調査　資料編』一九九二年）。
（12）拙稿「都甲荘の歴史」（大分県宇佐風土記の丘歴史民俗資料館『豊後國都甲荘　本編　一九九三年』）。
（13）大永三年十一月二十日付山香郷寺社領覚書案（『豊後国荘園公領史料集成四』山香郷史料一四三）、年次田染荘段銭算用状（同集成一田染荘史料五五二）。
（14）拙稿前掲、注（12）に同じ。
（15）元徳二年四月十日付鎮西探題裁許状案（網野善彦「豊後國六郷山に関する新史料」『大分県宇佐風土記の丘歴史民俗資料館　研究紀要』6　一九八九年）。
（16）国東では山焼きの史料がみえはじめるのは、鎌倉後期であるが、それ以前に山焼きを行い、焼畑や放牧がなされなかったということではない。平安時代以前の「山野を焼く」（野火を放つ）の問題は、戸田芳実氏や木村茂光氏によって論じられており（戸田芳実「山野の貴族的領有と中世初期の村落」『日本領主制成立史の研究』所収、木村茂光「大開墾時代の開発―その技術と性格―」『日本古代・中世畠作史の研究』所収）、「廐牧令」にも「牧地恒以正月以前、従一面以次漸焼、至草生使遍」とあり、古来以来、牧草地の草の成長を促すためには、春に山野を焼くことが行われている。木村氏は草や草木灰の確保という水田農業生産の維持との関連から、この「野火」に注目しているが、山野そのものを生産拠点として積極的に位置付けるためには、焼畑との関連を考えておく必要があると思われる。その意味で、鎌倉時代後半における焼畑史料の出現と前代の「野火」との関連を明確にする必要があるが、この点では今後の課題としておきたい。
（17）黒田日出男「中世の『畠』と『畑』」（『日本中世開発史の研究』校倉書店　一九八四年）。
（18）正安二年七月二日付鎮西探題裁許状（鎮西下知状）（「山田文書」『鎌倉遺文』二〇四七六）。
（19）建武三年三月三日付御代官補任状（「松田文書」『大分県史料』一一）。

（20）貞治七年付某充行状（「松田文書」『大分県史料』一一）。
（21）「宇都宮作治文書」（『大分県史料』一〇）。
（22）弘長二年四月十九日付大神惟家所職譲状、弘長三年十一月二十一日付大神惟家所職譲状（「都甲文書」『大分県史料』九）。
（23）永仁七年六月二日付鎮西探題裁許状（『大分県史料』九）。
（24）寛元元年五月日付都甲荘地頭大神惟家申状（『大分県史料』九）。
（25）黒田日出男「中世成立期における畠作の発展」（『日本中世開発史の研究』校倉書房　一九八四年）。
（26）正治元年十二月六日付大神家実譲状案（「都甲文書」『大分県史料』九）。
（27）永享十一年二月晦日付都甲荘内都甲丹後守跡等田畠注文案（「都甲文書」『大分県史料』九）。
（28）注（8）に同じ。
（29）注（11）に同じ。
（30）永徳二年二月日付屋山寺供料免田注文案（「都甲文書」『大分県史料』九）。
（31）応永十九年十一月十五日付六郷山離山衆徒申状（長安寺文書『太宰管内志』下）。
（32）永享九年七月十五日付長岩屋住僧連署置文写に引用された応永二十五年の長岩屋屋敷注文（大分県宇佐風土記の丘歴史民俗資料館『豊後國都甲荘の調査　資料編』一九九二年）。
（33）永享十三年五月日付夷山長小野村畠内検目録案、永享十三年九月日付夷山小野村取帳目録案（「余瀬文書」『大分県史料』二五）。
（34）嘉元二年九月日付六郷屋山例講谷役配分注文（長安寺文書『太宰管内志』下）。
（35）注（30）に同じ。
（36）注（32）に同じ。
（37）応永二十八年三月二十日付豊後國山香郷法式写（「志手文書」『大分県史料』一一）。
（38）（大永四年）二月六日付古河景助条々手日記案、（大永四年）二月十七日付志手豊久・野原氏久連署書状案（「佐田友雄文書」『増補改訂編年大友史料』一五)。
(39)(大永四年)二月六日付古河景助条々手日記案(「佐田友雄文書」『増補訂正編年大友史料』一五)。
(40) 拙稿「草地本村の歴史的環境」(豊後高田市教育委員会『柿園庵跡』一九八九年)、同「『鍛冶の翁』と『炭焼小五郎』伝説の実像」(『中世の風景を読む』7　新人物往来社　一九九五年)。
(41) 小椋前掲、注(1)に同じ。
(42) 応安七年十月日付田原氏能軍忠状、応安八年二月日付田原氏能軍忠状(「入江文書」『大分県史料』一〇)。
(43) 応安二年七月十二日付田原氏能譲状(『碩田叢史』所収田原文書『増補訂正編年大友史料』八)。
(44) 年末詳三月四日付今川了俊書状(「田原達三郎文書」『大分県史料』一〇)。
(45) 永享七年十月二十七日付足利幕府奉行人連署奉書(「吉川文書」一『大日本古文書』)。
(46)『豊後国荘園史料集成　四』山香郷史料参照。
(47) 近世に入ると、検地帳などの畑の記載は、定畠の「畠」と焼畑の「畑」の区別が失われ、「畑」に一本化されてゆく。これも、山への開発が限界点に達したことを示しているとも理解できる。しかし、これは焼畑が失われたことを示すのではない。国東半島などでは、「ナギノ」、「苅畑」という形で近代まで焼畑が行なわれており、近世の絵図などでは山の斜面中腹で、「切畑」とよばれる畑がみられ、これが焼畑的なものと推定されている(出田和久「近世村落景観の復元」『豊後国田染荘の調査Ⅰ』所収)。

あとがき

私は、学問的好奇心のままに、これまで論文を整理まとめることなくひたすら書き散らかしてきた。昨年十月十八日、還暦を迎えるに当たり、自分の軌跡を振り返る機会があり、仕事のまとめもつけなければならないことを自覚することになった。これまで、家族史研究、八幡神研究、六郷山研究、環境歴史学などを進めてきたが、まずまとめられるのは、六十歳に合わせて六郷山からだと思い、昨年から整理をはじめ、前々から声をかけていただいていた同成社に出版をお願いすることにした。折りしも、昨年五月に国東半島・宇佐地域が世界農業遺産に選定されたことも後押しともなった。本書は、大分に在住してから二八年ほどの間に発表してきた六郷山研究の成果の主要なものを収載したものである。第Ⅰ部「六郷山の歴史」第Ⅱ部「六郷山の実像と景観」の2部七章から構成されている。所収の論文の一覧は左記のとおりである。以下、所収論文の背景、収載の意図などについて若干の説明を加えておきたい。

収載論文所出一覧

第Ⅰ部　六郷山の歴史

第一章　人聞菩薩論―御許山霊山寺と六郷山―（新稿）

第二章　中世六郷山の組織の成立と展開（『鎌倉遺文研究Ⅲ　鎌倉期社会と史料論』東京堂出版　二〇〇二年）

第三章　中・近世の六郷山寺院と峯入り（『別府大学アジア歴史文化研究所報』18　二〇〇二年）

第四章　修正鬼会と国東六郷満山（網野善彦ほか編『日本歴史と芸能　第3巻　西方の春』平凡社　一九九一年）

第Ⅱ部　六郷山寺院の実像と景観
第五章　六郷山の開発と寺院の実像―旧豊後高田市市域を中心に―　一節～七節（『豊後高田市史　通史編』　一九九九年、八節『両子寺講堂跡』　一九八八年、九節『杵築市史』本編　二〇〇四年）
第六章　都甲谷の六郷山寺院の実像―荘園村落遺跡調査の成果―（『豊後國都甲荘の調査　本編』大分県立宇佐風土記の丘歴史民俗資料館　一九九三年）
第七章　中世における「山」の開発と環境―国東半島地域の山の開発を事例として―（『大分縣地方史』第一五四号　一～三一頁　一九九四年）

私は、一九九七年六月一日に大分県立宇佐風土記の丘歴史民俗資料館に研究員として赴任した。この資料館は、宇佐市の川部・高森古墳群を史跡公園として、そのなかに併設された大分県最初の県立博物館であり、そのコンセプトは、史跡公園宇佐風土記の丘の情報センターであると同時に「うさ・くにさきの歴史と文化」を調査・研究、公開する場でもあった。私が赴任したのは、開設から七年目で、この資料館の調査研究事業の根幹である「国東半島荘園村落遺跡詳細分布調査」の一期事業「田染荘の調査」が終了し、第二期調査の「都甲荘の調査」が開始されたときであった。資料館の展示は、小さな企画展示室が一室あるだけで、「うさ・くにさきの歴史と文化」をテーマとする常設展示室が中心であった。そのため、業務の時間は展示というより調査研究分野にウエイトが置かれていた。館員（研究員）の意識としても、史跡公園風土記の丘の延長上に「うさ・くにさき」の現地の世界が位置づけられ、それは、野外の展示空間として、調査、保存、公開に務める場所であるという雰囲気があった。

　私は、ここではじめて八幡神や国東半島の世界に本格的に出会ったのである。しかし、うさ・くにさきの世界との遭遇はこれが最初ではなく、実は、この前年にあった。科学研究費を得て、九州の古文書調査のため、宇佐の地をはじめて訪れ、海老澤衷氏（現早稲田大学教授、当時、資料館研究員、大学院の先輩）の車を借り、国東半島の六郷山の寺院をいくつか廻ったのである。その時は、自分が翌年、この地に赴任するとは思いもよらなかった。かくして、資料館の研究・展示テーマある「うさ・くにさきの歴史と文化」は私の仕事のテーマとなった。六郷山の研究は、ここにはじまることになるが、すでに序章で述べたように、宇佐・国東の世界の研究は、中野幡能氏という偉大な研究者の業績の上に立脚していた。さらに、前任者の海老澤衷氏らの開館以来の調査研究、田染荘の調査の研究を踏まえ、私の「うさ・くにさきの歴史と文化」の八幡信仰、六郷山の研究がはじまった。

私が担当した、「国東半島荘園村落遺跡詳細分布調査」都甲荘の調査では、六郷山寺院の屋山寺、長岩屋、加礼川の三ヶ所が調査地区のなかに入っていた。この調査を通じて、否が応でも六郷山研究に邁進しなければならなくなった。都甲荘は、宇佐八幡宮の神宮寺弥勒寺領の荘園であり、弥勒寺は、十二世紀初頭に天台六郷山を創設した僧侶の拠点となった寺院である。また、屋山寺は、六郷山「惣山」といわれ、六郷山の満山大衆が結集し、衆議が行われる中核寺院であった。都甲荘の調査・研究は、六郷山と荘園の関係、六郷山の支配構造、六郷山寺院の実像を明らかにする絶好の機会となった。まず、一九八七年四月から一九九三年三月まで行われた調査・研究の成果は、一九九三年三月に刊行された都甲荘の調査報告書に掲載され、本書では第六章に「都甲谷の六郷山寺院の実像―荘園村落遺跡調査の成果―」として収録した。

また、この期間に調査で確認された長安寺（豊後高田市）所蔵の『六郷山年代記』の翻刻、新発見の道脇寺文書の紹介、網野善彦氏の島原松平文書所収の六郷山関係の史料紹介が行われ、それを踏まえ、国東の修正鬼会の成立を論じたのが、一九九二年に『日本歴史と芸能　第3巻　西方の春』に収められた「修正鬼会と国東六郷満山」である。本書ではこの論考を第四章に収録した。

一九九三年四月、私は別府大学に移り、学生とともに荘園村落遺跡調査の方法で国東半島の田深川流域の水田調査をはじめた。この調査、講義の過程で資料館における六年にわたる調査を総括し、自然と人間の距離をはかる「環境歴史学」を提唱するに至った。また、同じ一九九三年、考古学や歴史学を中心とする大分の若手研究者とともに開発史研究会をはじめた。このころ、日本史学においても人間の営みの歴史と自然環境の関係が問題として取り上げられはじめた。このようななかで、Ⅱ部七章収載論文「中世における『山』の開発と環境―国東半島の山の開発を事例として―」は書かれた。「山」はすなわち六郷山であり、六郷山の寺院を山の開発と環境の問題から検討した論考である。

一九九六年に入り、豊後高田市史の編纂がはじまる。最初に一九九七年に「特論編」が出される。ここにも私は六郷山研究の成果を発表したが、ここでの論考は本書には収載していない。本書第五章一節から七節までは、一九九九年に発刊された豊後高田市史本編の六郷山関係の部分を収載したものである。さらに同八節「中世の両子寺」は一九八八年に安岐町教育委員会の文化財報告書『両子寺講堂跡』に収載した論文を今回加筆訂正したものである。同九節は二〇〇四年に刊行された『杵築市史』本編に載せられた横城山東光寺に関する論考を収載した。

二〇〇〇年三月末に原則一〇年一度挙行されてきた六郷満山の峯入りが行われ、私は記録をとるため、この行に一部随行した。その年十月、『国東半島の峯入り』という本が出され、これに「峯入り行の淵源を訪ねて」という論考（本書未収）を寄稿した。これを契機に峯入りに関する調査・研究を進め、二〇〇三年に第三章に収載した「中・近世の六郷山寺院と峯入り」を発表した。さらにその翌年には、六郷山の組織の変遷を解明した論考を発表した。これが第二章の「六郷山の組織の成立と展開」である。

最後に本書をまとめるに当たって、六郷山解明については、まだまだ不足の部分が多く満足のゆくものを世に提示できる自信はないが、せめてもの補足として、古代の宇佐八幡宮と六郷山成立の関係、すなわち人聞菩薩論だけは欠くべからざる課題であると考え新稿を書き第一章に収めた。

本書に収録した論文は二八年に及ぶ私の試行錯誤の軌跡である。論は一貫していると考えているが、地名を多く含んだ論文が多くあり、平成の大合併以前のものは現行の地名表記に変更するか、残した場合は注記を加えている。また、写真などは新たなものに差し替えたものもある。長い時間の経過によって、矛盾をきたしている部分が多少あることはお許しいただきたい。

本書の刊行には、入稿から一年余の歳月が流れることになってしまった。最初に述べたように、当初、六〇歳のうちに刊行できるつもりでいたが、四月から大学の文学部長という煩多な職に就き、校正や修正や補足に時間を要してしまった。編集を担当した同成社の山田隆氏・佐藤涼子氏にはご迷惑をお掛けした。記してお礼を申し上げたい。また、本書刊行にご理解を賜り多くの写真資料などを提供していただいた方々、収載論文の作成に当たりご協力いただいた方々には、深く感謝申し上げたい。最後に論文作成や本書の作成について後ろから支えてくれた家族にも感謝したい。

二〇一四年十一月吉日

鉄輪の自宅にて記す

飯沼賢司

人名・神名・仏名索引

—あ　行—

愛染明王　14, 56, 141, 150
阿弥陀如来（弥陀如来・阿弥陀）　29, 30, 38, 39, 40, 44, 45, 46, 47, 48, 49, 68, 69, 71, 191, 192, 202
綾部玄番充藤原理昌　228
綾部氏　213
綾部平左衛門　228
阿蓮　270
安藤家（加礼川中平）　239
安文　270
医王　47
今川了俊　294
上野勘右衛門　228
右衛門九郎　250, 255
宇佐池守　19, 28, 31, 32
宇佐氏（宇佐一族）　19, 32, 33, 36, 59, 191, 218
宇佐君（宇佐公）　18, 19, 22
宇佐公相　38, 70, 71, 166
宇佐公則　46, 59
宇佐貞節　28, 32, 37, 59
宇佐定基　189
右大臣家　87, 197, 273
栄銓　252
栄範（永範）　91, 198
英隆　91, 107
円位　95, 96
円空　204
円豪　95, 96, 98, 99, 100, 101, 176, 179, 204, 209, 210, 211
円尋（天台僧）　51, 53, 73, 78, 167, 224, 268
円仁　96, 185
円成　204
円然　95, 96, 185, 204
円増（円蔵）　95, 97, 108, 204, 207, 211, 273
円仲　97, 212
円徳　270
円能　97
焔魔　145
延命観世音菩薩　48
円力　80, 81
応神天皇　27
応仁　95, 101, 153, 175, 177, 178, 202, 204, 210, 225, 229, 237, 238, 241, 242, 243, 272, 273
大内家　226
大内持世　225
大内盛見　112, 226
大江匡房　40, 41, 49
大神氏（大神一族）　168, 185, 218
大神家実（都甲）　293
大神清麻呂　27
大神惟家（都甲）　279, 293
大神良臣　218
大帯姫（神功皇后・大多羅牟神）　4, 27, 34
大友家（氏）　114, 198, 211, 212, 226, 227, 228, 283
大友親家　228
大友親著　112
大友親綱　112, 226
大友持直　112, 226, 227
大友義統　228, 229
大神氏　25
大神田麻呂　19
大神比義　28, 31
大神社女　19
大神諸男　19
緒方惟栄　79, 153, 175, 239, 272
織田信長　66
御室法親王（性信）　38

—か　行—

快円（法橋）　96, 99, 101, 177, 178, 202, 204, 229, 281
戒信　37, 38, 70, 165
垣見（筧）家純　114
覚雲（天台座主）　104
覚慶（法眼）　52
覚成坊（豊前講師）　78
覚満　13, 15, 27, 28, 31, 34, 35, 39, 47, 57, 142, 162, 163, 194, 197
月光菩薩　202, 203
兼直法師　209, 210, 211
竈門孫次郎　274
辛島与曾売　19
加礼河刑部房　178
加礼河氏　225
加礼河弥五郎　178
河床孫兵衛　283, 284
香春明神　34
観行（房）　80, 270
菅公　37
観西　79
観音菩薩（観音薩埵・観音・観世音菩薩）　30, 39, 47, 48, 49, 55, 67, 169, 186, 189, 203
紀印　80, 81
奇慶　229, 281
紀氏　185
義暹　78
吉祥天　202
紀重永（宇佐宮御馬所検校）　78, 174, 224
岐部三郎入道円如　274
鏡厳　229, 281
行源　73, 74, 75, 77, 103, 167, 170, 173, 268
行秀聖人　36
経舜　224, 225
行信（大僧都）　26
行善房　74, 146, 271
行満　57
清田氏　213
九条兼実　176
隈井家　118
熊谷直陳　114
熊野権現　193
久門　→人聞菩薩
軍荼利明王　145
景行天皇　3
慶朝法印　51, 52
華厳（花金・華金）　13, 15, 27, 28, 30, 31, 34, 35, 36, 39, 41, 44, 47, 55, 57, 145, 162, 163, 194, 197
賢海（霊仙寺）　126
源実　80
玄奘（三蔵法師）　23
元正天王（天皇）　57
元命　37, 67, 68
豪意（法印）　112, 113, 114, 115, 206, 207, 213
豪栄　252
豪岳（円乗院）　136
豪経（豪慶）　97, 112, 252, 253
幸秀（備後法眼）　218
郷秀　91
豪順　252
豪照　252
豪深（富貴寺）　126
光清（八幡石清水別当）　51
豪清（西岸寺）　126
豪全　204

豪善（行入寺） 126
豪惣 207, 214
幸尊 96
光澄 211
豪珍（千燈寺） 126
豪諦（門之坊） 126
豪徳（両子寺） 126
豪仁（大和公） 226, 232
河野家（田染組大庄屋） 124
河野氏（河野一族） 185, 234, 238, 244, 246
河野四郎 179, 182, 187
弘法大師 58, 116, 132, 134
光明子 26
香祐 270
豪隆 257
虚空蔵菩薩（虚空蔵） 47, 48, 194, 231, 234
後白河院 71, 193, 194
小田原氏 185, 197, 198
小田原重景 179, 197, 198
小田原助入道 179, 180, 182
小田原宗忍 189
惟家（都甲） 183
惟房（豊前守） 36
五郎次 205
金剛童子 33, 232
金剛夜叉明王 145

—さ 行—

斎円 97
西乗 229, 281
財智 229, 281
最澄 51, 165
斎藤氏 213
左近三郎 250, 255
左近次 250, 255
左近大夫経俊（源朝臣） 279
貞長（公文） 93
貞良 85
慈円 82, 176
志賀能郷（仁王丸） 217
慈源 83
慈氏 →弥勒菩薩
慈助 83
舌間氏 213
志多羅神 37
志手豊久 294
四天王 45, 48, 68, 69, 71
慈道 83
慈道法親王（青蓮院宮） 85
島津氏 229
釈迦如来（釈迦） 35, 38, 39, 40, 42, 49, 53, 59, 202
十一面観音 47, 48
十力 80, 81
重蓮 257, 270
十善の王（十善の君） 34, 36, 59
順慶（応暦寺住持） 116, 118, 132
順哲（中之坊） 126
淳仁天皇 26
常敬房 80
淨心 250, 255
常智 74, 75, 167, 172, 271, 292
定朝 46
淨道 249, 255, 258, 260
称徳女帝 215
定妙 99
聖武天皇（聖武太上天皇） 26, 27
常力 250, 255
白河天皇（白河院） 37, 70, 71, 165, 192, 193, 194, 268
調氏 185
調幸実 180, 182
四郎次郎 250, 255
神吽 13
神功皇后 →大帯姫
神源 80, 81
神母菩薩 15
住吉 37
聖円 204
聖観音 47, 48, 49, 186
勢至菩薩 202
静増 229, 281
盛殿法印 123
聖母 142
禅慶 229, 281
千手観音 47, 48
禅定房法印 85
禅朝 229, 281
千徳坊什玄 207, 214
千徳坊盛祐 207, 212
善哉坊 146
千祐房 80, 89, 104
曾根崎氏 185, 190
曾根崎十郎入道 180, 181, 182
尊円 83
尊鏡 78
尊助 83
尊道 83

—た 行—

大威徳明王 45, 46, 48, 68, 69, 71, 191, 192
大日如来（大日） 48, 68
躰能（体能・太能・胎能） 13, 15, 27, 28, 31, 34, 35, 39, 47, 48, 57, 142, 145, 162, 164, 166, 194, 197
大万坊澄尊 207, 214
大万坊澄祐 207, 214
大力氏 227
大力兵部 227
大力弥介理持 227
高橋紹運（高橋殿） 95, 97
竹中重利 114
武内大臣 28
大宰少弐 274
立花家 229
立花宗茂 114
田中宗清 42
田中道清 42
胤長 274
多宝如来 38
太郎天童 →屋山太郎惣大行事
田原氏能 286, 294
田原氏（田原一族） 95, 212, 226, 228, 286
智鏡 205, 250, 255, 260
鎮鬼（荒鬼・黒鬼） 141
澄賢（清浄光寺） 126
澄慶（応暦寺住持） 116, 118, 132
朝範 81, 88, 89, 90, 107
長法 271
長本 270
長祐 93, 94
土谷朋夫家（土谷家） 249, 259
天満天神 37
道覚 83
道玄 83
道寂 250, 255
道昭 23
道心 250, 255
道法 250, 255
時重 197
徳川氏 114
徳乗 249, 255, 257, 258, 270
都甲家実 175
都甲九郎左衛門尉 228
都甲左衛門尉惟遠 279
都甲氏 178, 183, 185, 225, 238
都甲四郎入道 180, 182, 185, 188
都甲丹波守 227, 280
鳥羽院 71, 193, 194
豊臣秀吉 229

—な　行—

中野家　236
永弘家　104
日光菩薩　202, 203
如意輪観音　47, 194
忍辱聖人　204
仁王丸（六郷山権別当）　93, 94, 108
人聞菩薩（仁聞菩薩）　3, 4, 8, 9, 13, 14, 15, 16, 24, 26, 29, 30, 31, 32, 33, 34, 35, 36, 37, 38, 39, 41, 42, 43, 44, 45, 47, 53, 54, 55, 56, 57, 58, 59, 60, 62, 116, 117, 120, 121, 122, 126, 127, 128, 131, 132, 133, 139, 141, 142, 145, 151, 162, 164, 166, 194, 215, 295, 298
能行聖人　16, 27, 30, 38, 39, 55, 59, 67, 70, 122, 164, 215, 216
野田玄番允　228
野田氏　213
野原氏久　294
範政（検非違使左衛門尉）　51

—は　行—

白山権現　36
八大竜神王　142
八幡神（八幡大菩薩）　4, 13, 15, 18, 19, 24, 25, 27, 30, 32, 33, 34, 36, 37, 40, 43, 44, 53, 56, 58, 60, 61, 66, 116, 122, 139, 141, 142, 143, 145, 162, 165, 215, 216, 295,
範実　89, 107
範秀　197, 198
彦山権現（彦山神）　17, 33, 35
毘沙門（天）　147, 268
比咩神　4, 15
福定　249, 255, 258, 260
福田姓　260
藤原実資　37, 67
藤原季仲　51
藤原都久一丸　97
藤原仲麻呂　26
藤原道長　37, 67
豊前大炊助入道寂秀（大友親秀・寂秀）　209, 210
不動明王　14, 45, 46, 56, 68, 69, 71, 139, 141, 143, 145, 151, 191, 192
古河景助　283, 294
豊後左衛門尉　274
文聖太子　99
平家　273
平六　250, 255
法圓　250, 255
北条時房（相模守）　87, 98
北条泰時（武蔵守）　98
法楽禅師　51, 52, 73, 166
法蓮　13, 14, 17, 18, 19, 22, 23, 27, 30, 31, 33, 34, 35, 36, 39, 40, 44, 45, 47, 48, 55, 56, 57, 141, 142, 145, 150, 161, 162, 163, 194, 197
細川家　114
細川忠興　114

—ま　行—

孫三郎　249, 255, 258, 260
正清弥次郎惟重　279
益永氏　68, 190
又五郎入道淨意(伊美一方地頭)　274
真玉氏　185
真玉又次郎　180, 182, 188
松平家（杵築）　115
松本文尋　116
丸小野氏　213
妙覚　250, 255
妙鏡　270
妙見大菩薩　48, 188
明賢律師　143
妙秀　198
明秀（大越家）　257
妙門円光　257
妙門坊権律師円朝　257
弥勒菩薩（弥勒）　24, 31
村上天皇　30
室甚右衛門　228
森木安芸守淨音　257
諸田三郎右衛門　228
諸田氏　213
諸田土佐守　262
諸松丸　97
文徳天皇　29
文武天皇　33

—や　行—

薬王菩薩　13, 29, 32, 45, 47, 194
薬師如来（薬師）　47, 48, 49, 55, 67, 169, 187, 188, 194, 197, 203, 237
八坂孫次郎入道道西　274
夜叉　145
屋山太郎惣大行事（屋山の太郎天）　53, 78, 139, 166, 174, 224, 225, 268
屋山房　175
有快　96
祐岸　93, 94
吉武　250, 255
吉弘鑑理（源鑑理）　113, 207, 212, 227
吉弘氏直　212, 227
吉弘氏（家）　95, 112, 113, 209, 212, 213, 214, 227, 227, 228, 253
吉弘鎮信（源宗鳳・宗仭）　95, 97, 113, 207, 212, 228
吉弘太郎　212
吉弘親信　227
吉弘綱重（石見守）　112, 212, 220, 226, 230, 252, 253
吉弘統運（源統幸・吉弘統幸）　57, 113, 114, 207, 209, 212, 213, 221, 227, 228, 229, 262
吉弘統運裏　209

—ら・わ行—

頼清（八幡石清水別当）　51, 73, 165
頼禅（阿闍梨）　52
利乗　270
理性　96, 99
隆永　80
龍天　147
良胤（天台僧）　51, 73, 166
良快　83
良金　96, 99
良厳　208
良助　83
良禅　90, 92
良範　179, 197, 198
蓮祐　85, 93, 270
六観音　4, 47, 48
六所権現　4, 139, 55, 197, 199
若宮（宇佐）　4, 37
和気清麻呂　26

地名・寺社名索引

—あ 行—

相原廃寺 22
赤岩辻（赤岩） 46, 180, 181, 191
赤子岩屋 77, 171
アカザイゼ（加礼川） 233
赤丹畑 181, 204
赤根 204
赤松岩屋 77, 170, 181
安岐 114, 122, 139, 228, 266
安岐糸永 124
安岐郷 3, 6, 163, 215, 217, 227
安岐城 228
安岐地区 66
安岐町 5, 271
麻田報恩寺 117, 119
朝日岩屋 66, 76, 170, 180, 181, 182, 191, 267
朝平神社（加礼川） 236, 241
足駄木 259
足曳山 117, 120
安心院 35, 40, 43
アゼツ坊（畔津坊）（長岩屋） 155, 247, 248, 256, 258
麻生谷 22
あふミ畠（加礼川） 231, 244
アブミ畠（加礼川） 232
阿弥陀堂（玉津） 130
荒尾 273
阿蓮払（夷） 270
安実坊（両子寺） 214
庵十払 270
安樹払（夷） 270
安西宝塔院 51
庵の迫 202, 234, 236, 237, 244, 246, 281
あん払（夷） 271
安文払（夷） 270
池田遺跡 21
諌山郷 17
石垣原 213, 229
石田（加礼川） 233, 243, 244, 245
石田大木の本（加礼川） 242
石立山岩戸寺 143
石堂 77, 181
石堂岩屋 170
石払（夷） 270
後山薬師堂（立石村） 124, 125, 126, 128, 130
伊多井 76, 180, 187, 267
伊多井社 48, 76, 170
一ノ払（一拂）（長岩屋） 205, 249, 255, 256, 270
一ノ払（両子） 271
一畑 244
一本松（智恩寺） 194
出光 215
糸永 129
糸永名 185
糸永村 130
稲積岩屋 76, 170, 173, 180, 181, 183, 191, 267
稲積不動堂 181
猪窟坊（いのくぼう） 201, 230, 231, 232, 233, 237
猪山 34
今井（長岩屋） 255
今井ノ屋敷（長岩屋） 249, 255, 256, 260
今夷 77, 267
今狩蔵御尾 277, 278
今熊野岩屋（今熊野寺、今熊野山） 76, 170, 173, 180, 181, 182, 191, 193, 267
新熊野社（神社） 71, 193
伊美郷（伊美） 3, 34, 139, 163, 228, 266
伊美の五岩屋 57
伊美荘 274, 275, 279
イヤの谷（智恩寺） 194, 196
伊予国 215
岩崎村 125, 127, 130
岩下（長岩屋） 255
石清水八幡宮 15, 37, 53, 67, 70, 73, 149, 165, 218
岩竹（長岩屋） 255, 260
岩武屋敷（長岩屋） 250, 255, 256, 260
岩戸寺 77, 117, 119, 130, 141, 143, 156, 170, 173, 267
岩戸寺大門坊 117
岩殿岩屋 48, 77, 171
岩ノ上（長岩屋） 249, 255, 256
岩屋之薬師 125, 128, 130
岩脇寺 66, 117, 129, 130, 183
右衛門九郎屋敷（長岩屋） 250, 255
宇佐 22, 28, 37, 38, 40, 218, 224, 285
宇佐大路 19
宇佐国東地方 70
宇佐郡 25, 26, 33, 40, 43, 72, 122, 169, 215, 266
宇佐郡安心院 40
宇佐市 23, 296
宇佐地域（地区） 5, 60
宇佐の松隈 142
宇佐八幡宮（宇佐宮・宇佐神宮） 3, 4, 7, 13, 15, 17, 18, 19, 25, 26, 32, 37, 39, 47, 49, 59, 67, 69, 124, 125, 127, 130, 133, 142, 149, 151, 161, 165, 166, 168, 171, 174, 182, 197, 198, 204, 216, 223, 224, 268, 290, 298
後石屋 48
後山（後の山） 13, 25, 27, 29, 76, 122, 149, 173, 194, 197, 215, 216, 267
後山（ノ）石屋 76, 170, 172
臼杵 227
臼杵市 112
臼野 271
内河野 168
内小野 66
内小野名 189
内屋敷（智恩寺） 194
ウトノ前（加礼川） 239, 240, 242, 245
ウトノ前イゼ（加礼川） 233, 239
梅ノ木（梅木・梅の木） 202, 234, 244, 271, 281
梅の木村（加礼川） 237
上イゼ（加礼川） 233
宇和（の）嶺 26, 215
上フンベ（加礼川） 231
越 165
榎迫（都甲荘） 279
江熊左屋之神 125, 128, 130
衛比須（城） 286, 287, 288
夷石屋（岩屋） 48, 66, 74, 77, 79, 90, 146, 151, 170, 172, 175, 183, 204, 205, 217, 227, 238, 268, 269, 272
夷山 77, 85, 149, 170, 171, 173, 198, 227, 267, 268, 282, 293
夷谷（夷） 75, 227, 281, 284, 291
エホシ嶽 46, 180, 191

円重坊（長岩屋） 155, 176, 247, 256, 258
円徳（夷） 270
円徳屋敷払（夷） 270
円祐払（夷） 270
延暦寺 49, 50, 51, 52, 53, 68, 71, 73, 80, 81, 83, 85, 90, 92, 100, 101, 102, 164, 165, 167, 171, 192, 210
近江 165
應(応)利山報恩寺 126, 127, 128, 130, 131, 132, 182, 186
応暦寺 116, 117, 130
応暦寺奥の院 129
大イゼ（加礼川） 233, 242, 243
大分県 45, 46, 244
大石屋（岩屋） 74, 76, 77, 170, 172, 173, 267, 269
大宇佐田 19
大尾社 62
大蔵屋敷（長岩屋） 250, 255, 260
大貞 19
大隅 142
大嶽 102
大嶽山 77, 149, 171, 173, 267
大嶽寺社 48, 77, 171
大谷寺 48, 76, 149, 170, 172, 173, 180, 267
大田村 5
大坪（加礼川） 234, 237, 241, 256
大坪三（長岩屋） 249, 255
大タウケ 181, 204
大歳神社（加礼川） 239, 241
大野城 21
大藤払（夷） 270
大不動岩屋 77, 171, 267
大峰山 119
大三輪神社 25
大折山 48, 76, 170, 172, 173, 179, 182, 186, 267
岡ノ屋敷（長岩屋） 250, 255, 256
岡ン谷 255
小城 102
小城山 77, 149, 171, 173, 208, 267
小城寺 48, 77, 172
奥の坊（長安寺） 153, 199, 200, 201, 230
奥畑 182
小倉山（小椋山・少蔵山） 18, 23, 27, 28, 32, 33, 34, 40, 61, 215
小崎 182, 188
尾崎屋敷 261
おとむれ 286
雄渡牟礼 286, 287, 288
尾ノ鼻 181, 204
小野払（夷） 270
御許山（御許） 13, 14, 15, 23, 28, 29, 31, 32, 33, 34, 35, 36, 37, 39, 40, 41, 44, 45, 46, 49, 53, 54, 59, 63, 69, 121, 123, 124, 125, 127, 130, 133
折花 181
御油田（加礼川） 243
御油畠（長岩屋） 249, 255, 258

―か　行―

貝ノ丸（長岩屋） 250, 255, 256
香々地 62, 122, 228
香々地地区 66
香々地荘 6, 66, 103, 104, 108, 109, 183, 221, 227, 272
香々地町 5, 73, 198, 263, 270, 271
柿園庵 294
柿の木丸（柿円）（加礼川） 233, 239, 240, 241, 242
柿木平（加礼川） 234
学乗払（夷） 270
学頭坊（長安寺） 201, 230
賀来荘 218
蔭の木 255
陰ノ木屋敷（長岩屋） 250, 255, 256, 260,
懸樋山 77, 171, 173, 179, 267
カジヤ（長岩屋） 255
鍛冶屋（長岩屋） 205, 251, 255, 256, 260
鍛冶屋迫払（夷） 270
和尚山 22
葛川明王院 106, 105
勝山地区 21
鼎 182, 194
鹿越（鹿鳴越）城 286, 287, 288
金丸村年之神 125, 128, 130
鐘撞（つき）田（加礼川） 233, 245
川原寺 17, 23
竈門神社 168
上来縄村 126, 128, 131
上窪田（加礼川） 239, 241
上鶴（加礼川） 241
上長岩屋 259, 260, 261, 262
上ノ屋敷（長岩屋） 250, 255, 260
鴨尾 183
加礼川（加禮川・加礼河） 66, 76, 112, 147, 153, 170, 173, 176, 177, 178, 181, 183, 201, 202, 205, 206, 212, 223, 226, 229, 232, 237, 238, 242, 243, 244, 259, 263, 267, 270, 272, 273, 281, 297
加礼川払 270
加礼川村 115, 127, 128, 234, 237
カワクボ 255
川くぼ（加礼川） 243
河内山辻 188, 201
川床村 283, 284
川部 296
川辺（川邊・河辺）岩屋 76, 170, 180, 267
河部払（夷） 271
川原イゼ（加礼川） 233, 234, 239
河原屋敷（長岩屋） 250, 255, 256
観行払（夷） 270
願寿（就）寺 69, 192
願成寺 77, 171
関東 209
観音寺 31, 32
城井城 178
きうらきの払（夷） 271
木浦松 271
祇園 51
祇園坊（長岩屋） 155, 246, 247, 258
菊山 191
喜久山（聞山・聞山岩屋） 46, 48, 49, 68, 69, 76, 170, 172, 180, 181, 182, 191, 192, 194
聞山川 191
菊山村 118
き日田（加礼川） 243
耆闍谷 74
北浦辺（北浦部） 108, 220, 227
北の迫 246
北ノ坊（長安寺） 153, 199, 200, 201, 230
北之坊（両子寺） 214
杵築 115
杵築市 50, 114, 168, 216, 270,

277, 286
杵築市山香町　50、168
杵築藩　119, 123, 154, 174, 206
吉祥寺　77, 171, 173, 267
キツネゴウヤ（加礼川）　232
きつねこえ山（加礼川）　231
貴福寺　77, 171, 173, 267
岐部　284
岐部荘　274, 275, 279
九州　65, 70, 100, 149, 193, 217, 226
經（経）岩屋　77, 171
けうウチ払（夷）　270
行知払　270
京都　25, 37, 148, 285
行入寺　171, 173, 267
行入寺　77, 117, 126, 129, 130, 171, 173
計宇良木田　85, 92
清滝寺（清瀧寺）　76, 170, 173, 180, 183, 267
金宗院　227, 228
宮司屋敷（長岩屋）　205, 250, 255
草地　180
草地本村　294
草葉の釈迦堂　69, 192
櫛来別符　275
櫛田神社　227
くじゅう　285
くすの木丸（加礼川）　243
楠屋敷（長岩屋）　250, 255, 260
口のつほ（加礼川）　243, 245
来縄郷（来縄）　3, 67, 139, 163, 187, 189, 190, 194, 198, 228, 266
来縄村　127
国東　13, 26, 27, 28, 70, 95, 117, 122, 142, 148, 154, 156, 161, 166, 199, 216, 224, 285, 295
国埼（国前）　3
国東郡　25, 95, 114, 163, 209, 277
国東郡六郷（国東六郷）　39
国東郷　3, 6, 109, 139, 163, 266, 267, 275, 286
国東市　249
国東地域（国東地方）　4, 5, 74, 185, 226
国東半島　3, 5, 6, 9, 10, 25, 27, 52, 58, 65, 102, 111, 142, 156, 163, 164, 174, 206, 212, 217, 223, 238, 262, 265, 267, 268, 277, 280, 284, 285, 286, 288, 295, 296, 297, 298
国東町　5, 102
国見　122
国見町　249, 271
久原屋敷（長岩屋）　249, 255, 260
求菩提山　141, 157, 174, 224, 272
熊野　119
熊野川　191
熊野三山　168
熊野社　71
熊野胎蔵寺　66, 182
熊野磨崖仏　68, 71, 72
鞍懸石屋　76, 170, 172, 188
鞍懸山　76, 173, 183, 186, 188, 267
鞍懸山馬頭寺　188
鞍懸城　286, 287, 288
久留米　141
黒草の観音堂　69, 192
黒地区（宇佐市）　23
黒土　76, 125, 127, 128, 173, 267
黒土石屋　48, 74, 76, 77, 170, 172, 269
黒土村　128, 130
クロブシヤシキ　255
黒法師屋敷（長岩屋）　250, 255, 256, 261
桑原（加礼川）　242, 243, 244, 245
桑原イゼ（加礼川）　233, 234, 239, 242, 243
桂徳寺　124
見地山（見地）　77, 91, 171, 173, 267
見地村　102
小岩屋　48, 74, 77, 149, 173, 204, 267, 269
五岩屋（千燈）　48, 54, 55, 60, 77, 171, 172, 173, 267
小石屋山　76, 170, 172
后岩屋　77, 170, 181
香院払（夷）　271
かうこ石（加礼川）　231
神護石　181
コウゴ石（加礼川）　232
杲日庵　117, 120, 129, 130
香司屋敷（長岩屋）a　249, 255, 258, 260
香司屋しき（長岩屋）b　251, 255
上野　165
郡瀬　194
虚空蔵寺　77, 171, 173, 267
興道寺　117
光明寺　76, 77, 170, 171, 173, 180, 181, 183, 185, 267
香祐払（夷）　270
幸録　270
高六払（夷）　270
コーラ　255
小柿（垣）原（夷）　269, 270
小加礼川（小賀例川）（加礼川）　233, 235, 239, 240, 241
虚空蔵（加礼川）　232, 233, 239, 241, 244, 273
虚空蔵（廃）寺　17, 18, 21, 22, 60, 141
虚空蔵石（岩）屋　48, 76, 147, 170, 172, 229, 232, 234, 237, 238, 244, 245
虚空蔵新開（加礼川）　239, 240, 241, 242
コケラ仏　181
九日田（加礼川）　243
興岩屋　77
輿岩屋　171
御前屋敷（長岩屋）　250, 255
小田原　67, 164, 183, 189, 190
小田原地区　49, 67
小藤（夷）　270
小両子岩屋　77, 170, 181, 183, 202, 256
小不動岩屋　77, 171, 267
駒ヶイゼ（加礼川）　233, 243
薦社　19, 22, 25
五郎次屋敷　205
五郎次郎屋敷（長岩屋）　250, 255
金剛童子（こんかう童子）（加礼川）　231, 232, 233

―さ　行―

西叡山　48, 49, 182, 189
西岸寺　117, 126, 129, 130
最勝岩屋　76, 170, 182, 188
財蓮坊（両子寺）　214
埼玉県　204
西福寺　181, 204
西方寺　48, 77, 170, 172
西明寺　168, 216, 221
西明寺観音堂　129
さくらか谷（加礼川）　243, 245
桜の谷（加礼川）　232
桜馬場　193
迫シリ払（夷）　270

迫ノ屋敷（長岩屋）　250, 255, 256, 260
左近三郎屋敷（長岩屋）　250, 255
サコンヤシキ（長岩屋）　255
佐田　283
薩摩国　277
佐野　182, 186, 187
さの神田（加礼川）　243
佐婆の津　3
佐保陵　27
佐屋の元（加礼川）　141, 232, 234, 236, 237, 238, 282
狭山池　21
三月田（加礼川）　243
三十仏　77, 171, 267
三段(反)田（加礼川）　233, 242, 244
山門　51
椎田　209
四王石屋　48, 74, 76, 77, 170, 269
滋賀県彦根市　25
四国　26, 58
持地庵　228
師子岩屋　77, 171
自常坊（両子寺）　117, 214
地蔵峠　204
地蔵山（長岩屋）　247
下フンベ（加礼川）　231
尻付岩屋　77, 170, 267
実相坊（両子寺）　214
シテ（志手）ノ大道　180, 190
志手村阿弥陀堂　127
地主中（長岩屋）　255
地主西（長岩屋）　255
芝崎　185, 190
芝崎村　127
芝堂の薬師堂　69, 192
島原　114
島原藩　119, 121, 123, 124, 133, 208
下毛郡　22, 26, 34, 61
下竹ノ下（加礼川）　234
下野　165
下野薬師寺　26
下津留（夷）　269
下鶴（加礼川）　237, 241
下長岩屋　259, 260, 261, 262
下並石（しもなめし）(加礼川) 233, 242, 244
下払　271
ト払（梅木）　271
下ノ坊（下の坊・下坊） 201, 230, 231, 232, 233, 237
下宮　25
下力成払（夷）　270
十連（夷）　270
住蓮払（夷）　270
重蓮坊（長岩屋）　141, 155, 247, 248, 255, 256, 257, 258, 270
寿礼田払（夷）　270
正覚寺　36, 39
しやうきやう三まい田(加礼川) 243
上宮　30
清浄光寺　171, 173, 267
清浄光寺　77, 117, 126, 129, 130, 171, 173
浄心屋敷（長岩屋）　250, 255
常泉（仙）坊　143, 153, 178, 201, 202, 226, 229, 230, 231, 232, 233, 234, 237, 242, 245, 253, 281, 282
淨道屋敷（長岩屋）　249, 255, 258, 260
浄土寺　77, 171, 173, 267
せうの田（加礼川）　243
成仏寺（成佛寺）　77, 117, 129, 130, 141, 156, 171, 173, 267, 286
定本（夷）　270
上品寺　77, 171
浄満寺　117
常力屋敷（長岩屋）　250, 255
青蓮院　85, 92, 94, 95, 100, 101, 102, 105, 106
白河御所　71
尻依（加礼川）　239, 241
四郎次郎屋敷　251, 255
城山の薬師堂　69, 192
新開（しんかい）(加礼川) 233, 239, 240, 241, 242, 243, 245, 273
新海イゼ（加礼川）　233, 239, 242
新開尻（加礼川）　237, 239, 240, 241, 273
新海平（加礼川）　234
しんかいミそ（加礼川）　232
神宮寺　117, 121, 172
シンゲ（加礼川）　241
真光坊（両子寺）　214
新城　205, 237
神田（加礼川）　233, 239
新宝塔院　46, 47, 49, 165, 268
瑞雲寺　22
隋願寺　69, 129, 192
末山（六郷山）　77, 154, 168, 169, 176, 208
周防国　3
関ヶ原　229
石城寺　58
瀬戸内海　65
背振山　272
泉源寺　129, 130
千蔵払（夷）　270
千蔵坊（センズ坊、長安寺） 153, 199, 200, 201, 230
センゾー坊（長岩屋）　155
千燈　271
千燈岩屋（千燈山石屋・千燈山）　16, 57, 74, 76, 77, 149, 171, 172, 173, 204, 211, 267, 269
千燈寺（千灯寺）　48, 77, 86, 107, 108, 115, 117, 119, 120, 126, 130, 136, 227
千灯寺奥の院　129
千灯寺下払坊　117, 119
千燈嶽　274, 275
仙堂坊（長岩屋）　247, 256
専当屋敷（長岩屋）　205, 251
千徳坊（両子寺）　207, 212, 214
禅坊払（夷）　270
薗木　191

—た　行—

待賢門　51
大聖寺　117
大定（条）払（夷）　270
大山寺（竈門山）　51, 73, 166
大善寺玉垂宮　141
胎蔵寺　117, 129
大日石屋　48, 76, 170, 172, 183, 193, 267
大日本国　143
大般若　255
大満坊　117, 119
大満坊（長岩屋）　155, 247, 248, 256, 258
大万坊（両子寺）　207, 214
大門坊　119
大力　183, 228
大力の十王谷　141
大力坊（長小野）　66, 117, 129, 130, 146
鷹栖観音　22, 141
高田　114, 209
高田河　180, 190
高田組　125, 126

高田城 190
高千穂 26
高森 296
高山（六郷） 35, 48, 50, 76, 163, 164, 166, 173, 179, 180, 182, 188, 190, 197
高山寺 48, 49, 67, 73, 76, 170, 172, 188, 189, 225, 267
瀧本岩屋 55, 77, 171
田口（長岩屋） 255, 256, 259
田口二屋敷（長岩屋） 249, 255
タケノシタ（加礼川） 243, 243
竹の下（加礼川） 243
竹の下イゼ（加礼川） 233
竹ノ中（夷） 270
竹中払（夷） 270
大宰府 51, 73, 165
太宰府市 51, 61, 73
田染 45, 46, 68, 118, 122, 183, 188, 234, 244, 266
田染愛宕堂 129, 130
田染組 124, 127, 128, 130
田染郷 3, 6, 72, 139, 163
田染地区 66
田染荘 6, 8, 63, 66, 198, 261, 267, 273, 277, 297
立石（山香） 175, 183, 286
立石（加礼川） 232
立石城 286, 287, 288
立石村 124, 125, 126, 127, 128, 130, 187
田中 271
田中（加礼川） 239, 241
田中薗（長岩屋） 249, 255, 258
田中ノ屋敷（長岩屋） 250, 255, 256, 261
谷の坊（長安寺） 153, 199, 200, 201, 230
谷山郡 277
種子島 26
田ノ上払（夷） 271
田野口 191
田ノ口払（夷） 270
田深川 286
田福 133, 183, 185
田福村 125
田福村玉井堂 120, 127, 130
田原路 181, 201
田原別符 63
智恩寺（知恩寺） 117, 129, 170, 172, 48, 76, 117, 149, 173, 179, 180, 182, 194, 197, 198, 263, 267
智恩寺村 127, 128, 130
智鏡屋敷 205, 249, 255
筑後国 40
筑後三池 114
筑後柳川 114
筑前 165
筑前大宰府竈門山 165
地黄院 117, 119, 120
茶木畠（長岩屋） 250, 255
中国 165
長安寺 47, 66, 73, 86, 103, 112, 127, 128, 130, 141, 146, 152, 153, 157, 168, 183, 201, 205, 220, 228, 230, 231, 236, 237, 238, 268, 297
調子岩屋 77, 171
銚子岩屋 55, 77, 171, 267
朝鮮 229
朝鮮半島 165
朝拝田（加礼川） 242, 245
長法払（夷） 270, 271
鳥目岩屋 76, 170, 173, 180, 181, 183, 191
津久見市 112
辻小野山 76, 173, 216, 221, 268
辻小野寺 48, 76, 149, 168, 170, 172, 180, 267
恒吉 181, 204
東南払（つのんばらい）（夷） 270
都留（津流・つる）（加礼川） 233, 239, 240, 241, 242, 273
つるの口（加礼川） 242
津波戸山（津波戸岩屋・石室） 13, 16, 28, 32, 33, 35, 36, 38, 39, 48, 49, 50, 54, 55, 67, 70, 71, 76, 164, 166, 170, 172, 173, 179, 192, 215, 267, 268
寺床（高山寺） 188
寺屋敷（高山寺） 188
寺屋敷（智恩寺） 194, 196
寺山（高山寺） 188
出羽三山 168
伝乗寺（馬城山） 45, 49, 68, 69, 70, 71, 72, 182, 191, 192, 193, 194
天台六郷山 72
天念寺 117, 121, 129, 141, 155, 156, 183, 202, 246, 247, 248, 254, 258, 259
天福寺奥の院 22, 23, 61
東光寺（横城山） 122, 215, 216, 217, 298
東寺鎮守八幡宮 25
藤四郎イゼ（加礼川） 233
道心屋敷 205, 251, 255, 256
道心屋敷（長岩屋）b 250, 255, 261
ドウセン（長岩屋） 255
塔の熊廃寺 22
道法屋敷（長岩屋） 250, 255
堂山（智恩寺） 194, 196
徳乗拂（長岩屋） 249, 255, 257, 258, 270
都甲 114, 122, 223, 227, 229
都甲川 201, 237
都甲谷 9, 183, 190, 198, 212, 224, 227, 228, 229, 237, 253, 267
都甲地区（地域） 66, 123, 219, 227, 246
都甲荘（都甲之庄） 6, 10, 62, 95, 102, 104, 108, 157, 158, 164, 183, 185, 188, 202, 218, 220, 221, 223, 224, 225, 226, 227, 228, 238, 242, 243, 244, 253, 261, 263, 272, 277, 279, 280, 292, 296, 297
都甲露（路）払（夷） 270
殿前 255
富来 114
共鑰山 35
豊国 162
鳥居観音 204

—な 行—

直入 26
直入郡 25, 26
中（長岩屋） 249, 255, 256, 259
長岩屋（石屋） 7, 14, 48, 66, 74, 76, 77, 112, 115, 127, 128, 130, 141, 149, 151, 155, 156, 170, 172, 173, 177, 178, 183, 202, 204, 206, 211, 212, 223, 225, 226, 246, 249, 253, 254, 256, 257, 258, 259, 262, 263, 267, 269, 282, 297
長岩屋川 223
長岩屋山 76, 181
長岩屋寺 155
長小乃（小野）（夷） 66, 81, 85, 94, 99, 109, 183, 272
長小野村 89, 282, 293
長小野屋敷（長岩屋） 250, 255
長小野屋敷阿弥陀堂 129
中島堂 127, 130

中園（中岩屋） 250, 255, 260
仲薗屋敷 251, 255
中田えのきのつほ 243
中津尾 28, 29, 31, 32
中津尾岩屋 76, 170, 180, 188
中津尾寺 32
中ノ坊（中の坊、長安寺） 153, 199, 200, 201, 230
中之坊（両子寺） 117, 119, 126, 214
中平（加礼川） 231, 237
中村（加礼川） 231, 232, 237, 238, 282
中山（六郷山） 77, 78, 80, 154, 168, 169, 176, 179, 185, 202, 204
奈多 26, 215
奈多宮 25, 216
奈多八幡宮 24, 129, 130
楢林村 125, 126, 127, 128
なる石（鳴石）（加礼川） 181, 231, 232, 234
新田（加礼川） 229, 232, 234, 238, 244
二王（加礼川） 231, 232
仁王が鼻（加礼川） 236
西裏岩屋 77, 171
西国東（郡） 4, 9, 156, 169, 227, 246, 286
西城（智恩寺） 194, 196
西都甲 223
西祓（臼野） 271
西払（真玉） 270
西之坊 117
西の坊（西ノ坊）（長岩屋） 155, 247, 249, 256, 257, 258, 259
西坊（西の坊）（加礼川） 153, 201, 202, 229, 230, 232, 234, 237, 245, 281
西ノ屋敷（長岩屋）a 249, 255, 256, 260, 262
西ノ屋敷（長岩屋）b 249, 255, 258, 262
西山 77, 171, 267
二反田（二段田）（加礼川） 234, 243, 245
日本 18, 30, 56, 165
二本坊（長岩屋） 155, 247, 248, 256, 258
ノウヘ（野部）ノ谷 180, 190
野田（加礼川） 233, 242, 245
野田イゼ（加礼川） 233, 243
延岡 114, 118
延岡藩 121, 123, 133
延永原 21

—は　行—

梅遊寺 228
博多 226, 227
筥崎八幡宮 165
橋津組 124
橋津村 127, 130
長谷寺 22
八幡大隅国正宮（大隅正宮） 42, 43
八幡本宮 49
八幡弥勒寺 165
八面山 17, 18, 19, 22, 23, 27
葉付畠（都甲荘） 279
花嶽 178, 286
鼻津岩屋 76, 129, 130, 170, 173, 180, 183, 189, 190
隼人の国 162
速見郡 67, 114, 122, 169, 229, 266, 268, 277, 286
払（岩戸寺） 271
払（両子） 271
払岩屋（拂岩屋） 77, 170
払田 183, 185
原田荘 40
坂東 95, 98
日足 18
比叡山（叡山） 81, 73, 89, 90, 99, 171, 179, 189, 217
比叡山西塔 83
比叡山東塔 51
日吉社 51
ひかけ（ヒカケ）（加礼川） 237, 242
ヒカケイゼ（加礼川） 233, 237
樋懸田 85, 92
東国東（郡） 169, 227
東都甲 223
引寺 153, 200, 230
肥後熊本 114
彦山 17, 18, 23, 71, 78, 174, 193, 224, 272
久末 76, 171, 173, 267
日出 277
菱形池 61
毘沙門岩屋 77, 171, 267
肥前 212
陽平 191
日野岩屋 76, 170, 173, 180, 181, 183, 191, 267
樋上新開尻依（加礼川） 237, 239, 241, 273
ヒノクチ 255
樋ノ口（長岩屋） 250, 255, 256
姫岳 112, 226
日向 142, 162
日向耳川 227, 228
平等寺 77, 170, 173, 267
平野 191
平原 176, 231, 237, 281, 282
平山村薬師堂 125, 128, 130
広島県三原市 25
富貴寺（蕗寺） 4, 58, 66, 68, 116, 117, 118, 119, 126, 130, 147, 170, 173, 180, 183, 189, 190, 191, 218, 267
富貴寺大堂 129
冨貴寺白山神社 129
蕗の谷 185
福定屋敷（長岩屋） 249, 255, 258, 260
福昌寺 125, 128, 130, 131
普賢岩屋 76, 77, 170, 171, 180, 183, 189, 190
不浄道 200, 201
薫石払（ふすべいしはらい）（山香町） 270
豊前 170, 188, 194
豊前道 21
豊前国（豊前） 33, 114, 165
豊前竜王 114
両子 102, 271
両子山 149, 169, 207, 208, 209, 210, 211, 215, 262
両子寺 76, 113, 116, 117, 119, 120, 121, 124, 126, 142, 115, 120, 128, 136, 157, 171, 173, 174, 206, 208, 212, 213, 214, 220, 227, 228, 296, 298
両子仙 48, 77, 171
両子坊（長安寺） 153, 199, 200, 201, 230
佛供嶽（長岩屋） 249, 255, 256
仏持院（長安寺） 201, 230
薫石（ふすべいし）（山香町） 270
不動石屋 48, 76, 170, 193
古川名 283, 284
古田（ふる田）（加礼川） 233, 239, 240, 241, 242, 244, 245
豊後 170, 188, 194
豊後高田市 5, 7, 8, 14, 45, 46, 47, 60, 62, 66, 121, 156, 161,

163, 164, 179, 193, 205, 220, 248, 249, 254, 263, 270, 271, 286, 296, 297, 298
豊後国　10, 114, 164, 209, 212, 292
ふんべ（加礼川）　231
平六屋敷（長岩屋）　250, 255
別府市　58
別府湾　285
弁宮屋敷（長岩屋）　251, 255
法圓屋敷（長岩屋）　250, 255
報恩寺　77, 117, 129, 130, 171, 173, 267
宝持院（長安寺）　201, 230
防府市　3
宝満寺　58
宝命寺　117
宝命寺観音堂　129, 130
坊落　270
坊楽払（夷）　270
法隆寺　17, 23, 25
外その（加礼川）　243
北部九州　49, 58, 150, 151, 166
法け八向田（加礼川）　242
堀ノ内（長岩屋）　251, 255, 256, 260
本坊（長安寺）　201, 230
本坊（長岩屋）　155, 247, 256, 258
ボンヤシキ（加礼川）　233, 236
本隆寺　25

―ま　行―

前田（加礼川）　233, 239, 240, 241, 242, 245
前田の閻魔堂　69, 192
間廉岩屋　77, 170, 181
真木　45, 46, 182, 191, 193
馬城山　45, 46, 76, 170, 179, 180, 181, 182, 189, 191, 194, 267
真木隋願の隋願寺　69, 192
眞木大堂　45, 66, 68, 71
厩峰（まきのみね）　69
馬城峯（馬城峰）　28, 29, 30, 33, 35, 62, 63
枕岩屋　55, 77, 171
孫三郎屋敷（長岩屋）　249, 255, 258, 260
正清名　279
真玉　122
真玉地区　123
真玉荘　62, 204
真玉町　5, 205, 249, 263
松浦　212
松尾　188
松尾払（夷）　270
松鼻（長岩屋）　251
松幸之村　228
松行名（松行）　227, 228, 237, 244
間戸岩（石）屋　48, 76, 170, 172, 197
間戸寺　130
間戸寺　76, 127, 128, 173, 180, 182, 187, 267
真中　191
丸小野　129
丸小野寺　76, 117, 130, 171, 267
馬渡　181
徳万坊払（夷）　270
万福寺（加礼川山）　234
三島社（加礼川）　234
水城　21
三角池　19, 21, 25
三角畠（長岩屋）　251, 255
道脇寺　146, 157, 158, 176, 177, 183, 202, 230, 232, 236, 282
御調八幡宮　24
光廣　46, 180, 191
水口（長岩屋）　249, 255, 258
南之坊（両子寺）　117, 119, 214
南法華寺（大和・壺坂寺）　17
峯（加礼川）　234, 281, 282
嶺崎　182, 183
峰の観音　21
峯坊（峯ノ坊・峯の坊）　153, 201, 229, 230, 231, 232, 233, 234, 236, 237, 244, 245, 281
美濃払（夷）　270
三畑（村）　155, 249, 259
みやこ町　61
宮佐古　32
宮佐古山　198
妙覚寺　76, 170, 173, 180, 181, 183, 189, 190
妙覚屋敷（長岩屋）　250, 255
妙鏡払（夷）　270
妙見城　286, 287
ミューセン坊（妙仙坊）（長岩屋）　155, 247, 248, 256, 258
ミョウト石（加礼川）　232
めうと石（加礼川）　231, 232
妙門坊（長岩屋）　249, 255, 257, 258, 259
弥勒寺（宇佐）　3, 7, 13, 18, 28, 38, 43, 45, 49, 50, 53, 58, 59, 67, 70, 72, 84, 161, 163, 165, 168, 182, 191, 192, 197, 216, 223, 268, 290, 297
弥勒寺喜多院　185
弥勒寺新宝塔院　70, 71, 72, 101, 166, 192, 194
弥勒禅院　23, 161, 162
椋竹（長岩屋）　255
ムコウツボ（長岩屋）　255
武蔵教善寺薬師堂　129, 130, 131
武蔵郷（武蔵）　3, 122, 139, 163, 266
武蔵町　5
無動寺　50, 53, 71, 83, 85, 86, 87, 94, 101, 102, 105, 176
胸の観音　21
夫婦石（都甲荘）　279
面之屋敷　262
本山（六郷山）　74, 77, 78, 154, 169, 176, 179, 185, 208, 269
百束下迫　181, 201
森の木　205, 255
森木屋敷（長岩屋）　251, 255, 256, 260
森下払（夷）　270
諸田　284
文殊仙寺　77, 117, 130, 171, 173
門之坊　117, 126
門の坊（門ノ坊）（長岩屋）　155, 256, 258
門ノ坊（両子寺）　207, 247

―や　行―

焼尾　270
焼尾岩屋　77
薬王院　194
薬師堂　170
薬師寺　77
薬師名　262
屋気尾払（夷）　270
薬王寺　67, 163, 197
ヤゴロウ（加礼川）　236
八坂下荘　277
箭代屋敷（長岩屋）　250, 255, 260
柳川　229
山香　122, 227
山香郷　6, 72, 168, 185, 267,

273, 277, 283, 292, 293
山香町　50, 168, 183, 188, 270, 277, 283, 286
山口(加礼川)　233, 235, 236, 237, 237, 281
山崎　37
山城　37, 165
山田村　277
山の口(加礼川)　231
山村　125, 127, 130
山本(宇佐)　17, 19, 23, 194
屋山城(屋山要害)　227, 228, 229, 263, 286, 287
屋山寺(屋山)　7, 47, 48, 53, 76, 78, 79, 100, 112, 113, 115, 128, 148, 153, 172, 173, 174, 50, 74, 76, 77, 98, 99, 149, 163, 173, 175, 176, 177, 178, 179, 181, 183, 186, 198, 201, 202, 204, 210, 211, 212, 213, 218, 223, 224, 225, 227, 228, 229, 230, 231, 234, 237, 238, 242, 243, 245, 267, 268, 269, 272, 273, 281, 282, 288, 297
ヤヤマダ　273
屋山道　232
夕日岩屋　66, 76, 170, 180, 181, 182, 191, 267
楪　202, 244, 246
湯布院町　285
陽明門　51
養老寺(高山)　189
横城　216
横城山(横城・横の城)　13, 25, 27, 29, 77, 149, 164, 169, 171, 173, 211, 215, 217, 218, 298
横嶽河内　91, 90
吉武屋敷(長岩屋)　250, 255, 256, 260
吉水山　76, 125, 128, 130, 173, 179, 189, 267
吉水寺　76, 149, 170, 172
要本坊(長岩屋)　155, 247, 256, 258

—ら・わ行—

来迎寺　76, 170, 173, 180, 183, 185, 189, 190, 267
雷山　272
羅漢寺　22
力上(夷)　270
利乗払(夷)　270
竜ヶ鼻城　286, 287
立儀はつかう田(加礼川)　243
龍門石屋　48, 76, 77, 170, 181, 183, 256
良醫岩屋　76, 170, 180, 181, 182, 191
両戒村　125, 128, 130, 131
霊鷲山　35, 39, 44, 49
霊山寺(霊山)　35, 39, 40, 41, 44, 54
瑠璃光寺　117
雲仙寺　117, 118, 121, 126
蓮祐払(夷)　270
蓮祐払坊　93
六郷　164, 251, 265
六郷夷山　93
六郷山(六郷満山・六郷御山)　3, 4, 5, 6, 7, 9, 10, 13, 14, 15, 16, 29, 36, 45, 46, 47, 48, 49, 50, 54, 55, 58, 59, 65, 66, 67, 69, 71, 72, 73, 75, 76, 78, 80, 81, 83, 84, 85, 86, 87, 88, 89, 90, 91, 92, 94, 97, 98, 99, 100, 101, 102, 105, 108, 109, 111, 112, 113, 114, 115, 116, 117, 118, 121, 122, 123, 125, 126, 134, 135, 136, 139, 142, 143, 145, 147, 149, 150, 153, 154, 157, 158, 163, 164, 165, 166, 169, 170, 171, 172, 173, 174, 175, 177, 178, 179, 185, 186, 189, 194, 197, 198, 199, 204, 206, 208, 209, 212, 213, 215, 216, 217, 218, 219, 220, 224, 225, 226, 227, 228, 229, 238, 242, 246, 254, 257, 263, 267, 268, 269, 271, 272, 273, 274, 275, 279, 280, 281, 282, 283, 286, 288, 290, 293, 295, 296, 297, 298
六太郎(六太郎畑)　277, 279
六太郎美尾　46, 180, 191
轆轤岩屋　76, 170, 180, 182, 188
六郎ヶ迫　203
轆轤薗(長岩屋)　205, 250, 255, 260
若宮八幡宮　127, 130

事項索引

—あ　行—

赤鬼　14, 56
悪僧　73, 166
悪僧首　52
悪魔　149
阿闍梨　86
悪口　40
宛文　107
阿毘曇蔵　30
阿弥陀堂　185, 190
荒田　37
荒山　167, 271
安堵状　230
案文　94
イエ　281
異界　3
異境　3
遺構　289
異国降伏　55, 56, 57, 58, 143, 145, 149, 151
異国調伏　60, 143, 145, 149, 150
異国降伏之霊窟　149
異国征伐　149
石垣原の合戦　229
石工調査　66
医術　18, 162
井堰　241, 243, 244
井堰がかり　273
遺跡調査　7
異賊　143
板碑　227, 236, 249
一族集落　259
一味同心　251, 252
一夏九旬安居　187, 197
一夏九旬不断供花　204
一揆　186
異敵征伐　143
位牌　177, 227, 228
磐座　18
石清水八幡宮(の)別当　67, 70, 165, 166
岩(石)屋　73, 74, 190, 213, 214, 231, 268, 269
岩屋寺院　164, 165
石屋大衆　75
院御願寺　71
院主(職)　82, 100, 102, 177, 178, 179, 198, 204, 210, 211, 217, 218, 229

院宣　51
宇佐大路　19
宇佐の西参道　21
宇佐八幡研究　6
氏神　234
氏寺　190
打札之文　153, 225, 238, 272
鵜羽屋　25
裏書　42
夷　3
縁起　4, 48, 53, 115, 121
厭魅事件　19, 26, 214
延暦寺研究　67
延暦寺政所　81, 89, 100, 101, 104, 179
延暦政所　83
王城鎮護　149
黄檗派　186
御馬所検校　78, 224
大山野　283
大庄屋　124, 234
大隅隼人　162
オオダイ　247
大松明　156, 247
掟文　252,
置文　155, 156、230, 237, 238, 241, 242, 243, 249, 252
奥書　42
鬼　3, 139, 141, 142, 147, 148, 150, 247
鬼会　22, 141, 142, 146, 147, 148, 150, 153, 156, 242
鬼会式　145, 151, 153
鬼会田　147, 153
オニオ　247
鬼走り　147
鬼夜　141, 146
オニヨ　247
御許山修験　15

—か　行—

絵画　285
海岸の開発　265
開山堂　214
開発　102, 170, 238, 241, 242, 243, 263, 265, 271, 273, 279, 284, 296, 298
開発史　285
開発私領　269
開発理　73, 74, 269
開闢護摩　14
花押　42, 94
角違一揆　95, 108
学頭　114, 211, 212
角塔婆　247
学頭坊　204
神楽　149
掛樋　237
鍛冶跡　284
加持祈祷　151
家族史研究　295
月忌田　177
鎌倉幕府　72, 82, 97
鎌倉幕府祈祷所　69, 72
伽藍配置　216
狩倉　273, 277, 279, 288, 290
苅畑　294
川原寺式の軒平瓦　17, 23
瓦　194
瓦窯　17, 163
灌漑水系　262
環境　102, 219, 265, 266, 291, 296, 298
環境歴史学　295, 298
願主　113
勧請　71, 123, 193, 225, 242
勘定状　227
勧進　29
勧進僧　78
巻数　149
官道　21, 22
関東祈祷所　99, 149, 176, 179, 209, 210
観音講　186, 203, 204
観音信仰　47
観音の霊場　47
旱魃　21
奇岩　217
綺語　40
偽書　79
起請　48
起請　30
偽託宣　19
祈祷　100
祈祷巻数目録　168
祈願所　115, 185
祈祷目録　86, 98
客殿　214
日向耳川の戦い　227, 228
弓馬の家　113, 213
境界　186
境界神　18
境界鎮守神　3
行幸会　25, 26, 27, 28, 215, 216
行者　116, 117, 120, 124, 128, 132, 134
経塚　39, 50, 70, 166, 216, 220, 268
経塚遺構　216
経塚造営　49, 70, 71, 73
経筒　38, 163, 216
経筒埋納　39, 49
経塔　166
行道　147
行場　27
経筥　224
行法勤修の道場　35, 39
竟夜　147
切畑　294
苦　30, 34
空　30, 34
空門　30, 34
草地　279
公事免許状　81
供僧　15, 38
苦諦　30, 34
下文　81, 83, 89, 91, 94, 105, 108
百済系渡来人　22
百済系の瓦　22
来縄郷司　194
国東塔　199, 236, 248, 282
国東半島荘園村落遺跡詳細分布調査　296, 297
国衆　112
熊野行幸　71
熊野三山　168
熊野信仰　71, 193, 194
公文　93
供養塔　177, 202, 228
庫裏　214
黒鬼　14, 56
黒山　263, 271, 272, 291, 292
軍事貴族　53
軍神　18, 37
軍勢催促状　211
経営単位　262
景観　219, 266, 288
系図　183
下作人　251
外題安堵　90
結願　128, 147, 154
下知状　105, 107
結集　121, 297
原行幸会　26
検校職　83
顕宗（顕教）　55
顕宗学侶　47, 86
滅諦　30, 34
検畠　279, 280
権門　45, 103, 218
権門支配層　51
権門体制　72

原野　277
原始六郷山　166, 169
航空測量　288
講師　38, 204
郷司　185, 190
香水の舞　247
香水棒　156
講堂　194, 199, 214, 229, 247
弘法大師信仰　116, 132, 134
国王　31
国衙　81
国衙領　267
国司　213
五穀豊穣　151
五節供　187, 188, 189, 197, 203
五体投地　214
小松明　156
五壇法　16, 56, 60, 150
国家　213
国家安穏　151
国家護持　56
国家神　37, 70
国境　3
護摩堂　214
鷹の枕　26
五輪塔　236, 247, 248, 282
権現（堂）　214, 229
権上座　87
権少僧都　253
権都維那　87
権寺主　87
権別当　54, 82, 87, 88, 90, 93, 95, 96, 98, 100, 101, 102, 112, 172, 179, 198, 209, 212, 213, 228, 253
権律師　84, 85, 93, 257

―さ　行―

裁許　102
裁許状　273, 277
裁許体制　90
採草地　288, 290, 291
在地領主　280
災払鬼　247
境相論　283
作人　251
削平　289,
座主　51, 213
定書　252
サト　161, 178
里山　266
三会已講　84, 86
山岳寺院　164, 165, 267, 271, 272, 277
山岳修行　101
山下の坊　153, 201
三綱　54, 82, 87, 88, 90, 98, 100, 101
三山　101, 169, 170, 179, 208
三山体制　54, 175
三山（の）形式　154, 168, 170, 224
三蔵　30
山中　205
参道　199
山門大衆　53
山門末寺　52
山野　244, 262, 266, 273, 280, 284, 290, 292
山野開発　286, 289
山野囲込み　279
山野四至　282
山野相論　283
山野用益権　279
山林修行　28, 161, 162
四至　231, 244, 274
寺院目録　121
敷粗朶工法　21
食堂　214
執行（職）　54, 87, 95, 96, 98, 99, 100, 101, 105, 113, 154, 172, 176, 179, 185, 204, 209, 212, 253, 274
施行状　83, 85, 102, 105
執行屋敷　249
執行領（六郷山）　189, 209, 210
四国の巡礼　58
地下の侍　53
使者　80, 89, 90
寺社権門　53, 67, 68, 73
治承･寿永の（内）乱　46, 225
鎮鬼　141
自然　298
自然環境　265, 298
寺僧　32
下地遵行　92
七難　31, 34
七福　31, 34
悉皆的調査　5
四諦　30, 35
地頭　187, 215, 274, 277, 279, 280, 283, 290
地頭職　185
芝地　277
持仏堂　229
四方固め　247
注連　121
四門　30, 34, 35
邪淫　40
邪見　40
社僧　32
沙門　24
朱印　83
十悪　40
宗教遺跡・遺物　23
集会体制　176
衆議　79, 101, 172, 173, 176, 217, 224, 297
衆議所　176
衆議体制　81, 99, 101
宗教文化　65
宗教史　65
十善　34, 40
十善之朝位　33, 40, 41
住僧　49, 53, 73, 74, 75, 79, 101, 114, 166, 168, 170, 172, 173, 175, 179, 202, 205, 206, 217, 220, 251, 252, 253, 254, 257, 260, 269, 291
住僧集団　73, 78
住僧屋敷　155, 156、257, 259
集団的組織的峯入り行　115
集団峰入り行　58, 132, 134
集諦　30, 34
十二坊　206, 257, 258
宗派　123, 131, 132
宗教権門　51, 70
十六諦観　30, 34
修行の道　25
修験者　15, 117, 149
修験道研究　102
守護（職）　97, 113, 226, 286, 288
呪術的医療　162
修正　75
修正会　73, 146, 147, 147, 148, 151, 153, 154, 242
修正会式　152
修正鬼会　14, 139, 141, 145, 146, 147, 151, 155, 156, 246, 295
修正月会　187, 197, 204
修正田　75, 146, 147, 153, 271, 281
呪詛事件　19
修多羅蔵　30
衆徒　251, 252, 253, 281
衆徒先達　75, 99, 109
呪符　282
修問答三十講　203
修理別当　80
狩猟　97, 274

狩猟場　277, 290
巡礼　128, 131
荘園遺跡研究　8
荘園　161, 178, 223, 273, 290
荘園開発　265
荘園研究　6
荘園制　266
荘園村落遺跡調査　6, 7, 8, 9, 223, 297
荘園的経済　183
荘園的寺社　67
荘園領主　92
正覚（正覺）　45, 33, 34
城郭　286
城郭施設　194
正覚の道　216
城館　265
少宮司　19
将軍家（御）祈祷所　98, 100, 101, 209
上座　81, 87, 88
丞相　30
焼身の修行　36, 216
装束検校　25
小寺主　80, 87
浄土信仰　68, 190, 191
定畠　294
条里耕地　22
条里地割　223, 272
条里部　183
青蓮院門跡（宮）　82, 92, 94, 95, 101, 102, 106
初覚行者　86
初学（の）行者　55, 60, 133
初学の修行　116
初期六郷山　72, 78, 101
植生環境　266
職人　205
初後夜入堂読誦経典　186, 187, 197, 203
所司僧　185
所司申状　99
初夜導師　147
新羅　149
私領　170
神官　19, 185, 205
神官勢力　185, 190
新議　85
新儀　85
神宮寺　18
神事　99
神呪（神咒）　54, 55, 86
真宗寺院　114
神像　139, 193
神体　21, 234
神仏習合　134
神分導師　147
神仏分離　134
水田開発　99, 225, 238, 244, 268, 273
預所　94
杉花粉症　266
鈴鬼　14, 247
硯水　30, 32
聖者　30
勢場ヶ原の戦い　227
聖母　142
石造美術　5
石造物　4, 5, 247, 248, 258
石造物調査　66
石躰　34, 35, 42
石躰権現　40, 44
石殿　248
石仏　5, 190
摂関家　70
殺生　18, 29, 40
説法印　38
先達　74, 75, 80, 89, 99, 119, 126, 170, 173, 178, 269
先達僧　81
禅的山林修行　23
禅的修行　23, 162
塼仏　17, 23
懺法　29
先例　280
惣　173, 174
増益　145
僧形八幡神像　13, 25
惣公文所　88, 90
草原　291
惣山　78, 79, 81, 90, 95, 100, 113, 146, 153, 171, 173, 174, 176, 177, 178, 186, 189, 198, 211, 224, 225, 229
惣山院主　99
惣山執行　95, 99
惣山衆議体制　210
葬式組　259
惣堂達　190
惣の掟　283
僧坊　214
惣坊　211
惣門　214
惣領家　112, 226, 228
相論　102
息災　145
組織的集団的峯入り　120
組織的峯入り（行）　120, 123
礎石　188
蘇民将来　236, 282

—た　行—

大越家　117, 120
代官　124, 277
大勧進　225
大宮司　19, 166, 268
太閤検地　208
大講堂　211, 214
太政官符　27
大衆　53, 72, 73, 88, 99, 172
大衆衆議　79, 81, 99
大衆僉議　75, 167
大衆の張本　52
太上天皇霊　27
大臣　31
大山寺別当　166
大先達　117, 120, 269
大檀那（大旦那）　114, 228
大中納言　30
胎内銘　167, 225, 272
大般若会　203
大般若経　100, 113, 170, 178, 204, 209, 212, 213, 214, 257, 259
大般若経転読　78
大菩薩再生の論理　28
大法師　80, 81, 83, 88
大梵鐘　79, 175, 224, 225
大魔所　3, 73, 74, 167, 238, 263, 269, 271, 273, 290, 291
託宣　19
大宰府管内　73
タタラ跡　284
縦（タテ）型伽藍　50, 73, 199, 202
棚田　244, 259
棚田開発　243, 246
谷役　282, 290, 293
溜池　21
段丘　74
探題　97
鎮西探題　97, 107, 273, 277
知行地　114
地籍図　259
地目　277
注進状　226
注文　147, 169, 230, 321, 237, 242, 258, 260
朝鮮式山城　21
朝鮮出兵　114
長日観音経　186
長日薬師経　187

調伏 145
長保事件 37
勅使 36
鎮守神 37
鎮西 143
追儺 141, 147
都維那 87
都維那大法師 80
継目裏書 85
飛礫 147
詰め城 227
鉄滓 284
寺主 81, 87
出羽三山 168
嗔恚 40
天子 40
天水 238, 243
天台化 49, 166
天台教理 68, 191
天台座主 52, 70, 82, 83, 85, 95, 106, 165, 166, 176
天台寺院 72, 133, 268
天台宗 165
天台修験 224
天台僧 49, 51, 73, 165, 166, 170, 268
天台大師供 203
天台大衆 51
天台法華の精神 57
天台六郷山 72, 192, 272, 273
天道 113
伝燈大法師 83, 84, 86
天魔の楼 272
ドイ 259, 260
道鏡事件 19
踏査 288
導師 24
同姓集団 259
同族集団 261
偸盗 40
道諦 30, 34
同范 17
鋼板法華経 78
銅板法華経 163, 174, 224
燈油料 274
灯油料所 40
土器 194
読経 236
兜(頭)巾揃い 127, 128, 134
得分 229, 280
都市論 265
豊臣政権 114
土塁 289
貪欲 40

—な 行—

ナギノ 294
夏供米 226, 249, 251, 252, 254, 262
南朝方 286
二季(御)祭 188, 189, 197, 203
西別当 190
入峯(行) 116, 123, 127
如法書写 56, 60
如意宝珠 17, 18, 34
如法経 38
如来 30
人間 265, 298
人間の営み 298
仁王経 100, 178, 204
仁王講 203
人間菩薩八幡大菩薩前身説 44
祢宜 19
年中行事 146, 153, 187
野火 292
呪師 147

—は 行—

廃仏毀釈 134
幕藩体制 114, 115, 134, 154
幕府 97, 98, 100, 226
畑 262, 273, 274, 277, 283, 294
畠(地) 244, 262, 274, 277, 279, 280, 281, 282, 283, 285, 290, 293, 294
はだか山 289
畠物 283
畑山 274
八座問答講 186
八幡宮寺 68, 70, 218
八幡神研究 295
八幡信仰 8, 102
八幡信仰研究 15, 66
発掘 194
隼人 3, 142, 143, 145, 149, 162
払 153, 168, 177, 201, 230, 271, 272, 273
版築法 21
半肉彫り 193
万民快楽 151
藩役所 132
氾濫原 74
東別当 190
毘尼蔵 30
姫岳合戦 112, 226
百姓 205
非有空門 30, 34
復原的調査 223
封戸 26
不浄道 199
豊前講師 224
豊前道 21
譜代証文の道理 94
不断供花 203
仏教的医療 18
仏具荘厳 177
仏事 99
仏神事 229
仏像 4, 191, 204
仏像彫刻 68
仏法医療 162
仏法修行 41
仏名経 203
不動行法 203, 204
不動行法 149
不動信仰 149
不動堂 214
文永・弘安の役 56, 58
文化財 5, 68
文武百官 30, 34
平家方 273
別院 83, 86
別相伝之地 93
別当 38, 54, 83, 84, 89, 90, 93, 108, 172, 211
別当職 51, 93
別当発給文書 86
坊 205, 231, 248, 257, 279, 281
法印 84, 85, 112, 113
法会 46
坊型集落 283
宝篋印塔 186, 228, 247
保元・平治の乱 53
法眼和尚 80
坊主 82
坊集落 114, 154, 156
奉書 107
放生 18, 162
放生会 25, 45, 162
奉書形式 92, 94, 105
坊田 229
宝塔 38, 165, 248
坊分 229
放牧 284
法昧 55, 86
法務 113
坊屋敷 194
法隆寺式伽藍 17

法隆寺式軒丸瓦　23
法隆寺式の軒平瓦　17
坊領　153, 177, 179, 201, 226, 281
傍例　280
墨書　208, 236
北辰　33, 34
牧草地　285, 292
法華経　37
法華経　35, 60, 165, 166
法華経絵　40
法華経思想　268
法華経書写　38, 39
法華経八部　57
法華一乗思想　165
法華供養（の）法　70, 165, 268
法華三昧興所　113
法華信仰　39, 40
法華八講　78
法華八講問答講　204
法華不断経　186, 187, 203
法呪師　147
法体　113, 213
堀切　289
梵鐘　175, 227
本地　139
煩悩　149

―ま　行―

埋経　52, 268
磨崖仏　68, 71, 188, 193, 194, 219
牧　69
秣場　277, 284, 285, 288, 290, 291
松林　284
末法　37, 165, 192, 268
末法思想　165
末法対策　72, 101
満山　123, 133, 170, 189, 217
満山寺院　115
満山衆徒　54, 99, 100
満山大衆　75, 173, 174, 175, 176, 224, 269, 297
満山大衆衆議　224
満山大衆衆議体制　53
政所　80, 283
御教書　85, 98, 100
神輿　25
神輿襖絵　40, 41
御験　25
水城　21
密教　149
密教仏子　86
峰入り（峯入行）　25, 27, 58, 115, 116, 117, 118, 119, 120, 121, 124, 125, 132, 134, 137, 207, 298
峰巡行　25, 27, 28, 38, 70, 166, 216
御葬の儀　27
宮蔵　208, 213
名　279, 280
明王信仰　192
名主　279, 283
弥勒寺（の）講師　67, 70, 165
弥勒の出世　35
民間信仰　44, 132, 134
民俗学　65
無我　30, 34
虫封　58
無常　30, 34
無動寺別当　82, 83, 85, 86, 92, 94, 102, 104, 105
馬の鼻向け　279
村方　124, 132
村の鎮守　234
免田　183, 230, 272, 273
蒙古（朦古）　3, 142, 143, 149, 150
妄語　40
蒙古襲来　151
申状　99, 107, 108
木彫像　22
目録　4, 42, 107, 125, 133, 147, 169, 170, 190, 192, 208, 234
模型　288

―や　行―

館　227
焼畑　92, 244, 262, 274, 277, 279, 283, 285, 288, 290, 291, 292, 294
焼畑開発　279, 288
薬師講　187, 197, 203
薬師信仰　47
役所　283
役田　153, 229
亦有空門　30, 34
亦有亦空門　30
焼け仏　236
屋敷　249, 250, 252, 253, 254, 255, 256, 257, 258, 259, 262, 279, 280, 281
屋敷畠　280
屋敷堀内　279
ヤマ　161, 178
山　272, 277
山香郷司　168
山公事　251, 254, 257, 262, 282
山城　285, 286, 288, 289
ヤマト国家　3
山留　124, 127
山の開発　265, 291
山伏　120
山役　282, 290
屋山院主　175
由緒書　121
有門　30, 34
譲状　232
横型(ヨコ)伽藍　50, 73, 199, 202

―ら　行―

来迎印　38
來世覺者　34
落慶供養　37, 165
立願文　213
律師　143
律令国家体制　21
竜宮　142, 145
竜頭　175, 178, 224
領域型の山岳寺院　268
領域的支配　266
領家　94
令旨　85, 94, 105, 106
領主　280
領主権力　280
領主職　93
領主制　190
両舌　40
霊山　274
料田　99
料免田　229, 281
料免田畠　177
留守所　81
霊窟　217
霊魂　21
霊場　123, 132, 143
霊水　30
霊池　19
歴史　265
歴史学　65
楼門　199
六郷山霊場研究　8
六郷山学頭　96
六郷山研究　6, 7, 66, 295, 297, 298
六郷山権別当　94, 107, 108, 113, 228
六郷山三綱　89
六郷山寺院遺構確認調査　66

六郷山執行（職） 95, 96, 97, 98, 100, 108, 112, 176, 177, 185, 204, 210, 211, 212, 229, 249, 273
六郷山衆徒 87, 178
六郷山所司 87, 101, 210, 273
六郷山の三山 53
六郷山別当初期支配体制 90
六郷山領 212, 226, 227
六郷山論 7
六郷執行 220
六郷惣山執行 96, 176
六所信仰 4
六郷山衆徒先達 100
六郷山別当（職） 82, 88, 89, 90, 91, 92, 94, 95, 100, 101, 102, 107, 113, 179
六波羅探題 97
六郷山惣公文所 84, 87, 89, 107
露路門 214
論所 283

―わ 行―

湧水 238
和与 19
和与石 18

研究者・研究機関索引

―あ 行―

天沼俊一 4, 9
網野善彦 95, 97, 105, 107, 108, 149, 157, 206, 208, 220, 292, 297
飯沼賢司（筆者、拙） 6, 7, 8, 9, 10, 19, 37, 49, 61, 63, 66, 102, 103, 104, 218, 219, 220, 263, 264, 291, 292, 294
石井進 103, 108
出田和久 294
伊藤勇人 21
宇佐市教育委員会 60, 61
衛藤賢史 156
海老澤衷 6, 219, 297
大分県教育委員会 5, 9, 102, 263
大分縣地方史研究会 5
大分県西国東郡役所 9
大分県立宇佐風土記の丘歴史民俗資料館（大分県立歴史博物館） 6, 7, 10, 103, 104, 108, 135, 157, 158, 216, 219, 220, 223, 263, 267, 288, 291, 292, 293, 296
大嶽順公 5, 9
大護八郎 5
小椋純一 266, 285, 291, 294
乙咩政巳 263
小野玄妙 14, 60

―か 行―

開発史研究会 265, 289
門脇禎二 10
金谷俊樹 104, 122
金田信子 65
川添昭二 157
元興寺文化財研究所 5, 9
杵築市教育委員会 216
木村茂光 292
栗田勝弘 103, 219
黒田日出男 263, 271, 274, 277, 280, 292, 293
河野清實（飛雲） 4, 9, 14, 16, 60, 65
後藤重巳 136
後藤宗俊 60
小泊立矢 6, 10, 14, 15, 16, 60, 66, 69, 102, 104, 157
五味文彦 103

―さ 行―

酒井富蔵 5, 10, 65
櫻井成昭 4, 7, 8, 9, 10, 102, 111, 118, 135, 136
佐藤信 103
重松明久 103
重松敏美 157

―た 行―

高宮なつ美 61
竹内理三 10
橘昌信 156
段上達雄 135, 137
千々和実 103
寺田豪延 157
戸井田道三 5, 9
戸田芳美 292

―な 行―

永田裕久 221
中野幡能 4, 5, 6, 7, 8, 9, 10, 14, 15, 16, 19, 32, 35, 36, 40, 44, 57, 60, 61, 62, 63, 65, 66, 87, 102, 105, 107, 111, 119, 135, 156, 157, 169, 189, 194, 218, 219, 220, 225, 263, 297
中山太郎 14, 60

―は 行―

広渡正利 157
別府大学アジア歴史文化研究所 10, 103
別府大学附属博物館 60, 61, 103, 104, 105, 108, 220, 221
堀内初太郎 5, 10

―ま 行―

前田利光 136
真野和夫 219
村上和久 21
村山修一 105
望月友善 5, 10

―や～わ行―

柳田国男 14, 60
八尋和泉 108
吉田和彦 221
和歌森太郎 5, 9, 102
渡辺澄夫 10, 86, 103, 104, 105, 107, 108, 109, 157, 163, 220, 221, 263, 264
渡辺信幸 5, 9
渡辺文雄 6, 45, 62, 63, 68, 69, 71, 103, 108, 191, 192, 193, 219
綿貫俊一 61

国東六郷山《くにさきろくごうさん》の信仰《しんこう》と地域社会《ちいきしゃかい》

■著者略歴■

飯沼賢司（いいぬま　けんじ）

1953年　長野県に生まれる。

1980年　早稲田大学大学院文学研究科日本史専攻博士後期課程満期退学。

早稲田大学文学部助手、大分県立宇佐風土記の丘歴史民俗資料館主任研究員を経て、現在、別府大学文学部教授、同大学文学部長。

主要著書　単著『環境歴史学とはなにか』（山川出版社　2004年）、単著『八幡神とはなにか』（角川書店　2004年、2014年に角川ソフィア文庫に収録）、編著『経筒が語る中世の世界』（思文閣出版　2008年）、編著『日本列島の三万五千年―人と自然の環境史２　野と原の環境史』（湯本貴和編　佐藤宏之・飯沼賢司責任編集　文一総合出版　2011年）、編著『大航海時代の日本と金属交易』（思文閣出版　2014年）。

2015年 3 月 20 日発行

著　者　飯　沼　賢　司

発行者　山　脇　洋　亮

印　刷　亜細亜印刷㈱

製　本　協　栄　製　本㈱

発行所　東京都千代田区飯田橋4-4-8
（〒102-0072）東京中央ビル　㈱同成社
TEL 03-3239-1467　振替 00140-0-20618

ISBN978-4-88621-680-9 C3321

中世史選書既刊書

978-4-88621-560-4（11.5）

⑨紀伊国桛田荘

海津一朗編

A 5　310頁　本体6500円

和歌山県紀ノ川河川敷で発掘された堤防跡の調査を含む、中世荘園桛田荘の全容究明にとり組んだ15年間に及ぶ歴史学、考古学、地理学研究者による学際研究の成果を総括する。

978-4-88621-568-0（11.7）

⑩中世社会史への道標

阿部猛著

A 5　338頁　本体7500円

古代史の視点をふまえつつ、中世社会の土台をなす「荘園制」追究にとりくみ、そうした中から荘園世界に生きる人々の営みを多方面からとらえてゆく。中世の社会史構築の道標ともなる諸論考。

978-4-88621-579-6（11.10）

⑪初期鎌倉政権の政治史

木村茂光著

A 5　234頁　本体5700円

挙兵から征夷大将軍就任までを区切りとする従来の研究への批判的問題意識を軸に、頼朝死後の幕政も見据えて、内乱を勝ち抜いた武人政権が統治権力の主体として発展してゆく諸相を活写する。

978-4-88621-584-0（11.11）

⑫応仁の乱と在地社会

酒井紀美著

A 5　274頁　本体6800円

応仁の乱中、東西両軍の道筋となった京近郊の山科・西岡地域の村々の動きに焦点をあて、動員されるばかりでなく、自らの意志で行動することの多かった中世村落の側から応仁の乱を描き出す。

978-4-88621-635-9（13.6）

⑬中世都市根来寺と紀州惣国

海津一朗編

A 5　368頁　本体7300円

中世の一大宗教都市、根来寺。保存運動の過程で明らかになった重要遺跡とその構造的な特色、新たに発見された文書の解析を通じて、中世根来寺の全容を明らかにする。

978-4-88621-650-2（13.12）

⑭室町期大名権力論

藤井崇著

A 5　378頁　本体8000円

南北朝・室町期大内氏の研究から、大内氏分国の実態を通史的に解明し、室町幕府―守護体制論の批判的検討を進め、新たな視点からの大名権力論を構築する。

978-4-88621-673-1（14.8）

⑮日本中世の学問と教育

菅原正子著

A 5　250頁　本体6000円

高い識字率を支えた庶民教育の実相と、武士、公家および天皇と知識人たちとの交流をたどりながら、当時における学問のあり様を検証。中世を規定した思想の根源を追究する。

978-4-88621-681-6（14.10）

⑯鎌倉府と地域社会

山田邦明著

A 5　360頁　本体8000円

中世後期、鎌倉府の支配下にあった関東における政治史を鳥瞰するとともに、地域社会の民衆・武士・寺院各々の、時に緊迫する相互関係を多様な観点から検証する。